T0194635

Sammlung Metzler
Band 217

Jürgen Schutte

Einführung in die Literaturinterpretation

5., aktualisierte und erweiterte Auflage

Verlag J.B. Metzler Stuttgart · Weimar

Der Autor:

Jürgen Schutte, geb. 1938, Prof. a.D., lehrte Neuere deutsche Literatur an der Freien Universität Berlin, in Ålborg (Dänemark), Peking und Bangkok sowie bei Stanford Overseas Studies in Berlin. 1987-1991 als Kurator der Ausstellungen »Dichter und Richter« (1988) und »Peter Weiss« (1991) an der Akademie der Künste Berlin. Veröffentlichungen zur Literatur des 16. Jahrhunderts, der Moderne um 1900 und der Gegenwartsliteratur. Unter anderem: »Schympff red. Frühformen bürgerlicher Agitation in Thomas Murners ‚Großem lutherischem Narren'« (Metzler Verlag 1973), »Lyrik des deutschen Naturalismus (1885–1893)« (Sammlung Metzler 1976), »Lyrik des Naturalismus« (Anthologie, 1982), »Die Berliner Moderne« (mit Peter Sprengel, 1982), »Dichter und Richter. Die Gruppe 47 und die deutsche Nachkriegsliteratur« (1988), »Peter Weiss: Leben und Werk« (mit Gunilla Palmstierna-Weiss, 1991).

Bibliografische Information Der Deutschen Bibliothek
Die Deutsche Bibliothek verzeichnet diese Publikation in der Deutschen Nationalbibliografie; detaillierte bibliografische Daten sind im Internet über <http://dnb.ddb.de> abrufbar.

ISBN 978-3-476-15217-6
ISBN 978-3-476-01433-7 (eBook)
DOI 10.1007/978-3-476-01433-7

© 2005 Springer-Verlag GmbH Deutschland

Ursprünglich erschienen bei J.B. Metzlersche Verlagsbuchhandlung und Carl Ernst Poeschel Verlag GmbH in Stuttgart 2005
www.metzlerverlag.de
info@metzlerverlag.de

Inhaltsverzeichnis

Einleitung

»Genuß bietet die Sinngebung der Erscheinungen«
Bertolt Brecht

Begriff und Praxis der Interpretation sind eine bleibende Herausforderung für die Literaturwissenschaft. Zwischen »Stop making
sense!« (Norbert Bolz 1989) und der These von der »Unhintergehbarkeit der Interpretation« (Oliver Jahraus 2001) bewegen sich die
Definitionen und die Wertschätzungen der Tätigkeit, die in der
vorliegenden Einführung erkundet werden soll. Es scheint, als habe
weder Susan Sontags viel zitierter Essay »Against interpretation« aus
dem Jahr 1966 (dt. 1980) noch Hans Magnus Enzensbergers »bescheidener Vorschlag zum Schutze der Jugend vor den Erzeugnissen
der Poesie« (1976) noch auch der Streit zwischen Hermeneutik
und Dekonstruktion in den 1980er Jahren das Vertrauen in die
welterschließende Kraft der Textauslegung nachhaltig erschüttert.
So verbreitet das Bewusstsein von einer lang dauernden »Grund-
lagenkrise der Literaturwissenschaft« ist, so unübersehbar ist die
Tatsache, dass sich »im Wissenschaftsbetrieb eine breitgefächerte
Interpretationspraxis unabhängig und davon relativ unbeeinflußt
etabliert hat« (Jahraus 2001, 241). Dieser Widerspruch zwischen
der theoretischen Fragwürdigkeit und der praktischen Bedeutung
der Literaturinterpretation soll als Ausgangspunkt der vorliegenden
Einführung festgehalten sein.

»Interpretation«, hieß es Mitte der 1980er Jahre in der Einleitung zur ersten Auflage, »ist in den letzten Jahren wieder in
den Mittelpunkt literaturwissenschaftlicher Reflexion gerückt. Das
hängt u.a. damit zusammen, dass die Frage nach dem »Nutzen der
Literatur«, die von den revoltierenden Studenten und Intellektuellen um 1968 in äußerst fruchtbarer Weise aufgeworfen wurde,
bis heute nicht verstummt, geschweige denn gelöst ist. Nicht nur
zahlreiche Schriftsteller, auch Literaturwissenschaftler machen sich
systematisch Gedanken über den Gebrauchswert der Literatur, über
die Bedeutung von Lesen und Schreiben für das gesellschaftliche
Leben überhaupt, für die individuelle Entwicklung der einzelnen
Menschen«.

Die literaturwissenschaftliche Entwicklung in dem hier zur Debatte stehenden Zeitraum ließ sich als eine Entwicklung von der
»Kunst der Interpretation« zur Theorie und methodischen Praxis
der Interpretation resümieren. Es handelte sich, wenigstens der
Möglichkeit nach, um eine Verwissenschaftlichung der Interpre-

tationspraxis, die sich vor allem aus der Rezeption der »von der deutschen Literaturwissenschaft einst verworfenen Paradigmen des Strukturalismus und der Sozialgeschichte« ergab (Rosenberg 2003, 225f.). Die literaturwissenschaftliche Landschaft hatte in diesem Prozess in der Tat bedeutsame Veränderungen erfahren. Mit der entschiedenen Ausweitung des Literaturbegriffs, der Wiederentdeckung pragmatischer und sozialhistorischer Dimensionen, mit der Entwicklung beziehungsweise Aneignung neuer Methoden – Rezeptionsästhetik, Strukturalismus, Texttheorie u.a. – und Wissenschaftsdisziplinen – Linguistik, Kommunikationstheorie, Psychoanalyse u.a. – wurden ganz neue oder lange verschüttete Fragestellungen (wieder) aktuell und bisher unbegangene oder lange vergessene Wege (von neuem) gebahnt. Die in den Auseinandersetzungen nicht immer im Interesse der Sache beklagte »Methodologisierung« der Literaturwissenschaft führte zu einer erheblichen Vertiefung des literaturgeschichtlichen Bewusstseins und erweiterte, in Verbindung damit, die Perspektiven und Möglichkeiten der exakten Texterfassung sowie der literarischen und historischen Wertung. Es hatte sich herausgestellt, dass sehr vieles von dem, was die bis in die 1960er Jahre dominierende werkimmanente Interpretation als unhinterfragbaren Ausdruck »dichterischen Schöpfertums« bezeichnete, sehr wohl bestimmten sprachlichen, semiotischen, literatur- und sozialgeschichtlichen Gesetzmäßigkeiten entspricht und daher exakt beschrieben und rational erklärt werden kann. »Analyse statt Interpretation«, lautete die Parole: »Statt des »Begreifens, was uns ergreift«, analysieren wie »es« gemacht ist und/oder klären, was seine Entstehungs- und Wirkungsbedingungen waren (ebd., 226)«.

Mitte der 1980er Jahre schien es an der Zeit, die damals notwendigerweise polemisch abgebrochene Diskussion mit der »werkimmanenten Interpretation« ein Stück weit wieder aufzunehmen. Anlass dazu bot die literaturwissenschaftliche – und zum Teil die literarische – Entwicklung. Denn das Entscheidende an dem von allen Seiten konstatierten »Paradigmawechsel« der Literaturwissenschaft war ja doch wohl die *Entdeckung des wirklichen Lesers*, womit auch die tatsächliche Wirkung und Wirksamkeit der Literatur wieder ins Zentrum der Aufmerksamkeit rückten. Konnte man auch kaum behaupten, dass die Produktionsästhetik durch eine Rezeptionsästhetik »abgelöst« worden war, so hat doch das verstärkte Augenmerk auf letztere in erheblichem Maße produktive Kräfte und Tendenzen innerhalb der westdeutschen Literaturwissenschaft freigesetzt. Die von Harald Weinrich geforderte »Literaturgeschichte des Lesers« hat ebenso wie die Forderung Hans

Dieter Zimmermanns nach einer »Geschichte der gelesenen Literatur« die literarhistorische Forschung vom ästhetischen oder ideologiekritischen Vorurteil auf den Boden der Tatsachen gebracht. Neben die Frage nach der historischen *Funktion* der Literatur, die durch eine solche Hinwendung zu den wirklichen Rezeptionsprozessen weitergehend differenziert werden konnte, trat die Frage nach der Eigenart der *ästhetischen Erfahrung* als eine nach der spezifischen Funktions*weise* literarischer Werke. Das führte unter anderem zu einer Zentrierung auf die Probleme der Textkonstitution und insbesondere der Sinnkonstitution durch den literarischen Text und in der Lektüre: »Wie entsteht Bedeutung? Wie entsteht sie speziell im literarischen Text?« – und: »Was heißt Verstehen?« und: »Wie kann die ästhetische Erfahrung als sinnproduzierende Tätigkeit verstanden werden?« – Die systematische Integration von inhaltlichen, rezeptionsästhetischen und institutionellen Aspekten führte zu einer sehr fruchtbaren Orientierung an den wirklichen Lese-Bedürfnissen und Lektüre-Erfahrungen auch in der fachdidaktischen Diskussion.

Schien es auf der einen Seite eine Zeitlang so, als werde durch die »Szientifizierung« der Literaturwissenschaft, etwa durch die Rezeption der Arbeiten der russischen formalen Schule, des Prager und des französischen Strukturalismus das Problem der Hermeneutik zur Scheinfrage degradiert, so wurde die Aussicht auf eine »methodische Praxis der Interpretation« im Laufe der 1980er von ganz anderer Seite nachhaltig in Frage gestellt. Poststrukturalismus und Dekonstruktion radikalisieren den Protest gegen die „Allianz von komplexem Text und akademischer Lektüre als eine institutionell gesicherte Machtkonstellation" (Aleida Assmann 1996, 14). Sie gehen von der »Unlesbarkeit« der Texte aus und entwickeln »Formen der Lektüre, die den Texten ihre Fremdheit zurückgibt, anstatt sie in Sinn zu übersetzen und dem Verstehen preiszugeben« (ebd., 16). Die lang andauernde Debatte zwischen Hermeneutik und Dekonstruktion scheint mittlerweile schon wieder beendet; sie erweist sich im Rückblick als eine äußerst fruchtbare Kritik, die den Blick geschärft hat für den Ereignischarakter und die besondere Bedeutung der ästhetischen Erfahrung. Für Fabian Stoermer, dem ich hier folge, ist Literaturwissenschaft »Erfahrungswissenschaft in einem besonderen Sinn, nämlich Wissenschaft, die sich mit Denkerfahrungen im Medium ästhetischer Wahrnehmung beschäftigt«. Unter dieser Voraussetzung gilt die Feststellung: »Nach der Interpretation ist vor der Interpretation« (Stoermer 2002).

Die hier vorgelegte Einführung ist der Versuch, das Arbeitsfeld literaturwissenschaftlicher Interpretation zu strukturieren und Wege zu seiner Erkundung zu markieren. Von der »Sache selbst« her, dem literarischen Werk, seiner Produktion und Rezeption im Zusammenhang der literarischen Kommunikation, soll ein Rahmen skizziert werden, der sowohl die methodische Praxis der Interpretation als auch die notwendige theoretische und hermeneutische Reflexion fördert und erleichtert. Ausgangspunkt ist die Frage nach dem praktischen Nutzen der Literatur und der Literaturinterpretation für diejenigen, welche sie lesend und schreibend – über Gelesenes und Geschriebenes redend – betreiben. Eigentlicher Gegenstand der Literaturwissenschaft ist nach der hier zugrunde gelegten Auffassung nicht eine Menge von Texten, sondern Literatur als »gesellschaftliches Verhältnis« und als eine spezifische kommunikative Tätigkeit der Menschen, die sich als ein komplexes Ensemble von Beziehungen in der Funktionsstellenreihe

WIRKLICHKEIT – AUTOR – TEXT – LESER – WIRKLICHKEIT

modellhaft fassen lässt. Diese Verhältnisse sind als solche noch einmal im literarischen Text widergespiegelt und werden von ihm mitbegründet. Sofern dieser das die literarische Kommunikation vermittelnde und tragende Produkt ist, muss die literaturwissenschaftliche Arbeit von ihm ausgehen, wenn sie die sinngebende Tätigkeit und das »gesellschaftliche Verhältnis Literatur« als konkrete gesellschaftliche Praxis der Menschen erforschen und fördern will.

Ist diese Formulierung scheinbar kompliziert, so entwirrt sie doch gerade die vielfältigen Beziehungen und Frage-Ebenen der Literaturwissenschaft zu einer methodisch nachvollziehbaren, das heißt auch: erlernbaren Folge von Untersuchungs- und Arbeitsaspekten, die von der Produktionsseite und von der Rezeptionsseite her gelesen werden kann. Beide Betrachtungsweisen sind in der Interpretationsarbeit prinzipiell gleichrangig, doch folge ich im Aufbau dieser Einführung der Auffassung, dass die Produktion logisch und historisch den Vorrang haben soll. Es kommt mir darauf an, die einzelnen Stellen und Relationen in der unten noch zu erläuternden Funktionsstellenreihe konkret mit Fragen, Hinweisen und Arbeitsvorschlägen zu »besetzen«. Es gibt nach meiner Auffassung eine zwar nie vollständige, aber prinzipiell auch nicht unbegrenzte Zahl von Ansatzpunkten und Fragen der Interpretationspraxis, was sich aus der angenommenen »Logik der Sache« erklärt. Diese Untersuchungsaspekte als eine »bewegliche Ordnung handlungsorientierender Fragen« (Harth 1982, 7) zu entfalten, ist die Aufgabe der hier vorgelegten Einführung.

Die Erörterung der methodischen Zugänge geht von der Prämisse aus, dass die literaturwissenschaftliche Arbeit Entschiedenheit der Aussagen über das jeweilige Werk – die ästhetische und historische Wertung als aktuelle Standpunktnahme – sehr wohl mit Methodik im Verfahren verbinden kann, ohne dogmatisch vorzuschreiben, wie interpretiert werden und was das Ergebnis der Interpretation sein solle. Ist sie doch darauf aus, nicht das *Ergebnis*, sondern den *Zusammenhang* von interpretierender Tätigkeit, Textstruktur und Textsinn methodisch zu fassen. Nicht die »Richtigkeit« der Textauslegung, sondern ihre Überprüfbarkeit und Kommunizierbarkeit sind das Ziel literaturwissenschaftlicher Reflexion. Hierzu und dadurch strebt sie Aufklärung an über die Voraussetzungen und Folgen von Lektüre sowie über die Eigenart und Leistung der ästhetischen Erfahrung und ihres Gegenstandes, des literarischen Textes und schließlich über die tatsächlichen und denkbaren Formen unseres wissenschaftlichen Umgangs mit den Werken der Gegenwart und Vergangenheit.

Zur Zitierweise

Zitate und Verweise im Text werden mit dem Erscheinungsjahr und der Seite der Quelle genannt; die Angaben beziehen sich durchgehend auf das Literaturverzeichnis S. 245ff.

1. Literaturaneignung als kommunikative Praxis

1.1 Lektüre – Kritik – Interpretation: Formen der Aneignung

Lektüre, Kritik, Interpretation sind **Formen der Literaturaneignung**, die in unterschiedlicher Weise, aber in untrennbarem Zusammenhang miteinander, die literarische Tätigkeit und die literaturwissenschaftliche Arbeit bestimmen. Ihre Erörterung zu Beginn dieser Einführung verfolgt den Zweck, den praktischen Stellenwert der Interpretation zu verdeutlichen, von deren Verwissenschaftlichung ich gesprochen habe. Dass dabei zugleich ein erster Umriss der »Institution Literatur« sichtbar wird, hängt mit der Tatsache zusammen, dass die einzelnen Formen und Stufen der literarischen Praxis nicht nur als individuelle, sinnproduzierende Handlungen begriffen werden dürfen, sondern in einen übergreifenden Funktionszusammenhang integriert sind. Die Lektüre literarischer Werke, die dem einzelnen Teilnehmer als ein »Dialog« zwischen Autor und Leser vorkommen mag oder auch als Selbstvergewisserung und Selbstgenuss, steht in einem funktionalen Zusammenhang mit der Entwicklung der Produktionsverhältnisse einer Gesellschaft und ist weitgehend abhängig von ideologischen Institutionen und ihren sozialen Trägern (Link/Link-Heer 1980, 192ff.). Auf die institutionellen Aspekte der literarischen Kommunikation will ich im Abschnitt 1.3 noch näher eingehen; hier kommt es mir zunächst darauf an, den historisch sich wandelnden Zusammenhang einer alltäglichen, in unserer Gesellschaft den meisten Menschen vertrauten und gewohnten Tätigkeit so zu entfalten, dass deren einzelne Stufen anschaulich werden. Beide Aspekte, der lebenspraktische und der institutionelle, sind dabei gleich wichtig.

Man hat sich seit den 1980er Jahren daran gewöhnt, für die hier gemeinten institutionellen Gegebenheiten und praktischen Tätigkeiten der literarischen Kommunikation den Begriff »**Diskurs**« zu verwenden. Diskursanalyse, die seit den 1960er Jahren vor allem in Frankreich entwickelt wurde (Michel Foucault u.a.), ist die Untersuchung »regelbestimmter Sprachspiele« mit ihren Voraussetzungen und Folgen im jeweils gegebenen institutionellen Zusammenhang. Die Aufmerksamkeit richtet sich dabei auf »die

Materialität sowie die Macht- und Subjekteffekte von historisch je spezifischen Aussageformationen« (Nünning 2004, 32f.). Der Nachdruck liegt also auf der wirklichkeitskonstitutiven Funktion der Rede: Wieweit erzeugt, befestigt oder verändert sie das zwischen den Kommunikationspartnern bestehende Gefüge von Herrschaft und Unterordnung? Wie werden soziale Gegebenheiten wie etwa »Wahnsinn«, »Normalität« oder »literarische Kompetenz« durch die Rede hervorgebracht? Wie erzeugt die literarische Kommunikation das sie tragende Subjekt, etwa den »Kritiker« oder den »Autor«? Dabei versteht sich die Diskursanalyse als eine kritisch-dekonstruierende Form der Aneignung, welche die Sinn-Zuweisungen durch das herrschende Bewusstsein strategisch unterläuft:

Solche Lektüre ist ein kulturpolitischer Akt, der darauf abzielt, das Gefüge der Institutionen samt dem Kanon, auf dem diese aufruhen, zu erschüttern. Sie wird zu einer Waffe im Verteilungskampf um das symbolische Kapital der Kultur (A. Assmann 1996, 17).

Diskursanalyse in diesem Sinn hat es abgesehen auf das in den Texten Unabgegoltene, auf »die Spuren der Opfer, die zum Schweigen gebrachten Stimmen der von der offiziellen Kultur Ausgegrenzten und Marginalisierten« (ebd., 16), das heißt, sie negiert das Prinzip der Neutralität von Textauslegungen. Indem sie derart bewusst in die unterschiedlichen »Sprachspiele«, etwa den Diskurs der Politik, der Rechtsprechung oder der Wissenschaft eingreift, reflektiert sie auf ihre Weise die hier gemeinte gesellschaftliche Formbestimmtheit der Literaturaneignung.

Der Begriff Diskurs wird in neueren Arbeiten oft unspezifisch und zuweilen inflationär gebraucht und damit tendenziell entleert. Insofern er jedoch eine reflektierte Integration von im weitesten Sinne sprachlichen, institutionellen und subjekthaften Dimensionen bezeichnet, erscheint der Begriff **Diskurs der Literatur** auch formal als eine angemessene Bezeichnung für die Literaturaneignung als zugleich individuelle wie gesellschaftlich bestimmte, zugleich subjektive wie objektive Praxis.

Lesen als eine sinngebende Tätigkeit unterscheide ich von Kritik als einer kommunikativen Handlung und von der Interpretation als einer spezifischen Form der geistigen Arbeit. Das Lesen literarischer Werke ist eine spezifische Form der Aneignung der Realität, der Welt und des Selbst, auf dem Wege der **ästhetischen Erfahrung**. Die Literatur, so hat Bernd Jürgen Warneken anschaulich formuliert, »ist ein spezialisiertes Laboratorium des Gewinnens und Auswertens von **Erfahrungen** durch ein eigens dafür ausgeformtes Arsenal von Mitteln« (1979, 17). Dies ist aus

der Perspektive der Literaturproduktion gesprochen, gilt jedoch
ebenso für die Rezeption. Die Formen der sinnbildenden Tätigkeit des Lesens und die Erwartungen, die der einzelne Leser, die
einzelne Leserin damit verbinden, sind unübersehbar vielfältig.
Gemeinsam ist ihnen, dass sie eine **Vermittlung von Tätigkeit
und Produkt** sind, in der eine ästhetische Erfahrung nicht so sehr
›entsteht‹ als *produziert* wird. Das Lesen erzeugt die Wirklichkeit
des Textes; es macht aus einer Menge von ›toten‹ Schriftzeichen
ein Werk und eine Vorstellung. Genuss und Erkenntnis sind das
Ergebnis eines Verstehensvorgangs, der weit davon entfernt ist, nur
ein passives Aufnehmen zu sein, sondern der vielmehr Verstand,
Gefühl, Einbildungskraft, Erfahrung und Erfahrungsfähigkeit des
Lesers und der Leserin nachhaltig fordert und in Bewegung setzt.
Mit Bezug auf Lese-Erfahrungen, die Marcel Proust geschildert
hat, spricht Gert Mattenklott vom

Schirm des Bewußtseins, auf den die Einbildungskraft das Leben des gelesenen Buches projiziert, um es zu genießen. Auf diesem Schirm führt das
Gelesene sein eigenes *spirituelles* Dasein, als welches allein es angemessen
begriffen werden kann: als eine Vorstellung (1982, 106).

Wenn es auch richtig ist, dass der in der Vorstellung fremden Lebens verstrickte Leser »nicht ganz bei sich« ist und gegebenenfalls
»von sehr weit her« gerufen werden muss (ebd., 113), so steht
doch die Lese-Erfahrung stets in einem unauflöslichen Zusammenhang mit der **Lebenserfahrung** des Lesers und der Leserin. Anders:
»Ästhetische Erfahrung ist primär *Erfahrung*« (Schödlbauer 1982,
42). Auf dem »Buch-Theater, auf dem die Szenen eines fremden
Lebens aufgeschlagen sind« (Weniam Kawerin, zit. Mattenklott,
ebd., 104), agieren wir immer in eigener Sache und im eigenen
Lebenszusammenhang; und weil das so ist, können die Lese-Erfahrungen zu »Orientierungszentren eigener Erfahrungen werden«
(Stierle 1980, 229).
  Sind **Lese-Erfahrungen** auf diese Weise immer Ergebnis einer
Vermittlung von literarischem Text und subjektiver Tätigkeit des
bzw. der Lesenden, so sind für ihr Zustandekommen und für ihre
Qualität zahlreiche außertextliche, sowohl individuelle als auch ge-
sellschaftliche Bedingungen verantwortlich. Das **Was und Wie des
Lesens** ist Ergebnis eines Lernprozesses, der sich immer innerhalb
staatlicher und gesellschaftlicher Institutionen abspielt.

»Lesenkönnen« bedeutet zunächst Alphabetisierung; darüber hinaus meint
der Begriff den Sinn verschiedener Texte erfassen, sie verarbeiten und
nutzen können (Geiger 1981, 27).

Es gibt eine »Geschichte des Lesens« (Schenda 1981), die vor allem eine des Kampfes um das Lesen-Lernen und dann um die Lesestoffe ist, um die Lesekultur und die Teilhabe der verschiedenen Klassen und Schichten an ihr. Denn das Lesen von literarischen Texten ist ja nicht nur Flucht aus dem Alltag, Abenteuer, Zerstreuung, sondern vor allem anderen ein Weg zur Erkenntnis, ein Zugang zur Wirklichkeit und zur Möglichkeit ihrer Veränderung durch kollektives Handeln.

Im Blick auf den Gesamtzusammenhang der gesellschaftlichen Entwicklung ist dies die wesentlichere und jedenfalls die produktivere Seite der literarischen Kommunikation, die Seite auch, auf der die Auseinandersetzung um die – und in den – Institutionen geführt wird, die über Lesestoffe und Leseweisen mitentscheiden: die Schule, die Medien und Bibliotheken, die Literaturkritik und die Wissenschaft. So sind sich die Literatursoziologen, die Fachdidaktiker und die Schulverwaltungen durchaus darüber einig, dass das Leseverhalten und die Lektürewahl der erwachsenen Leser und Leserinnen ganz entscheidend vom Literaturunterricht geprägt werden. Und es ist kein Zufall, dass über die Rahmenpläne und den **Lektürekanon** für den Deutschunterricht seit der Mitte der 1960er Jahre weitaus heftiger öffentlich gestritten wurde als je über literarische Neuerscheinungen. Das hat sich im weiteren Verlauf – und besonders seit der Zäsur von 1989 – gründlich geändert. Mehr als je zuvor in der Moderne grundiert ein *anything goes* den Diskurs der Literatur, wobei sich in den Rahmenplänen eher eine Rückkehr zum klassischen Bildungskanon vollzogen zu haben scheint. Zudem hat sich der **Stellenwert der Literatur im gesellschaftlichen Leben** doch einigermaßen verändert. Dennoch wird auch heute weitaus heftiger über den gesellschaftlichen Gehalt der Bücher gestritten als über ihren Unterhaltungswert; man denke nur an das Thema »Luftkrieg und Literatur« im Anschluss an Winfried G. Sebalds Essay von 1999.

Der oder die Einzelne ist also bei der Lektüre, so einsam sich diese selbst vollziehen mag, immer schon einbezogen in die ideologischen Institutionen und sozialen Auseinandersetzungen, von denen der literarische Diskurs bestimmt ist. Die Objektivität der Situation, in der wir uns die Welt und unser Selbst lesend anzueignen suchen, steht ebenso wenig zur Disposition wie die Subjektivität dieses Aneignungsvorgangs selbst. Beides können wir nicht als gegeben annehmen, sondern nur verdrängen oder bewusst reflektieren und mitzugestalten versuchen. Nicht zuletzt dazu erscheint die eingreifende Teilnahme der Leserinnen und Leser an der literarischen Kommunikation als notwendig und sinnvoll.

Es ist eine Eigenart der Lektüre, dass sie sich zwar in einsamer Versenkung oder ekstatischer Zerstreuung in der Welt des Gelesenen des fremden Lebens zu bemächtigen sucht, dass sie aber – einmal zurückgekehrt in die Wirklichkeit außerhalb der Bücher – zur Kritik wird.

Der **Begriff der Kritik** bezeichnet, ebenso wie der des Lesens und der Interpretation, einen praktischen und einen institutionellen Aspekt. In praktischer Hinsicht kann Kritik als die Äußerung einer reflektierten, wertenden Stellungnahme verstanden werden, die als Mitteilung über die ästhetische Erfahrung in kommunikativer Absicht erfolgt. Kritik ist also ein Bestandteil einer jeden Lektüre und nicht nur eine professionelle Tätigkeit. Der Leser führt seine Aufnahme des Werks vor und begründet aus ihr ein ästhetisches und moralisches Urteil. Er formuliert zu diesem Zweck einen **Textsinn**, den wir als ein objektiviertes Korrelat der ästhetischen Erfahrung betrachten können. In diesem Vorgang zeigt sich, wie weit Lektüre und Kritik auf Aneignung eines *fremden* Sinns zielen und nicht auf bloßen Selbstausdruck. Kritik ist eine Äußerung über die eigene Lese-Erfahrung *als* Äußerung über den Text. Das bedeutet: sie ist eine Feststellung über den **Wahrheitsgehalt des Werks**. Auch wo sie sich interesselos gibt, nimmt sie Interessen wahr und macht diese gegenüber dem Werk geltend, welches seinerseits Interessen zur Wirkung bringt.

Als eine Aussage über den Wahrheitsgehalt des Werks ist Kritik – so entschieden sie sein kann und in der Regel ist – nur relativ: Sie setzt die eigene Lese-Erfahrung und den konstituierten Textsinn ins Verhältnis zu den Interessen und Bedürfnissen, von denen die Lektüre motiviert ist. »›Was bedeutet der Text für mich selbst und meine Lebenspraxis?‹ fragt der Kritiker in Vertretung seines Publikums« (Gebhardt 1982, 80). Im kritischen Urteil über das Werk verzeichnet er oder sie zugleich einen Standort in der Wirklichkeit.

Freilich ist das nur *ein* möglicher Maßstab der Kritik, wenngleich sicher der reellste. Unter dem institutionellen Aspekt, der hier in den Blick kommt, sind weitaus vermitteltere und auch weniger sachangemessene **Kriterien der literarischen Wertung** denkbar und im Schwange. Mit ihnen hat der literarische und literaturwissenschaftliche Unterricht zu rechnen. Angefangen von der bloßen Illustrierung der aktuellen Bestseller-Listen oder Förderung von gerade in Mode gekommenen Autoren bzw. Trends über die interessierte Kolportage literarischer oder politischer Vorurteile bis zur versteckten Selbstdarstellung des Kritikers finden sich in der institutionalisierten Literaturkritik vielfältige Formen und Maßstäbe kritischer Wertung. Sie prägen die Erwartungshaltungen und Leseweisen, ob wir uns dessen bewusst sind oder nicht. Der Insider-Jargon und die scheinhafte Sicherheit des Urteils, die man zuweilen auch dort antrifft, wo in der Sache informativ argumentiert wird, verstärken die institutionelle Distanz zwischen dem Lese-Publikum und denjenigen, welche stellvertretend für es die literarische Entwicklung beobachten und fördern sollen. Der Leser, die Leserin, die sich im Buchladen begegnen – Italo Calvino hat das in *Wenn ein Reisender in einer Winternacht* eindrucksvoll inszeniert –, sehen sich mit der Institution Literatur in einer Weise konfrontiert, die eher davon abschreckt, die eigene Neugier auf Bücher und Lese-Erfahrungen unbefangen zu äußern und sie gegebenenfalls in ein zustimmungsfähiges Urteil über den Text umzusetzen.

Ich kenne Leser und Leserinnen, deren Kompetenz im kritischen Umgang mit Literatur all das weit übersteigt, was man in literaturwissenschaftlichen Zeitschriften und Monographien zuweilen als Interpretationen angeboten bekommt. Die meisten dieser Leser und Leserinnen haben dabei ein ausgeprägtes ›Laienbewusstsein‹. Sie trauen sich nicht zu, über ihre Lese-Erfahrungen und die Werke mitzureden, wo die auch im literarischen Diskurs latenten Machteffekte wirksam sind oder, durch einen anwesenden Literaturwissenschaftler oder Kritiker, gar ausgespielt werden. Die selbstbewusste Hochschätzung und Äußerung der eigenen Lese-Erfahrung und der individuellen Lese-Interessen könnte durch einen Abbau dieser institutionellen Barrieren sicherlich wesentlich gefördert werden. Hier hat auch die Literaturwissenschaft eine Aufgabe.

Dabei ginge es wohl zunächst um eine verständige Erläuterung der Haltung, von der her im Lese-Alltag eine literarische Verständigung in Gang gesetzt werden kann. Heinrich Vormweg (1981) hat in einer systematischen Skizze **zwei »historische Grundkonzepte« der Literaturkritik** erläutert, die eine erste Systematisierung in diesem Sinne erlauben,

- die *realistische* Haltung, die sich primär auf die Objektivität der Werke und auf ihren geschichtlichen Gehalt bezieht und
- die *romantische* Haltung, die sich primär auf die Subjektivität des Produktions- und Verstehensprozesses bezieht.

Vormweg hat auch gezeigt, wie eine Literaturkritik, auf dem literarischen und literaturtheoretischen Anspruchsniveau unserer Gegenwart, anknüpfend an Vorschläge Bertolt Brechts und Walter Benjamins diese Fragerichtungen in einer **Orientierung an der rea-**

listischen Funktion der Werke zusammenführen könnte. Es dürfte deutlich geworden sein, dass die Frage nach dem Realismus auch in diesem Zusammenhang nicht die Bauform und Schreibweise präjudiziert, sondern auf eine kritische Stellungnahme zur Wirklichkeit zielt. Auf der Basis der reflektierten Subjektivität des Kritikers ginge es dabei um eine Erweiterung der »äußersten Grenzen des literarisch Möglichen« zum Zweck einer »Realisierung neuer Erkenntnisse im öffentlichen Bewußtsein« (ebd., 248f.). Hinzuzufügen bleibt, dass damit selbstverständlich auch die Realisierung neuer Wahrnehmungen und Wahrnehmungsformen gemeint ist.

Kritik als Erarbeitung und Äußerung einer Meinung über den Text, die seinen aktuellen Sinn expliziert, zielt immer auf Eindeutigkeit. Aussagen über Wahrheit haben es an sich, dass sie zwar zur Diskussion gestellt werden können, aber nicht als unverbindlich vorgetragen werden, sofern die Aussagenden sich und ihre Adressaten ernst nehmen. Kritische Urteile sind bezogen auf den **Standpunkt des Kritikers**; sie formulieren einen möglichen Sinn des Textes, diesen aber mit dem **Anspruch auf Geltung**. Das heißt nicht, dass sie unveränderlich, wohl aber, dass sie verbindlich sind. Aufeinanderstoßende kritische Urteile, auseinander gehende Meinungen über den Sinn eines und desselben Textes, erzeugen im Verständigungsprozess das Bedürfnis nach einer objektivierenden Begründung der je individuellen Lese-Erfahrung aus dem zugrunde liegenden Text. Wieder zeigt sich, dass die kritische Äußerung ihren Geltungsanspruch auf den Text stützt und nicht auf die Evidenz der ästhetischen Erfahrung allein. Über literaturkritische Auffassungen kann und muss vielfach gestritten werden, weil sie den Anspruch erheben, Urteile über etwas objektiv Vorhandenes, nämlich die Meinung des Textes sowie die Kunst und Moralität seines Verfassers zu sein (vgl. Weimar 1980, 208), welche ihrerseits zur Orientierung in der eigenen Lebenswelt dienen. Solche Verständigungsprozesse führen – jedenfalls der Möglichkeit nach – zur Differenzierung, Vertiefung und Veränderung der ästhetischen Erfahrung und damit auch der kritischen Äußerung und des in ihr ausgedrückten Interesses.

Literaturkritische Aussagen sind begleitet von **Urteilen über die Wirklichkeit**. Sie tendieren dazu, ein Einvernehmen über Erfahrung und Erfahrungsweisen im Alltag der Lesenden herzustellen. Das gelesene fremde Leben ist in der ästhetischen Erfahrung das imaginierte wirkliche und eigene. Es steht zur Debatte, wo Lektüre sich ernst nimmt. Der Austausch von Eindrücken und Urteilen über die ästhetische Wirkung sowie über die Subjektivität, die sich im Text ausspricht, gehört nicht immer, aber in der Regel zu dieser Verständigung hinzu. Dies entspricht einem spezifisch literarischen Interesse, mit dem sich die Frage nach der besonderen Darstellungsweise des gelesenen Werks und ihrer die Wirklichkeit erschließenden Leistung verbinden mag. Wie sich Aussagen über das ästhetisch angeeignete Wirkliche derart auf die subjektive und individuelle Lese-Erfahrung stützen, so zielen sie dem Anspruch nach auf intersubjektive Übereinstimmung, auf neue, veränderte Lektüre und auf Interpretation.

Interpretation ist, mit einem glücklichen Ausdruck von Leo Kreutzer (1983), eine Inszenierung der eigenen Lese-Erfahrung. Das sagt zunächst, dass Interpretation **als eine Form des sprachlichen Handelns** betrachtet werden muss. So wie das Lesen eine Keimform der Interpretation, so ist diese eine analytisch agierende, auf Darstellung der Lese-Erfahrung und Verständigung mit anderen Lesern und Leserinnen zielende Form der Lektüre. Sie versieht die Lese-Erfahrung und die kritische Stellungnahme mit Begründungen, fragt nach den Ursachen der literarischen Wirkung und vermittelt so den Text mit der Wirklichkeit des Autors und der Leser (Heukenkamp 1982, 157). Das ist ein Arbeitsprozess, in dem der Vorgang des Verstehens – und mit ihm der gelesene Text – methodisch rekonstruiert werden. In zweifacher Richtung soll in diesem Arbeitsprozess ein Inneres, der imaginierte Textsinn, vergegenständlicht werden:

- einerseits wird das Verstandene auf die Textstruktur bezogen und erweist sich dabei oft als das als fremd verstandene Eigene;
- andererseits wird die im Text enthaltene Botschaft des Autors in Beziehung gesetzt zum Standort und den aktuellen Interessen der Leser, dargestellt als eine historische Konstellation von Vergangenheit und Gegenwart beziehungsweise von Fremdem und Eigenem.

Interpretation entfaltet und vermittelt auf diese Weise das im literarischen Werk vergegenständlichte Sinnpotential in praktischer Absicht. Sie ist **Definition des Textes** und gleichzeitig eine **Selbstdefinition des Interpretierenden** (Babilas 1961, 45), indem sie die Übereinstimmung und die Distanz von Text und Leser wechselseitig auslegt. Ihr Wahrheitskriterium ist ihre die Wirksamkeit der Werke aufschließende Fähigkeit: Sie bleibt der ästhetischen Erfahrung nicht gegenüber, sondern ist deren methodische Entfaltung. Indem sie in einer prinzipiell unabschließbaren Reflexion über die »Natur« des Textes und seiner je aktuellen Wirksamkeit den ästhetischen Genuss reflektiert, weckt sie die Lust und die Fähigkeit zu mehr und komplexerem Genuss. Im Austausch über Lese-Erfahrung kommt auf diese Weise auch die Subjektivität und ihr je spezifischer Wirklichkeitsbezug zur Sprache. Und in eben dieser intersubjektiven Vermittlung, in einer bewussten »Umverteilung von Erfahrungen« (H. Kant), möchte ich die bedeutsamste Funktion der literarischen Werke und des Gesprächs über sie sehen.

Es zeigt sich in diesen Überlegungen darüber, was Interpretation im Zusammenhang von Lektüre und kritischer Verständigung – sein kann, dass diese nicht ohne eine **theoretische und hermeneutische Reflexion** auskommt. Das hängt vor allem mit dem zusammen, was man den **hermeneutischen Status** literarischer Texte nennt: ihre stets neue Auslegungsfähigkeit und Auslegungsbedürftigkeit auf ein bestimmtes praktisches, in einen gegebenen Diskurs eingefügtes Interesse hin. Tatsächlich ist eine Vorstellung vom »Wesen« der Literatur und ein Konzept des Verstehens in aller literarischen Tätigkeit stets schon implizit vorausgesetzt. Die literaturwissenschaftliche Arbeit macht diese Prämissen explizit und entwickelt sie zu einer Theorie des Gegenstandes (Literaturtheorie) und einer des Verstehens (Hermeneutik). Sie *muss* das, weil eine Reflexion auf die eigene, verstehende Tätigkeit und ihre Voraussetzungen notwendig zum Verstehen dazugehört, wenn dieses – in der Interpretation – zu intersubjektiv gültigen bzw. überprüfbaren Ergebnissen kommen will.

Mit der Frage nach der **Wissenschaftlichkeit von Interpretationen** ist eine weit ausgreifende, lange und zuweilen heftig geführte Diskussion angesprochen, die auch heute keineswegs beendet ist. Das hängt damit zusammen, dass mit dieser Frage ein wesentlicher Aspekt in der grundlegenden Auseinandersetzung über das Verhältnis von Theorie und Praxis, Wissenschaft und Gesellschaft berührt ist. Es geht, vereinfacht gesagt, um die Frage nach einem möglichen Widerspruch zwischen der Subjektivität der ästhetischen Erfahrung und des Verstehens literarischer Werke, und der geforderten Objektivität ihrer Auslegung und Kategorisierung. Dem einzelnen Leser, der einzelnen Leserin tritt dieser Objektivitätsanspruch als institutionalisierte Literaturwissenschaft entgegen, mit Bibliotheken voller »Sekundärliteratur«, einer kaum mehr überschaubaren Zahl von Methoden und »Ansätzen«, mit Handbüchern und Leselisten. Innerhalb des Fachs geht es, wieder vereinfacht gesagt, um die wissenschaftliche Relevanz und Zulässigkeit der **Frage nach der Wahrheit der Werke** und um die Frage nach dem Geltungsbereich verschiedener Methoden. Wenn die ästhetische Erfahrung und das Textverstehen unaufhebbar an die Subjektivität gebunden sind, muss die wissenschaftliche Interpretation dann nicht auf ein Urteil über das Werk verzichten bzw. dieses Urteil allenfalls als ein unverbindliches ›Angebot‹ formulieren? Gibt es nicht Möglichkeiten, literarische Texte wissenschaftlich zu analysieren, *ohne* dass man sich mit der Standort- und Interessengebundenheit der Textproduktion wie der Textrezeption auseinandersetzen muss?

Die Antwort auf diese und andere Grundsatzfragen der Literaturwissenschaft kann nach meiner Auffassung nur in der Entwicklung einer Methode selbst liegen, in der eine kontrollierte Vermittlung von Subjektivität und historischem beziehungsweise literarischem Prozess geleistet werden kann. So wie die **ästhetische Erfahrung** der Ausgangspunkt und das unverzichtbare Evidenzkriterium der Interpretation ist, so ist die **Standortgebundenheit** der Lektüre und der Interpretation ihre unhintergehbare Voraussetzung. Das Wahrheitskriterium der Auslegungen ist die – literarische – Praxis. Es ist »nicht nötig, die Gegenstände des ästhetischen Diskurses *an ihm vorbei* zu objektivieren. *An ihm* haben sie ihre Objektivität« (Schödlbauer 1982, 54).

Auch methodische Positionen wie die Dekonstruktion oder die Diskursanalyse im Sinne Foucaults, die von der »Unlesbarkeit« der Texte ausgehen, deren Art der Lektüre den »hermeneutischen Drang zum Sinn auf Schritt und Tritt absichtlich frustriert« (A. Assmann 1996, 14f.), rechnen mit der objektiven Gegebenheit der ästhetischen Erfahrung und mit einer – wie immer als »negative Dialektik« entfalteten – Wahrheit ihrer diskursiven Praxis. Dass es »so gut wie unmöglich [ist], Nichtsinn als Nichtsinn zu markieren« (ebd.), ist ebenso wahr wie die Erfahrung, dass es eine »harmoneutische« (ebd.), das heißt wohl: prästabilierte Beziehung von Interpretation und Konformität nicht gibt. Wie sollte die »Unbegreiflichkeit der Kunstwerke« (Th. W. Adorno, von Assmann als Motto zitiert) anders begriffen werden als durch eine Kritik, die bei ihrer »Suche nach dem Andern des subjektiv gemeinten Sinnes« (ebd., 18) etwas zu finden hofft?

Das bedeutet: Literaturwissenschaft, die sich und ihren Gegenstand ernst nimmt, ist auf die Verbindlichkeit ihrer Aussagen angewiesen. Das gilt auch und gerade für Interpretationen. Das Problem selbst spielt im literaturwissenschaftlichen Unterricht und Arbeitsprozess eine bedeutsame Rolle, etwa wenn ein Leser bzw. eine Leserin äußert: »... aber das kann man natürlich auch ganz anders sehen.« – Interpretation, die sich ernst nimmt, sagt: »... ich sehe das so und so.« Sie macht eine Aussage über die eigene Stellung zum Text und untermauert gegebenenfalls durch überprüfbare Argumente deren Gültigkeit. Literaturwissenschaftliche **Interpretation ist ein sprachliches Handeln**, ein stellungnehmendes Agieren in der gesellschaftlichen Realität, auch wo sie sich dessen nicht bewusst ist oder es ausdrücklich negiert. Im literaturwissenschaftlichen Seminar, wo das Interpretieren ja tatsächlich um seiner selbst willen, vornehmlich zu Ausbildungszwecken stattfindet, wird diese Tatsache leicht übersehen. Nicht nur weil die meisten Bücherleser ihre Lektüre im Horizont ihrer Lebens-Erfahrung erleben und reflektieren, sondern weil sie sich nach meiner Auffassung andernfalls als Wissenschaft selbst annulliert, sollte die Literaturwissenschaft ihr Tun als einen Beitrag zur Erforschung der Wirklichkeit begreifen, freilich in vielfach vermittelter Form: Interpretation erarbeitet Einsichten über die Wirklichkeit *im* Text, über die Manifestation oder die Herstellung von Wirklichkeit *durch* den Text und über die ›Wirklichkeit‹, das heißt die aktuelle Wirksamkeit *des* Textes.

Mit methodisch gebotener Notwendigkeit und nicht aufgrund eines moralischen Appells wird deswegen die literaturwissenschaftliche Interpretation eine mehr oder weniger explizite **theoretische und hermeneutische Reflexion** einschließen. Wertende Aussagen über literarische Wirkungen setzen einen Literaturbegriff – was ist Literatur und was kann sie sein? – und ein Konzept literarischen Verstehens voraus. Eine Vorstellung davon, was Literatur ist und sein kann, bestimmt die literarische Tätigkeit im Ganzen, sie bildet gewissermaßen ihr Woraufhin: die Wahl des zu lesenden Werks, den Erwartungshorizont der Lektüre und nicht zuletzt die Darstellungs- und Vermittlungsform der Lese-Erfahrung und des kritischen Urteils. Auch literaturwissenschaftliche Tätigkeit hat, bewusst oder unbewusst, stets eine gesellschaftliche Funktion; sie hat als privilegierter Partner des literarischen Diskurses Teil an dessen Machtspielen und Subjekt-Effekten. Sofern Interpretation eine ihrer selbst bewusste Tätigkeit ist, werden sich die Interpretierenden als *Teilnehmer* und nicht als Betrachter des literarischen Prozesses begreifen und verhalten.

1.2 Methodische Praxis der Interpretation

Methode ist der systematische und reflektierte Zusammenhang von Operationen beim Erkennen und Verändern eines Gegenstandes. Methodisch vorgehen heißt, die Ausgangsbedingungen der eigenen Arbeit kennen, ein Erkenntnis- bzw. Handlungsziel definieren und die Prinzipien und Verfahren formulieren, nach

denen auf dem projektierten Weg zum Ziel vorgegangen werden
soll. Literaturwissenschaftliche Interpretation unterscheidet sich
von der alltäglichen Praxis der Textauslegung vor allem durch den
Anspruch methodischer Reflexion. Diese hat den Zweck, die angewandten Untersuchungsverfahren in ihrem Zusammenhang mit
der Gegenstandswahl und dem Erkenntnisinteresse kontinuierlich
zu explizieren, um sie auf diese Weise erkennbar, überprüfbar und
kritisierbar zu machen. Die einzelnen Untersuchungsebenen und
-verfahren werden zu diesem Zweck voneinander getrennt, je für
sich möglichst exakt dargestellt und in ihrer theoretischen wie
hermeneutischen Bedeutung reflektiert. Diese didaktisch gemeinte
Operationalisierung darf nicht zu dem Schluss verführen, dass das
im Folgenden dargestellte Interpretationsverfahren als eine Ge-
brauchsanweisung für gelingende Textauslegung benutzt werden
könne. Zu wissen, welche Fragen an literarische Texte gestellt werden *können*, wie man sie *systematisch* stellt und welchen möglichen
Gewinn ihre Beantwortung verspricht: das erweitert die eigenen
Möglichkeiten des Herangehens und erleichtert die Entscheidung
darüber, was man denn von einem bestimmten Text konkret wissen
will. Und es trägt zur Erkenntnis des literarischen Textes und der
literarischen Kommunikation bei.

Denn eine Methode bildet sich immer in engem Zusammenhang mit einer impliziten oder expliziten Theorie des jeweiligen
Untersuchungsobjektes heraus. Sie gibt den Gegenstand in seiner
inhaltlichen Entwicklung wieder, so dass sie »als das reine Entsprechen des Begriffs und seiner Realität« definiert werden kann.
Hegels Formulierung (»Wissenschaft von der Logik«, 1963, 486)
zielt auf den unaufgebbaren Zusammenhang zwischen der ›Logik
der Sache‹ und ihrer Erkenntnis. Diese ist nur soweit sinnvoll, wie
sie von der Objektivität und Erkennbarkeit ihres Gegenstandes
ausgeht. Auf die literaturwissenschaftliche Arbeit bezogen heißt
das: Jede Bemühung um Interpretation setzt voraus, dass der literarische Text und der Prozess seiner Produktion und Rezeption mindestens teilweise objektiv erkennbare, das heißt, regelhaft – und
nicht rein – zufällig strukturierte und funktionierende Bestandteile
der Wirklichkeit sind.

Das schließt ein, dass jede methodisch gewonnene Einsicht
über Literatur die vorausgehende Vorstellung vom Erkenntnisge-
genstand verändert, das heißt,

die jeweilige Auffassung von Literatur und des literaturwissenschaftlichen
Verstehens [...] klärt [sich] in der Besinnung auf die Bedingungen ihrer
Vermittlung und liegt nicht vorab fest (Flügge 1977, 161).

Hinzugefügt werden muss, dass eine derart sich wandelnde Auffassung des Gegenstandes ihrerseits die Methode seiner Interpretation verändern kann.

Die Entwicklung der Literaturwissenschaft seit den 1980er Jahren gibt Anlass zu der Bemerkung, dass es selbstverständlich Entstehungsbedingungen, Eigenschaften und Wirkungen literarischer Werke gibt, die der wissenschaftlichen Erklärung und der strukturellen Analyse gänzlich verschlossen bleiben beziehungsweise nur indirekt zugänglich sind. Zu wissen, welche Fragen man an Kunstwerke stellen kann, schließt das Einsehen darüber ein, auf welche Fragen man keine Antwort erwarten kann. »Worüber man nicht sprechen kann, darüber soll man schweigen« (Ludwig Wittgenstein).

1.2.1 Methoden und »Ansätze«

Wer in der Literaturwissenschaft heute von Methoden – in der Mehrzahl – spricht, bezieht sich in der Regel mindestens indirekt auf jene Orientierungsversuche, die seit etwa Mitte der 1980er Jahre unternommen wurden, um den Ertrag der vorangegangenen Theoriedebatten kritisch zu sichten und um eine neue Standortbestimmung der Literaturwissenschaft zu ermöglichen. Ging es, sehr vereinfacht gesagt, den »Einführungen« der 1970er Jahre darum, Zugänge zur *Literatur* zu eröffnen (vgl. etwa »Funkkolleg Literatur« 1977/78; »Literaturwissenschaft. Grundkurs« 1981), so bieten spätere Sammlungen (vgl. zum Beispiel Bogdal 1990; Wellbery 1985) vielfach eher eine Übersicht über die *Literaturwissenschaft*. Die **methodische Reflexion** über Erkenntnisinteressen, Prinzipien und Verfahren der Interpretation wurde ergänzt und teilweise abgelöst durch **methodologische Reflexion** über unterschiedliche »Theorien, Modelle und Methoden« der Literaturwissenschaft (vgl. Nünning 2004). Das war ein notwendiger, in der ›Logik der Sache‹ angelegter Wandel, der auch reichlichen Gewinn gebracht hat. Er hat nach meinem Eindruck jedoch auch dazu beigetragen, dass die Rede von »Methoden« in der literaturwissenschaftlichen Praxis heute oft missverständlich, vieldeutig und sachlich undifferenziert ist (vgl. Fricke 1992, 211). Die Studierenden sehen sich einem »methodologischen Warenhauskatalog« (Wellbery) von »Ansätzen« konfrontiert, dessen additive Struktur und prinzipielle Unabschließbarkeit den Eindruck einer Beliebigkeit in der Wahl der Methoden, wenn nicht den ihrer Gleich-Gültigkeit zu wecken geeignet ist.

Demgegenüber bleibt darauf zu bestehen, dass die Literaturwissenschaft schon um der methodologischen Orientierung willen »die eigentlich relevanten Unterscheidungskriterien konkurrierender wissenschaftlicher Standards adäquat erfassen« müsste (ebd.), und dass sie den Stellenwert der verschiedenen »**Methoden der Literaturwissenschaft**« für die literaturwissenschaftliche Praxis kontinuierlich mit bedenken muss. Ausgangspunkt kann die Frage sein, wo denn die verschiedenen »Ansätze« mit ihrem Erkenntnisinteresse und ihren Verfahren jeweils ansetzen. Eine praktikable Antwort auf diese Frage stellt Frickes »Modell der Modelle« dar (ebd., 216), in dem die traditionellen Methodenrichtungen jeweils einer bestimmten Relation im Modell der literarischen Kommunikation zugeordnet und durch eine einprägsame Formel charakterisiert sind:

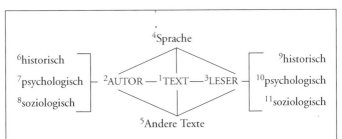

Positionen und Perspektiven der Literaturwissenschaft

nach Harald Fricke (1992, 216)

1. Werkimmanente Interpretation (Staiger etc.): Das literarische Werk ist wesentlich bestimmt durch nichts als den Text selbst.
2. Hermeneutik (Dilthey etc.): Das literarische Werk ist wesentlich bestimmt durch die (ggf. unbewusste) Intention des Autors.
3. Rezeptionsästhetik (Iser etc.): Das literarische Werk ist wesentlich bestimmt durch den Verarbeitungsprozess des Lesers.
4. Linguistische Poetik (Jakobson etc.): Das literarische Werk ist wesentlich bestimmt durch seine Beziehungen zum jeweiligen Sprachsystem.
5. Diskursanalyse (Foucault etc.): Das literarische Werk ist wesentlich bestimmt durch seinen (ggf. intertextuellen) Bezug auf den Diskurstyp anderer Texte.
6. Positivismus (Scherer etc.): Das literarische Werk ist wesentlich bestimmt durch die Lebensgeschichte des Autors.
7. Psychoanalyse (Freud etc.): Das literarische Werk ist wesentlich bestimmt durch das Unbewusste im psychischen Apparat des Autors.

8. Marxismus (Lukács etc.): Das literarische Werk ist wesentlich bestimmt durch die Klassenlage zur Zeit des Autors (vulgärmarxis-
   tische Variante: durch die Klassenlage des Autors).
9. Wirkungsgeschichte (Jauß etc.): Das literarische Werk ist wesentlich bestimmt durch die historisch veränderlichen Erwartungs-
   horizonte seiner Leser.
10. Leserpsychologie (Groeben etc.): Das literarische Werk ist wesent-
    lich bestimmt durch die beobachtbaren Verhaltensänderungen
    seiner Leser.
11. Literatursoziologie (Schmidt etc.): Das literarische Werk ist we-
    sentlich bestimmt durch das jeweils geltende Konventionssystem
    der Leser einer Literaturgesellschaft.

Naturgemäß kann in der folgenden Übersicht über die wichtigsten
methodologischen Positionen und Perspektiven der Literaturwissenschaft weder die Auswahl der aufgeführten »Ansätze« noch die
der Kategorien restlos befriedigen. Das in den Theoriedebatten
der 1970er und 1980er Jahre wesentlich ausgeweitete, ganz unterschiedlich kultivierte, stellenweise auch zerklüftete Feld der Literaturwissenschaft erscheint hier als eine Topik von Leitbegriffen und
Fragen, deren Nutzen und Nachteil sich erst in der praktischen
Arbeit erweisen kann. Die Methode der Interpretation ergibt sich
ohnehin nicht aus einer einfachen Wahl der richtigen Instrumente
aus einem vorab definierten Sortiment, sondern aus den Eigenschaften und der aktuellen Wirksamkeit des ausgewählten Werks
sowie aus den durch die Lektüre aufgeworfenen Fragen. Entschieden zu unterstreichen ist Frickes Forderung nach einem »hinreichend komplexen **Begriff wissenschaftlicher Argumentation**«, der
allein gültige Kriterien für eine Beurteilung der Leistungsfähigkeit
von »Ansätzen« liefern könne. Es kommt in der Tat bei der Interpretation literarischer Werke weniger darauf an, einen bestimmten
»methodologischen Schulzusammenhang« zu wahren als darauf,
eine nachvollziehbare, konsistente und terminologisch transparente
Argumentation zu entwickeln, die »ggf. durch Einwände intersubjektiv kritisierbar« ist (ebd., 222f.).

Methode / »Ansatz«	*Gegenstand* Text verstanden als …	*Erkenntnisinteresse* Woraufhin interpretieren?
werkimmanente Interpretation ---- New Criticism close reading	in sich geschlossenes sprachliches Gefüge das Wortkunstwerk als eigene Welt	»Was macht die Stimmig- keit und Vollkommen- heit des Werks aus?«
Hermeneutik	verschriftlichte fremde Rede Antwort auf eine exis- tenzielle Frage	»Was will mir der Autor sagen?«
Rezeptionsästhetik	Rezeptionsvorgabe Grundlage historisch veränderlicher Bedeu- tungen	»Wer versteht das Werk, wie und warum?«
Linguistische Poetik / Strukturalismus	Funktionsmechanismus zur Erzeugung von Be- deutung Tiefenstruktur als grundlegendes Muster Grammatik der Erzäh- lung	»Wie ist der Text ge- macht?«
Diskursanalyse	regelbestimmtes Sprach- spiel und Machtmittel Prozess der Strukturie- rung von »Wirklich- keit«	»Wie steht der Text in den dominanten Diskur- sen seiner Zeit?«
Sozialgeschichte / Ideologiekritik (historischer Materia- lismus)	Medium der Aneig- nung von Realität bedingtes und wir- kendes Moment im historischen Prozess	»Wie steht der Text in den gesellschaftlichen Auseinandersetzungen seiner Zeit?«
Psychoanalytische Literaturwissenschaft Tiefenhermeneutik	besondere Ausprägung menschlichen Phantasie- rens Symptom für das Un- bewusste des Autors	»Was bedeutet der Text als Kompromiss zwischen (unbewussten) Begehren und Realitätsprinzip?«
Poststrukturalismus Dekonstruktion Intertextualität	transitorischer Schnitt- punkt von Bedeu- tungen / Texten Spiel von Signifikanten	»Wie verflüssigen sich die ›Sinnpotentiale‹ bei genauem Hinsehen?«

Verfahren	Leitbegriffe	bekannte Vertreter
sachgemäßes Erfassen von Gehalt und Gestalt das allersubjektivste Gefühl als Basis der Arbeit »begreifen, was uns ergreift«	Immanenz der Bedeutung Literaturwissenschaft als Anthropologie der Mensch und seine Möglichkeiten	Emil Staiger Wolfgang Kayser --------- René Wellek und Austin Warren
sich kongenial in den Autor hineinversetzen regelgeleitete (grammatische) Analyse und kreative (psychologische) Auslegung	Verstehen als Miterleben; Verschmelzung von Autor- und Leserhorizont Bildung, sensus communis, Urteilskraft, Geschmack Bindung an die Tradition	Friedrich D. Schleiermacher Wilhelm Dilthey Hans G. Gadamer
die sinngebende Aktivität des Lesers rekonstruieren; den Text mit dem Erwartungshorizont des Lesers vermitteln	Erwartungshorizont des Lesers Appellstruktur des Textes Textrepertoire Unbestimmtheit, Leerstelle	Hans R. Jauß Wolfgang Iser Karlheinz Stierle Rainer Warning Umberto Eco
den Text in seine Ebenen und Elemente zerlegen die Codes (Funktionen und Indices) des Textes rekonstruieren	»Literarizität« – sprachliche Zeichenanalyse gilt für alle kulturellen Phänomene; Grammatik der Erzählung	Roman Jakobson Roland Barthes Julien A. Greimas Tzvetan Todorov Gérard Genette
die Rolle der Diskurse bei der Bedeutungskonstitution untersuchen	regelgeleitetes Sprachspiel; hist. Wissensformationen; Kollektivsymbole; Zerstörung sprachlich verbürgter Gewissheiten Auflösung d. Autorsubjekts	Michel Foucault H. D. Kittler Jürgen Link
die Vermittlungen zw. d. Text und der Wirklichkeit seiner Zeit entfalten die aktuelle Wirksamkeit beurteilen	Produktionsverhältnisse Basis und Überbau der historische Prozess Widerspiegelung Realismus	Georg Lukács Walter Benjamin Th. W. Adorno L. Althusser Manfred Naumann Terry Eagleton
das psychodramatische Substrat erarbeiten (Subtext), Analyse von Übertragung und Gegenübertragung durch szenisches Verstehen	Es, Ich und Über-Ich; Verdrängung und Abwehr: das Individuum als Medium der Wünsche und der Sprache anderer	Sigmund Freud Jacques Lacan Alfred Lorenzer Peter von Matt Carl Pietzcker
die Bedeutungsverästelung aufspüren: die intertextuelle Offenheit des Textes zeigen scheinbar feste Bedeutungen dekonstruieren	Dissémination: Zerstreuung fester Bedeutungsstrukturen Text: Schnittpunkt v. Texten entpersonalisierter Autor – personalisierter Leser	Paul de Man Jacques Derrida Julia Kristeva Gilles Deleuze Félix Guattari Jonathan Culler

1.2.2 Textauswahl und Textkritik

Der in der Struktur der Methoden-Übersicht zugrunde gelegte systematische Zusammenhang von Gegenstandswahl, Erkenntnisinteresse und Untersuchungsverfahren gilt auch für die einzelne Interpretation und sollte im Arbeitsvorgang stets mitreflektiert werden.

Die **Wahl eines Gegenstandes** der Interpretation setzt ein literaturkritisches Urteil über diesen Text voraus, das diesen als historisch und/oder literarisch bedeutsam definiert oder – was gleichermaßen legitim ist – von seiner unmittelbaren Wirkung auf den Leser oder die Leserin ausgeht. Die Literaturwissenschaft spricht im ersten Fall von der **Repräsentanz des Werks**: es ist repräsentativ für eine Epoche, für eine Gattung (oder eine von deren historischen Ausprägungen) für die literarische Behandlung eines Themas; es ist repräsentativ – oder in diesem Falle besser: typisch – für einen Autor. Im zweiten Falle geht der Auswählende von der Feststellung, der Annahme oder Behauptung der **Aktualität** aus, die sowohl vom Thema als auch von der Wirksamkeit des Textes her begründet sein kann. Man muss sich dabei der Tatsache bewusst bleiben, dass solche Feststellungen den Charakter von Interpretationen haben: sie sind nicht beweisbar, müssen im Arbeitsprozess disponibel und korrigierbar bleiben. So ist etwa die Auswahl von Texten Brechts als Demonstrationsgegenstände dieser Einführung die Folge einer bewussten Stellungnahme – weniger für eine bestimmte Schreibweise als für eine außerordentlich produktive, verbindliche und klare Art des Umgangs mit den Fragen der Ästhetik und des literarischen Diskurses.

Bei der **Auswahl der Gegenstände literaturwissenschaftlicher Arbeit** geht man also legitimerweise von individuellen Interessen, Erfahrungen und Vorlieben aus. Wer zum Beispiel für den Literaturunterricht in Schule oder Hochschule einen Text zur Bearbeitung vorschlägt, wird sich, wenn er am praktischen Sinn der vermittelnden Tätigkeit interessiert ist, gegenüber seinen Dialogpartnern als *Leser* verhalten und diese als Leser ansprechen. Dieses Interesse am gewählten Werk und an der Verständigung darüber verbindet sich dann mit einer vorgängigen Reflexion auf das eigene Erkenntnisinteresse, das sich aufgrund dieser Verständigung und durch die Arbeit am Text auch erst konkretisieren oder verändern mag. Nicht nur in Bezug auf den Literaturbegriff und das Verstehenskonzept ist Interpretation nicht voraussetzungslos. Schon mit der Hinwendung zu einem bestimmten Autor oder Werk stellt sie sich in die literarische Tradition und den Kampf um sie – sei diese Hinwendung nun eigens begründet, also bewusst, oder nicht. Die Literaturwissenschaft ist – etwa in der Literaturgeschichtsschreibung – durch die Wahl und Anordnung ihrer Gegenstände wesentlich an der Herausbildung, Veränderung und Legitimierung des jeweils geltenden Kanons beteiligt. Bertolt Brecht ist ein repräsentatives Beispiel für einen Autor, an dessen Rezeption und Überlieferung die ideologischen Fronten bis heute immer wieder besonders deutlich hervortreten.

Die **Textkritik** wird für die literaturwissenschaftliche Interpretation in doppelter Weise bedeutsam:

1. **Textsicherung** besteht zunächst in der Vergewisserung, dass man den gewählten Text in einer dem Willen des Autors oder den geprüften Ergebnissen der Überlieferungsgeschichte entsprechenden, **authentischen Textgestalt** vor sich hat. Dabei kommt es selbstverständlich auf ›den Buchstaben‹, oft sogar auch auf die Druckform beziehungsweise – etwa bei mittelalterlicher Überlieferung – auf das Erscheinungsbild der Handschrift an. Dass alle am Arbeitsprozess Beteiligten sowie die Adressaten der interpretierenden Darstellung den *gleichen* Text zugrunde legen (können), sichert man gegebenenfalls durch Angabe einer leicht greifbaren Ausgabe, während man für die wissenschaftliche Argumentation möglichst eine kritisch geprüfte Textfassung benutzt. Die Frage danach, welchen Text ich beim Interpretieren vor mir habe, ist auch bei neuzeitlichen Autoren nicht überflüssig. So beruht etwa die Interpretation der Werke Bertolt Brechts bis zum Erscheinen der »Großen kommentierten Berliner und Frankfurter Ausgabe« (1988–2000) auf einer höchst unsicheren Textgrundlage; Auswahl, Anordnung und Darbietung der Texte in den vorher greifbaren Ausgaben waren vielfach fragwürdig oder erwiesenermaßen falsch. Auch wenn man der Intention des Autors keine Bedeutung für die Interpretation des Textes zumisst, wird man sich also vor der Arbeit darüber Gedanken machen, ob der vorliegende Text den Absichten des Autors entspricht.

2. **Aufklärung** über die **Textgeschichte** kann oft zum Verständnis und zur historischen Interpretation des Werks beitragen oder dafür sogar unentbehrlich sein. Das betrifft sowohl die Entstehungsgeschichte – von der Niederschrift erster Entwürfe bis zum ›vollendeten‹ Werk bzw. der so genannten »Ausgabe letzter Hand« – als auch die Überlieferungsgeschichte von der ersten Veröffentlichung bis in die Gegenwart. So erleichtert es zum Beispiel das Verständnis des Gedichts »1940« von Bertolt Brecht (s. S. 131),

wenn man erfährt, dass der Abschnitt IV in einer früheren Fassung die Überschrift »Flandern« trägt.

Solche **Lesarten der Überlieferung** helfen Deutungsprobleme lösen, müssen aber stets selbst sorgfältig interpretiert werden (vgl. Szondi 1970). Sie eröffnen zugleich Einblicke in den Arbeitsprozess – in diesem Fall der bewussten Verknappung und »Verrätselung« des Gedichtinhalts. Der Vergleich von in Prosa gefassten Gedanken Brechts mit deren späterer Ausarbeitung zum Gedicht ermöglicht ein genaueres Studium der für seinen lyrischen Stil so wesentlichen »gestischen« Sprache. Wieder anders liegt der Fall bei **Textfassungen**, deren Unterschiede auf die veränderten Umstände – zeitliche Verschiebung, ein anderes Publikum – zurückgeführt werden müssen (*Galilei*; Epilog von *Der gute Mensch von Sezuan* u.a.). Solche vom Autor vorgenommenen Veränderungen an einem Werk können so tief greifend sein, dass man nicht mehr gut von verschiedenen Fassungen sprechen kann, sondern von unterschiedlichen **Bearbeitungen** des gleichen Stoffs bzw. Themas (*Rundköpfe und Spitzköpfe* u.a.). Man wird also in jedem Fall vor dem Beginn der eigentlichen Analyse eine kommentierte oder historisch-kritische Ausgabe des betreffenden Werks zur Hand nehmen.

Es geht in der Textkritik zumeist um die **Authentizität des Textes**, das heißt um die Frage, ob und wie weit der vorliegende Textbefund der Intention des Autors entspreche. Hierbei ergeben sich erhebliche Unterschiede zwischen der mediävistischen und der sog. »neueren« Literaturwissenschaft. Die im Bereich der mittelalterlichen Literatur lange Zeit vornehmlich geforderte Rekonstruktion des »Originals« wurde seit den 1960er Jahren ergänzt durch das **Prinzip der Leithandschriften**, das heißt den literatursoziologisch begründeten Bezug auf diejenige Werkgestalt, auf der die Überlieferungs- und Rezeptionsgeschichte faktisch beruht. Die von Karl Lachmann, dem Begründer der modernen Textkritik, aufgestellte Forderung, »daß das ursprüngliche Werk des Verfassers möglichst, so wie er es verfaßt hat, hergestellt werde« (1876, 565), behält in jedem Falle ihre Gültigkeit. Ist die Herstellung eines authentischen Texts oder die **Rekonstruktion der Textgenese** aufgrund handschriftlicher Fassung vielfach bereits eine Frage der Interpretation (und nicht mehr der bloßen Faktensicherung), so wird die Frage nach der Intention des Autors ergänzt durch die Frage nach der wirklichen **Überlieferungsgeschichte**, wie sie sich aus den Textzeugen – auch den unvollständigen, verderbten oder ›falschen‹, sogar in den verlorenen – rekonstruieren lässt.

> **Fragen zur Textsicherung**
> - In welcher Veröffentlichung steht – aus welcher Veröffentlichung stammt – der Text, den ich gelesen habe / interpretieren will?
> - Ist der Text vollständig; entspricht seine Gestalt dem Willen des Autors?
> - Welchen Status hat der Text: Autograph, Druck zu Lebzeiten und mit Korrektur des Autors; Ausgabe letzter Hand; aus dem Nachlass o.ä.?
> - Ist der mir vorliegende Text kritisch geprüft?
> - Gibt es eine historisch-kritische bzw. eine kritische Ausgabe, ggf. mit Angaben zur Textgeschichte, editorischen Erläuterungen, Zeilenkommentar?
> - Haben alle am Arbeitsprozess Beteiligten den gleichen Text vor sich?

1.2.3 Lesarten

Methodisches Interpretieren ist in der Regel ein kontrolliertes »Hin-und-Her« (Sartre) zwischen kritischer Verständigung über den Wahrheitsgehalt und die Wirksamkeit des Textes, analytischer Überprüfung der in kritischen Äußerungen getroffenen Feststellungen und methodischer Reflexion. Aus dieser Feststellung folgt
- erstens, dass literaturwissenschaftliche Interpretation als ein kommunikatives Handeln angewiesen ist auf den lebendigen Austausch von Meinungen, Fragen und Stellungnahmen;
- zweitens, dass es keine verallgemeinerbare Anweisung dafür gibt, wann und in welcher Form die Übergänge zwischen den verschiedenen Frage-Ebenen jeweils erfolgen sollen; und
- drittens, dass die Verständigung über Lese-Erfahrungen unabdingbar der erste Arbeitsschritt ist und dass die Interpretation den steten Rückbezug auf diese Erfahrungen nicht ohne Schaden versäumen kann. Dies ist ausdrücklich gegen all diejenigen Modelle der Interpretation gesagt, in denen die »einfache Beschreibung des Textbefundes«, also ein analytisches Handeln, an erster Stelle im Arbeitsprozess steht.

Lesarten als Ziel und Gegenstand der ersten Verständigung entstehen, indem die am Arbeitsprozess Beteiligten redend oder schreibend – oder auch agierend – Erfahrung freisetzen, gewissermaßen ausstellen und gegebenenfalls bewerten. Es geht dabei um die **Er-**

zeugung und **Fixierung einer ersten kritischen Stellungnahme** im oben ausgeführten Sinn. Das macht Arbeit und geht gelegentlich – im Literaturunterricht in der Regel – nur gegen bestimmte Widerstände. Deren bedeutendster ist die Schwierigkeit von Studentinnen und Studenten, ihre subjektiven Erfahrungen mit dem Text, ihre durch diesen ausgelösten Gefühle, Phantasien und Gedanken freimütig mitzuteilen. *Ein* Grund für diese »Verweigerung« ist sicherlich die Übergröße der Seminare bzw. Arbeitsgruppen; ein *anderer*, nicht minder bedeutsamer ist das vorgängige Verständnis von Literaturwissenschaft, dessen entschiedenen Abbau ich für eine der dringendsten Aufgaben der literaturwissenschaftlichen Einführungskurse halte. Die wissenschaftliche Methodik und Sprache wird als *Gegensatz* zur eigenen alltäglichen Erfahrung und zur Sprache der literarischen Werke erfahren und das Lese-Erlebnis erscheint entsprechend als unvereinbar mit den »Anforderungen«. Die mangelnde Bereitschaft und Übung bei der Artikulation von Lese-Erfahrungen ist daher nur zu verständlich. Abgemildert wird sie erfahrungsgemäß in vielen Fällen durch den Versuch, die erste Lese-Reaktion entweder schriftlich – in der Abgeschlossenheit der gewohnten Leseumgebung – anzufertigen oder in ganz kleinen Diskussionsgruppen vorzubesprechen. Es zeigte sich darüber hinaus, dass die Zusicherung der Anonymität eingereichter schriftlicher Äußerungen die offene Mitteilung von Lese-Erfahrungen, aber auch von Widerständen bei der Lektüre erleichtert.

Die **Herstellung von Lesarten** als Ausgangspunkt für die analytische Arbeit und die methodische Reflexion geschieht im literaturwissenschaftlichen Seminar sinnvollerweise mittels Fragen oder Aufgaben. Aufgegeben werden könnte ein spontaner oder fragengeleiteter Kommentar, ein Gedichtvortrag oder etwa die Lesung mit verteilten Rollen. Die vielfältigen, im wissenschaftlichen Literaturunterricht noch viel zu wenig erprobten Formen des produktiven Umgangs mit Literatur: Rollenspiel, Umschreiben, Transformierung in andere Medien (vgl. Fingerhut 1980 und 1981) sind nach meiner Erfahrung geeignet, die Motivationen zu dieser Arbeitsphase und ihren Ertrag noch wesentlich zu steigern.

Entscheidend für diesen ersten Schritt der Interpretation ist, dass die oft nur vage – und zuweilen gar nicht – voraussehbaren spontanen **Reaktionen auf die Lektüre** durch die vorgegebenen Aufträge oder Fragen nicht präjudiziert, eingeschränkt oder gar unterbunden werden. Deshalb sollen Fragen in dieser Phase *nicht* auf bestimmte Texteigenschaften zielen oder gar analytische Operationen verlangen, sondern möglichst eine Äußerung der subjektiven Betroffenheit gleich welcher Art provozieren. Die im alltäglichen

Leseverhalten nach den Forschungen der Literatursoziologie relevantesten Anknüpfungspunkte für individuelle Lese-Interessen sind – neben auffälligen oder unverständlichen Details – die **Bedeutung des Textes**, als der ganzheitlich aufgefasste Mitteilungsgehalt, seine **Bedeutsamkeit** als die von ihm ausgehende aktuelle Wirkung, sein ›Appell‹ im weitesten Sinne sowie der je nach dem individuellen Rezeptionsvermögen als stärker oder schwächer empfundene **Widerstand**, den der Text aufgrund seiner Darbietungsweise dem Verständnis bietet (Lese-Erfahrung 1983, 80ff.). An diesen Kriterien können einleitende Fragestellungen sich orientieren, bei deren Formulierung im aktuellen Fall jedoch die Eigenschaften des zu lesenden Werks berücksichtigt werden sollten.

Fragen zur Herstellung von Lesarten
- Finden Sie den Roman, die Erzählung, das Gedicht [...] interessant, spannend, bedeutsam?
- Welche Gedanken und Gefühle hat die Lektüre ausgelöst?
- Wie schätzen Sie die Haltung ein, die der Erzähler (Autor) gegenüber seinem Thema, seinen Figuren einnimmt?
- Welche Schwierigkeiten setzt der Text dem Verständnis entgegen?
- Was müsste man tun, um diese Schwierigkeiten zu überwinden; würde sich diese Mühe lohnen?

Lesarten als operationaler Ausgangspunkt der interpretierenden Arbeit machen die unterschiedlichen Lese-Erfahrungen diskutierbar. Sie explizieren und deuten diese Erfahrungen und kommen dabei zu einer Aussage darüber, was das Werk für den einzelnen Leser ist und oft auch, als was sich dieser einzelne Leser gegenüber dem Werk verhält. Die Unmittelbarkeit und Subjektbezogenheit dieser kritischen Äußerungen über das Gelesene ist dabei kein Manko, sondern eine entscheidende Voraussetzung für den weiteren Gang der Interpretation.

Das Textverständnis unterschiedlicher Leser ist in der Regel verschieden. Das Maß dieser Abweichung ist auch abhängig von der Verständlichkeit des jeweiligen Textes; bedeutsamer sind jedoch in der Regel die je besonderen Rezeptionsvoraussetzungen der einzelnen Leserinnen und Leser. Die voneinander abweichenden Lesarten realisieren unterschiedlich viele und unterschiedliche der im Text angelegten Bedeutungen. Erfahrungsgemäß resultieren diese Abweichungen auf einer ersten Ebene aus der unterschiedlichen

Intensität des Lesevorgangs. So reichen die möglichen Lesarten eines Textes von der ›werkgetreuen‹ Artikulation der Textbedeutung, die eine genaue Lektüre voraussetzt, bis hin zum »Privattext« (Eggert 1974, 277f.), das heißt, einer Vorstellung vom Mitteilungsgehalt, die sich ein Leser *anlässlich* des Textwortlauts aber ohne seine Berücksichtigung macht. Die auch hier zugrunde gelegte Auffassung, dass alle diese Lesarten ihre Berechtigung haben, führt zu der Frage danach, welches die Kriterien sind, nach denen die Angemessenheit einer Lesart oder Interpretation beurteilt werden kann.

1.2.4 Hermeneutischer Exkurs

Es gibt ein im Alltag vielfältig ausgewiesenes Interesse des Einzelnen und der Gesellschaft an der Frage nach der rationalen **Begründung und Begründbarkeit von Textauslegungen.** Wer ein literarisches Werk liest, artikuliert die bei der Lektüre gewonnenen Einsichten und Erfahrungen nicht nur für sich selbst, sondern versieht sie mit einem allgemeinen Geltungsanspruch, legt ihnen also intersubjektiv vermittelbare und gegebenenfalls überprüfbare Maßstäbe der Beurteilung zugrunde. Spontane Interpretationen sind in der Regel als Tatsachenbehauptungen über den Text bzw. den Autor formuliert und zielen darauf, ein bestimmtes Verständnis des Textes als begründet durchzusetzen; für literaturwissenschaftliche Interpretationen und auf sie gegründete literarhistorische Darstellungen gilt das ohne Ausnahme.

Ein Blick auf die Rechtsprechung – aber auch auf die politische Öffentlichkeit – kann darüber belehren, dass der **Streit um die richtige Auslegung von Texten** sehr wohl gesellschaftliche Bedeutung hat und aktuelle Dimensionen. Er lenkt die Aufmerksamkeit auf die Interpretationsinstanzen und die Macht ihrer Verlautbarungen und zeigt, dass die Auseinandersetzungen in den – und um die – staatlichen und gesellschaftlichen Institutionen immer auch um gegensätzliche Auslegungen zentraler Begriffe oder Texte geführt werden. Hierbei wird in der Regel Rationalität der eigenen Textauslegung von beiden Seiten behauptet bzw. der jeweils gegnerischen Seite abgesprochen. Ähnliches gilt – mutatis mutandis – auch für die Literaturwissenschaft und ihre Interpretationen, wenngleich diese natürlich – entsprechend dem geringeren institutionellen Stellenwert der Literatur – längst nicht so scharf umkämpft sind wie etwa die von Gesetzestexten und ihre Anwendung durch die Gerichtsbarkeit.

Der in den alltäglichen wie in den wissenschaftlichen Interpretationen gleichermaßen vorausgesetzte **Anspruch auf intersubjektive Gültigkeit** gründet sich auf einen Sachverhalt, den Jürgen
Habermas als die »rationale Binnenstruktur des verständnisorien-
tierten Handelns« analysiert hat:

> Beim kommunikativen Handeln wird [...] der Ausgang der Interaktion
> selbst davon abhängig gemacht, ob sich die Beteiligten untereinander auf
> eine *intersubjektiv gültige* Beurteilung ihrer Weltbezüge einigen können.
> Diesem Handlungsmodell zufolge kann eine Interaktion nur in der Weise
> gelingen, daß die Beteiligten miteinander zu einem Konsens gelangen,
> wobei dieser von Ja/Nein-Stellungnahmen zu Ansprüchen abhängt, die
> sich potentiell auf Gründe stützen (1981, 157).

Habermas' These: »Kommunikative Handlungen verlangen stets
eine im Ansatz rationale Deutung« (ebd.) gilt auch für die Literaturinterpretation, weil sowohl die Produktion als auch die Rezeption
(literarischer) Texte kommunikative Handlungen sind. Die Frage
ist also, welche Folgerungen sich für die methodische Praxis der
Interpretation aus diesen Feststellungen ergeben.

Den Sachverhalt, dass es von einem literarischen Werk legitimerweise unterschiedliche, mit dem gleichen Anspruch auf Geltung vorgetragene Lesarten geben kann, fasst die Hermeneutik
(= die Theorie des Verstehens und der Interpretation) in die These:
**Auslegungen literarischer Texte sind historisch und sozial vari-
abel.** Die Ursachen für diese Variabilität liegen einerseits in der
Eigenart des literarischen Textes und der literarischen Kommunikation, andererseits in dem besonderen Charakter sinnverstehender
Tätigkeit:

> Die Anwendung der Kommunikationstheorie auf die Phänomene der
> Kunstwirkung und -rezeption hat evident gemacht, dass die Kommuni-
> kation durch poetische Texte nicht primär als Übermittlung von Informati-
> onen von einem Sender an einen Empfänger zu verstehen ist, sondern die
> geistige Reproduktion des Produkts poetischer Text als einer ganzheitlichen
> Struktur durch einen einzelnen Leser zur Voraussetzung hat. Was unter
> quantitativem kultursoziologischen Aspekt als Rezeption im ursprünglichen
> Sinne des Wortes erscheint, erweist sich in ästhetischer Hinsicht als das
> Einbringen der Subjektivität des Rezipienten. Dazu sind sein Vermögen
> zur Analyse und Synthese, Aufnahmebereitschaft und Vorstellungsgabe,
> das Ernstnehmen fremder Erfahrungen und die Aktivierung eigener, seine
> Sensibilität, betroffen zu werden und seiner Kraft zu eingreifendem Urteil
> gleichermaßen gefordert. [...] Die Aneignung des Textes durch den Le-
> ser ist also historisch, politisch, soziologisch, kulturell, subjektiv bedingt
> (H. G. Werner 1980, 55).

Literarische Texte haben einen »Eigensinn« (Habermas 1981, 159), der mit dem vom produzierenden Subjekt gemeinten und dem vom rezipierenden Subjekt aufgefassten Sinn nicht übereinstimmt. Den spezifischen, prinzipiell unaufhebbaren Unterschied zwischen Intention und Verständnis, der hier sichtbar wird, nenne ich die **hermeneutische Differenz.** Der Begriff bezeichnet den Sachverhalt, dass der literarische Text nicht nur *eine* Bedeutung hat, sondern – der Möglichkeit nach – viele sich unterscheidende, von denen *eine* als die vom Autor intendierte und eine *andere* mit dieser nur partiell übereinstimmende als die jeweils von einem Leser – auch von einem gleichzeitigen! – (vgl. Mandelkow 1970, 81) realisierte Bedeutung gedacht werden kann. Verschiedene Auslegungen ein und desselben literarischen Werks erscheinen daher als variable Realisierungen einer Konstanten: des Textes, dessen unveränderte und vollständige Überlieferung dabei vorausgesetzt ist.

Diese **Differenzierung der Kategorie Bedeutung** lässt sich schematisch veranschaulichen. Aus Gründen der Übersichtlichkeit stelle ich den seltenen, bei historisch weit entfernten oder bei hermetischen Texten aber durchaus denkbaren Fall dar, in dem die ›Schnittmenge‹ zwischen der von intendierter und aktueller Bedeutung nur klein ist. Zudem ist davon abgesehen, dass auch der Umfang der potentiellen Bedeutungen eines gegebenen Textes – sein »Bedeutungsspielraum« – sich mit dem Wandel der Verstehenskontexte historisch verändert.

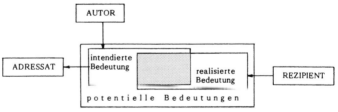

Abbildung 1: Hermeneutische Differenz

Das Schema verdeutlicht, dass es zwischen der Intention des Autors, die sich auf einen Adressaten richtet, und dem Textverständnis des Lesers eine Differenz gibt, die zwar unterschiedlich groß sein kann, in keinem Falle jedoch völlig verschwindet. Der Leser versteht stets »mehr und weniger«, jedenfalls tendenziell anders als der Autor meint (Weimar 1972, 182). Das ist ein Sachverhalt, den die Kommunikationstheorie aus der Nicht-Übereinstimmung von Sender- und Empfängerkode erklärt (vgl. zum Beispiel das Schema bei Schulte-Sasse/Werner 1977, 60). Die viel besprochene **Mehrdeutigkeit des literarischen Textes** (Polyvalenz) verträgt sich darüber hinaus sehr gut mit der Tatsache, dass der Autor gegebenenfalls etwas Eindeutiges und Verbindliches meint und dass der Leser ebenso auf einer eindeutigen Auslegung und ihrer Gültigkeit bestehen kann. Ich unterscheide mich in diesem Punkt von Jürgen Landwehr (Schema bei Grimm 1977, 52f.), in dessen Modell intendierte und potentielle Bedeutung zusammenfallen. Nach meiner Auffassung »weiß« der Text immer *mehr* als sein Autor. Uneingeschränkt bleibt durch diese Feststellung die Möglichkeit, dass ein Autor sein Werk bewusst vieldeutig, widersprüchlich oder rätselhaft anlegt; denn auch die kunstvolle Organisation von Dunkelheiten und Ambivalenzen muss und kann in der Regel als Ausdruck einer vergleichsweise deutlich umrissenen Wirkungsabsicht gedeutet werden. Manfred Frank hat darauf hingewiesen,

daß die Mannigfaltigkeit der Aspekte, unter denen ein literarisches Werk seinen Interpreten sich darbietet, kein Argument ist gegen die bedeutungsmäßige Einheit seiner Botschaft (1982, 129).

Die Ursachen für die hier schematisch veranschaulichte **Variabilität der Textauslegungen** sollen noch einmal übersichtlich zusammengestellt werden (vgl. dazu Lerchner/Werner 1975, 102ff.).

Im Hinblick auf den literarischen Text gilt:
- Er ist **situationsunabhängig,** das heißt er dient nicht der Kommunikation in einem gegebenen, pragmatischen Handlungskontext; seine Entstehung ist zudem meist zeitlich und räumlich von seiner Rezeption getrennt.
- Er ist **fiktional,** das heißt er bezieht sich nicht auf konkret vorhandene, sondern auf mögliche, denkbare, vorstellbare Wirklichkeiten.
- Er ist infolgedessen **notwendig-unbestimmt,** das heißt er kann weder im Blick auf eine Kommunikationssituation und gegebene Adressaten noch – in der Regel – durch Rückgriff auf außertextliche Sachverhalte vereindeutigt werden.
- Er ist **komplex** und partiell **strategisch-unbestimmt,** das heißt es werden nicht Informationen über identifizierbare Sachverhalte vermittelt, sondern der ganzheitliche Eindruck verwickelter und zuweilen bewusst mehrdeutiger und undeutlicher Sinnzusammenhänge.

Im Hinblick auf die Rezipienten gilt:
- Das Verständnis ist abhängig von **Standort und Interessen** der Leserin bzw. des Lesers, die sich von denen anderer Rezipienten mindestens teilweise unterscheiden.
- Für den einzelnen Rezeptionsvorgang gelten konkrete, z.T. sehr unterschiedliche **Rezeptionsbedingungen,** die ihrerseits die Rezeptionshaltung und Rezeptionsweise bestimmen.
- Die individuellen **Lebenserfahrungen,** an die der Text ›angeschlossen‹ wird, führen zu unterschiedlichen Perspektivierungen.

Die hermeneutische Theorie geht, ebenso wie die Semiotik (= Lehre vom kommunikativen Gebrauch der Zeichen), von der Tatsache aus, dass das Verstehen sich in unterschiedlichen Dimensionen bewegt. Wir verstehen beim Lesen zunächst die Wörter und Sätze eines Textes sowie ihre syntaktisch-semantische Verknüpfung als Mitteilung eines oder mehrerer Sachverhalte (Weimar 1980, 176f.). Den einheitlichen Zusammenhang des Textes, seine **Bedeutung als Text,** können wir jedoch erst verstehen, wenn wir ihn auf einen der sprachlichen Handlung vorausliegenden Grund und einen ihr immanenten Zweck beziehen. Die je konkrete Beziehung zwischen Grund und Zweck nennt man Sinn (ebd., 170); einen **Sinn des Textes** müssen wir vorgreifend entwerfen, wenn wir ihn in der Lektüre verstehen wollen. Der **Begriff** ›Sinn‹ bezeichnet einen pragmatischen Bezug der Bedeutung zur Lebenspraxis der Individuen und lässt sich (psycho)linguistisch definieren:

Sinn ist das Verhältnis des Motivs zum Ziel, ein besonders geartetes Äquivalent der Bedeutung in der konkreten Tätigkeit des konkreten Individuums, die Existenzform der Bedeutung in der individuellen Psyche, die stets durch das System der Beziehungen des Individuums zur Wirklichkeit vermittelt wird (Leontjew; zit. Lerchner/Werner 1981, 334).

1.2.5 Kriterien der Angemessenheit

Methodisches Interpretieren geht von jeweils vorliegenden Lesarten aus und bemüht sich um deren Objektivierung und Überprüfung, um zu einer intersubjektiven Gemeinsamkeit hinsichtlich der Geltung des ermittelten Textsinns zu kommen. Es kann also verstanden werden als eine reflektierte, verschiedene Fragerichtungen systematisch berücksichtigende »Lesartenkritik«, das heißt als eine Überprüfung der (objektivierten) Lesarten auf ihre Gegründetheit in den Eigenschaften des vorliegenden Textes. Hierbei haben wir es, soweit ich sehe, mit drei **Kriterien der Angemessenheit** zu tun, die in einem spezifischen Zusammenhang stehen.

1. **Evidenz**: Angemessen könnte eine Lesart bzw. Interpretation sein – und als angemessen gilt sie vielfach –, wenn viele Leser und Leserinnen ihr nachdrücklich zustimmen. Die Zustimmung kann dabei inhaltlichen Gegebenheiten entspringen, aber auch der besonderen Wirksamkeit des Textes, der ästhetischen Erfahrung, welche er vermittelt. Sie kann sich auf eine leichte »Anschließbarkeit« (H. Link 1980, 145) des Textes an die Erfahrungen und Rezeptionsgewohnheiten des Lesepublikums gründen. Beglaubigt ist sie zunächst einmal nur dadurch, dass sich das Textverständnis eines Einzelnen als das vieler Leser und Leserinnen erweist. Zugespitzt könnte man auch sagen: das individuelle Vorurteil über den Text erweist sich als weit verbreitet. Gegebenenfalls wird die eigene Lesart bezogen sein auf den »aktuellen Stand der ästhetischen Diskussion« (Grimm 1977, 57), aber auch auf aktuelle politische, soziale, wissenschaftliche Auseinandersetzungen und die in ihnen gerade geltenden Maßstäbe, die man kritisch als Moden oder Trends bezeichnen kann. – Neutral gesprochen ist es der **Geschmack** oder ein unreflektiert gegebener gesellschaftlicher **Konsens**, von dem her über Auslegungen geurteilt wird. Als unangemessen gelten von diesem Standpunkt aus solche Lesarten, die gegen die allgemeine Zustimmung formuliert sind.

Evidenz in diesem Sinne ist **ein primär subjektbezogenes und problematisches Kriterium**; in der rezeptionsästhetischen und hermeneutischen Diskussion wird sie häufig auch entsprechend bewertet. Eine auf Evidenz gegründete Rezeption erscheint dann als »subjektivistisch«, weil sie den Text an »privatistische Normen« anschließe (ebd., 57f.; vgl. H. Link 1980, 145).

Aber so plausibel die Abweisung subjektivistischer Textauslegungen auch ist, so wenig wird man das Kriterium der Evidenz prinzipiell als defizitär einstufen können. Denn es bleibt, wenngleich in unterschiedlichen Formen, auf allen Stufen der Interpretation unentbehrlich und ist daher für die literaturwissenschaftliche Arbeit von hoher praktischer Relevanz. Das hängt zunächst damit zusammen, dass die **Auslegung** literarischer Werke an die Konstitution des auszulegenden Sinns durch **ästhetische Erfahrung** gebunden bleibt, die sich ausschließlich im Modus der Evidenz verwirklicht. – Aber es spricht noch ein wichtigeres, methodologisches Argument für die Relevanz dieses Kriteriums in der Interpretation. Da das Verstehen eines Textes nicht nur in der Realisierung der syntaktisch-semantischen Verknüpfungen besteht, sondern nur als **Sinnverstehen** zu einem Ziel kommt, ist es von den subjektiven Voraussetzungen des Rezipienten nur um den Preis einer objektivistischen Reduktion abtrennbar. Sinnverstehen ist immer Positionierung des Verstandenen im Horizont einer Lebenspraxis. Diesen Sachverhalt hat Jürgen Habermas in die Feststellung gefasst, dass »das Verständnis kommunikativen Handelns eine strikte Trennung von Bedeutungs- und Geltungsfragen« nicht zulasse (1981, 157f.).

Der vor allem in den Arbeiten von Hans Robert Jauß zugrunde gelegte Begriff der Horizontstruktur des Verstehens (1982, 657ff.) trägt der Tatsache Rechnung, dass **Sinnverstehen ein Modus der Erfahrung** ist (Skjervheim; zit. Habermas ebd., 164), das heißt ein spontaner, nicht restlos zu objektivierender Vorgang der Integration von Bedeutung und Praxis in der Tätigkeit und in der Psyche des konkreten Individuums. Der **Begriff des Horizonts**, der »als geschichtliche Begrenzung und zugleich als Bedingung der Möglichkeit von Erfahrung« (Jauß 1982, 657ff.) auch die Sinnkonstitution im Handeln und alltäglichen Verstehen begründet, beschreibt anschaulich das »System der Beziehungen des Individuums zur Wirklichkeit«, das in der zitierten Definition der Kategorie Sinn die Bedeutung mit der Lebenspraxis des Individuums vermittelt. Horizont und Sinn sind also komplementäre Begriffe. – Die Interpretation literarischer Werke wird auf dieser Basis von Jauß erläutert als eine methodisch kontrollierte, dialogische **Vermittlung von Leserhorizont und Autorhorizont**, ein Arbeitsvorgang, in dem die Evidenz der ersten Lesart auf dem Wege einer bewussten Horizontabhebung objektiviert und überprüft wird. Dieser Prozess zielt darauf, den Geltungsanspruch welcher sich mit dem Verständnis des Textes verbindet, zu begründen und dadurch intersubjektiv zustimmungsfähig zu machen. Jauß (ebd., 671ff.) spricht zu Recht von einer **Dialogizität des Verstehens**, weil sich – wie Jürgen Habermas ausgeführt hat – das Sinnverstehen grundsätzlich von der Wahrnehmung und Beurteilung physikalischer Gegenstände unterscheidet:

Es erfordert die Aufnahme einer intersubjektiven Beziehung mit dem Subjekt, das die Äußerung hervorgebracht hat. [...] Beobachtungen macht jeder für sich allein, und die Beobachtungsaussagen eines anderen Beobachters überprüft (nötigenfalls am Ergebnis von Messungen) wiederum jeder für sich. Führt dieser Prozess unter verschiedenen, grundsätzlich beliebigen Beobachtern zu übereinstimmenden Aussagen, darf die Objektivität einer Beobachtung als hinreichend gesichert gelten. Sinnverstehen ist hingegen eine solipsistisch undurchführbare, weil kommunikative Erfahrung. Das *Verstehen* einer symbolischen Äußerung erfordert grundsätzlich die Teilnahme an einem Prozeß der *Verständigung*. Bedeutungen, ob sie nun in Handlungen, Institutionen, Arbeitsprodukten, Worten, Kooperationszusammenhängen oder Dokumenten verkörpert sind, können nur *von innen* erschlossen werden (Habermas 1981, 164f.).

Der Verstehende befindet sich in der **Rolle eines virtuellen Teilnehmers** an dem Verständigungsprozess, dessen Medium und Resultat der Text ist (ebd., 168). Seine Subjektivität und die historischen Verstehensbedingungen, denen er unterliegt, lassen sich also auch in der methodischen Interpretation nicht aufheben, sondern müssen selbst zum Gegenstand einer hermeneutischen Reflexion gemacht werden. »Dieselben Strukturen, die Verständigung ermöglichen, sorgen auch für die Möglichkeiten einer reflexiven Selbstkontrolle des Verständigungsvorgangs« (ebd., 175). Evidenz als Kriterium der Angemessenheit eines Verständnisses oder einer Interpretation lässt sich nicht überspringen, aber kritisch reflektieren.

2. Als Kriterium für diese methodische Überprüfung der Evidenz bietet sich die Frage nach der **Textadäquanz** (Objektadäquanz) der Lesarten bzw. Interpretationen an. In dieser Dimension wird eine objektive Erfassung von Texteigenschaften angestrebt, indem die Analyse sich einerseits auf die Autorintention, andererseits auf die Textstruktur richtet. Die **Autorintention** bzw. die intendierte Bedeutung des Textes ist sicherlich die wichtigste der Instanzen, auf die sich ein Gültigkeitsanspruch der Lesarten berufen kann. Der Vergleich eines ausgearbeiteten und fixierten Textverständnisses mit der rekonstruierten Situation und Intention des Autors ist eine produktionsästhetische Untersuchung. Diese dient der Herstellung einer intersubjektiven Gewissheit, dass das erarbeitete Textverständnis mit dem übereinstimmt, was der Autor gemeint hat. Textadäquatheit bestünde unter diesem Blickwinkel dann, wenn sich auf der Basis der rekonstruierten Autorintention der Text in seinen wesentlichen strukturellen Eigenschaften *begründen* lässt (vgl. S. 61). Klaus Weimar nennt diesen Vorgang eine »argumentative Sinnproduktion«:

Es ist der Versuch, unter den Bedingungen der Reflexion von einem zweifellos anderen Ausgangspunkt aus (von meiner Situation aus) und auf einem wahrscheinlich anderen Wege (durch Argumentation) doch zum möglichst genau gleichen Ergebnis zu kommen wie der Autor: zum Text (1980, 185).

Die in den 1980er Jahren verbreitete **These vom Verschwinden des Autors** (Michel Foucault) gibt Anlass, schon an dieser Stelle

darauf hinzuweisen, dass bei der Auslegung von Texten vom Autor
in zweierlei Hinsicht die Rede sein kann. Aufgrund einer methodischen Erwägung, die im Zusammenhang mit der produktionsästhetischen Analyse von besonderer Bedeutung ist, bezieht sich die
Rede von der Autorintention oder von der im Text enthaltenen
Botschaft nicht – jedenfalls nicht in erster Linie – auf den Autor als historische Person. Das Subjekt der Autorintention ist der
Autor als Produzent. Man muss auf dieser Ebene nicht darüber
entscheiden, ob diese Instanz als eine soziale Rolle des historischen
Autors, also als ein Ergebnis der Alteration erkannt wird (Weimar
1991, 86), oder als ein Subjekt-Effekt des Textes.

In einer zweiten Richtung meint Textadäquatheit die Übereinstimmung der Lesart bzw. Interpretation mit der **Textstruktur.** Angemessen ist unter diesem Aspekt eine Auslegung dann, wenn sie,
linguistisch gesprochen, »alle wesentlichen semantischen Vorgaben
des Textes in seiner Lesart berücksichtigt und [...] die Lesart des
Textes seinen semantischen Vorgaben nicht widerspricht« (Lerch-
ner/Werner 1975, 108) oder wenn, rezeptionsästhetisch gesprochen, »der Leser die implizite Leserrolle adäquat ausfüllt« (Warning
1977, 32). In dieser Untersuchungsrichtung wird der **Text als die
Konstante seiner variablen Auslegungen** ernst genommen. Subjektivität und Vorurteil – auch das von vielen geteilte Vorurteil
– scheinen ausgeschlosssen. Auch ist es nicht mehr nötig – wie bei
der Autorintention –, die Interpretation *eines* Textes gegebenenfalls
durch die Interpretation *anderer* Texte stützen zu müssen. Methodische Interpretation ist auf den Weg exakter strukturaler bzw.
rezeptionsästhetischer **Analyse** verwiesen. Unbeantwortet bleibt
dabei freilich die Frage, was denn in den zitierten Formulierungen
»wesentlich« bzw. »adäquat« bedeutet. Auch das Kriterium der
Textadäquanz, das eine weitreichende Objektivierung und Überprüfbarkeit der Auslegungen zu gewährleisten scheint, erweist sich
als eines, das keine abschließenden und keine subjektunabhängigen
Aussagen über das literarische Werk ermöglicht.

3. Aus diesem Grund wird in der Literaturkritik und in der literaturwissenschaftlichen Praxis – in der Regel unausdrücklich – ein
drittes Kriterium zugrunde gelegt, das wie das Evidenz-Kriterium
ein praktisches ist, sich jedoch im Unterschied zu diesem nicht
allein auf die einfache Zustimmung realer Leser stützt. Ich nenne
es das **Kriterium der Produktivität** einer Lesart bzw. Interpretation.
Der Text und seine aktuelle Bedeutung werden dabei kritisch auf
die individuelle und gesellschaftliche Praxis bezogen. Angemessen ist eine Lesart bzw. Interpretation unter diesem Blickwinkel

dann, wenn es ihr gelingt, die im Text vergegenständlichten Erfahrungen, Einsichten und Impulse im jeweils gegebenen Handlungszusammenhang produktiv zu machen. Das klingt tautolo-
gisch und verweist, ähnlich wie die formulierte Einschränkung der
Textadäquanz, auf die Notwendigkeit, den Inhalt des Ausdrucks
»produktiv« näher zu erläutern. Der Maßstab dafür ergibt sich
aus der Standortgebundenheit und der praktischen Dimension
jeder literarischen Tätigkeit. Es ist die Frage nach der Bedeutung
der Lese-Erfahrung und der in ihr gewonnenen Einsichten und
Impulse für die Verwirklichung der kulturellen, sozialen und politischen Interessen der Leser und Leserinnen. Es geht also nicht um
die unmittelbare Anschließung des Werks an die aktuellen Bedürfnisse der Rezipienten, sondern um den Versuch, einen spezifischen
Gebrauchswert dieses literarischen Werks und seiner Rezeption
möglichst umfassend und mit dem Blick auf individuelle Lebens-
perspektiven und Lebensentwürfe zu realisieren. – Wissenschaftliche Interpretation ist damit auf ein **Urteil über die Wahrheit des
literarischen Werks** verwiesen, die freilich nicht missverstanden
werden darf als begrifflich fixierbarer, diskursiver Inhalt. Vielmehr
geht es um die besondere **ästhetische Wirksamkeit und Wirkung
des Werks** und um seine aktuelle Geltung, die ins Verhältnis gesetzt werden muss zur Frage nach dem Gewinn, den die Literatur
und das Lesen für den Einzelnen und die Gesellschaft bringt und
bringen könnte.

Der **Zusammenhang der drei Kriterien** ergibt sich aus ihren Unterschieden. **Evidenz** ist die Basis jedes Sinnverstehens und jeder
mit dem Anspruch auf Geltung vorgetragenen Lesart, zunächst für
den einzelnen Leser. Sie ist ein Merkmal literarischer Praxis, in welche freilich die jeweils gegebenen Rezeptions- und Produktionsbedingungen der Literatur eingehen. Nur wer behaupten wollte, dass
die (literarische) Welt, so wie sie ist, bereits in Ordnung ist, würde
sich mit diesem Kriterium begnügen, auf das Popularität sich vor
allem gründet. **Textadäquanz** bildet die fixierte und wie immer
umstrittene Lesart auf den vorliegenden Text ab und fragt nach
deren Gegründetheit in der Autorintention und Textstruktur. Sie
setzt Evidenz als solche also voraus, überprüft sie und expliziert dabei sowohl die Struktur des Gegenstandes als auch die Subjektivität
des Verstehenden. Sie zielt darauf, den Autor wirklich als einen
Anderen zu verstehen und im Vorgang der Horizontvermittlung
die Geschichtlichkeit der eigenen Subjektivität zu erkennen. Das
Kriterium der **Produktivität**, das Textadäquanz voraussetzt, um
Evidenz gegebenenfalls kritisch zu korrigieren, steuert die Bestim-

mung der Erkenntnisinteressen, der Einlässlichkeit und Reichweite der Interpretation und schließlich ihrer Adressaten. Es begründet Ausgangspunkt und Ziel der literarischen Tätigkeit; es zielt auf ihre Veränderung im Sinne einer Demokratisierung der Lesekultur und – durchaus in Übereinstimmung damit – auf die Erweiterung der individuellen Wahrnehmungsfähigkeit, der Urteilskraft und der kommunikativen Kompetenz (vgl. Stierle 1975b, 385).

Aus diesen Überlegungen ergeben sich die Arbeitsschritte und Untersuchungsebenen einer methodischen Interpretationspraxis.

1.2.6 Arbeitsschritte einer methodischen Interpretation

Als Arbeits- und Darstellungsformen im Zusammenhang einer methodischen Interpretation lassen sich **Textbeschreibung, Textanalyse und Interpretation** unterscheiden. Diese drei Möglichkeiten, sich über das literarische Werk zu verständigen, hängen eng miteinander zusammen und es ist nicht daran gedacht, eine reinliche Trennung der Begriffe oder der in ihnen bezeichneten Arbeitsweisen vorzuschreiben. Trotzdem halte ich es für sinnvoll, sich der unterschiedlichen Haltungen bewusst zu sein, mit denen man im Prozess der Textauslegung zu tun bekommen kann.

1. Die **Textbeschreibung** hält Beobachtungen fest, wie sie sich in einer von praktischer und theoretischer Erfahrung geleiteten Lektüre machen lassen. Sie arbeitet weitgehend mit Begriffen der Alltagssprache, sucht das Gelesene ›in eigene Worte‹ zu fassen und dabei gegebenenfalls nach grundlegenden Fragerichtungen (etwa: Darstellung, Deutung, Wertung; s.u., S. 83f.) zu systematisieren. Ihr Ausgangspunkt ist der Gesamteindruck des Textes, ihr mögliches Ziel eine Paraphrase der in ihm erzählten Geschichte, eine Charakterisierung der Haltung des Autors/Erzählers oder des sprachlichen Gestus. Sie schließt vielfach eine erste Hypothese über die Autorintention und eine Äußerung über die spezifische Wirksamkeit des Textes ein. Unter Umständen muss man sich schon auf dieser Stufe um die Aufklärung unverständlicher Ausdrücke oder ungewöhnlicher sprachlicher Formen bemühen.

2. Die **Textanalyse** richtet sich auf die Erklärung der Textstruktur. In produktions- bzw. rezeptionsästhetischer Perspektive fragt sie nach den Bedingungsverhältnissen zwischen Entstehungssituation, Texteigenschaften und (potentieller) Wirkung. In systematischer Einstellung erläutert sie die Texteigenschaften und die Textbedeutung durch den Bezug auf die dem Text zugrunde liegenden Schemata und Kodes. Sie besteht in einer den Text

und seine Kontexte zergliedernden Tätigkeit und bedient sich zur exakten Erfassung der Texteigenschaften und zur kontrollierten Verständigung der linguistischen und literaturwissenschaftlichen Kategorien und Verfahren auf dem jeweils fortgeschrittensten Stand der Forschung.

3. **Interpretation** im engeren Sinne ist die darstellende Vermittlung eines praktischen Interesses am Werk mit den in der Analyse gewonnenen Erkenntnissen. Sie geht, wie angedeutet, von der in der Textbeschreibung entfalteten Evidenz der ästhetischen und intellektuellen Erfahrung über die exakte Analyse zur Frage nach dem Sinn des Ausgelegten für den aktuellen Handlungszusammenhang der wissenschaftlichen Arbeit. Sie zielt also auf die Darstellung der Einheit von Textverständnis, Verstehensvorgang und methodischer Reflexion und schließt die historische und ästhetische Wertung des interpretierten Werks ein.

Der **Arbeitsprozess methodischer Interpretation** besteht nicht in einem schematischen Nachvollzug der im Folgenden dargestellten Untersuchungsschritte, sondern wird sich vom Gegenstand wie vom eigenen Erkenntnisinteresse leiten lassen.

1. In der **Lese-Erfahrung** äußert sich ein ›erstes Verständnis‹ des Textes, welches geprägt sein mag durch ein besonderes inhaltliches Interesse, Auffälligkeiten der Darstellungsweise oder auch bestimmte Aspekte der ästhetischen Wirksamkeit. Die Gegenwärtigkeit und Ganzheitlichkeit der literarischen Darstellung führt in der Regel zu einem (notwendigen) »Trugschluß der Unmittelbarkeit«, in dem die prinzipiell vorhandene »Spannung zwischen dem Text und der Gegenwart« (Jauß 1982, 667) mehr oder weniger bewusst vernachlässigt wird. »Das erste Verständnis eines Textes ist und enthält Missverständnis und Unverständnis« (Weimar 1980, 176): der Leser glaubt, eine fremde Sprache bzw. Erfahrung zu verstehen und versteht in Wirklichkeit die eigene.

Der Interpret scheint die Sätze des Autors zunächst zu verstehen, macht aber im weiteren Verlauf die beunruhigende Erfahrung, den Text doch nicht so gut zu verstehen, daß er dem Autor gegebenenfalls auf Fragen antworten könnte. Der Interpret nimmt dies als ein Anzeichen dafür, daß er den Text irrtümlich in einen anderen Kontext eingebettet hatte und von anderen Fragen ausgegangen ist als der Autor selbst (Habermas 1981, 189).

Die Forderung geht also dahin, dass der Interpretierende das eigene Kontextverständnis, das er zunächst mit dem des Autors zu teilen glaubte, von diesem zu unterscheiden lernt. Diesem Ziel kann schon die Erarbeitung eines ›zweiten Verständnisses‹ dienen, insofern in ihm die zunächst überlesenen Widerstände und Unklarheiten des Textes zutage treten.

2. Die **Lesart** ist eine entfaltete und damit im Ansatz auch schon gedeutete, mündlich oder schriftlich fixierte Lese-Erfahrung. Sie artikuliert zugleich mit einer Vorstellung vom Textinhalt – oft implizit – das vorgängige Wissen und die Einstellungen, von denen das meist mitgelieferte kritische Urteil bestimmt ist. In einer Lesart sage ich etwas aus über die Bedeutung des Werks und seine Bedeutsamkeit für mich sowie über die bei der Lektüre eingenommenen Leserollen. Dieses zweite Verständnis des Textes zielt auf **Subjektivität** und **Hypothesenbildung**, das heißt, ich erläutere es – unter Umständen schon in Bezug auf strukturelle Eigenheiten – als *mein* Verständnis und zugleich als eine Vermutung über den Sinn des Textes in seiner Entstehungssituation. Daraus kann sich schon eine Perspektivierung des weiteren Arbeitsprozesses ergeben, etwa in der **Formulierung eines Untersuchungsprogramms**, das von bestimmten Beobachtungen, im Text relevanten Problemen oder durch die Lektüre aktualisierten eigenen Erfahrungen ausgehen kann. Zwar ist grundsätzlich eine historische Funktionsbestimmung und eine Erörterung und Wertung der aktuellen Bedeutung des Werks das Ziel der methodischen Interpretation; oft werden jedoch ganz spezielle Aspekte des Werks ins Zentrum der Aufmerksamkeit rücken. Es ist erfahrungsgemäß sinnvoller, diesen sich aufdrängenden Fragen nachzugehen als ein systematisches Untersuchungsprogramm zu verfolgen.

3. Die **Analyse** dient der Überprüfung, Modifizierung oder Falsifizierung der Lesart bzw. der Auslegungshypothese. Sie rekonstruiert den Text aus seiner Entstehung, erklärt seine Wirkung aus seiner Struktur. Dabei werden auch die subjektiven Voraussetzungen des Sinnverstehens reflektiert und teilweise intersubjektiv vermittelbar. Expliziert werden die Bedingungen, Normen und Systeme, in denen der Text und seine Wirksamkeit unter historischem und aktuellem Aspekt verstanden werden können. Diese Bedingungen sind objektiv, jedoch ausnahmslos historisch: Kommunikation, Sprache, literarische Tradition, Kunstmittel; historische und soziale Determinanten der Produktion und Rezeption des zu interpretierenden Werks.

Die Analyse zielt in der Regel auf die Grundlegung einer historischen Interpretation und fragt dabei – in produktionsästhetischer

Perspektive – nach dem Autorhorizont und – in rezeptionsästhetischer Perspektive – nach dem Leserhorizont. Die Frage nach der **Genesis** und der zeitgenössischen wie aktuellen **Geltung** dient der **Historisierung**, das heißt einer bewussten Horizontabhebung: Das Verstandene soll als Fremdes erkannt werden und tritt dadurch in eine spezifische Konstellation zur eigenen Gegenwart. Es bedarf vielleicht eines Hinweises darauf, dass das »Verstandene« hier nicht nur Diskursives, Inhaltliches meint, sondern ganz ausdrücklich die besonderen ästhetischen Eigenschaften und Wirkungen der Werke einschließt. Die besondere Bedeutung dieser Dimension, etwa die Wirksamkeit der Bilder, wird durch die Entwicklung neuer literaturwissenschaftlicher Sichtweisen nachdrücklich unterstrichen. Sie zeigen, dass gerade die nicht-diskursiven Ebenen und Wirkungen der Literatur durch historische Analyse dem Verständnis erschlossen werden können. Geschichtliches Verstehen

kann Vergangenes in seiner Andersheit erst und in dem Maße erfassen, wie der Interpret den fremden vom eigenen Horizont abzuheben weiß. Die Arbeit geschichtlichen Verstehens ist der bewußte Vollzug der Vermittlung beider Horizonte. Wer glaubt, den anderen Horizont allein schon durch Absehen vom eigenen Horizont seiner Gegenwart erreichen zu können, bringt in seine vermeintlich objektive Rekonstruktion des Vergangenen unweigerlich subjektive Kriterien der Auswahl, Perspektivierung und Bewertung ein. Solche Kriterien, ohne die sich kein Bedeutungszusammenhang erstellen läßt, bleiben als Vorurteil undurchschaubar, solange das eigene Vorverständnis nicht als Vorgriff transparent gemacht und durch die Antwort der Quelle oder des Textes auf die eigene Frage korrigierbar wird (Jauß 1982, 658).

Produktionsästhetisch untersuchen wir die Beziehung zwischen Autor, Werk und zeitgenössischen Lesern im Kontext der Entstehungszeit, **rezeptionsästhetisch** fragen wir nach dem Verhältnis von Textstruktur und aktueller Sinnkonstitution im Kontext unserer Gegenwart. Die zweite Perspektive eröffnet den Zugang zur ersten, die erste vermittelt das geschichtliche Verständnis der zweiten. Beide Dimensionen sind jedoch auch objektiv, durch die Wirkungsgeschichte des Werks, miteinander vermittelt (H. G. Werner 1980, 62).

Aus der zentralen Stellung des Textes im Schnittpunkt dieser beiden Deutungsperspektiven ergibt sich der **Stellenwert der systematischen Analyse**. Sie dient der Objektivierung und Überprüfung sowohl produktionsästhetischer als auch rezeptionsästhetischer Aussagen und Hypothesen. Sofern sie unter der Prämisse einer heuristischen Abstraktion von Fragen der Entstehung und Wirkung steht, konstituiert sie keine eigenständige Perspektive der

Sinngebung; das tut ihrer grundlegenden Bedeutung für den Arbeitsprozess der methodischen Interpretation keinen Abbruch.

4. Die ausformulierte Interpretation als **Synthese** zielt auf eine Vermittlung des analytisch objektivierten Textverständnisses mit der
Lebenspraxis des Interpreten und seiner Adressaten. Sie besteht in
einer Horizontvermittlung durch die Verbindung der historischen
und aktuellen Textbedeutung mit den Interessen und den Bedürfnissen, welche sich für den Interpreten mit der Wirksamkeit des
Werks verbinden. Mögliche Kategorien einer solchen Synthese sind
vor allem **Wirklichkeitsverhältnis, Menschenbild** und **Perspektive;**
der Vorgang selbst ist ein Prozess der bewussten **Aktualisierung.**
Die historische und ästhetische Wertung, welche sich in einem Urteil über den Realismus des Werks zusammenfassen mag, gründet
sich wesentlich auf die Darstellung und Diskussion der Ergebnisse,
aber auch der Schwierigkeiten der historischen und systematischen
Analyse. Sie zielt auf Zustimmung nicht nur zum vorgetragenen
Textverständnis, sondern auch zum formulierten Auslegungs- und
Aneignungsinteresse. Interpretation ist schließlich **Textproduktion**
für einen Adressaten, dem sie gegebenenfalls eine Veränderung
der Rezeptionshaltung und der Einstellung gegenüber dem im
Werk vergegenständlichten Ausschnitt der Wirklichkeit zumutet.
Im günstigen Fall findet sie intersubjektive Zustimmung und greift
auf diese Weise ein in den Prozess der gesellschaftlichen Umverteilung individueller Erfahrung.

Zusammenfassend formuliere ich thesenartig die **Prinzipien und
die allgemeinen Ziele der literaturwissenschaftlichen Interpretation.**

Die Prinzipien:
- Gegenstand der Interpretation ist der literarische Text nicht als
  System von Buchstaben, Wörtern und Sätzen, sondern insofern
  er entstanden ist und wirkt.
- Er ist Bestandteil einer spezifischen – der literarischen – Kommunikation, das heißt als sinnhafte Äußerung produziert und
  nur durch Sinnverstehen wirksam: er hat einen hermeneutischen Status.
- Seine Bedeutung ist historisch und sozial variabel und seine
  Sinndeutung in der Interpretation ist nur praktisch, das heißt
  historisch begründbar.
- Der Sinn des literarischen Textes ist nicht realisierbar außerhalb der individuellen ästhetischen und geistigen Erfahrung;

das heißt der Interpretierende ist selbst ein Bestandteil des zu interpretierenden Zusammenhangs.

Die allgemeinen Ziele:

- Literaturwissenschaftliche Interpretation zielt auf eine Objektivierung des Sinnverstehens und damit auf eine Verwissenschaftlichung des Umgangs mit Literatur; das schließt die Absage an das Vorurteil ein, Subjektivität und Wissenschaftlichkeit seien notwendig Gegensätze.
- Interpretation versieht Verständigung über literarische Werke mit Begründungen und macht sie dadurch intersubjektiv überprüfbar; hierbei muss der Interpretierende sowohl seine Deutungen als auch seine Wertungen begründen und dadurch diskutierbar machen.
- Interpretation entfaltet zu diesem Zweck die Ursachen literarischer Wirkungen; sie formuliert Einsichten und Hypothesen über das Woher der ästhetischen und geistigen Erfahrung – als Urteil über Struktur und Wirksamkeit des Textes – und über das Woher des Textes – als Urteil über die Entstehungsbedingungen des Textes sowie über die moralische und ästhetische Kompetenz des Autors.
- Interpretation vermittelt auf diese Weise den literarischen Text mit der geschichtlichen Wirklichkeit: mit der des Autors und seiner Zeit (Genesis und zeitgenössische Geltung) und mit der des Lesers (aktuelle Geltung); dies umfasst immer auch eine Bestimmung über den Ort des Textes in der literarischen Entwicklung.
- Interpretation zielt *praktisch* auf die Veränderung von Rezeptionsweisen und Lektüreverhalten. Verwissenschaftlichung des Umgangs mit Literatur bedeutet *nicht* die Ersetzung der spontanen Interessennahme für ein Werk durch interessenlose Distanz, sondern die Ausbildung der Fähigkeit – bei sich selbst und anderen –, die in den literarischen Werken der Vergangenheit und Gegenwart aufgehobene Erfahrung und Erfahrungsfähigkeit immer umfassender und intensiver sich anzueignen.

1.3   Modell der literarischen Kommunikation

Was wir summarisch »die Literatur« nennen, tritt dem Einzelnen im Alltag auf mindestens drei verschiedene Weisen entgegen, die alle für die Interpretation von Werken ihre eigene Bedeutung bekommen können: als Institution, als Tätigkeit und als Menge von Werken, Inhalten, Kunstmitteln, das heißt als Material.

Beschreibung der **Literatur als Institution** zielt auf die Gesamtheit der Verhältnisse und Bedingungen, unter denen in einer konkreten historischen und gesellschaftlichen Situation literarische Werke produziert, vermittelt und rezipiert werden. Zu diesen Faktoren und Beziehungen, welche man auch im Begriff der **Literaturverhältnisse** zusammenfassen kann, gehören im Einzelnen:

- die Institutionen der **Produktion und Distribution** und die in ihnen tätigen Personen und Gruppen: Schriftsteller, Verleger, Setzer, Drucker; Buchhandel, kommerzielle Leihbüchereien usw.;
- die Institutionen der **Literaturvermittlung** im engeren Sinne, die literarische Werke und nicht die Buchware vermitteln: Literaturkritik, Wissenschaft und Unterricht; Theater, Rundfunk und Fernsehen, Film, Presse; Bibliotheken;
- die gesellschaftlichen und staatlichen Instrumente und **Institutionen** der Literaturlenkung: Kulturverwaltungen, Verleger- und Schriftstellerverbände; Stiftungen, Literaturpreise; Zensur;
- die literarische **Ideologie** (bzw. unterschiedliche literarische Ideologien) als die Gesamtheit der Vorstellungen über Wesen und Funktion der Literatur, als weltanschauliche, politisch-soziale und ästhetische Normensysteme, soweit sie eine Funktion bei der Produktion und Rezeption literarischer Werke haben.

Den **Begriff der »Institution Kunst«** hat Peter Bürger in die literatursoziologische Debatte eingeführt. Er bezeichnet

die in einer Gesellschaft (bzw. in einzelnen Klassen/Schichten) geltenden allgemeinen Vorstellungen über Kunst (Funktionsbestimmungen) in ihrer sozialen Bedingtheit [...]. Dabei wird angenommen, dass diese Funktionsbestimmungen an materiellen und ideellen Bedürfnissen der Träger festgemacht sind und in einem bestimmbaren Verhältnis zu den materiellen Bedingungen der Kunstproduktion und -rezeption stehen. Die Ausdifferenzierung der Funktionsbestimmungen erfolgt, vermittelt über ästhetische Normen, auf der Produzentenseite durch das künstlerische Material auf der Rezipientenseite durch die Festlegung von Rezeptionshaltungen (1977, 53).

Der Begriff bezieht sich auf den seit dem Ende des 18. Jahrhunderts zu beobachtenden Prozess der Autonomisierung der Kunst in der bürgerlichen Gesellschaft:

Die verschiedenen Künste wurden aus ihren Lebensbezügen herausgelöst, als ein verfügbares Ganzes zusammengedacht [...], und dieses Ganze wurde als Reich des zweckfreien Schaffens und interesselosen Wohlgefallens gegenübergestellt der Gesellschaft (ebd.).

Im Unterschied zum Begriff der Literaturverhältnisse und in Anlehnung an die Ausführungen Bürgers bezeichnet also der hier gebrauchte Begriff der Institution eine historisch ganz bestimmte Stellung der Literatur in der gesellschaftlichen Wirklichkeit, nämlich ihre tendenzielle Abtrennung von der Lebenspraxis, die in der Autonomievorstellung ihre klassische Ausprägung erfuhr. Ich denke aber, dass es sinnvoll ist, unter den Begriff *alle* hier genannten Faktoren und Beziehungen der Literatur zu subsumieren und nicht nur die Vorstellungen, welche Klassen und Schichten von der Funktion der Literatur bzw. Kunst haben.

Auf einer zweiten Ebene lässt sich Literatur beschreiben als eine diskursive Praxis. **Literatur als Tätigkeit** ist eine spezifische Form des kommunikativen, das heißt sinnproduzierenden und sinnverstehenden Handelns. Schreiben und Lesen als die vorherrschenden Formen dieses Handelns – auch die mündliche Verständigung über Literatur gehört dazu – zielen auf produktive Aneignung von fremden Erfahrungen. Diese Funktion einer Verständigung über Lebenswelten im Bezug zueinander oder Abstand voneinander erfüllen literarische Werke in ganz besonderer Weise, indem sie Erkenntnis und Impulse in der Form ästhetischer Erfahrung vermitteln. Die spezifische Leistung und Eigenart literarischer Texte gegenüber anderen Texten besteht darin, dass sie nicht nur Medien kommunikativen Handelns sind, sondern dieses in ihrer Form aufheben. Sie bringen die Gegenstände, Personen, Ereignisse der Wirklichkeit in einer Weise zur Sprache, die der alltäglichen Erfahrungsbildung der Subjekte formal entspricht (hierzu vgl. Henrich 2001, passim). Aus diesem Grund ist die Rezeption literarischer Werke immer Aneignung künstlerisch vergegenständlichter Erfahrung und Ausbildung der eigenen Erfahrungsfähigkeit und Wahrnehmungsweise zugleich. Von dieser grundlegenden Bestimmung der Funktion des Ästhetischen und der Kunst her kann die Bedeutung der Werke und ihrer Aneignung jeweils historisch-konkret bestimmt werden.

Die Beschreibung der **Literatur als Material** erfasst diese unter systematischem Aspekt als eine strukturierte Menge von **künstlerischen Mitteln und Verfahren** sowie, unter historischem Aspekt, als **Tradition**.

Die Gesamtheit der literarisch verarbeiteten Gegenstände, Stoffe und Themen, der überlieferten Werke, Gattungen, Genres und Darstellungsweisen bildet das »Arsenal von Mitteln«, dessen

sich Autor und Publikum beim Schreiben und Lesen versichern
– und sei es in der bewussten Negation der Überlieferung. Potentiell kann dabei die gesamte Wirklichkeit und Überlieferung
zum Material werden; praktisch ist jedoch in jeder Epoche und
konkreten Situation das Material eingegrenzt auf die jeweils ›li-
teraturfähigen‹ Stoffe, Themen und Schreibweisen. Die zumindest aus der neueren Literaturgeschichte nicht wegzudenkenden
Auseinandersetzungen über literarische Methoden, Inhalte und
Techniken sind für den Charakter des literarischen Diskurses jeweils von großer Bedeutung. Rezeption und Wirkung der Werke
sind – ebenso wie ihre Produktion – abhängig vom Geschichts-
verständnis und Traditionsverhältnis einer gegebenen Gesellschaft
oder Gesellschaftsklasse. Aber überlieferte Darstellungsweisen sind,
als vergegenständlichte diskursive Praxis der Vergangenheit, auch
für sich genommen schon inhaltlich bestimmt und werden deswegen für die Sinnkonstitution in der Lektüre und Interpretation
aktuell bedeutsam.

Die drei erläuterten Aspekte der Literatur lassen sich als ein
funktionaler Zusammenhang im Begriff **Diskurs der Literatur** sinnvoll zusammenfassen. Die Vielfalt und der Wandel der literarischen
Formen und Tätigkeiten sind abhängig von den jeweils gegebenen
kommunikativen Bedingungen, diese haben einen institutionellen
Charakter, der nicht aus den kommunikativen Handlungen der
Individuen und sozialen Gruppen direkt resultiert, sondern primär
aus den jeweils bestehenden Produktionsverhältnissen (vgl. Link/
Link-Heer 1980, 192ff.).

Ich stelle im Folgenden ein **Modell der literarischen Kommunikation** vor, in dem der Prozess der Literaturproduktion und -rezepti-
on mit seinen verschiedenen Instanzen und Faktoren übersichtlich
dargestellt ist und das zugleich einen ersten Überblick über den
Zusammenhang der folgenden Kapitel erlaubt. Die kommunika-
tionstheoretische Formel:

Wer spricht wann und wo warum worüber zu wem und mit welcher
Wirkung (vgl. zum Beispiel Harth 1982, 246),

zählt die wesentlichen Positionen des Schemas auf, an denen die
Untersuchung jeweils ansetzen kann. Es sind dies: der Autor, die
Situation (Wirklichkeit), die Wirkungsabsicht, der Gegenstand,
der Adressat und die Wirkung der Mitteilung. Angebracht ist vielleicht der Hinweis, dass es in der literaturwissenschaftlichen Arbeit
zumeist nicht so sehr um diese Instanzen und Faktoren als solche
geht, sondern eher um die Beziehungen zwischen ihnen.

Bevor ich das Modell in seinen wesentlichen Zügen erläutere, füge ich eine Bemerkung über den wissenschaftstheoretischen Status und den heuristischen Wert derartiger Modelle ein. Ein **Modell** ist

eine einfache, übersichtliche künstliche Anordnung (materielle oder gedankliche Konstruktion) [...], die durch die Art ihrer Konstruktion in einem Analogieverhältnis zu einem komplexen, unübersichtlichen Sachverhalt (Original) stehen und per Analogie Aufschluß über Verhaltensweisen und Struktur des Originals geben kann (Breuer 1972, 5).

Ein Modell ist also keine wissenschaftliche Erklärung des Originals, sondern eine schematisierte Abbildung, die der Veranschaulichung der jeweils zu thematisierenden Funktionen oder Strukturen dienen soll (vgl. Schulte-Sasse/Werner 1977, 51). Infolgedessen werden auch hier nur diejenigen Faktoren und Instanzen hervorgehoben, welche für den gegenwärtigen Argumentationszusammenhang relevant sind; die beiden Seiten des Modells werden ja auch im Modell der Textproduktion (s. S. 53ff.) und der Textrezeption (s. S. 167ff.) noch weiter ausdifferenziert.

Das Schema auf Seite 51 zeigt, gegen den Uhrzeigersinn gelesen, einen **Produktions- und Rezeptionsvorgang**, der seinen Ursprung und sein Ziel in der gesellschaftlichen Wirklichkeit hat. Der literarische Diskurs wird auf diese Weise als eine Tätigkeit definiert, in der die Lebenspraxis des Autors mit der des Lesers sich vermittelt. Die beiden sind im Prozess wechselseitig aufeinander bezogen:

- der **Leser** ist interessiert an Gegenstand und Problem des Textes,
- der **Autor** will gegebenenfalls Einsichten und Impulse vermitteln,
- der **Vermittler** ist in der Regel ein Produzent, der das Produkt des Autors professionell auf den Markt bringt und auf diese Weise einen Tauschwert realisiert.

Dabei ist im Modell davon abgesehen, dass sich die gesamte Kommunikation natürlich stets im Rahmen einer konkreten gesellschaftlichen Situation abspielt. Was als »gesellschaftliche Wirklichkeit« durch Eingrenzung hervorgehoben ist, könnte man die vielleicht die **gemeinsame Lebenswelt** von Autor, Vermittler und Leser nennen, aus der heraus – und in die hinein – die Aneignung, Auswertung und Umverteilung von Erfahrungen durch das literarische Werk stattfindet. Was der Ausdruck »Lebenswelt« bedeutet, läßt sich intuitiv durch Hinweise auf diejenigen symbolischen Gegenstände klären, die wir, indem wir sprechen und handeln, hervorbringen: angefangen von den unmittelbaren Äußerungen (wie Sprechhandlungen, Zwecktätigkeiten, Kooperationen) über die Sedimente dieser Äußerungen (wie Texte, Überlieferungen, Dokumente, Kunstwerke, Theorien, Gegenstände der materiellen Kultur, Güter, Techniken usw.) bis zu den indirekt hervorgebrachten, organisationsfähigen und sich selbst stabilisierenden Gebilden (Institutionen, gesellschaftlichen Systemen und Persönlichkeitsstrukturen) (Habermas 1981, 159).

Die Beziehungen von Autor und Leser zu dieser Lebenswelt lassen sich produktionsseitig als **Autorhorizont**, rezeptionsseitig als **Leserhorizont** ausdifferenzieren. »Vielleicht gemeinsam« habe ich die Lebenswelt beider deswegen genannt, weil sie sich de facto natürlich oft in verschiedenen Zeithorizonten befinden. Sie können sich in diesem Falle natürlich nicht, wie es die durchbrochenen Linien andeuten, als **biographische Personen** wirklich begegnen, sondern nur virtuell, als **literarische Personen**. Die hier angedeutete Unterscheidung, die ich bei der Behandlung der Kommunikationsebenen wieder aufnehmen will, besagt vor allem, dass der Autor für seinen Leser nur als der **Produzent** des eben gelesenen Werks – und eventuell seiner früher gelesenen – wahrnehmbar ist, während der Rezipient für den Autor nur als der **Adressat** des eben zu schreibenden Werks erscheint.

Die Tätigkeit des Schreibens und Lesens, aber auch der Literaturvermittlung ist bestimmt durch den sozialen und ideologischen **Standort** und die materiellen und geistigen **Interessen** der jeweils betroffenen Personen. In diese Kategorie fasse ich alle individuellen und gesellschaftlichen Handlungs- und Wertnormen, mit Ausnahme der ästhetischen, die, zusammen mit der literarischen Tradition, wegen ihrer besonderen Bedeutung als eigener Faktor angezeigt sind. Auch sie sind bei den Beteiligten innerhalb der gleichen historischen Situation nicht identisch, sondern können sehr weit auseinander gehen. Der Doppelpfeil an der entsprechenden Linie für den Leser soll auf den Sachverhalt aufmerksam machen, dass der Leser sich den literarischen Text von seinen Interessen her aktiv wählt und auch die entsprechenden Erwartungen an ihn heranträgt, die mit der Wirkungsabsicht des Autors und seinen Vorstellungen vom Adressaten keineswegs übereinstimmen müssen. Trotzdem kann die Kommunikation durch das literarische Werk natürlich ohne ein gewisses Maß an Übereinstimmung nicht gelingen.

Im Begriff **Vermittler** fallen drei institutionell unterschiedene Personengruppen zusammen, deren Einfluss auf die Produktion

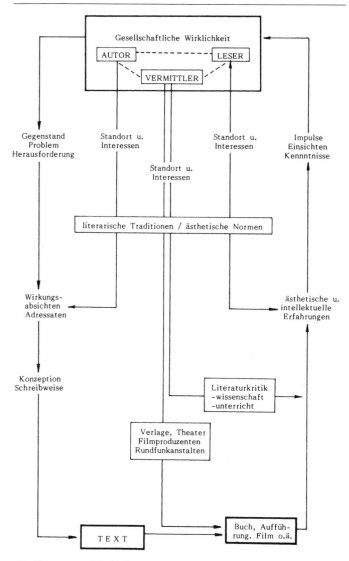

Abbildung 2: Modell der literarischen Kommunikation

und Rezeption jeweils gesondert eingeschätzt werden muss. Es sind dies die »Mitproduzenten« (Verleger, Setzer, Drucker, Buchbinder, aber auch Schauspieler und Regisseure), die »Verteiler« (Buchhändler, Bibliothekare) und die »Sichtungsinstanzen« (Kreuzer 1975). Diese letzteren wirken als Kritik, Wissenschaft und Unterricht besonders nachhaltig auf das literarische Leben ein, indem sie die Auswahl der Lektüre (Kanonbildung), die Lese-Haltung (methodische und didaktische Prinzipien) und die Erwartungen (ästhetische Normenbildung) steuern und damit die Wirkung der Literatur auf das gesellschaftliche Bewusstsein beeinflussen.

Dass und wie sich die literarische Kommunikation von anderen Formen kommunikativen Handelns unterscheidet, ist einerseits jedem Leser, jeder Leserin unmittelbar präsent, bildet andererseits eine immer wieder zu neuen Überlegungen herausfordernde Frage der Literaturtheorie. Gefragt ist nach dem Kriterium der »**Literarizität**« – so lautete der Terminus bei den russischen Formalisten. Der Unterschied zwischen einem literarischen und einem nicht-literarischen Text scheint ein Phänomen der kommunikativen Praxis selbst zu sein:

Als gesichert kann heute die Annahme gelten, daß es keine rein linguistischen Kriterien gibt, mit deren Hilfe poetische Texte von nicht-poetischen abzugrenzen sind. ›Poetizität‹ ist vielmehr eine Texteigenschaft, die dem Hörer oder Leser während des Rezeptionsvorgangs zunächst durch spezielle, nicht rein linguistische Signale zu erkennen gegeben wird (Schulte-Sasse/Werner 1977, 124).

Man kann also davon ausgehen, dass der Leser bzw. die Leserin einen bestimmten Text aufgrund historisch sich verändernder, über längere Zeiträume hinweg jedoch institutionell gesicherter Konventionen als literarisches Werk erkennt und das eigene Lese-Verhalten (fast) automatisch darauf einstellt. Literarische Kommunikation und literarischer Text bedingen sich gegenseitig und können daher je im Verweis aufeinander definiert werden. Eine mögliche Bestimmung dessen, was die literarische Kommunikation und den literarischen Text ausmacht, hat Klaus Weimar formuliert:

Literatur schreibt und liest man als man selbst und als ein anderer, als biographische Person und als literarische Person. Die literarische Person ist also eine Rolle, welche Autor und Leser spielen, und zwar, wie es sich gehört, im Bewußtsein, *daß* sie eine Rolle spielen. Dieses Rollenspiel beim Schreiben und Lesen macht die Eigenart der Literatur aus (1980, 86).

Es ist dies sicherlich keine abschließende Definition, aber doch wohl eine einleuchtende Begründung der in Frage stehenden Differenz. Die Feststellung, dass Texte als »geschriebene Reden« von der ursprünglichen Kommunikationssituation abgelöst sind und dass sich der Leser infolgedessen nicht auf den wirklichen Kommunikator – den Autor – beziehen kann (Harth 1982, 246), ist zweifellos zutreffend. Sie bietet jedoch keinen Anlass, »das Triptychon Autor-Text-Leser« (ebd.), mit der Ergänzung des beiderseitigen Wirklichkeitsbezugs, als systematischen Kern eines Modells literarischer Kommunikation aufzugeben. Es kommt dabei allerdings darauf an, die Ebene zu bestimmen, auf der man sich bewegt. Das Schreiben und Lesen literarischer Werke – konstituiert zuerst eine Kommunikation zwischen literarischen Personen, die »literarische Rede« kommt zur Bedeutung in einer virtuellen Dimension (vgl. ebd., 247). Aber sie ist auf *dieser* Ebene zweigeteilt: als »Dialog« des biographisch-literarischen Autors mit der literarischen Leser-Person (= Adressat) und als »Dialog« des biographisch-literarischen Lesers mit der literarischen Autorperson (= impliziter Autor). Der Abstand zwischen beiden Vorgängen konstituiert die **hermeneutische Differenz.** Auf die Kommunikation *im* Text gehe ich im Zusammenhang mit der Strukturanalyse erzählender Texte (s. S. 136ff.) näher ein.

Auf der Ebene des literarischen Diskurses, wie sie im vorliegenden Modell abgebildet ist, gibt es zwischen Autor und Text, Text und Leser zahlreiche **Vermittlungsinstanzen.** Auf *dieser* Ebene kann die literarische Kommunikation daher nicht in Analogie zum verständigungsorientierten Handeln von Individuen beschrieben werden, sondern erscheint als ein prekäres Verhältnis von individueller Tätigkeit und gesellschaftlicher Institutionalisierung (vgl. Hebel 1977).

Literaturhinweise

Lesen: Binder, Alfred: Literatur Lesen. 2003. – Geiger, Klaus: Lesealltag heute. 1981. – Killy, Walther: Schreibweisen – Leseweisen. 1982. – Kreutzer, Leo/Peters, Jürgen: Vom Lesen. 1977. – Mattenklott, Gert: Der übersinnliche Leib. 1982. – Sartre, Jean Paul: Die Wörter. 1981. – ders.: Was ist Literatur. 1981. – Schenda, Rudolf: Zur Geschichte des Lesens. 1981. – Schuller, Marianne: Normenbildende und normenbrechende Funktion der Literatur. 1978. – Stierle, Karlheinz: Walter Benjamin und die Erfahrung des Lesens. 1980.

Kritik: Albrecht, Wolfgang: Literaturkritik. 2001. – Gebhart, Peter: Literarische Kritik. 1982. – Miller, Norbert/Stolz, Dieter (Hrsg.): Positionen der Literaturkritik. 2002. – Schlenstedt, Dieter: Wertung in der Literaturkritik. 1980. – Schulte-Sasse, Jochen: Literarische Wertung. 1976. – Vormweg,

Heinrich: Geschichte und Aufgaben der Literaturkritik. 1978. – ders.: Literaturkritik. 1981. – Werner, Hans-Georg: Subjektive Aneignung – objektive Wertung. 1980. – Ziganke, Jana: Exkurs: Literaturkritik. 1995.

Textkritik: Stückrath, Jörn: Textüberlieferung und Textkritik. 1981. – Sulzer, Dieter: Textkritik. 1982.

Hermeneutik: Frank, Manfred: Was heißt »einen Text verstehen«? 1979. – ders.: Textauslegung. 1982. – Jacob, Joachim: Exkurs: Literarische Hermeneutik. 1995. – ders.: Verstehen konstruieren. 1995. – Jauß, Hans-Robert: Ästhetische Erfahrungen und literarische Hermeneutik. 1982. – Jung, Werner: Neuere Hermeneutikkonzepte. 1990. – Leibfried, Erwin: Literarische Hermeneutik. 1980. – Mussil, Stephan: Verstehen in der Literaturwissenschaft. 2001. – Seiler, Bernd W.: Vieldeutigkeit und Deutungsvielfalt. 1982. – Weinrich, Harald: Zur Vieldeutigkeit von Texten der literarischen Moderne. 1977.

Interpretation: Andreotti, Mario: Die Struktur der modernen Literatur. 1983. – Arndt, Erwin: Probleme der Literaturinterpretation. 1981. – Babilas, Wolfgang: Tradition und Interpretation. 1961. – Bredella, Lothar: Das Verstehen literarischer Texte. 1980. – Fingerhut, Karlheinz: Umerzählen von Texten. 1980. – ders. u.a.: Kritischer und produktiver Umgang mit Literatur. 1981. – Fischer, Ludwig: Auslegung der Bibel. 1977. – Flügge, Manfred: Exemplarität in der Literaturwissenschaft. 1977. – Hartmann, Peter: Zur Klassifikation und Abfolge textanalytischer Operationen. 1972. – Heukenkamp, Ursula: Theorie der Interpretation statt »Kunst der Interpretation«. 1982. – Klein, Albert/Vogt, Jochen: Methoden der Literaturwissenschaft. 1971. – Klotz, Volker: Interpretieren? – Zugänglich machen! 1983. – Kraus, Werner: Grundprobleme der Literaturwissenschaft. 1968. – Kreutzer, Leo: Für ein Regietheater in der Literaturwissenschaft. 1983. – Lämmert, Eberhard: Auslegung von Gesetzestexten. 1977. – Mattenklott, Gert: »Die Zeit der anderen Auslegung«. 1975. – Schmidt, Siegfried J.: »Bekämpfen Sie das häßliche Laster der Interpretation«. 1979. – Staiger, Emil: Die Kunst der Interpretation. 1955. – Szondi, Peter: Hölderlin-Studien. 1970. – Weimar, Klaus: Der Vorgang des Verstehens. 1972. – Werner, Hans Georg: Methodische Probleme wirkungsorientierter Untersuchungen zur Dichtungsgeschichte. 1979.

Literaturverhältnisse: Brackert, Helmut: Zur gegenwärtigen Bedeutung von Literatur. 1978. – ders.: Literatur heute. 1981. – Bürger, Peter: Institution Kunst als literatursoziologische Kategorie. 1977. – Harth, Dietrich: Literarische Kommunikation. 1982. – Hebel, Franz: Literatur als Institution und als Prozeß. 1977. – Hickethier, Knut: Mediale Bedingungen der literarischen Kommunikation. 1977. – ders.; Riha, Karl: Die literarische Kommunikation und die Massenmedien. 1981. – Hömberg, Walter/Tielebier-Langenscheidt, Florian: Verlag, Buchhandel und Bibliothek. 1981. – Janota, Johannes/Riha, Karl: »Sprechen« und »Hören«, »Lesen« und »Schreiben« als Formen der literarischen Kommunikation. 1977. – Link,

Jürgen/Link-Heer, Ursula: Literatursoziologisches Propädeutikum. 1980. – Peters, Günter: Der Schriftsteller und sein Publikum. 1981. – Rieger, Stefan: Autorfunktion und Buchmarkt. 1995. – Riha, Karl/Staat, Armin: Mediale Bedingungen der literarischen Kommunikation. 1977. – Schefold, Dian: Zur Geschichte von Meinungsfreiheit, Zensur und Meinungslenkung. 1981. – Struck, Wolfgang: Soziale Funktion und kultureller Status literarischer Texte. 1995. – Voit, Friedrich: Das Medium Buch. 1977.

Methoden und »Ansätze«: Angermüller, Johannes (Hrsg.): Diskursanalyse. 2001. – Baasner, Rainer/Zens, Maria: Methoden und Modelle der Literaturwissenschaft. 2001. – Bertram, Georg W.: Hermeneutik und Dekonstruktion. 2002. – Biti, Vladimir: Literatur- und Kulturtheorie. 2002. – Böhme, Hartmut/Matussek, Peter/Müller, Lothar: Orientierung Kulturwissenschaft. 2000. – Bogdal, Klaus-Michael: Historische Diskursanalyse der Literatur. 1999. – ders. (Hrsg.): Neue Literaturtheorien in der Praxis. 1993. – Bossinade, Johanna: Poststrukturalistische Literaturtheorie. 2000. – Braun, Christina von/Stephan, Inge (Hrsg.): Gender-Studien. 2000. – Dahlerup, Pil: Dekonstruktion. 1998. – Fietz, Lothar: Strukturalismus 1998. – Geier, Manfred: Die Schrift und die Tradition [Intertextualität]. 1985. – Lindhoff, Lena: Einführung in die feministische Literaturtheorie. 2003. – Lorenzer, Alfred: Tiefenhermeneutische Kulturanalyse. 1988. – Münker, Stefan/Roesler, Alexander: Poststrukturalismus. 1999. – Nennen, Heinz-Ulrich (Hrsg.): Diskurs. 2000. – Nünning, Ansgar/Sommer, Roy (Hrsg.): Kulturwissenschaftliche Literaturwissenschaft. 2004. – Nünning, Ansgar (Hrsg.): Literaturwissenschaftliche Theorien, Modelle und Methoden. 2005. – Osinski, Jutta: Einführung in die feministische Literaturwissenschaft. 1998. – Pany, Doris: Wirkungsästhetische Modelle. 2000. – Pietzcker, Carl: Lesend interpretieren [Psychoanalyse] – Schönau, Walter/Pfeiffer, Joachim: Einführung in die psychoanalytische Literaturwissenschaft. 2003. – Simon, Tina: Rezeptionstheorie. 2003. – Stocker, Peter: Theorie der intertextuellen Lektüre. 1998. – Tholen, Toni: Erfahrung und Interpretation. 1999. – Wellbery, David: Positionen der Literaturwissenschaft. 1985.

2. Wirklichkeit – Autor – Text: Produktionsästhetische Analyse

2.1 Der Text als Botschaft des Autors und Zeugnis seiner Entstehungszeit

In Sartres Frage »Wovon reden die Bücher, wer schreibt sie, warum?« (1981, 34) spricht das in der Lektüre wirksame Interesse als eines am Mitteilungsgehalt der Werke, aber auch an den Akten des Mitteilens selbst. Dies sind zwei Fragerichtungen, die in der pragmatischen Texttheorie als **Redeverstehen** und **Handlungsverstehen** unterschieden werden und die, in ihrer Differenz und Bezogenheit aufeinander, für die Interpretation literarischer Werke von Bedeutung sind (Stierle 1975a, 16). Redeverstehen – »Wovon reden die Bücher?« – zielt dabei auf semantische und syntaktische Zusammenhänge der sprachlichen Äußerung; es erschließt die **Textbedeutung**. Handlungsverstehen – »Wer schreibt sie, warum?« – zielt über den Inhalt der Äußerung hinaus auf ihre Ursache und ihr Ziel, fragt also nach dem **Textsinn** oder nach der Funktion, die der Text in seinem Entstehungszusammenhang hat. Der Sinn einer Äußerung ist, im Unterschied zur Bedeutung, über die relativ subjektunabhängig befunden werden kann, nur als Sinn *für jemanden*, das heißt im Hinblick auf den Horizont des Autors oder eines realen Lesers zu ermitteln. Der Zusammenhang des Fragens nach Bedeutung und Sinn ist sowohl im spontanen Verstehen als auch in der literaturwissenschaftlichen Interpretation durchgehend gegeben. Sartres Frage konkretisierend fragen wir: Was sagt der Autor eigentlich, von welchen Sachverhalten, aus welcher Perspektive und in welcher spezifischen Form redet er? Warum wird gesprochen, warum so und nicht anders? An wen ist die Äußerung gerichtet, aus welchem Anlass und zu welchem Ende wird gesprochen? Operationalisieren lässt sich das in den Fragerichtungen **Gegenstand, Verfahren, Wirkungsabsicht**. Damit sind im Einzelnen gemeint:

- der vom Autor angeeignete Ausschnitt oder Aspekt der Wirklichkeit, beschreibbar als Sachverhalt, Erlebnis, Ereignis, Problem;
- die besondere Weise der Aneignung und Mitteilung des Gegenstands, beschreibbar als Darstellungs-, Deutungs- und Wertungsmuster des Textes;

- die im Text erkennbaren Wirkungsabsichten, bezogen auf einen Adressaten und beschreibbar als Appell, Parteinahme, Tendenz.

2.1.1 Der Text als symbolische Handlung

Diese drei Dimensionen des Textes bilden in ihrem Zusammenhang die **Textstrategie**. Ich verstehe darunter eine sinnvolle, sprachlich-künstlerische Organisation der Mitteilung im Hinblick auf einen sozialen Handlungszweck, der mit linguistischen Kategorien nicht mehr erfasst werden kann: »Der Text als translinguistische Einheit konstituiert sich als Einheit einer Sprachhandlung« (Stierle 1975a, 8). In der Definition des **Texts als Sprachhandlung** ist auch eine textproduzierende Instanz vorausgesetzt, wie immer man diese konkret bestimmt. Ohne den Bezug auf ein Subjekt, das schreibend Interessen verfolgt und Strategien anwendet kann der Text ebenso wenig verstanden werden wie ohne den Bezug auf einen Rezipienten, der sich lesend als gemeint erkennt und die vom Text ausgehenden Impulse auf die eigene Lebenswelt bezieht, wie vermittelt das auch geschehen mag. Die pragmatische Dimension, die vorausgesetzte Wirkungsabsicht des Autors, umfasst also die beiden anderen. Dabei ist das Verstehen des Textes als Handlung fundiert im Verstehen des Textes als Rede (ebd.).

Der Mitteilungsgehalt und die Struktur literarischer Werke sind auf diese Weise begründet in der angestrebten Funktion: Der Autor vollzieht in einer bestimmten Situation eine **symbolische Handlung**, indem er von einem Gegenstand im Hinblick auf einen vorgestellten Adressaten und eine gewünschte Wirkung in einer spezifischen Weise redet. Für Kenneth Burke, der den Gedanken »Dichtung als symbolische Handlung« (1941; dt. 1966) einleuchtend ausgearbeitet hat, sind die literarischen Werke ›strategische‹ bzw. ›stilisierte‹ Antworten auf Fragen, welche die jeweilige Situation dem Autor stellt. Der Autor ›transponiert‹ seine Erfahrung oder eine individuelle oder gesellschaftliche Herausforderung auf die Ebene eines Darstellungsinhalts und ›umspielt‹ beziehungsweise ›löst‹ sein Problem auf diese Weise. Verstanden wird seine Äußerung, sofern der reale Hörer/Leser sie – als Rede – auf ein **Textschema** beziehen kann, die Bezugsebene ist hier die Semiotik und die Frage gilt der Bedeutung, und zugleich – als Handlung – auf ein **Handlungsschema**, die Bezugsebene ist hier die Pragmatik und die Frage gilt dem Sinn. Im Hinblick auf die Produktion literarischer Werke spreche ich von einer **poetischen Sprachhand-**

lung als der für den Diskurs der Literatur typischen Form des kommunikativen Handelns.

Die Frage nach den Antrieben des kreativen Prozesses und den Entstehungsbedingungen des literarischen Werks ist in der **psycho-analytischen Literaturwissenschaft** besonders gründlich erforscht worden (Schönau/Pfeiffer 2003, 12ff.). Die existenzielle Notwendigkeit des künstlerischen Schaffens wird dabei ebenso betont wie die narzisstischen und exhibitionistischen Aspekte der schriftstellerischen Arbeit. Diese kann generell verstanden werden als Antwort auf eine frühe Traumatisierung und/oder eine aktuelle Krise. In Sigmund Freuds Essay »Der Dichter und das Phantasieren« (1908, S. 31ff.) wird die künstlerische Tätigkeit, in Analogie zum kindlichen Spiel und zum Tagtraum, als Befriedigung unerfüllter, teilweise unbewusster Wünsche bestimmt:

> Man darf sagen, der Glückliche phantasiert nie, nur der Unbefriedigte. Unbefriedigte Wünsche sind die Triebkräfte der Phantasien, und jede einzelne Phantasie ist eine Wunscherfüllung, eine Korrektur der unbefriedigenden Wirklichkeit. Die treibenden Wünsche sind verschieden nach Geschlecht, Charakter und Lebensverhältnissen der phantasierenden Persönlichkeit (Freud, GW VII, 219).

Die Thesen Freuds sind in der psychoanalytischen Literaturwissenschaft in mancher Hinsicht kritisiert, umformuliert und ergänzt worden, unter anderem durch die Differenzierung der angenommenen Motive des Schreibprozesses und durch die Ausarbeitung der kommunikativen Dimension künstlerischer Arbeit und der spezifischen Funktion künstlerischer Formen im Blick auf das Unbewusste. Zusammengenommen stellen die Ergebnisse dieser Forschungen eine glänzende handlungstheoretische Begründung der poetischen Sprachhandlung dar. Ihre Erwähnung in diesem Zusammenhang gibt zugleich Gelegenheit, einem Missverständnis vorzubeugen, das sich aus der vorgetragenen Definition des literarischen Werks als symbolischer Handlung eventuell ergibt. Ich verstehe die hier entwickelte Auffassung vom Text als eine Möglichkeit, die unabsehbar vielfältigen Motivationen und verwickelten Abläufe der literarischen Produktion als einen strukturierten, funktionalen Zusammenhang sichtbar und erkennbar zu machen. Die hierzu entwickelten Kategorien sind Bausteine einer Theorie und haben *formalen* Status. Sie bezeichnen Hinsichten, unter denen an der komplizierten Praxis der Literaturproduktion etwas erkannt werden kann. Die Struktur- und Funktionskategorien bilden die komplexe, unübersehbar vielfältige künstlerische Praxis nicht ab, sondern definieren ein Raster von Fragen, mit dessen Hilfe die

Besonderheit eines Texts und eines Schreibprozesses sich plausibel und überprüfbar beschreiben lassen sollten.

In der produktionsästhetischen Perspektive richtet sich die Aufmerksamkeit auf das Verhältnis WIRKLICHKEIT – AUTOR – TEXT im Horizont der Entstehungssituation des einzelnen Werks. Sie sucht die ästhetische Eigenart des Textes aus den Entstehungsbedingungen und dem Entstehungsprozess zu erklären. Sofern der Text als Ergebnis bewusster sinnproduzierender Tätigkeit betrachtet wird, bildet die **Frage nach der Autorintention** – Gegenstand, Verfahren und Wirkungsabsicht umfassend – die zentrale Dimension der Analyse. Die Autorintention ist jedoch aus dem Text allein nicht hinreichend konkret und sicher zu erschließen; noch weniger ist es die geschichtliche Funktion des Werks in seiner Entstehungszeit. Es bedarf daher der **Analyse des Kontexts**, um die Autorintention und die ursprüngliche Wirksamkeit des Werks als die seine Historizität begründenden Eigenschaften angemessen zu beschreiben.

Die Analyse geht zu diesem Zweck in die Motivations- und Determinationsgeschichte des Textes zurück, um den Sinn des Textes in seiner Entstehungszeit, als Mitteilung einer historischen Person an historische Personen, zu rekonstruieren. Hierzu versteht sie den **Text als eine Botschaft des Autors**. Als solche ist er zugleich Medium und Resultat eines Aneignungsprozesses und einer kommunikativen Handlung. Er verhält sich implizit oder explizit stellungnehmend *zu* den gesellschaftlichen und literarischen Verhältnissen seiner Zeit, antwortet nach Inhalt und Form auf individuelle und gesellschaftliche Probleme und Herausforderungen. Über das hinaus und unabhängig davon, was der Autor meint, ist der **Text** auch **ein Zeugnis seiner Entstehungssituation**. Er steht als Medium und Resultat einer bestimmten kommunikativen Praxis *in* den gesellschaftlichen und literarischen Verhältnissen seiner Zeit. Auch über das hinaus, was der Autor mitteilen will und bewusst tut, lässt sich am Text etwas erkennen über die Subjektivität des Autors, über die Formen des sprachlichen Handelns, der Anschauung, Deutung und Wertung der Wirklichkeit mittels sprachlicher und künstlerischer Techniken in einer konkreten historischen Situation (zu dieser Unterscheidung vgl. Walter Benjamin 1980, Bd. 2, 686).

Jede Leserin und jeder Leser literarischer Texte weiß, dass diese sich über ihren Gegenstand, ihre Entstehungssituation und Wirkungsabsicht nur selten direkt aussprechen. Ist bei einem Essay, einem wissenschaftlichen oder Gebrauchstext, das Gelingen der

Kommunikation in der Regel dadurch gesichert, dass die Situation unmittelbar gegeben, der Gegenstand und das Ziel der Mitteilung explizit benannt sind, so bleiben Schreibanlass, Gegenstand und Schreibziel bei literarischen Werken meist unausgesprochen. Ebenso implizit bleibt meist der Bezug auf einen bestimmten Adressaten. Die Darstellung literarischer Werke bezieht sich auf das, »was nicht gegeben ist« (Iser 1976, 87).

Literarische Texte sprechen in der Regel die Realität, aus der sie entspringen, nicht direkt aus, sondern verarbeiten sie in einer ›strategisch stilisierten‹ Weise; man hat in diesem Zusammenhang auch von »Inszenierung« gesprochen (vgl. Macherey 1974, 7ff.). Diesen Sachverhalt hat Klaus Scherpe (1981), einen Gedanken Walter Benjamins aufgreifend, in die These gefasst, dass der literarische Text als eine Einheit von **Erfahrung und Konstruktion** existiert und verstanden werden muss. Er ist nicht eine Exposition der ihm vorausliegenden historischen Erfahrung, sondern er *modelliert* sie und bezieht damit zugleich Stellung in ihr.

Die für die Interpretation wichtige Unterscheidung von Gegenstand und Inhalt lässt sich an dem Einleitungskapitel aus Brechts *Dreigroschenroman* (S. 119ff.) vergegenwärtigen. Der **Gegenstand** des Romanabschnitts, den wir vor uns haben, ist *nicht* die Geschichte des Soldaten Fewkoombey, diese ist der **Inhalt** des Textes. Indem der Autor diesen Inhalt darstellt, appelliert er an den Leser, sich etwas bestimmtes *Anderes* vorzustellen und zu verstehen. Die Erfahrungen, welche der Soldat Fewkoombey macht, sind fiktiv – die wirkliche Erfahrung, welche den Autor dazu veranlasst, diese fiktionale Darstellung zu geben, ist nicht Gegenstand der Rede, sondern Gegenstand der durch sie fundierten poetischen Sprachhandlung. Die Geschichte wird erzählt, um etwas zu vermitteln, was mit ihr nicht identisch ist: die Botschaft des Autors mitsamt dem Ausschnitt der Wirklichkeit, auf den sie sich bezieht.

2.1.2 Der Text als Fiktion

Die in Brechts *Dreigroschenroman* dargestellte Wirklichkeit ist nicht historisch gegeben, sondern erfunden. Sie ist **Fiktion**, das heißt zunächst: Sie zeigt sich selbst und zugleich auf etwas anderes. Geredet wird von einem Soldaten, der im Jahr 1902 verwundet aus dem Burenkrieg heimkommt und eine Anstellung in einem Unternehmen für Bettlerutensilien erhält. Gehandelt wird mittels dieser Darstellung im Jahr 1934 auf dem Hintergrund von Erfahrungen, die als Vertreibung aus dem eigenen Land, als Mühe der politischen und künstlerischen Neuorientierung, als Arbeit an der Deutung und Bewältigung dieser gesellschaftlichen und individuellen Krise beschrieben werden können. Zwar gibt es einen Zusammenhang zwischen dem Darstellungsinhalt und der Entstehungssituation des Textes. Dieser ist jedoch verstehbar und erkennbar nur im Hinblick auf die literarische Struktur des Werks als ganze. Der Wirklichkeitsbezug des fiktionalen Textes ergibt sich nicht aus einzelnen Aussagen oder Darstellungselementen, sondern er ist »eine Funktion der **Poetik der Fiktion,** die mehr oder weniger auf Realität und kollektive Erfahrung von Realität hingeordnet sein kann« (Stierle 1975b, 356).

Wer erzählen will, muß sich zunächst eine Welt errichten, eine möglichst reich ausstaffierte bis hin zu den letzten Details. [...] Das Problem ist, die Welt zu errichten, die Worte kommen dann fast wie von selbst. *Rem tene, verba sequentur.* [...] Man kann sich auch eine ganz irreale Welt errichten, in der die Esel fliegen und die Prinzessinnen durch einen Kuß geweckt werden, aber auch diese rein phantastische und ›bloß mögliche‹ Welt muß nach Regeln existieren, die vorher festgelegt worden sind (Eco 1984, 15ff.).

In diesen Bemerkungen des Semiotikers und Erzählers Umberto Eco werden wesentliche Eigenschaften der Fiktion aus produktionsästhetischer Perspektive anschaulich vergegenwärtigt. Das Schreiben unter der Voraussetzung einer **fiktionalen Kommunikationssituation** (näheres dazu s. S. 149ff.) bietet dem Autor die Möglichkeit, bei der Verarbeitung seiner Erfahrungen oder der gesellschaftlichen Herausforderung, welcher er schreibend zu begegnen sucht, die Bedingungen der Darstellung und gegebenenfalls der Lösung wirklicher Probleme – und seien es solche der literarischen Methode – in gewissem Maße selbst zu bestimmen. Er kann eine »Welt« entwerfen, in deren Perspektive und ›Gesetzmäßigkeit‹ die Widersprüche und Herausforderungen der Wirklichkeit durchschaut werden können, ein ›eingreifendes Handeln‹ in der Vorstellung als möglich erscheint, der Mangel, der ihn drückt, als aufhebbar. »Was unsere Figur mehr hat als wir«, sagt Martin Walser, »das macht unseren Mangel aus« (1979, 39).

Vorgreifend von Identität zu sprechen, die in der Wirklichkeit zum Problem wurde (Rilke: *Die Aufzeichnungen des Malte Laurids Brigge*); historische Erfahrungen als individuelle Lebensgeschichte durchzuspielen, um auf sie in der Gegenwart politisches Handeln zu gründen (Peter Weiss: *Die Ästhetik des Widerstands*); einen kapitalistischen Diskurs satirisch verfremdet auszustellen, um die in der Wirklichkeit sorgfältig verborgene Affinität von Geschäft und Verbrechen vor aller Augen zu legen (Brecht: *Dreigroschenroman*): all dies erlaubt die Fiktion dem Autor, auch wenn es wohl nur selten mit der Erfindung der »Welt« schon getan ist und nicht immer so »fast von selbst« geht, wie Eco uns glauben machen will. Der Autor des fiktionalen Textes kann fiktive und nicht-fiktive Sachverhalte bis zur Ununterscheidbarkeit mischen, denn die Frage nach dem Wirklichkeitsbezug der einzelnen Sätze und Darstellungselemente ist auf besondere Weise relativiert.

Zwar ist gerade für den realistischen Schriftsteller Brecht die Frage nach dem angemessenen Verhältnis von Darstellungsinhalt und Wirkungsstrategie im gesamten Schreibprozess stets gegenwärtig. Jedoch entwirft er seine fiktive »Welt« nicht als eine einfache Nachahmung einer wirklichen, sondern als deren *Modell*. Er nutzt und entbindet dabei absichtsvoll die Leistungsfähigkeit der **Fiktion als Spiel- und Erkenntnismedium**, über welche sie ihrem Wesen nach verfügt und die ihre besonderen kommunikativen Funktionen im gesellschaftlichen Lebensprozess prägen und ermöglichen. Der fiktionale Text ist als ganzer dem Wirklichkeitszusammenhang, dem er entstammt, zugleich ›ähnlich‹ und ›unähnlich‹ (näheres dazu vgl. S. 160ff.). Er bietet die Möglichkeit, diesen Zusammenhang für den Leser lebendig zu vergegenwärtigen und zugleich durchschaubar zu machen, sofern dieser bereit ist, sich auf die Spielregeln – und auf den Ernst – der fiktiven Welt gleichermaßen einzulassen. Die Eigenschaften der Fiktion, welche aus dieser ihrer besonderen **modellbildenden Funktion** resultieren, gewinnen zusätzliche Attraktivität für den Leser gerade aus dem dynamischen Spannungsverhältnis zwischen der literarischen Darstellung und der in ihr ›gemeinten‹ Wirklichkeit:

Ihrem Wesen nach meint Fiktion Differenz, nicht Identität von Sachverhalt (Wirklichkeit) und Sachlage (Darstellung), sei es nur partiell. Doch hat dann gerade die partielle Abweichung, wenn sie nicht als Versehen eliminierbar ist, die Chance, zum springenden Punkt der konstruktiven Intention und der poetischen Motivation zu werden (Stierle 1975b, 356).

All dies muss uns als *Lesenden* natürlich nicht eigens gesagt werden. Wir wissen es, weil wir schon vorab in eine bestimmte Leserrolle eingewiesen sind. Sobald wir auf dem Titelblatt des Buches lesen: *Dreigroschenroman*, stellen wir uns auf eine fiktionale Kommunikationssituation ein – unangesehen, wovon der Text reden mag. Wir beziehen das Gelesene auf ein vom Autor benutztes Handlungsschema: nämlich das einer poetischen Sprachhandlung und darüber hinaus auf ein uns vertrautes Textschema, nämlich das des

Erzählens. Wir erwarten eine Geschichte, ohne noch zu wissen, wovon diese handeln wird.

2.1.3 Ästhetische Funktion, Darstellung, Ausdruck und Appell

Damit ist über die Frage nach dem **Wirklichkeitsverhältnis** des literarischen Textes, das heißt nach den komplexen Beziehungen zwischen Fiktion und Realität, schon etwas sehr Wesentliches ausgesagt. Indem wir den Text auf die beschriebene Weise als Werk einer bestimmten Gattung wahrnehmen, realisieren wir seine **ästhetische Funktion**. Das heißt zunächst: Wir beziehen die einzelnen Aussagen und Darstellungselemente des Textes nicht unmittelbar auf die außertextuelle Wirklichkeit, sondern auf andere Textelemente bzw. auf die strukturierte Ganzheit des Werks. Wir sind bereit, unser im Alltag vorhandenes Misstrauen hinsichtlich der Richtigkeit gelesener oder gehörter Äußerungen zu suspendieren. Anders ausgedrückt: Wir machen uns freiwillig daran, eine »pseudoreferentielle Illusion« (Stierle 1975b, 362), eben die von Eco genannte epische »Welt« aufzubauen.

Die Fiktion ›handelt‹ auf zweierlei Weise von der Wirklichkeit; Erfahrung kommt in ihr vor als Darstellungsinhalt und als Entstehungshintergrund (Ursache und Ziel) des Textes. Bei der Interpretation gehen wir davon aus, dass die Darstellung auf eine näher zu bestimmende Weise auf den Schreibanlass und die Wirkungsabsicht verweist. Für die systematische Beschreibung dieses Verweisungszusammenhangs eignen sich, auf der allgemeinsten Ebene, die von Karl Bühler (1965, 24ff.) entwickelten Sprachfunktionen bzw. Sinndimensionen, die auch für die literarische Sprachverwendung gelten (vgl. auch Grimm 1977, 14ff.). In der durch die ästhetische Funktion definierten fiktionalen Kommunikationssituation erfüllt der Text – und erfüllt und jedes seiner Elemente – **drei wesentliche Funktionen**: Er stellt einen Sachverhalt dar, drückt eine Absicht und Haltung des Autors aus und appelliert an den Leser, etwas zu tun. Diese Funktionen werden von Bühler als Symbol, Symptom und Signal bezeichnet. Das Sprachzeichen ist

Symbol kraft seiner Zuordnung zu Gegenständen und Sachverhalten, Symptom (Anzeichen, Indicium) kraft seiner Abhängigkeit vom Sender, Signal kraft seines Appells an den Hörer [...]. Dasselbe konkrete Phänomen ist ein Gegenstandszeichen, hat einen Ausdruckswert und spricht einen Empfänger an (Bühler 1934, 28, 35).

1. Mit Bezug auf die **Darstellungsfunktion** bzw. die **mimetische Funktion** thematisiert die Analyse die im Text exponierten Sachverhalte, also etwa die erzählte Handlung, den Raum, die Figuren (vgl. 127f.). Die Aufmerksamkeit richtet sich – je nach den besonderen Eigenschaften des Textes – auf die Auswahl und Anordnung der dargestellten Wirklichkeitsmomente, man vergegenwärtigt die Struktur und die Einlässlichkeit der Schilderung sowie die Nähe oder Distanz der dargestellten »Welt« zur Lebenswelt des Autors und der Leser. Die spezifische Funktionalität der Darstellung kann im Blick auf den Gegenstand des Textes, auf das gewählte Verfahren sowie auf die angenommene Wirkungsabsicht herausgearbeitet werden. Ihre Rekonstruktion erlaubt gegebenenfalls eine (wertende) Aussage über die Art der Konstruktion und über das Wirklichkeitsverhältnis.

2. Die Art und Weise, in der sich die Subjektivität des Autors in seiner Darstellung manifestiert, nennen wir die **Ausdrucksfunktion** bzw. die **expressive Funktion** des Textes. Unabhängig davon, wie weit in einem Werk wirkliche Erfahrungen des Autors thematisiert sind, kann die literarische Gestaltung des subjektiv-wertenden Verhältnisses zwischen Autor und dargestellter Welt, Autor und Adressat sehr verschieden sein. Sie lässt sich beschreiben als eine bestimmte Einstellung des Autors bzw. Erzählers, als Nähe oder Distanz, als hohe oder geringe emotionale Beteiligung; fassbar ist sie etwa an der Erzählhaltung oder auch an der Schreibweise. Die Möglichkeit oder Unmöglichkeit, authentische Erfahrungen schreibend zu verarbeiten, ist u.a. auch durch die literarischen Gattungen und ihren Ort im Literaturensemble mitbedingt; so wird ein »Gelegenheitsgedicht« – das Wort im Goetheschen Sinn – ein direkterer Ausdruck der Autorsubjektivität und der Entstehungssituation sein als ein historischer Roman.

3. Als **Appellfunktion** bzw. als **pragmatische Funktion** schließlich bezeichnen wird den Bezug des Textes oder einzelner seiner Elemente auf die Wirklichkeit eines vom Autor vorgestellten Publikums bzw. Adressaten, auf dessen (vermutete) Erfahrungen und Erwartungen. Manchmal sprechen literarische Texte ihre Wirkungsabsichten offen aus, zuweilen mit der Aufforderung an den »lieben Leser«, diesen Absichten des Autors Herz und Ohr zu leihen. Hierher gehört das »Merke!« in den *Kalendergeschichten* J.P. Hebels und das »fabula docet« der lehrhaften Literatur überhaupt. Aber abgesehen davon, dass auch diese direkten Leseranreden nicht unbesehen mit der vom Autor intendierten oder vom Leser wahrgenommenen Wirksamkeit gleichgesetzt werden dürfen, sind die Appellfunktionen in den meisten literarischen Texten erst zu entzif-

fern, etwa durch die Analyse der impliziten Leserrolle. Die Fiktion verweist meist nur mittelbar auf die Wirkungsabsichten des Autors, indem sie z.B. die Aufmerksamkeit auf bestimmte Bedeutungen oder Strukturen lenkt, den Leser zu einer bestimmten Rezeptionshaltung zu veranlassen sucht oder Deutungen und Wertungen des Dargestellten konnotiert. Die Untersuchung dieser pragmatischen, die Rezeption und Wirkung des Werks bestimmenden Funktionen führt schon in den Zusammenhang der rezeptionsästhetischen Analyse.

Relativ unabhängig von der Direktheit, mit der sich ein Autor über die eigene Situation und seine Wirkungsabsichten ausspricht, ergibt sich die Mittelbarkeit des Wirklichkeitsbezugs vor allem aus dem **Kunstcharakter des Werks**. Autoren wie Leser literarischer Werke befinden sich noch *vor* jeder konkreten Entscheidung oder Handlung auf dem Boden des literarischen Diskurses. Damit ist unter anderem die Tatsache gemeint, dass der Schreibende sich zur Darstellung und Verarbeitung seiner Erfahrungen, zum Ausdruck seiner Empfindungen oder zum Appell an ein Lesepublikum des literarischen Materials bedienen muss, das er zwar kategorisch ablehnen oder absichtsvoll destruieren, aber nicht als nicht-vorhanden behandeln kann. Aus dem institutionellen Charakter der Literatur und der jeweils geltenden ästhetischen Normen resultiert die **ästhetische Differenz**. Zu erkennen ist sie am ehesten dort, wo der Text sie eigens pointiert, das heißt in seiner Machart von den gewohnten literarischen Darstellungsformen abweicht und diese Abweichung gegebenenfalls auch thematisiert. Der Kunstcharakter des literarischen Werks umgreift dessen Darstellungs-, Ausdrucks- und Appellfunktion. Ist einerseits die literarische Darstellung von Erfahrungen und Wirklichkeiten in gewissem Umfang vorgeprägt durch die Wahl und Verwendung »traditioneller« oder »moderner« Bauformen und Schreibweisen, so werden sich andererseits die ideologischen Auseinandersetzungen und Frontstellungen innerhalb derer der Autor schreibend agiert, in seiner Selbstdarstellung und seinem Bild vom Adressaten niederschlagen. Die Prinzipien, nach denen die Inszenierung wirklicher Erfahrung erfolgt, können sowohl gesellschaftlicher als auch individueller Art sein, sie können aus dem Wunsch nach Selbstvergewisserung, nach freiem Sich-Ausströmen oder aus dem Engagement für eine Sache resultieren – immer wird die Wahl und die Verwendung des Materials auf die Realisierung dieser Intentionen zurückwirken. Man kann dies als einen Machteffekt des aktuell herrschenden Diskurses, besonders des literarischen Diskurses in der Entstehungssituation deuten.

Gerade wenn man auf dem Wirklichkeits- und Erfahrungsgehalt – wie dem Spiel- und Erkenntnischarakter – des literarischen Werks besteht, müssen die ideologisch-literarische Konstruktion und die ästhetische Differenz des Textes in den Blick gerückt werden. Die Wahrnehmung und Darbietung des Gegenstandes durch den Autor ist determiniert durch dessen Standort und Interessen sowie durch die ihm z.T. unbewussten Eigenschaften des Gegenstandes, des literarischen Materials und der Kommunikationssituation. Es ist daher notwendig, nicht nur den dargestellten Inhalt, sondern vor allem die Wahrnehmungs-, Darstellungs- und Deutungsmuster sorgfältig zu untersuchen. Erfundenes, Gesagtes wie Nicht-Gesagtes müssen je nach ihrer bestimmten Funktion für die Textstrategie befragt werden; die Eigenheiten des literarischen Materials, das der Autor aufnimmt und fortbildet, spielen hierbei eine ebenso wichtige Rolle wie die von ihm antizipierten Erwartungen seiner Adressaten. All diese Elemente der Textstrategie können zunächst durch **Textbeschreibung und Strukturanalyse** erfasst und systematisiert werden. Die Rekonstruktion der Autorintention und der ursprünglichen Wirksamkeit des Textes bedarf dann einer mehr oder weniger eingehenden **Kontextanalyse.**

Die Rekonstruktion von Entstehungsbedingungen auf der Grundlage des Verstehensakts setzt implizit oder explizit voraus, dass es einen Komplex *notwendiger* und *erkennbarer* Beziehungen gibt zwischen diesen Bedingungen, das heißt, der gesellschaftlichen Wirklichkeit zum Zeitpunkt der Textentstehung und den Eigenschaften des Textes. Diese Beziehungskomplexe sind in der historisch-materialistischen **Widerspiegelungstheorie** am umfassendsten herausgearbeitet worden, wenngleich erst spät in zureichender Differenziertheit (vgl. Dieter Schlenstedt u.a. 1981, bes. 15–188). Sie lassen sich in produktionsästhetischen Textmodellen abbilden.

2.2   Modell der Textproduktion

Produktionsästhetische Textmodelle, wie sie in vielen Literaturtheorien implizit vorausgesetzt oder eigens entwickelt werden (z.B. Lerchner/Werner 1975, 104ff.), müssen zweierlei leisten; sie müssen
- die Beziehungs- und Determinationsfaktoren im Verhältnis Wirklichkeit – Autor – Text hinreichend vollständig und durchsichtig darstellen;
- ein genügend differenziertes Schema des literarischen Produktionsprozesses – den Vorgang des Schreibens – abbilden.

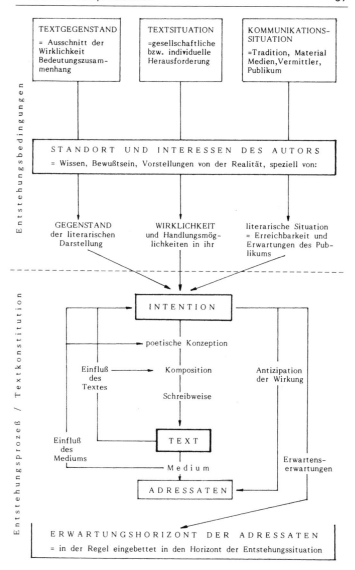

Abbildung 3: Modell der Textproduktion

Was oben (S. 49) über die Differenzierungsfähigkeit und den heuristischen Wert solcher Modelle gesagt wurde, gilt auch hier.

Im abgebildeten produktionsästhetischen Textmodell sind vorerst zwei Ebenen zu unterscheiden, nach deren Differenz sich auch die folgenden Abschnitte »Textbeschreibung« und »Kontextanalyse« gliedern. Es handelt sich um die geschichtlich-gesellschaftlichen, biographisch-individuellen und die sprachlich-literarischen Voraussetzungen des jeweiligen Textes, seine **Entstehungsbedingungen**, und um den jeweils konkreten, einmaligen Prozess der Textkonstruktion, den **Entstehungsprozess**. Diese beiden sind faktisch natürlich dialektisch miteinander vermittelt, sollen aber dennoch zum Zweck der Übersichtlichkeit nacheinander dargestellt werden.

Wir können drei Klassen von Voraussetzungen unterscheiden: gegenständliche, sozialhistorische und kommunikative. Ihnen entsprechen im Modell die Chiffren **Textgegenstand, Textsituation** und **Kommunikationssituation**. Wenn wir sagen: Ein Autor stellt einen Ausschnitt der Wirklichkeit in einer spezifischen Form dar, um in einer bestimmten historisch-gesellschaftlichen Situation eine konkrete Wirkung zu erzielen, so ist in dieser allgemeinverständlichen Formel bereits die Trias der Voraussetzungsklassen eines jeden Textes – nicht nur des literarischen – erfasst.

Zugleich ist zu unterstreichen, dass die pragmatische – hier »sozialhistorisch« genannte – Klasse von Voraussetzungen nach meiner Auffassung die Achse des Modells und entsprechend das leitende Interesse der Interpretation ist. Nichts anderes ist ja damit gesagt, dass ein Text nur verstanden ist, wenn er als symbolische Handlung verstanden ist. Hermeneutisch heißt das, den Text als eine Antwort auf eine wie immer formulierte gesellschaftliche oder individuelle Herausforderung verstehen. Um dieser Herausforderung zu begegnen, beginnt der Autor des Textes von einer bestimmten Sache zu reden; er kommuniziert auf diese Weise mit Hilfe der ihm zur Verfügung stehenden sprachlichen (und literarischen) Formen und Medien mit einem (oder mehreren) Adressaten. Die möglichen Gegenstände seiner Rede, die Situation, in der er das Wort nimmt und die kommunikativen Bedingungen sind ihm dabei weitgehend vorgegeben. Wir definieren sie als die **realitätsseitigen Voraussetzungen** seines sprachlichen Handelns, in welche er schreibend zugleich eingreift und die er infolgedessen ein Stück weit seinen Intentionen anzupassen vermag.

Diesen gegenständlichen, sozialhistorischen und kommunikativen Gegebenheiten treten die **autorseitigen Voraussetzungen** an die Seite, die abkürzend mit dem Stichwort **Standort und Interessen** bezeichnet werden. Diese Formulierung soll anzeigen, dass es im Hinblick auf den Autor objektive und subjektive Faktoren gibt, die bei der Rekonstruktion von Textentstehungsprozessen gegebenenfalls berücksichtigt werden müssen. Objektive Voraussetzungen sind z.b. sein Geschlecht, seine soziale Herkunft, seine Stellung in der Gesellschaft, seine Bildung, gesellschaftliche und individuelle Erfahrungen, Lebensverhältnisse, Kontakte, Zugang zu Medien, literarische Ausbildung usw. Subjektiv sind die durch diese objektiven Faktoren bedingten individuellen Eigenschaften des Autors, seine materiellen, sozialen und kulturellen Interessen, sein Wissen, seine Vorstellungen, seine Wünsche, Hoffnungen, Ängste. Es verbinden sich also jeweils objektive und subjektive Faktoren. So ist der Standort eines Autors durch seine *Stellung* im gesellschaftlichen Gefüge, seine Klassen- und Schichtzugehörigkeit, ebenso definiert wie durch sein *Bewusstsein* von dieser Stellung, sein weltanschauliches und praktisch-politisches Verhältnis zu den gesellschaftlichen Kräften und Auseinandersetzungen, sein Klassen- bzw. Standesbewusstsein, seine soziale Mentalität. Auch im Hinblick auf die Interessen könnte man aktuell und subjektiv vorhandene von objektiven, gewissermaßen ›zurechenbaren‹ unterscheiden.

Während die Kategorie »Standort und Interessen« eher dazu geeignet ist, die Stellung des Autors im gesellschaftlichen Entwicklungsprozess seiner Zeit generell zu bestimmen, beziehen sich die in der Textanalyse ebenfalls häufig gebrauchten Begriffe **Situation und Disposition** (vgl. etwa H.D. Zimmermann 1977, 84f.) auf den Entstehungsprozess des einzelnen literarischen Werks: In welcher Situation, gesellschaftlichen und individuellen Entwicklungsphase, angesichts welcher konkreten historischen Herausforderung hat Brecht den *Dreigroschenroman* geschrieben; welche spezifischen individuellen Bedürfnisse und Sichtweisen des Autors bestimmen die Entstehung des Romans? In der Unterscheidung dieser Untersuchungsrichtungen ist die Tatsache berücksichtigt, dass im einzelnen literarischen Text nur *bestimmte* Momente und Seiten der Autorsubjektivität erkennbar sind.

Die im Modell als »Wissen, Bewusstsein, Vorstellung von der Realität, speziell von ...« gekennzeichneten Dimensionen bilden zusammen das, was die rezeptionstheoretische Forschung im **Begriff des Autorhorizonts** beschreibt: ein System von geistigen Beziehungen zwischen der Autorsubjektivität und der Wirklichkeit in einem bestimmten historischen Augenblick. Diesen Autorhorizont verstehe ich als eine Ausdifferenzierung von »Standort und Interessen des Autors« im Hinblick auf ein bestimmtes Werk. Er ist mit der **Intention** des Autors, der zentralen Kategorie der

Textproduktion, nicht identisch, sondern dialektisch mit ihr vermittelt. Das äußert sich zunächst darin, dass die Intention des
Schreibenden als der gemeinsame Fluchtpunkt zweier unterschiedener Horizonte betrachtet werden muss: dem des Autors und
dem des intendierten Publikums. Indem der Autor die Wirkung
seines konzipierten Werks auf einen Adressaten antizipiert, stellt
er sich in jeder Phase des Schreibvorgangs auf den vorgestellten
Erwartungshorizont des Publikums ein. Der **Adressat** als der von
ihm intendierte Leser geht also in den Aneignungs- und Vermittlungsprozess des Gegenstandes mit ein: er wird ebenso zu einem
Bestandteil des fertigen Werks wie der Autor selbst (vgl. Babilas
1961, 17). Im Hinblick auf diese **Antizipation der Wirkung** lassen
sich die folgenden Fragen formulieren:

Wie kann man nach der Adressatenbeziehung fragen?
- Welche sozialen und literarischen Verhaltensmuster, Erwartungen und Normen setzt der Autor bei seinen Adressaten
  voraus?
- Wie beurteilt er die Wirksamkeit der angewandten künstlerischen Techniken hinsichtlich einer Stabilisierung bzw.
  Desautomatisierung dieser Verhaltensmuster und Normen?
- Welche Vorstellungen hat er von der möglichen Reaktion
  der Adressaten auf den dargestellten Gegenstand und seine
  Art der Parteinahme?
- Wie schätzt er die aktuelle Situation bzw. Herausforderung
  im Hinblick auf eine Ansprechbarkeit der Adressaten durch
  Literatur überhaupt ein?

Neben dem Wissen und den Vorstellungen des Autors von der Realität, von seinen gesellschaftlichen und künstlerischen Zielen und
Möglichkeiten, vom Gegenstand seines Textes und der Verfügbarkeit kommunikativer Medien gehen in die Intention also mehr oder
weniger distinkte »**Erwartenserwartungen**« (Hans Robert Jauß)
ein und steuern den Schreibvorgang. In dessen Verlauf verändern
sich in der Regel die ursprüngliche Intention und, besonders bei
umfangreicheren Werken und länger dauerndem Produktionsprozess, auch der Autorhorizont. So haben es z.B. realistische Autoren
nie verschmäht, durch das Einholen von fachlichen Informationen
ihr Wissen vom behandelten Gegenstand zu verändern; ähnliches
gilt für die Erarbeitung neuer literarischer Techniken zur Lösung
bestimmter Darstellungsprobleme. Überhaupt müssen wir uns den

Prozess der Textproduktion als einen Vorgang mit zahlreichen Gegenläufigkeiten, Widerständen, Umwegen und unvorhergesehenen Wendungen vorstellen. Die einmal entworfene »Welt« mit ihren Figuren, Ereignissen und kommunikativen Zusammenhängen entfaltet vielfach eine Eigenbewegung, in welcher das ideell vorweggenommene Endergebnis des Produktionsprozesses, die poetische Konzeption, nicht unverwandelt bleibt. In der Auseinandersetzung mit dem Gegenstand und dem künstlerischen (und sprachlichen) Material sucht der Autor seine Intention zu klären, modifiziert, erweitert, vertieft sie gegebenenfalls. Zuweilen sieht er sich auch gezwungen, eine poetische Konzeption aufzugeben, um seine Intention auf andere Weise zu realisieren, wie man z.B. an Brechts »Caesar«-Fragment zeigen kann. Die verschlungene Prozesshaftigkeit des Schreibvorgangs kann jedenfalls im Modell nur in hoch schematisierter Weise dargestellt werden. Sie ist im Gegensatz zu Schulte-Sasse/Werner (1977, 204f.) hier nicht als »Zwang«, sondern als »Einfluss« von Medium und Text, das heißt vor allem der Gattungswahl und der bereits fertig gestellten Textteile, auf den Schreibvorgang angezeigt. Im Übrigen bleibt zu betonen, dass es in dieser Hinsicht nicht nur Beeinträchtigungen des Schreibens durch das schon Geschriebene gibt, sondern durchaus auch förderliche Wirkungen.

Der **Schreibvorgang** selbst ist nun im Modell schematisch in *Phasen* dargestellt, welche in Wirklichkeit natürlich nicht in chronologischer Reihenfolge ablaufen. Am Anfang steht die **Gegenstandswahl,** die Entscheidung des Autors, eine Erfahrung oder Erkenntnis mitzuteilen, in eine aktuelle Auseinandersetzung durch eine poetische Sprachhandlung einzugreifen oder einfach, sich etwas ›von der Seele‹ zu schreiben. Schreibanlässe gibt es unübersehbar viele und vielfältige, und sie sind auch in der Regel nicht so freiwillig gewählt. Der Autor ist in seine Zeit hineingeboren, er steht in ihren Entwicklungsprozessen und Widersprüchen, und so wird der Gegenstand sich in den meisten Fällen eher zwingend aufdrängen. Ein viel zitiertes Beispiel ist Brechts Erwägung »In mir streiten sich / Die Begeisterung über den blühenden Apfelbaum / Und das Entsetzen über die Reden des Anstreichers. / Aber nur das zweite / Drängt mich zum Schreibtisch« (GBA 14, 432). Ohne dass hier Schreibanlass und Gegenstand unversehens gleichgesetzt würden, ist doch bei den meisten Autoren eine enge Beziehung zwischen beiden festzustellen.

Die Gegenstandswahl, eine bestimmte Wirkungsabsicht und damit vielfach schon die antizipierte ›Tendenz‹ des geplanten Werks gehen ein in die **poetische Konzeption**. Primär ist dabei

die Wahl der literarischen **Gattung und des Genres** im Blick v.a.
auf die zur Verfügung stehenden Medien und die Erreichbarkeit
des Publikums. Die Gattung ist das hierarchisch oberste der Textschemata, welche zwischen der Allgemeinheit der Sprache und der
Besonderheit der Rede die Vermittlungsstufen bilden (vgl. Stierle
1981, 538). Mit ihrer Festlegung sind daher oft schon bedeutsame Vorentscheidungen getroffen über die im Werk zu gestaltende
Kommunikationssituation, die übergeordneten Kompositionsprinzipien, die wesentlichen Darbietungsweisen. In Epochen norma-
tiver Poetik gibt es in dieser Hinsicht zwingende Konventionen,
so zum Beispiel die bis ins 18. Jahrhundert für das Drama gültige
»Ständeklausel«, die in Martin Opitz' anschaulicher Formulierung
zitiert sein soll:

Die Tragedie ist an der maiestet dem Heroischen getichte gemeße/ohne das
sie selten leidet/das man geringen standes personen und schlechte sachen
einführe: weil sie nur von Königlichem willen/Todtschlägen/verzweiffe-
lungen/Kinder- und Vätermördern [...] und dergleichen handelt. [...] Die
Comedie bestehet in schlechtem wesen unnd personen [...] (Opitz 1624;
1978, das heißt 1, 346).

Aber auch in der modernen Literatur gehen von der Gattungs- und
Genrewahl, die ja immer auch das Aufrufen einer bestimmten Tradition ist, erhebliche präjudizierende Wirkungen für den Schreibprozess aus. So fällt in Brechts Entscheidung, zur Aufklärung über
Faschismus in poetischer Form beizutragen, die Wahl der Gattung
mit der Festlegung eines Stoffes zusammen, aufgrund dessen Gestaltung in der *Dreigroschenoper* er nach 1928 berühmt geworden
war. Das bot ihm jetzt die Möglichkeit, an diesen Ruhm anzu-
knüpfen und zugleich, »in kurzer Zeit möglichst viel Geld zu bekommen« (Hermsdorf 1978, 31); denn selbstverständlich war der
Roman die einzige Form, mit der der Autor sein Publikum noch
erreichen konnte. Zugleich ergaben sich aus der Stoffwahl mit
einiger Folgerichtigkeit die Grundlinien der **Komposition** – Fabel,
Figuren und zentrale Handlungsmomente – und die Wahl der
satirischen **Schreibweise**.

Als innerer Vorgang im Subjekt ist der literarische Produktionsprozess unter anderem Gegenstand der psychoanalytischen
Literaturwissenschaft (vgl. Schönau/Pfeiffer 2003, 1–36). Er lässt
sich generell nur durch Introspektion des Autors ermitteln (vgl.
Peters 1982, 57). Auskünfte von Schriftstellern über Schwierigkeiten und Erfahrungen im Schreibprozess (vgl. etwa Härtling
1984; Ch. Wolf 1983) sind zwar für die Theorie der literarischen
Produktion – und wohl auch für die Mehrzahl der Lesenden – von

hohem Interesse. Sie haben jedoch für die methodische Praxis der Interpretation nur den Status von Kontexten und müssen dabei ihrerseits, im Hinblick auf das zu interpretierende Werk, sorgfältig analysiert werden.

Wenn wir den Prozess der Textherstellung von der Tätigkeit des Autors her entwerfen wollen, müssen wir ihn als einen methodischen Arbeitsprozess beschreiben. Unabhängig davon, ob der Autor die Gedanken, Darstellungselemente, Techniken seines Textes im freien Spiel der Phantasie, im visionären Traumzustand oder durch zielgerichtetes Nachdenken findet oder fand – verstehbar und erklärbar werden sie nur als Teil einer Textstrategie, das heißt bezogen auf ein Schema des Textes oder des sprachlichen Handelns. Erst unter dieser Prämisse ist es überhaupt sinnvoll, von einer »Logik des Produziertseins« (Adorno 1961, 43) zu sprechen. Der Begriff der **künstlerischen Methode**, den ich in diesem Zusammenhang verwende, ist vor allem in der historisch-materialistischen Literaturwissenschaft verwendet worden. Er erleichtert die konsistente, intersubjektiv überprüfbare Darstellung der Vermittlungsprozesse zwischen der Wirklichkeit, der Subjektivität des Autors, dem literarischen Arbeitsprozess und dem fertigen Werk:

Unter künstlerisch-literarischer Methode [...] verstehen wir das komplizierte System ästhetischer Prinzipien und Verfahren, das den Schaffensprozeß eines Schriftstellers bestimmt und gleichzeitig überindividuell jeweils literaturgeschichtlichen Richtungen und Strömungen zugrundeliegt und ihre ästhetische Spezifik gegenüber anderen Richtungen und Strömungen prägt (Walch u.a. 1980, 9).

Der Begriff darf nicht mit dem der literarischen Technik verwechselt werden. Er ist ein handlungstheoretischer Begriff, der im konkreten Fall Auskunft darüber gibt, wie der Autor das Verhältnis seiner literarischen Produktion zur Wirklichkeit sieht und gestalten will, welche weltanschaulichen Prinzipien, welche ethischen, philosophischen, politischen, sozialen Normen seine Arbeit leiten; welche Auffassungen er von den Möglichkeiten der Literatur in seiner Gegenwart und von den Interessen seines Publikums hat; welche Wirkungen er mit seinem Werk erzielen will und schließlich, welche literarischen Traditionen und Techniken er verwendet bzw. entwickelt.

Äußerungen von Autoren über ihre künstlerische Methode bilden einen Teil des Kontextes, in den das jeweilige Werk eingebettet ist. Als ästhetische Prinzipien und Verfahren – zum Beispiel der Verallgemeinerung und Wertung – lassen sich die Aspekte der Methode in der Analyse dem einzelnen Text (hypothetisch) abheben. Sie erscheinen in dieser Hinsicht als handlungstheoretisches Äquivalent der Einheit von Wirklichkeitsverhältnis, weltanschaulicher Position und künstlerischer Technik im einzelnen Werk oder im Lebenswerk eines Autors, für die man auch den **Begriff des Stils** im Sinne der Devise »Le style c'est l'homme« verwenden kann.

2.3 Zugänge zur produktionsästhetischen Analyse

Die produktionsästhetische Analyse sucht die ästhetische Eigenart des Textes aus dem Prozess und den Bedingungen seiner Entstehung zu erklären. Die Logik dieses Vorgangs erkennen wir allerdings nicht in einem versuchten Nachvollzug der wirklichen textproduzierenden Tätigkeit des Autors, sondern wir rekonstruieren das Schema einer historisch-konkreten kommunikativen Handlung, deren Resultat und Medium (den Text) wir vor uns haben, an deren Anlass und Ziel wir ein Interesse haben. Die Untersuchung geht also, wenn sie das Werk aus seiner Genese zu erklären sucht, *nicht* den Weg vom Autor zum Text noch einmal – das *kann* sie nicht in überprüfbarer Weise –, sondern vom Text zum Autor. Sie fragt nach der Begründetheit der Texteigenschaften in einer prinzipiell verstehbaren und erklärbaren Tätigkeit des Autorsubjekts:

Nur in dem Maße, wie der Interpret die *Gründe* einsieht, die die Äußerungen des Autors als *vernünftig* erscheinen lassen, versteht er, was der Autor *gemeint* haben könnte. [...] Der Interpret versteht also die Bedeutung des Textes in dem Maße, wie er einsieht, warum sich der Autor berechtigt fühlt, bestimmte Behauptungen (als wahr) aufzustellen, bestimmte Wertungen und Normen (als richtig) anzuerkennen, bestimmte Erlebnisse (als wahrhaftig) zu äußern (Habermas 1981, 190).

Zielt die produktionsästhetische Analyse im Ganzen auf die Rekonstruktion der sinngebenden Tätigkeit des schreibenden Subjekts, so steht an ihrem Beginn sinnvollerweise die **Frage nach der Textstrategie**. Wir erarbeiten zunächst ein immanentes Verständnis des Textes selbst durch die minutiöse Beschreibung der in ihm greifbaren und beobachtbaren Phänomene. Das kann man sich als einen in Stufen fortschreitenden Prozess der »logischen Integration« vorstellen. Wir versuchen, den Text als eine in sich stimmige Mitteilung zu verstehen, in der gewissermaßen jedes Wort ›an seinem Platz‹ ist. Stimmigkeit bedeutet dabei, im Unterschied zur Verwendung des Begriffs bei den Vertretern der »immanenten

Werkinterpretation«, nicht die Eliminierung von Widersprüchen und Brüchen im Text, sondern deren funktionale Erklärung im Hinblick auf eine zunehmend konkretisierte Textstrategie. Man muss zu diesem Zweck den Text ein Stück weit als ein »in sich geschlossenes sprachliches Gefüge« (Kayser 1948, 5) zu betrachten suchen, damit er, als das Ergebnis einer uns fremden Kommunikationsabsicht, entsprechend ›beim Wort genommen‹ ist. Es geht auf dieser Stufe der Untersuchung darum, dass sich der Verstehende dem gegebenen Textvorgang in philologischer Disziplin ›unterordnet‹, ihn als das Äquivalent eines Textsinns begreift, der eben nicht ›auf der Hand liegt‹, sondern erarbeitet werden will. Ich vertrete die Auffassung, dass eine wirklich historische Interpretation, das heißt ein **Verstehen des Autors aus** *seinen* **Voraussetzungen** und ein Aneignen des im Werk vergegenständlichten geschichtlichen Erfahrungsgehalts ohne einen sorgfältigen Nachvollzug des epischen, lyrischen, dramatischen Vorgangs nicht möglich ist. Allerdings wird dies nicht auf der Basis der Einfühlung in den Darstellungsgehalt, der Identifikation mit Erzähler, lyrischem Subjekt oder literarischer Figur geschehen dürfen, sondern eher der imaginären Wanderung mit den Augen auf einer Landkarte gleichen. Auch bei dieser erscheint ja die gedanklich durchmessene Wegstrecke immer ins Verhältnis gesetzt zu anderen, kritisch erwogenen Orientierungsmöglichkeiten und zur Antizipation glücklicher Ankunft an einem vorbestimmten Ziel.

Textbeschreibung als analytisches Verfahren beginnt ebenso wenig voraussetzungslos wie jede andere Form der Erkenntnis. Wir haben vielmehr in der Regel zuvor einen Gesamteindruck des Werks, etwa eine Lesart, formuliert und gehen bei der Beobachtung von einer Hypothese über Textstrategie und Autorintention aus. Diese wird durch die Feststellung und die »logische Integration« der einzelnen Textphänomene konkretisiert, modifiziert oder gegebenenfalls als unhaltbar erkannt. Man hat im Hinblick auf die Struktur dieses Erkennungsvorgangs mit einigem Recht von einem **hermeneutischen bzw. philologischen Zirkel** gesprochen:

Die Einzelzüge besitzen ihre Funktion nur als Mittel, das Textganze, den ›Sinn‹ zu konstituieren; das heißt das Ganze ist Grund und Maßstab dafür, dass einzelne Momente überhaupt eine Bedeutung haben. Andererseits ergibt sich aber auch das Ganze erst aus dem Zusammenspiel der einzelnen Merkmale, beide setzen sich also wechselseitig voraus (Gutzen, u.a. 1979, 113).

Eine methodisch zu berücksichtigende ›**Unschärfe**‹ **der Textbeschreibung** besteht also darin, dass Textphänomene nicht einfach

›Fakten‹ sind, die sich neutral beobachten und aufzählen lassen, sondern dass sie ihre Relevanz und Funktion stets im Hinblick auf eine Textstrategie bzw. einen Textsinn erhalten. Darüber hinaus ist zu bedenken, dass jeder Leser den Text von ganz verschiedenen historischen und literarischen Vorkenntnissen her beschreibt, so dass in vielen Fällen sehr Unterschiedliches als auffällig bzw. relevant registriert werden wird. Es kommt aber darauf an, diese subjektiven Komponenten des Verfahrens nicht zu verdrängen, sondern bewusst zu reflektieren, so dass in der gesamten Textanalyse »nicht das Moment des Wissens, sondern das der kritischen Tätigkeit, des Scheidens und Entscheidens« (Szondi 1970, 13) in den Vordergrund tritt.

Die Etablierung dieser textnahen, die Subjektivität des Lese-Vorgangs bewahrenden Deutungsperspektive bleibt das Verdienst der **immanenten Werkinterpretation**. Das literarische Werk bekommt in ihrer Fragerichtung tendenziell den Stellenwert eines religiösen oder juristischen Textes, einer Offenbarung oder eines Gesetzes, bei dem mit dem »Buchstaben« zugleich die Überlieferung und kanonisierte Auslegungstradition unumstößliche Autorität beansprucht. Lag die entscheidende Grenze diese »Ansatzes« in der Tatsache, dass er dazu neigte, die Wirklichkeitsbezüge des literarischen Werks ganz in den Hintergrund zu rücken, sie auf das Verhältnis zur (literarischen) Tradition zu reduzieren oder sogar vollkommen zu eliminieren, so ist in ihr doch nicht ganz zu Unrecht die Tatsache akzentuiert, dass literarische Werke – ebenso wie andere Überlieferungen – einen geschichtlichen Anspruch an die Wirklichkeit und an die Kommunikationspartner bewahren, der die Auslegenden zu verbindlichen Aussagen verpflichtet. Hierzu bedarf es vorerst nicht mehr als der Überzeugung, dass sich durch genaues Hinsehen am Text etwas erkennen lässt.

Ein im strengen Sinne philologisches Analyseverfahren, das zudem die Nützlichkeit der rhetorischen Terminologie und Fragetopik für die exakte Textbeschreibung vor Augen führt, hat Wolfgang Babilas dargestellt. In seinem Aufsatz »Tradition und Interpretation« (1961) werden die Probleme einer produktionsorientierten Textbeschreibung und – in eingeschränktem Umfang – der Kontextanalyse übersichtlich abgehandelt (Alfred Behrmann hat auf dieser Grundlage Einführungen in die Analyse von Vers- und Prosatexten entwickelt). Erscheint der Begriff der künstlerischen Methode als geeignet, die Einheit von Lebensprozess, Wirklichkeitsverhältnis und literarischem Arbeitsvorgang des Autors unter dem Aspekt kommunikativen Handelns zu thematisieren, so erweisen sich **Textherstellungsmodelle der Rhetorik** als praktikabel für die weitere Differenzierung der Kategorien und Verfahren der **Redeanalyse**.

Ausgangspunkt der rhetorischen Texttheorie ist der Versuch, persuasive (überredende) Textherstellung zu operationalisieren. Die Möglichkeit dazu bot das Modell des Redners, der im Hinblick auf ein bestimmtes Publikum einen Redetext verfertigt und vorträgt. Die rhetorischen Kategorien sind an diesem Modell gewonnen (Breuer 1972, 217).

Die durchaus eingeschränkte Bedeutung, die rhetorische Kategorien bei der Analyse *literarischer* Texte haben, wird aus dieser Formulierung schon hinreichend deutlich. Der Vorteil exakter und eindeutiger Beschreibung einzelner Textphänomene durch die rhetorische Terminologie ist in der Regel erkauft durch eine Abstraktion von den pragmatischen Bezügen, in denen der Text produziert wurde und verstanden wird. Dieser Abstraktion muss in der Analyse ebenso Rechnung getragen werden wie dem besonderen, unter dem Stichwort Fiktion charakterisierten kommunikativen Status literarischer Texte. Sofern jedoch das Verstehen eines Textes als Handlung fundiert ist in seinem Verstehen als Rede, erscheint es als sinnvoll, ja sogar als notwendig, zuerst (auch) die historisch verfügbaren Kriterien der Redekonstitution zur Analyse zu verwenden. Dabei ergibt sich, dass die in der rhetorischen Texttheorie ausgebildete Lehre von den »Orten«, an denen man Argumente, Argumentationsmuster und sprachliche Wirkmittel »findet«, durchaus als Ausgangspunkt für eine **Topik textanalytischer Fragen** benutzt werden kann. Diese hat für die Textproduktion und die Textanalyse einen heuristischen Wert, das heißt sie erfüllt eine Funktion bei der Arbeit des Findens sowohl für den Schreibvorgang als auch für die Beobachtung der Textphänomene. So lässt sich ein großer Teil der poetischen Syntax und Bildlichkeit besonders bei der Lyrikanalyse gar nicht ohne den Rückgriff auf die rhetorische Terminologie beschreiben. Es ergeben sich in diesem Modell drei Ebenen (vgl. Lausberg 1960; 1963):

- die *inventio* als Topik der Argumente: von welchen Sachverhalten, Problemen, Gegenständen ist die Rede?
- die *dispositio* als Topik der Argumentationsmuster; sie handelt vom Umfang und von der Anordnung der Argumente und schließt die Frage nach dem zugrunde liegenden Textschema (Gattung/Genre) ein;
- die *elocutio* als Topik der sprachlichen Wirkmittel; sie handelt von der sprachlichen Ausformulierung, dem Stil des Textes im engeren Sinn des Wortes.

Es ist selbstverständlich, dass die rhetorische Terminologie nicht nur auf die Beschreibung von Texten angewandt werden kann, die selbst in der Tradition der Rhetorik stehen, obwohl sich diese Werke – etwa die Dramen des Barock – in vieler Hinsicht erst auf dem Hintergrund ihrer rhetorisch bestimmten Poetik dem Verständnis erschließen. Für zahlreiche Texte aus der lehrhaften Literatur des Mittelalters wird man entsprechend auf die mittelalterliche Homiletik und *artes praedicandi*, das heißt die Lehre vom richtigen und wirksamen Predigen, zurückgreifen müssen (vgl. hierzu Lämmert 1970, 264ff.).

Wenn ich also die Rhetorik als **philologische Methode** vorstelle, so meine ich damit *nicht* die Interpretation als ganze, sondern eine Haltung gegenüber dem literarischen Werk. Nicht mehr und nicht weniger ist damit gemeint als ein gründliches Beobachten und Aufnehmen dessen, was im einzelnen Text sprachlich und künstlerisch ›der Fall‹ ist. Hierbei sollte man durchaus einen gewissen »Mut zur Vollständigkeit« (Babilas 1961, 48) entwickeln und jedes für die Analyse relevante oder einfach auffällige Textdetail zur Sprache bringen. Das ist natürlich nur soweit praktikabel, als sich damit ein »Mut zur Vorläufigkeit« verbindet, der es einem erlaubt, »offene Fragen nicht geschickt zu verdecken, sondern im Gegenteil deutlich als solche zu kennzeichnen« (ebd.).

Die Frage nach der Gegründetheit der Texteigenschaften in einer sinnproduzierenden, bestimmte Kunstmittel und Darstellungsweisen bewusst wählenden Tätigkeit kann dabei helfen, den scheinbar ›natürlichen‹ Textwortlaut als *eine* von mehreren Gestaltungsmöglichkeiten bewusst zu machen, die er de facto ist. Hilfreich ist hierbei, besonders bei schwer verständlichen Texten, die Benutzung von Anmerkungs- und Lesartenapparaten, wie sie in guten Werkausgaben zu finden sind; wie man gegebenenfalls mit den dort gefundenen Belegen umgeht, hat Peter Szondi (1970) beispielhaft erörtert. Der Verstehende macht sich durch philologische »Verfremdung« des scheinbar leicht Verständlichen – wie durch die sorgfältige Ermittlung des Unverständlichen – zu einem Anwalt der Einzigartigkeit des Werks gegenüber der unmittelbar gegebenen Evidenz der ersten Lesart, aber auch gegenüber den rezeptionsgeschichtlichen Quellen. Er wird dadurch tendenziell zu einem Vertreter der authentischen Autorintention, die im Text ja nur implizit enthalten ist, und sucht, vorerst in einer Lektüre Satz für Satz, die Botschaft des Werks als die einer historisch und soziokulturell *entfernten* Subjektivität zu verstehen. – Wir werden das ›respektlose Spiel‹ mit dem Textwortlaut, als eine *andere* unentbehrliche Umgangsweise mit dem literarischen Werk im Rahmen der methodischen Interpretation, später noch kennen lernen.

Was wir in diesem ersten Schritt der produktionsästhetischen Textanalyse zur »logischen Stimmigkeit« bringen, die eine Einheit von Widersprüchen sein mag, kann in die Formulierung einer **Textstrategie** münden; dabei erscheint der Text primär unter dem Aspekt seiner Appellfunktion. Im Hinblick auf die Autorsubjektivität und ihren Ausdruck im Werk können wir im Ergebnis einer Textbeschreibung zu einer ersten **Charakterisierung des Stils** kommen. Unter Stil ist dabei nicht nur die Besonderheit der sprachlichen Ausformulierung verstanden, sondern eine typische, nun nicht mehr »logische« Stimmigkeit von Darstellungsinhalt, Kompositionsprinzipien und sprachlicher Form, das heißt,

der Grundton und der Grundgestus eines literarischen Werks oder eines schriftstellerischen Schaffens überhaupt, Rhythmus, Atmosphäre, originell angewandte Techniken, sprachliche Unverwechselbarkeit (Grundbegriffe 1982, 65).

Grundlegender und in einem eher objektiven Sinn hat Gert Mattenklott (1975, 127f.) die hier ins Auge gefasste Integrationsebene des literarischen Werks als die **Einheit des Ausdrucks** zu bestimmen versucht, in der »seine verschiedenen Leistungen sinn- und bedeutungskonstituierend verschränkt sind«. Der Begriff des Ausdrucks bezeichnet hier die »Ansteckungsfähigkeit« des Werks, seinen Gestus und affektiven Impuls welche für die »Realisierung seines sozial-ästhetischen Potentials durch Übertragung auf den Rezipienten« ausschlaggebend sind. Wenn man sich auf diese Weise einer Charakterisierung des vom Werk ausgehenden Impulses, seiner **Bedeutsamkeit** für das persönliche Leben des Rezipierenden zu nähern suchte, ginge es um eine nicht mehr nur produktionsorientierte Fassung von Analyse-Ergebnissen, sondern um die Antizipation eines Interpretations-Ergebnisses einschließlich einer ästhetischen und historischen Wertung. Das ist natürlich ein legitimes Verfahren, aufgrund dessen sich oft auch schon eine Formulierung weitergehender, gegebenenfalls auch spezieller Erkenntnisinteressen ergibt.

Das Ziel der bisher erörterten philologischen, »interlinearen« (Babilas 1961, 52) Textanalyse, an deren Ende ein ausgearbeitetes »zweites Verständnis« des Werks stehen kann, ist die Bildung einer Hypothese über die **Autorintention** und die **Entstehungssituation** des Werks. Das ist ein Erkenntnisinteresse, das auf die dem Werk zugrunde liegenden individuellen und gesellschaftlichen Erfahrungen sowie den Vorgang ihrer Aneignung und Vermittlung durch den Autor zielt. Es geht methodisch über die Ebene des Redeverstehens hinaus und lässt sich praktikabel machen, indem die Textstrategie als eine standortgebundene und interessengeleitete Antwort auf eine zunächst unbekannte Frage bzw. Herausforderung betrachtet wird, die es zu rekonstruieren gilt. Wir fragen:

> - Als Reaktion auf welche individuelle und/oder gesellschaftliche Erfahrung, Problemlage, Schwierigkeit kann der beschriebene Text verstanden werden?
> - Von welchem Standort aus und unter Voraussetzung welcher Interessen erscheint die Antwort, die er ist, als eine symbolische Handlung als sinnvoll?

Folgt man dieser heuristischen Regel, so wird die Textstrategie lesbar als die »Logik« einer bestimmten poetischen Sprachhandlung in einer problematischen Situation des schreibenden Subjekts. Aus der Sicht dieses Subjekts stellt die symbolische Handlung den Versuch dar, die Problemsituation durch die literarische Verarbeitung der Erfahrung zu stabilisieren, zu kompensieren oder zu verändern. In der vorerst hypothetischen Rekonstruktion dieser Problemlage und Erfahrung suchen wir die »Gründe« einzusehen, »die die Äußerungen des Autors als vernünftig erscheinen lassen« (Habermas). Bei einer Hypothese muss es vorerst bleiben, weil sich fiktionale Texte ja in der Regel nicht – oder doch nicht konkret genug – über ihre Intention und ihren Anlass aussprechen. Aber die intensive Versenkung in den Text auf dieser Stufe der Untersuchung ist doch unumgänglich nützlich, denn sie führt zu genauer ausgearbeiteten Fragen an den Text, welche eine orientierende Funktion für die Strukturuntersuchung wie für die Kontextanalyse haben. Bevor wir also rekonstruierend in die Motivations- und Determinationsgeschichte des Werks zurückgehen, um den Sinn des Textes für den Autor und seine Funktion in der Entstehungszeit erkennen zu können, bemühen wir uns um eine zusammenfassende Charakterisierung des **Darstellungsinhalts** und der **Darstellungsweisen**. Dies ist ein Arbeitsschritt, bei dem die im dritten Kapitel erörterten systematischen Kategorien der Inhalts- und Strukturanalyse nicht vorausgesetzt sind, vielfach jedoch schon gebraucht werden (können). Die Untersuchung – und erst recht nicht die Darstellung – geht hier nicht in säuberlich abgetrennten Arbeitsschritten vor, sondern vollzieht sich als ein »Hin-und-Her« zwischen den einzelnen Dimensionen.

PAUL CELAN

Todesfuge

Schwarze Milch der Frühe wir trinken sie abends
wir trinken sie mittags und morgens wir trinken sie nachts
wir trinken und trinken
wir schaufeln ein Grab in den Lüften da liegt man nicht eng
Ein Mann wohnt im Haus der spielt mit den Schlangen der schreibt
der schreibt wenn es dunkelt nach Deutschland dein goldenes Haar
                                                        Margarete
er schreibt es und tritt vor das Haus und es blitzen die Sterne er pfeift seine
                                                      Rüden herbei
er pfeift seine Juden hervor läßt schaufeln ein Grab in der Erde
er befiehlt uns spielt auf nun zum Tanz

Schwarze Milch der Frühe wir trinken dich nachts
wir trinken dich morgens und mittags wir trinken dich abends
wir trinken und trinken
Ein Mann wohnt im Haus der spielt mit den Schlagen der schreibt
der schreibt wenn es dunkelt nach Deutschland dein goldenes Haar
                                                      Margarete
Dein aschenes Haar Sulamith wir schaufeln ein Grab in den Lüften da liegt
                                                      man nicht eng

Er ruft stecht tiefer ins Erdreich ihr einen ihr andern singet und spielt
er greift nach dem Eisen im Gurt er schwingts seine Augen sind blau
stecht tiefer die Spaten ihr einen ihr andern spielt weiter zum Tanz auf

Schwarze Milch der Frühe wir trinken dich nachts
wir trinken dich mittags und morgens wir trinken dich abends
wir trinken und trinken
ein Mann wohnt im Haus dein goldenes Haar Margarete
dein aschenes Haar Sulamith er spielt mit den Schlangen

Er ruft spielt süßer den Tod der Tod ist ein Meister aus Deutschland
er ruft streicht dunkler die Geigen dann steigt ihr als Rauch in die Luft
dann habt ihr ein Grab in den Wolken da liegt man nicht eng

Schwarze Milch der Frühe wir trinken dich nachts
wir trinken dich mittags der Tod ist ein Meister aus Deutschland
wir trinken dich abends und morgens wir trinken und trinken
der Tod ist ein Meister aus Deutschland sein Auge ist blau
er trifft dich mit bleierner Kugel er trifft dich genau
ein Mann wohnt im Haus dein goldenes Haar Margarete
er hetzt seine Rüden auf uns er schenkt uns ein Grab in der Luft
er spielt mit den Schlangen und träumet der Tod ist ein Meister aus
                                                      Deutschland

> dein goldenes Haar Margarete
> dein aschenes Haar Sulamith

PAUL CELAN (Anagramm für Ançel [Antschel]), geb. am 23. 11. 1920 als Kind deutschsprachiger Juden; Romanistikstudium in Cernowitz (Bukowina). 1941 Besetzung des Landes durch deutsche und rumänische Truppen; 1942 Deportation und Ermordung der Eltern im KZ; Zwangsarbeit in einem faschistischen Arbeitslager und Flucht von dort. Celan lebte seit 1948 in Paris, nahm sich 1970 das Leben.
Sein Gedicht »Todesfuge« entstand Anfang 1945. Zuerst veröffentlicht in der Zeitschrift. *Contemporanul* (Der Zeitgenosse) in einer rumänischen Übersetzung von Petre Solomon (vgl. Stiehler 1972, 24). In der BRD zuerst in dem Gedichtband *Mohn und Gedächtnis* (1952); hier mitgeteilt nach: P. Celan 1983, Bd. 1, 45–46.

Die »Todesfuge« ist ein frühes Zeugnis der künstlerischen Auseinandersetzung mit der millionenfachen Vernichtung der europäischen Juden in den Vernichtungslagern der deutschen Faschisten. Das Gedicht ist in der Bundesrepublik weit verbreitet und wurde kontrovers diskutiert. Da die Interpretation in der Regel von den rezeptionsgeschichtlichen Quellen ebenso wenig absehen kann wie vom vorhandenen Wissen über Gegenstand, Autor und Entstehungszeit, beziehe ich einige der vorliegenden Deutungen in die Erörterung ein. Sie sollen hier nicht umfassend besprochen und gewertet werden, sondern dienen dem Zweck der Erläuterung methodischer Probleme der Textanalyse.

Es erscheint sinnvoll, die bei einer etwa vorausgegangenen Textbeschreibung gewonnenen Einsichten für die weitere Analyse nach den eingangs (s. S. 44) genannten Kategorien **Gegenstand, Verfahren, Wirkungsabsicht** zu systematisieren. Selbstverständlich kann eine produktionsästhetische Textanalyse auch unmittelbar von diesem systematischen Frageraster ausgehen. Dabei sollen diese vorgeschlagenen Analysedimensionen nicht schematisch ›abgefertigt‹ werden, sondern werden dem Untersuchungsgegenstand nach Möglichkeit angepasst. So ist der Zugang zu dem ausgewählten Gedicht vielfach vom Titel her gesucht worden, der das Kompositionsprinzip nennt, oder von dem eindringlichen, Klage und Trauer evozierenden Ton des Textes. Der Leser des Gedichts stößt auch sogleich auf Widerstände, welche das Textverständnis erheblich erschweren und in einer immanenten Analyse nicht beseitigt werden können. Oft hilft in einem solchen Fall eine »kritische Ausgabe« des betreffenden Werks, in der sich zumeist auch ein **philologischer Kommentar** (zur Entstehungsgeschichte und zu den literarischen Quellen) und ein **Sachkommentar** (zu den lebens- und sozialgeschichtlichen Bezügen) findet. Die Anfang der 1980er Jahre erschienene »Prachtausgabe« (Pickerodt 1984, 9) der Gesammelten Werke Celans (1983), ließ den Leser in dieser Hinsicht allerdings im Stich; er war darauf angewiesen, sich die notwendige Kommentierung hinsichtlich der Realitätsbezüge und der Quellen aus der Sekundärliteratur zusammenzusuchen. Auch in der von Barbara Wiedemann edierten Ausgabe der Gedichte werden diese Zusammenhänge noch nicht zureichend kommentiert (Celan 2003, 606-609).

Die in den meisten Fällen gebotene Unterscheidung von **Darstellungsinhalt** und **Textgegenstand** nimmt Heinrich Stiehler zum Ausgangspunkt seiner Untersuchung der »Todesfuge«; er schlägt vor,

Erst einmal zu fragen, worum es *im* Gedicht, nicht aber, worum es *dem* Gedicht geht: Ein Mann, wohl Aufseher oder Lagerkommandant, tritt auf in anheimelnder Umgebung. Er bewohnt ein Haus, schreibt abends Briefe an eine ferne Geliebte in Deutschland. Das ihr zugeschriebene Attribut, das ›goldene Haar‹ kennzeichnet sie fast klischeehaft als deutsch, wie auch ihr Freund – ›seine Augen sind blau‹ – exemplarisch gerade für dieses Volk steht. Eine leicht sentimentale Gefühlswelt also, doch liegt darin nur die eine Seite ›deutschen Wesens‹. Denn der Aufseher denkt keineswegs nur an seine Margarete in der Heimat; mit konkreteren, greifbaren Dingen weiß er sich von der Sehnsucht nach ihr abzulenken. Wurde schon im symbolischen Spiel mit den Schlangen – seit dem Alten Testament Inbegriff des Bösen und Heimtückischen – die zweifelhafte Idylle verfremdet, so setzen sich Geist und Gemüt bruchlos in Zynismus und Brutalität um, kaum dass der Mann den vertrauthäuslichen Bereich verläßt. Mit dem Wandel der Abendstimmung ins Kalte und Bedrohliche – ›es blitzen die Sterne‹ – geht die Veränderung der Psyche einher. Er pfeift seine Hunde herbei, dann *seine* Juden. ›Reihenfolge ist Rangfolge‹. Und nun folgen Schlag auf Schlag erbarmungslos die Befehle: Gräberausheben und Geigenspiel, Tanz und Tod, dienen dem Schergen gleichermaßen als amüsanter Zeitvertreib, den die Gegenseite, das kollektive Ich des Gedichts, in ständiger Wiederholung noch zu bestätigen scheint. Der Mann aber greift schließlich nach dem ›Eisen im Gurt‹. Er schwingt drohend die Pistole und trifft schließlich mit unfehlbarer Präzision. Deutsche Gründlichkeit bis zum Mord! (1979, 45).

Stiehler formuliert zunächst eine **Paraphrase des Gedichts**, in der die ästhetische Gegenständlichkeit des Textes zu einer Situationsbeschreibung konkretisiert ist. Er knüpft dabei an diejenigen Bedeutungselemente an, in denen wirkliche – oder in der Wirklichkeit der Vernichtungslager vorstellbare – **Sachverhalte** bezeichnet sind. So weist er dem »Mann« eine bestimmte soziale Rolle zu, identifiziert die verschiedenen räumlichen Bereiche, von denen

die Rede ist, und bringt das Geschehen behutsam in eine zeitliche
Ordnung. Seine These, der Inhalt der »Todesfuge« sei der faschistische Terror (ebd.), wird auf diese Weise gut belegt. Zugleich wird
dabei deutlich, dass seine Darstellung des Textinhalts – und das
ist nicht kritisch gemeint – schon Deutungen enthält bzw. nahe
legt, die ganz in der Richtung seiner ›realistischen‹ Auffassung des
Dargestellten liegen; so wenn er die faschistische Werthierarchie
von »Rüden« und »Juden« kommentiert oder wenn er eine psy-
chologische Ursache der Brutalität des Mannes andeutet.

Stützt sich eine solche Inhaltsbeschreibung auf die allgemein
gültige Analyseregel, dass man auch (und gerade) bei ›schwierigen‹
Texten zunächst einmal durch eine sorgfältige Registrierung der
›stofflichen‹ und gedanklichen **Realitätsmomente** die ästhetische
Gegenständlichkeit und die Darstellungsfunktion genauer erfassen
muss, so haben andere Interpreten der »Todesfuge« die auffällige
Sprache und Bildlichkeit betont, ihre Dunkelheit hervorgehoben
und damit die Aufmerksamkeit stärker auf die symbolischen und
surrealen Textelemente gelenkt. So rekonstruiert etwa Manfred
Herrmann (1980) einen anderen gedanklichen Ablauf, wobei er
sich vor allem auf eine Analyse der Bauform stützt, und kommt
zu der These einer »Nachfolge des Mannes beim Untergang der
von ihm Vernichteten«: »Auch der Mann gehört also offenbar
schließlich zu den ›wir‹, die die ›Schwarze Milch der Frühe‹ trinken« (105f.).

Wollen wir die Angemessenheit dieser Inhaltsbestimmung beur-
teilen, sind wir auf eine genauere Untersuchung der **Darstellungsweise** des Textes verwiesen. Eine solche enge Verknüpfung von
Inhalts- und Formanalyse ist bei lyrischen Texten fast durchweg
gefordert, sofern in diesen die einzelnen Bedeutungselemente und
ihre Relationen zueinander in höherem Maße strukturell definiert
sind. Auch in dieser Dimension der Analyse ist aber nach dem ›ar-
gumentatorischen‹ Charakter der einzelnen Textelemente gefragt,
das heißt nach ihrer Relevanz für die vermutete Autorintention.
Das bedeutet methodologisch, dass wir an dieser Stelle eine systematische Strukturanalyse der »Todesfuge« einschalten müssten,
die jedoch erst im nächsten Kapitel vorgeführt werden soll (vgl.
160ff.). Ich nehme deren Ergebnisse hier teilweise vorweg.

Das **Kompositionsschema** des Textes hat der Autor selbst im
Titel seines Werks angedeutet. Er legte, nach den Untersuchungen
von Menzel (1968) und Herrmann (1980) einen bestimmten Ty-
pus der Doppelfuge zugrunde, indem er ein »Hauptthema« und
ein »Thema« exponiert, ›kontrapunktisch‹ durchführt und auf vielfache Art kunstvoll miteinander verbindet. Die Eingangsmetapher

»Schwarze Milch der Frühe« erfüllt im musikalischen Schema der
Fuge die Funktion des »Hauptthemas«; ihre besonders hervorgeho-
bene Stellung im Bedeutungsgefüge des Gedichts ist allerdings auch
ohne den Rückgriff auf das Kompositionsschema zu erkennen. Sie
ergibt sich vor allem aus der **Sprechsituation des Gedichts**. Damit
ist die spezifische Form gemeint, in der die sprechende Subjektivität im lyrischen Text erscheint; aus ihr leitet sich in unserem Falle
die perspektivierende Funktion der Eingangsmetapher ab:

> Die Stimme des ›wir‹ ist der Schnitt- und Sammelpunkt der Erinnerungen
> und Hoffnungen, vergeblichen oder erfüllbaren; sie ist die Instanz, auf die
> sich alles im Gedicht bezieht. Dieses ›wir‹ des ersten Verses, das nicht als
> Summe einzelner Ichs zu begreifen ist, bleibt eine Stimme von unaufspalt-
> barer Geschlossenheit das ganze Gedicht hindurch (Menzel 1968, 442).

Ob und wie weit sich im Sprechen des lyrischen Subjekts authentische Erfahrungen des Autors ausdrücken, können wir ohne genaue Kontextstudien nicht entscheiden. Wir könnten es natürlich
genauso wenig, wenn das lyrische Subjekt in der Ich-Form spräche.
Der die Sprechsituation bestimmende »Gegensatz zwischen dem
Mörder und den Todgeweihten« (Menzel 1968, 435), zwischen
denen es keinerlei Kommunikation gibt, entwickelt sich nun, vor
allem aufgrund des **sprachlichen Gestus,** bis hin zu einer »para-
doxen Parallelisierung des Unvereinbaren« (ebd.). Die charakteristischen Stilisierungstendenzen der »Todesfuge« – vielfache Wiederholungen, Parallelismen und chiastische Fügungen – tragen ebenso
wie die Gestaltung von **Metrum** und **Rhythmus** zur Akzentuierung
einer Bedeutungsdimension des Textes bei, die in der Motivkette
»Tanz, Geigenspiel, singt und spielt« auch semantisch repräsentiert
ist. Es sind diese und andere strukturelle und sprachliche Eigenarten der »Todesfuge«, welche dem Gedicht – und seinem Autor
– den Vorwurf eines unaufhebbaren Widerspruchs zwischen Darstellungsinhalt und Darstellungsweise eingetragen haben. Es zeigt
sich jedoch auch, dass die nähere Aufklärung über die Bildlichkeit
des Textes sowie über die Traditionen, in denen er steht, diesen
Widerspruch wenn nicht beseitigen, so doch erklären kann.

Doch bevor wir die hierzu vorliegenden Kommentare bemühen,
fragen wir nach den **Deutungs- und Wertungsmustern** des Textes,
soweit diese auch ohne Rückgriff auf den Kontext erkennbar sind.
Es geht dabei weniger um die im Text enthaltenen expliziten Deutungen und Wertungen, wie sie etwa als Kommentare und Reflexionen eines Erzählers oder des impliziten Autors, als Angaben
in Vorworten, Motti, Titeln usf. gegeben werden, sondern vor
allem um die verschiedenen **Formen der künstlerischen Verall-**

gemeinerung und **ästhetischen Wertung**. Hierunter sind also alle indirekten Formen der Charakterisierung und Beurteilung des dargestellten Geschehens, der Figuren, gedanklicher und thematischer Zusammenhänge zu subsumieren.

Eine erste **Verallgemeinerung** erfährt das in der »Todesfuge« dargestellte Geschehen dadurch, dass es als iterativ erscheint. Der Eindruck des »immer wieder« entsteht dabei weniger durch die durchgehende Verwendung des Präsens als durch die Austauschbarkeit der Zeitadverbien in der Anrede an die »Schwarze Milch der Frühe«. Eine andere Form der künstlerischen Verallgemeinerung zeigt sich in der metonymischen Struktur der Darstellung: dem lyrischen Subjekt, das – als Äquivalent einer Vielzahl Geschundener – ein »Wir« ist, steht »ein Mann« gegenüber. Dieser ›steht für‹ die Tausende, welche in den Vernichtungslagern als Aufseher, Folterer und Henker tätig waren. In der schematischen Charakterisierung des Mannes fassen wir eine der wichtigsten Formen künstlerischer Verallgemeinerung, die **Typisierung**, aufgrund derer literarische Figuren als Repräsentanten ihrer Klasse oder Schicht, einer regionalen Herkunft, eines Berufs usf. erscheinen. Schließlich realisiert sich in der »Todesfuge« auch eine Verallgemeinerung in der Form der **Allegorie**, wenn es heißt: »Der Tod ist ein Meister aus Deutschland«.

Hierin liegt – ebenso wie wohl auch in der klischeehaft-sentimentalen Charakterisierung »der« Deutschen, von der Stiehlers Inhaltsparaphrase spricht – natürlich auch schon eine unüberhörbare **ästhetische Wertung** des Geschehens. Von einer solchen spreche ich, im Unterschied zur literaturkritischen Würdigung, welche u.a. ein Urteil *über* Ästhetisches ist, wenn eine Einschätzung indirekt, also mit den Mitteln der Anspielung, des Bildgebrauchs, semiotischer Codes usf. gegeben wird. In dem sentenzhaften Satz »Der Tod ist ein Meister aus Deutschland« wird natürlich ein moralisch-politisches Urteil über Deutschland und die Deutschen formuliert, das denn auch die Kritiker zu bemerkenswert gegensätzlichen Reaktionen veranlasst hat. Reinhard Baumgart, der dem Autor Celan eine Verharmlosung der Schrecken des Faschismus vorwirft, *musste* sich wohl verlesen: »der Tod mit der Violine, ›ein Meister aus Deutschland‹« (1966, 33). Aus vergleichbarer antifaschistischer Einstellung hat Klaus Wagenbach (1979, 87) kommentiert: »Zwölf Jahre lang hieß die Adresse vieler Mörder eben Deutschland – genauer und zurückhaltender kann man es kaum ausdrücken«.

Die Frage, welche Haltung der Autor des Gedichts (und nun nicht mehr das lyrische Subjekt) gegenüber Deutschland und den Deutschen einnimmt, hat zu kontroversen Erörterungen geführt, die vielfach als **divergierende Lesarten** erscheinen. Während Herrmann die syntaktisch parallelen Schlusszeilen der »Todesfuge« als einen Hinweis darauf wertet, dass Celan die Anfang 1945 noch nicht endgültig besiegten Deutschen in das allgemeine Verhängnis einbezogen sieht, unterstreicht Stiehler die Aufrechterhaltung des scharfen Gegensatzes zwischen dem »Wir« und dem »Meister aus Deutschland«, in dem sich die geschichtliche Konstellation von Tätern und Opfern ausdrücke (1979, 50). Wir sind damit, nach der Feststellung eines offenbaren Widerspruchs zwischen Darstellungsinhalt und künstlerischem Verfahren, von einer zweiten Seite her auf die Frage verwiesen, welches denn die **Textstrategie**, welches auch die ›Tendenz‹ von Celans »Todesfuge« sein könnte.

Um zu einer vertretbaren **Hypothese über die Autorintention** zu kommen, müssen wir den bisher hinausgeschobenen Vorgriff auf den philologischen Kommentar zur »Todesfuge« wenigstens ansatzweise durchführen. Wir erfahren aus den Untersuchungen zu den möglichen Quellen des Gedichts, dass der Text aus einer alttestamentlich-jüdischen Tradition verstanden werden muss, aus welcher sich das mit der Eingangsmetapher »Schwarze Milch der Frühe« wie mit dem Namen Sulamith Gemeinte einigermaßen überzeugend herleiten lässt. Zudem findet der »reigenhafte« Sprachgestus (Seidensticker 1960, 39) des Textes eine plausible Erklärung: Spiel und Tanz, von den Faschisten zynisch ihren Opfern angesichts des Grabes befohlen, bedeuten für die Juden »Gesten des Gebets und der Ekstase« (Menzel 1968, 436). Sulamith, aus dem Hohelied Salomons, ist der »Name für *die* jüdische Frau, Evokation *der* Liebe« (ebd.) und im Kontext der »Todesfuge« also eine symbolische Form der Verallgemeinerung.

›Schwarze Milch der Frühe‹ wiederholt einen Vorgang der [geschichtlichen, J.S.] Frühe in der Verkehrung des Glücks in Unglück, des Blühens in Verderben. [...] ›trinken, taumeln und toll werden‹ sollten die Völker, denen Gott den Becher des Zorns zu schmecken gab (Herrmann 1980, 100).

Daraus ergibt sich nun auch eine präzisierte Hypothese über den **Gegenstand** der »Todesfuge«:

Es geht in diesem Gedicht nicht darum, nur Vorgänge in einem KZ zu zeigen, sondern um eine aus jüdischem Denken stammende *Deutung* dieses Geschehens (ebd., Hervorhebung J.S.).

Gehen wir nun noch – vor der weiteren Vertiefung der Kontextuntersuchung – ein Stück weit der Frage nach der vermutbaren **Wirkungsabsicht des Autors** nach, so können wir die oben

erörterten Textfunktionen zugrunde legen. Hat die »Todesfuge«
einen vor allem darstellenden, einen expressiven oder einen ap-
pellativen Charakter? Es wurde im Durchgang durch den Text
deutlich, dass er keine Darstellung irgendeiner wirklichen – oder
möglichen – Situation in einem Vernichtungslager intendiert,
sondern ein »Chiffrengerüst« bietet (Stiehler 1972, 29), das die
Totalität des *historischen* Vorgangs weit eher als die Konkretheit
einer realen Situation abbildet. Der Faszination, die vom *Ausdruck*
des Textes ausgeht, wird sich kaum ein Leser entziehen können.
Die apodiktische Formulierung dieser Feststellung verweist auf die
Tatsache, dass wir uns beim Fragen nach der Autorintention ganz
unausweichlich immer zugleich vor das **Problem der historischen
und literarischen Wertung** gestellt sehen. Gerade die formalen
und klanglichen Qualitäten des Textes, sein Kompositions- und
Stilisierungsprinzip, haben R. Baumgart dazu veranlasst, »ein zuviel Genuß an Kunst, an der durch sie wieder *schön* gewordenen
Verzweiflung« zu sehen (1966, 33). Demgegenüber hat W. Müller-Seidel gerade in der »Klanggestalt« die eigentliche historische
Wirksamkeit der Todesfuge gesehen:

[…] das klanglich Verwandte ist das seiner Bedeutung nach Heterogene,
das seine äußerste Spannung in der Vereinigung des Unvereinbaren erhält:
im Gegeneinander von Spiel und Tod. Hier geschieht das Ungeheuer-
lichste, das sich kaum jemand auszudenken gewagt hätte – wie in der
wirklichen Welt: hier wird mit dem Tode anderer Menschen gespielt.
[…] Das entsetzliche Tun des Mannes wird im Kompositionsgesetz der
Fuge ›durchgespielt‹. Und erst im Bewußtmachen des Unmenschlichen
geht die Möglichkeit des Menschlichen im Spiel hervor. […] Das Gedicht
wird mißverstanden, wenn man die Bewußtseinsvorgänge der Klanggestalt
nicht versteht (1969, 180).

Auf den im Ausdruckscharakter des Textes liegenden **Appell an
den Leser** hat W. Menzel die Aufmerksamkeit gelenkt, als er die
Frage nach der charakteristischen Druckform und den daraus re-
sultierenden Vorgängen beim Gedichtvortrag erwog:

Die Ordnung von Vers und Strophe ist weitgehend aufgelöst. Das Gedicht
will also durch die Bewegung erfahren werden. Kein Interpunktionszeichen
hält den Fluß der Sprache auf. Sinneinheiten gehen ineinander über. Übergänge und Verbindungen sind beabsichtigt. Wir sind genötigt, die Stimmen
dieses Gedichts nachzusprechen. Der Nachvollzug in der ›Atemführung‹
erfordert vom Leser einen hohen Grad an Identifikation (1968, 433).

Noch weniger als über seine vermutliche Wirkungsabsicht lässt
der Text von Celans »Todesfuge« über seinen **Adressaten** und sei-

ne **Entstehungssituation** erkennen. Allerdings gibt es in seiner Sprechsituation ein auffälliges Detail, auf das seltsamerweise keine der mir bekannten Interpretationen der »Todesfuge« eingeht. Die Stelle scheint auf einen möglichen Adressaten zu verweisen:

> der Tod ist ein Meister aus Deutschland sein Auge ist blau
> er trifft *dich* mit bleierner Kugel er trifft *dich* genau (V. 30f.).

Wer ist hier angesprochen? Ein potentieller Leser, einer von den »Wir«, die doch eine »unaufspaltbare Geschlossenheit« (Menzel) bilden? Spricht sich der (implizite) Autor selbst an? Die Bedeutsamkeit dieser Stelle kann kaum bezweifelt werden: sie enthält den einzigen Reim im ganzen Gedicht und wird eben deswegen von fast allen Interpreten zitiert. Wir wissen, dass Paul Celan nicht in einem Vernichtungslager war. Sah er sich im Arbeitslager der Faschisten einer solchen direkten Bedrohung ausgesetzt? Wie kommt der Autor, wenn es sich um eine »Selbstanrede« handelt, dazu, sich selbst derart unmittelbar in der Visierlinie des faschistischen Mörders zu sehen?

2.4   Text und Kontext (1)

In literaturwissenschaftlichen Arbeiten und in der Verständigung über Lektüre ist auf vielfache Art von »Kontexten« die Rede. Bedeutete der Begriff ursprünglich nicht mehr als die ›Umgebung‹ des einzelnen Wortes, Satzes usf. innerhalb eines Textes, so wird heute im Allgemeinen von **Kontext** mindestens **in dreierlei Bedeutung** geredet:

- **innertextueller Kontext**: das sind alle Elemente eines Textes und dieser als Ganzheit für das jeweils thematisierte Detail;
- **intertextueller Kontext**: das ist die Gesamtheit derjenigen Texte, zu denen der jeweilige Text (oder einzelne seiner Elemente) in ein bestimmtes Verhältnis gesetzt werden können;
- **extratextueller Kontext**: das ist die Gesamtheit der semantischen Bezugsfelder, zu denen der jeweilige Text (oder einzelne seiner Elemente) in ein bestimmtes Verhältnis gesetzt werden können.

Die Rede vom Kontext hat überhaupt nur Sinn, sofern man darunter (relativ) in sich abgeschlossene und strukturierte Einheiten versteht, eben »Texte« im Sinne der texttheoretischen Kulturwissenschaft, wie sie z.B. von Jurij M. Lotman und anderen entwickelt wurde. Daher definieren Schulte-Sasse/Werner (1977, 194) einleuchtend:

> Der Kontextbegriff [...] meint geordnete Zeichen-vorräte und rekurrente [wiederkehrende J.S.] Bedeutungskomplexe, die in einem – zumindest für kurze Zeitabschnitte – relativ festen pragmatischen bzw. institutionellen Rahmen gebraucht werden.

Wenn also etwa im Zusammenhang produktionsästhetischer Textanalyse vom »Entstehungskontext« eines Werks gesprochen wird, so ist dieser Sprachgebrauch eigentlich metaphorisch. Denn ›den‹ Kontext, in den wir das Werk, interpretierend nur noch ›hineinzustellen‹ brauchten, gibt es nicht für sich. Wir konstituieren ihn in der Analyse selbst, indem wir die komplexen Wirklichkeitsbezüge des Werks schematisieren, das heißt: bestimmte von ihnen auswählen und in eine Struktur bringen. Indem wir also sagen: wir verstehen ein Werk in seinem Kontext, sagen wir zugleich: wir konstituieren den **Kontext als Modell eines bestimmten Wirklichkeitsbereichs**, in den das Werk aufgrund bestimmter Eigenschaften und zu deren Klärung hineingestellt werden kann.

Entsprechend haben Rückgriffe auf die verschiedenen Kontexte mindestens zwei **unterschiedliche methodische Funktionen.**

- Sie dienen erstens dem Verstehen und Erklären des Textes, indem sie inhaltliche Dunkelheiten aufklären helfen, Besonderheiten des Sprach- und Bildgebrauchs begründen, das heißt in dem oben (S. 74) zitierten Sinne die konkreten Gründe für eine Äußerung und ihre Form finden helfen;
- und sie dienen zweitens dazu, den Text in größere lebensgeschichtliche, historische oder literarische Zusammenhänge einzuordnen, wodurch sie zugleich die Textauslegung objektivieren und den jeweils konstituierten Kontext – als einen konkreten Wirklichkeitsbereich – erkennbar machen.

Vielfach realisiert sich in solchen Kontextanalysen ein über die Interpretation des einzelnen Werks hinausgehendes Erkenntnisinteresse. Das Werk wird dann als Zeugnis für einen bestimmten Wirklichkeitszusammenhang, eine lebensgeschichtliche, sozial- oder literarhistorische Entwicklung gelesen.

In einem Punkt liegt die **Übereinstimmung der drei genannten Kontextarten**: sie bilden jeweils ein abgegrenztes, in sich strukturiertes Bezugsfeld, im Hinblick auf das der jeweils zu untersuchende Text(teil) erst eine konkrete Bedeutung erhält. Der Kontext gibt die Gesichtspunkte, unter denen eine Vielzahl potenzieller Bedeutungen eines Wortes, eines Satzes oder etwa einer Figurenkonstellation – also jeder Art der kommunikativen Handlung – auf eine (relativ) bestimmte, aktuelle Bedeutung reduziert werden kann. Wenn wir beim Lesen von Celans »Todesfuge« wissen, dass der »Mann« ein KZ-Aufseher ist, so aufgrund der innertextuellen Kontextbezüge. Ähnliches gilt für den inter- und extratextuellen Bereich: der Name »Sulamith« gewinnt seine konkrete (symbolische) Bedeutung erst durch den Rückgriff auf den biblischen Kontext und der »reigenartige« Sprachgestus des Gedichts wird verstehbar im Hinblick auf die spezifische Funktion von Musik, Gesang und Tanz in der jüdisch-chassidischen Tradition.

Im Rahmen einer methodischen Interpretation ergeben sich also zwei Fragen:
- wie lassen sich die prinzipiell unbegrenzten Möglichkeiten der Kontextdifferenzierung *systematisch* überschaubar machen?
- wie verfährt die methodische Interpretation *praktisch* bei der Erörterung von Kontextbezügen?

Hier steht zunächst **der produktionsseitige Kontext** zur Diskussion, das heißt all denjenigen Wirklichkeitsbezügen des literarischen Werks, von denen her sich genetische Erklärungen für die Eigenschaften des Werks und nähere Aufklärung über den in ihm vergegenständlichten geschichtlichen Gehalt finden lassen. Wenn ich oben (S. 74ff.) sagte, die produktionsästhetische Analyse gehe rekonstruierend in die Motivations- und Determinationsgeschichte des Textes zurück, so bedeutet das die Aufgabe, in den gesellschaftlichen Verhältnissen der Entstehungszeit die Voraussetzungen für die in der Textbeschreibung erfassten Eigenschaften des Werks aufzusuchen. Zugleich aber (und darüber hinaus) betrachten wir den zeitgenössischen Kontext als die Wirklichkeit, in welche der Autor schreibend eingreifen will, als den Hintergrund der intendierten Wirkung. Sofern wir die Frage nach der **zeitgenössischen Funktion** des Werks nicht ohne Bezug auf ein (potenzielles) Publikum erörtern können, wird schon an dieser Stelle eine methodische Berücksichtigung rezeptionsgeschichtlicher Fragestellungen unumgänglich. Denn die Objektivierung von Hypothesen über die Stellung des Werks in seiner Epoche bleibt ohne den Rückgriff auf konkrete Rezeptionszeugnisse höchst unsicher.

Die **produktionsorientierte Kontextanalyse** richtet sich also auf die Erklärung von **Genesis** und zeitgenössischer, das heißt historischer **Geltung** des einzelnen Werks. Hierzu untersucht und erörtert sie

- im **lebensgeschichtlichen Kontext** des Werks die »autorseitigen Voraussetzungen«,
- im **sozialgeschichtlichen Kontext** sowie
- im **literarischen Kontext** die »realitätsseitigen Voraussetzungen«.

2.4.1 Lebensgeschichtlicher Kontext

Der Versuch, die in der Textbeschreibung erarbeitete Hypothese über die Intention und Situation des Autors zum Zeitpunkt der Textentstehung zu verifizieren und gegebenenfalls zu modifizieren, führt zunächst auf die Analyse des **lebensgeschichtlichen Kontextes**. Wir fragen hier nach der Gegründetheit der Texteigenschaften in Standort, Interesse und Horizont des Autors. Wie ist die Produktion der »Todesfuge« als eine konkret-historische, symbolische Handlung zu verstehen? Auf welche bestimmte Herausforderung antwortet der Text, wie begründen sich seine Gegenstandswahl, sein Verfahren und seine Wirkungsabsicht? Methodisch gesehen geht es auch in diesem Untersuchungsschritt um eine »logische Integration«: wir suchen einen (relativ) stimmigen Zusammenhang zu rekonstruieren zwischen der Situation und Disposition des Autors Paul Celan am Ende des Krieges, seinen literarischen Produktionsbedingungen und den beschriebenen Eigenschaften seines Gedichts.

Über die Wahl des Gegenstandes der »Todesfuge« geben **biographische Zeugnisse** angemessen zuverlässige Auskunft. Aus ihrer Auswertung in der Celan-Forschung gewinne ich ein anschauliches Beispiel dafür, in welcher Weise biographische Fakten unter Umständen zum genaueren Verständnis eines Textes beitragen können. Meine Vermutung, dass es sich bei den im letzten Abschnitt problematisierten Verszeilen – »er trifft dich genau« – um eine Selbstanrede des impliziten Autors handelt, stützt sich auf die Kenntnis von Celans »Überlebensschuldgefühl« (M. Janz 1976, 48), das er sein Leben lang mit sich trug und das ihn 1945 dazu veranlasst haben mag, diese seine Rolle als vorgesehenes Opfer des faschistischen Terrors in besonderer Weise ästhetisch umzusetzen:

der Überlebende lastet es sich als Verrat an den Ermordeten an, daß er nichts gegen ihren Tod getan habe und selber entkommen ist. Er versucht, diese seine vermeintliche Schuld zu sühnen, indem er durch psychische und physische Maßnahmen der Selbstisolierung, des Verschwindens und Sich-verbergens symbolische Tode stirbt, die ihm seine Handlungsohnmacht immer aufs neue beweisen (ebd.).

In dem hier vorgeführten Sinn geben natürlich auch **schriftstelle-rische Selbstzeugnisse** – Tagebücher, Briefe, Arbeitsberichte, Essays, Notizbücher – Auskunft über die Entstehungsbedingungen des jeweiligen Werks. Berühmte Beispiele sind Thomas Manns *Die Entstehung des Doktor Faustus*, Edgar Allan Poes *Philosophy of Composition* (1846) zu seinem Gedicht »The Raven« oder etwa die *Notizbücher 1971–1980* von Peter Weiss, in denen der Entstehungsprozess des Romans *Die Ästhetik des Widerstands* verfolgt werden kann. Dabei erfahren wir etwas über die Schwierigkeiten bei der Herstellung des Werks, die verwendeten Erfahrungen, Quellen, Materialien. Es muss freilich nachdrücklich darauf hingewiesen werden, dass solche Autorkommentare und Selbstdeutungen ihrerseits interpretiert werden müssen; ihre Aussage ist mit der des kommentierten Werks nicht identisch, und es führt zu den absonderlichsten Fehldeutungen, wenn die Selbstinterpretationen von Autoren unvermittelt als »Klartext« der kommentierten Werke gelesen werden.

Über die durch Autorkommentare und Selbstzeugnisse gegebenenfalls gelenkte Suche nach konkreten Kontextbezügen hinaus bedarf es auch im weiteren Umfeld des Werks systematischer Suche nach Detailinformationen, z.B. über die **kulturellen Traditionen**, in denen der Autor aufgewachsen ist, über seine **literarischen Beziehungen**, die Produktionsbedingungen usf. So ist die Herkunft Celans aus dem jüdisch-bürgerlichen Milieu der Bukowina der Anlass dazu gewesen, die Aufklärung über die Eingangsmetapher seiner »Todesfuge« in biblischen Schriften zu suchen. Auch für den in dem Gedicht vermittelten Eindruck einer ›Zeitenthobenheit‹ des Darstellungsinhalts ließ sich in diesem Kontext eine plausible Erklärung finden. So erinnert Stiehler (1979, 26) unter Hinweis auf Hartmut Binder an die besondere Zeitauffassung des Judentums, nach der das Zitat aus der Tradition »ohne Rücksicht auf dessen ursprüngliche Bedeutung, direkt, also ohne Vermittlung der Analogie, als Aussage über seine gegenwärtige Situation verstanden wird«.

Solche Feststellung bedeutet nun nicht, dass die Interpretation von der Aufgabe einer sorgfältigen Ermittlung des konkreten Realitätsbezugs dispensiert ist. Das Gedicht ist »nicht zeitlos, [...] es sucht durch die Zeit hindurchzugreifen – durch sie hindurch, nicht über sie hinweg« (Celan GW 3, 186).

Also käme es darauf an, den Grund für die auffällig verhaltene, fast rätselhafte Aussagestruktur der »Todesfuge« in den **literarischen Produktionsbedingungen** zu suchen, unter denen sie entstand. Hier lassen sich sehr konkrete Widerstände aufweisen, welche sich

für die literarische Produktion Celans ergaben. Er befand sich in
der »Zwangslage«, für das – biographisch vermittelte – Thema
seiner Gedichte keine Sprache zu haben. Neben die Unvorstell-
barkeit des Geschehens tritt die Korrumpiertheit der Sprache, die
für ihn »zugleich Mutter- und Mördersprache« (Stiehler 1979, 33)
war. Selbstverständlich wäre ein **Hinweis auf die Tradition**, in der
Celans Lyrik steht, auf die Struktur einer bestimmten Linie der
modernen Lyrik seit Baudelaire, an dieser Stelle nicht falsch. Er
würde jedoch – ebenso wie poetologische bzw. programmatische
Äußerungen des Autors – die Frage nach den Gründen für die
Wahl dieser künstlerischen Methode nicht beantworten, sondern
nur umformulieren. Anders: die Einordnung der Verfahren in der
»Todesfuge« in einen literarhistorischen Kontext, kann ihre Deutung im lebensgeschichtlichen und sozialgeschichtlichen Zusammenhang nicht ersetzen.

In den lebensgeschichtlichen Kontext eines Werks gehören auch
rückblickende Aussagen des Autors über sein Werk. Sie stehen
allerdings ihrerseits schon im Zusammenhang der Rezeptionsgeschichte und nicht mehr unmittelbar mit der Frage nach Genesis
und zeitgenössischer Geltung des Werks. Celans »Todesfuge« trifft
in den 50er Jahren in der Bundesrepublik auf einen Erwartungshorizont, in dem die ästhetisierende Vereinnahmung der Erinnerung an die Opfer und *Die Unfähigkeit zu trauern* (Mitscherlich
1967) dazu beitrugen, dass die Frage nach der historischen und
politischen Verantwortung der Deutschen zum Schweigen gebracht
werden konnte. Wohl aus diesem Grunde hat sich Celan später
geweigert, die »Todesfuge« öffentlich vorzulesen und im Hinblick
auf den Gedichtband »Mohn und Gedächtnis«, in dem sie in der
Bundesrepublik zuerst veröffentlich wurde, das Urteil gefällt: »In
meinem ersten Gedichtband habe ich manchmal noch verklärt
– das tue ich nie wieder« (Die Welt, 27.1.1958; zitiert bei Lorenz
1983, 11).

2.4.2 Sozialgeschichtlicher Kontext

In einer über das Selbstverständnis des Autors und die individuellen Voraussetzungen des Werks methodisch hinausführenden
Untersuchung fragen wir nach dem **sozialgeschichtlichen Kontext**
des Werks, zunächst in seiner Entstehungszeit. Wir versuchen, die
Bedeutungs- und Kommunikationszusammenhänge zu rekonstruieren, in denen das Werk in seiner Epoche verstanden werden und
wirken konnte.

Mit Hilfe historischer, soziologischer, sozialpsychologischer, ideologiegeschichtlicher und anderer Literatur – Autobiographien von Zeitgenossen sind eine kräftig sprudelnde Quelle! – beziehen wir die von uns erarbeitete Bedeutung und Wirkungsabsicht des Textes auf den zeitgenössischen Stand der historischen Entwicklung, die gesellschaftlichen Auseinandersetzungen und die geschichtlich wirkenden Kräfte. Hier kann die angezielte **Historisierung des Werks** zu einem ersten, vorläufigen Ziel kommen, soweit sie durch das Erklären des Werks in seinem geschichtlichen Entstehungs- und Wirkungszusammenhang die in ihm widergespiegelte individuelle und gesellschaftliche Praxis als eine vergangene konstruieren kann. Ich gehe dabei von der Prämisse aus, dass es eine unaufhebbare **hermeneutische Differenz** gibt zwischen dem, was ein Autor von seiner Epoche weiß und mitteilen kann, und dem, was die Epoche ist. Walter Benjamin hat diese Einsicht als die große Entdeckung Hegels und die »magna charta der wahren Geschichtsschreibung« bezeichnet: »der Geist sei im historischen Verlauf niemals, was er sich glaubt«; man könne also nicht das Drama einer Zeit aus ihrer Dramaturgie erklären (1980, Bd. 3, 87).

Um Missverständnissen vorzubeugen, sei hier vorgreifend unterstrichen, dass die angestrebte Konstruktion der **Historizität des Werks** nicht darauf zielt, ein Bild der Entstehungszeit zu entwerfen, »wie es denn wirklich gewesen«, sondern vielmehr darauf, die im Werk widergespiegelte historische Konstellation auf der Grundlage der ästhetischen Erfahrung aus dem Blickpunkt unserer Gegenwart zu erkennen.

Es handelt sich also, genauer gesagt, um **eine doppelte Perspektive auf den Entstehungskontext**. Einerseits suchen wir, in der Optik der Zeit, die erarbeitete Hypothese über Autorintention und Entstehungsbedingungen weiter zu verallgemeinern und zu objektivieren. Wir rekonstruieren einen Sinnhorizont, innerhalb dessen das Werk von einem ›idealen‹ zeitgenössischen Leser verstanden werden konnte (vgl. Grimm 1977, 55ff.). Andererseits konstruieren wir die im Werk widergespiegelte geschichtliche Erfahrung und Praxis aus dem Blickpunkt unserer eigenen Gegenwart und unserer Interessen. Diese zweite, umfassendere Perspektive zielt auf die **Aktualität des Werks** und kann abschließend erst in einer Synthese der Untersuchungsergebnisse formuliert werden, denn sie setzt systematische und rezeptionsästhetische Analysen des Werks voraus. Sie bestimmt jedoch von Anfang an das Erkenntnisinteresse und den Arbeitsprozess, weil nur von ihr her unser eigenes Verstehen und Erklären des Werks überhaupt möglich ist.

Die **Analyse des sozialgeschichtlichen Kontextes** des literarischen Werks geht sinnvollerweise von den im Modell der Textproduktion unterschiedenen Klassen der »realitätsseitigen Voraussetzungen« aus.

Gefragt werden kann nach der gegenständlichen, der pragmatischen und der kommunikativen Beziehung des Textes zur
Wirklichkeit. Die hier angebrachten Fragen zielen im Einzelnen auf:

- **gegenständliche Aspekte:** Wie sind der Darstellungsinhalt
  und der Gegenstand des Werks in den zeitgenössischen
  Bedeutungszusammenhängen zu situieren? Wie wird die
  Wirklichkeit der Entstehungszeit in ihnen erkennbar?
- **pragmatische Aspekte:** Wie steht das Werk in den gesellschaftlichen Entwicklungen und Auseinandersetzungen seiner Zeit? In welche Richtung zielt sein Appell? Welchen
  Interessen dienen die von ihm ausgehenden Impulse?
- **kommunikative Aspekte:** Auf welche spezifische Weise
  spricht das Werk seine Adressaten an? Welcher Art sind
  die ästhetischen Erfahrungen, die es vermittelt? Wie steht
  es in der literarischen Tradition und Entwicklung?
- **mediale Aspekte:** Wie wurde das Werk in seiner Entstehungszeit der Öffentlichkeit zugänglich gemacht und in
  welcher Form wurde es präsentiert. Welchen Stellenwert
  hatte diese Präsentationsform für die Gesellschaft in der
  Entstehungszeit? Auf welchem Stand seiner Entwicklung
  befand sich das Medium, in dem der Text präsentiert wurde?

Die beiden letzten Dimensionen des geschichtlichen Entstehungs-
zusammenhangs sollen als literarischer Kontext systematisch gesondert behandelt werden.

Die Analyse des sozialgeschichtlichen Kontextes steht bei
lyrischen Werken oft vor dem Problem, dass bestimmte **gegenständliche Aspekte des Wirklichkeitsbezugs** sich im Text nicht
ohne Weiteres abheben lassen. Trotzdem erscheint es als sinnvoll,
zunächst eine Strukturebene gegenständlicher Kontextbeziehungen
zu ermitteln.

In Paul Celans »Todesfuge« wurde ein Bedeutungszusammenhang aufgezeigt, in dem die thematisierte geschichtliche Konfron-
tation von Tätern und Opfern des faschistischen Völkermords eine
zwar ›abstrakte‹, aber doch deutlich identifizierbare Kontur erhielt.

In der Darstellung ließen sich **Realitätsmomente** aufzeigen, die eindeutig auf die Wirklichkeit in den Vernichtungslagern verweisen. Es sind im Übrigen mehr, als manche Interpreten anzunehmen scheinen, insofern sowohl der Befehl »ihr andern singet und spielt«, als auch die zynische Rede des Mörders vom »Grab in den Wolken« keineswegs als ›poetische Überhöhung‹, sondern als genaue Abbildung wirklicher Vorgänge gelten müssen. Otto Lorenz hat eine Feststellung getroffen, die auch für andere Interpretationen gilt:

Ohne Minimalkenntnis der zeithistorischen Realien, die von Celans Gedichten in der Tat eher verdeckt als enthüllt werden, bleibt jede Interpretationsbemühung unzureichend, auch wenn sie zu richtigen Detaileinsichten kommt und gelangt (1983, 3).

Indem er darüber hinaus das sorgfältige Studium von Celans künstlerischer Methode als eine obligate Aufgabe bezeichnet (ebd.), verweist er auf die Tatsache, dass eine Analyse der Darstellungsinhalte des literarischen Textes natürlich nicht ausreicht, um den gegenständlichen Wirklichkeitsbezug des literarischen Werks zu bestimmen. Denn über die Frage, ob und wie die Realität im Werk fassbar bzw. durchschaubar wird, entscheiden nicht zuletzt die Vorstellungen, die der Autor von der **Erkennbarkeit und Darstellbarkeit** der ihn umgebenden Wirklichkeit hat. So kennzeichnet es z.B. realistische Methoden vor anderen, dass sie an der Aufdeckung des »gesellschaftlichen Kausalnexus« (Brecht) interessiert sind und die Entwicklung ihrer künstlerischen Technik bewusst in den Dienst dieser Funktionsbestimmung stellen.

Aber die Möglichkeit, solche Wirkungsabsichten zu realisieren, ist natürlich auch vom jeweils gewählten literarischen Genre abhängig. Bei lyrischen Texten haben wir es in der Regel mit höchst indirekten gegenständlichen Wirklichkeitsbeziehungen zu tun. So wird man nicht erwarten, in einem Naturgedicht Goethes oder eines romantischen Dichters Realitätsdetails zu finden, die auf den sozialgeschichtlichen Kontext der Zeit verweisen. Trotzdem haben natürlich beide Gedichte einen − konkret unterscheidbaren − gegenständlichen Bezug auf ihre Zeit, insofern sie ein bestimmtes Verhältnis des Menschen zur Natur (und damit indirekt zu Gesellschaft und Geschichte) exponieren.

Dem in lyrischen Texten in der Regel gegebenen impliziten gegenständlichen Bezug auf die soziale Wirklichkeit steht in erzählenden Texten, und besonders im Roman, gewöhnlich ein eher **expliziter Zeitbezug** gegenüber. Da erzählende Texte ihr Wirklichkeitsmodell im Medium von Handlungsführung, Figurenkonstellation und Figurencharakteristik, Raum- und Milieudarstellung aufbauen, stehen bei ihnen zumeist diese gegenständlichen Kontextbezüge im Vordergrund des Interesses. Die Erwähnung von (oder Anspielung auf) konkrete Zeitereignisse, historische Personen, aktuelle Entwicklungen, öffentlich diskutierte Probleme dienen vielfach der Lenkung der Aufmerksamkeit des Lesers auf die Beziehungen zwischen dargestellter »Welt« und gemeinter Wirklichkeit, das heißt auf den Modellcharakter des Werks. In der massenhaft verbreiteten Unterhaltungsliteratur haben sie oft auch die Funktion, eine Aktualität der Problemstellung geltend zu machen oder ein gewisses »Zeitkolorit« zu erzeugen, das heißt einen *kommunikativen* Wert, der, kritisch gesprochen, in die Kategorie der Warenästhetik gehört.

Bei der Interpretation von größeren Erzählwerken konkretisieren wir die gegenständlichen **Wirklichkeitsbezüge auf verschiedenen Strukturebenen:**
- auf der semantischen Ebene der dargestellten und angespielten Realitätsmomente,
- auf der thematischen Ebene der erörterten bzw. modellhaft ›durchgespielten‹ gesellschaftlichen Probleme,
- auf der semiotischen Ebene der dargestellten Anschauungs-, Handlungs- und Verhaltensnormen usf.

Diese werden im weiteren Verlauf der Analyse möglichst konkret ins Verhältnis gesetzt:
- zu den ökonomischen, politischen, sozialen und kulturellen Entwicklungen;
- zu den dominierenden Inhalten und den Formen der gesellschaftlichen Auseinandersetzungen;
- zu den Formen des gesellschaftlichen Bewusstseins;
- zu den Ideologien der verschiedenen Klassen und Schichten sowie
- zu den unterschiedlichen politischen, sozialen und kulturellen Normen und Wertsystemen.

Hierbei ist daran zu erinnern, dass bei der Benutzung zeitgenössischer wissenschaftlicher, publizistischer und anderer **Quellen** sowie aktueller, also unserer Gegenwart entstammender **Darstellungen** jeweils eine spezifische Differenz zum Untersuchungsgegenstand besteht.

So lassen sich literarische und wissenschaftliche Texte derselben Epoche in der Regel nicht unmittelbar aufeinander beziehen, sondern müssen in unterschiedlicher Weise je für sich auf die zeitgenössische Wirklichkeit bezogen werden, zu der sie Stellung nehmen. Man wird zum Beispiel nur unter Vorbehalten die Exposition der »sozialen Frage« in den politisch-ökonomischen Schriften des ausgehenden 19. Jahrhunderts zum Maßstab für die Bewertung naturalistischer Darstellungen derselben Wirklichkeitsproblematik heranziehen. Das Kriterium, nach dem literarisches Werk und zeitgenössische nicht-literarische Quelle ins Verhältnis gesetzt werden, ist die Perspektive unserer Gegenwart, und der Beurteilungsmaßstab ergibt sich aus dem jeweils fortgeschrittensten Stand der Geschichts- und Gesellschaftswissenschaft.

Auch bei der Analyse von Erzähltexten, bei denen die Einordnung in einen sozialgeschichtlichen Kontext scheinbar durch den Darstellungsinhalt vorgegeben ist, dürfen Inhalt und Gegenstand nicht unvermittelt in eins gesetzt werden. Die **Abbildfunktion** des literarischen Werks ist mit seiner **Darstellungsfunktion** nicht identisch. In Fällen, in denen das Werk eine Darstellung seiner eigenen Epoche gibt, wie z.B. Heinrich Manns *Untertan*, wird das leicht übersehen. Es ist jedoch auch hier festzuhalten, dass der Roman ein **Modell** der wilhelminischen Gesellschaft konstruiert und dass durch diese Darstellung etwas davon Unterschiedenes, nämlich Heinrich Manns polemische Entgegensetzung zum gesellschaftlichen Bewusstsein seiner Zeit, seine Bilanzierung der »Geschichte der öffentlichen Seele« erarbeitet und mitgeteilt werden soll. – Der historische Roman ist wie der mit erfundenem Darstellungsinhalt darauf angewiesen, durch das Einmontieren von Realitätsdetails, durch die Anspielung auf Probleme, Gestalten, Kämpfe der Gegenwart seinen aktuellen Bezug – und damit die Realisierung der Wirkungsabsichten – zu sichern. Solche ›Relais‹ zwischen Text und Kontext bilden hier eine unentbehrliche Stukturebene. Sie sind aber auch für die gegenständlichen Wirklichkeitsbeziehungen aller anderen literarischen Werke von großer Bedeutung. Die Autoren

nutzen sie, um durch sie auf den Kontext (das heißt auf die Wirklichkeit, J.S.) zurückzuwirken; denn das Zusammenspiel intratextueller und extratextueller Strukturen ermöglicht es, dass Kunstwerke in einer historischen Situation [...] in das Wirklichkeitsverhältnis einer Zeit eingreifen können – und zwar gerade aufgrund ihrer relativen Distanz diesem Kontext genüber (Schulte-Sasse/Werner 1977, 197).

Im Hinblick auf die **pragmatischen Aspekte** der sozialgeschichtlichen Wirklichkeitsbeziehung fragen wir, wie das Werk in den gesellschaftlichen Entwicklungen seiner Zeit steht, in welche Richtung sein Appell zielt und welchen Interessen die von ihm ausgehenden Impulse dienen. Diese Frage trägt der Tatsache Rechnung, daß Kunstwerke Stellungnahmen historischer Subjekte, von Individuen, sozialen Schichten und Klassen, zur Wirklichkeit und Auseinandersetzung mit ihr sind – gleich ob sie als solche konstitutive Bedeutung für den historisch-gesellschaftlichen Prozeß haben; sei es in der Geschichte ihrer Rezeption, sei es durch die neuerliche Entdeckung und bewußte Freisetzung ihrer Wirkungskräfte (Mattenklott 1975, 117).

Die Frage nach dem pragmatischen Bezug des Werks zu seiner Entstehungszeit hat zunächst mit dem subjektiven Wirklichkeitsverhältnis des Autors wenig zu tun. Unabhängig davon, ob (und wie) dieser die gesellschaftlichen Auseinandersetzungen für sich und seine literarische Produktion überhaupt wahrnimmt, ist in seinem Werk die Standort- und Interessengebundenheit seiner textproduzierenden Tätigkeit objektiviert. Wir haben es bei der **Analyse des pragmatischen Wirklichkeitsbezugs** also eigentlich mit zwei unterschiedlichen, jedoch miteinander zusammenhängenden Fragen zu tun:

- mit der Frage nach der gesellschaftlichen Stellung und Verantwortung des Schriftstellers, die sich als Engagement, Parteinahme bzw. Parteilichkeit beschreiben lässt;
- und mit der Frage nach dem Interessencharakter des Werks, der sich pragmatisch als Tendenz aufweisen lässt und sich ästhetisch als Perspektive realisiert.

Die erste dieser Fragen führt in den lebensgeschichtlichen Kontext und lässt sich in der Regel beantworten anhand von Selbstzeugnissen, programmatischen Äußerungen und (literatur-)politischen Aktivitäten des Autors. Hierin gehört zunächst die praktische Einbeziehung der Schriftsteller in die Kämpfe ihrer Epoche und damit meist verbundenen Debatten; so über die **Parteinahme des Autors** im deutschen Vormärz, über das Verhältnis von Literatur und Politik im antifaschistischen Exil, über die von Jean Paul Sartres Essay »Was ist Literatur« (1948) angestoßene Diskussion über die Möglichkeiten und Grenzen des **Engagements**.

In der Theorie und Praxis des »sozialistischen Realismus« bildete die **Kategorie der Parteilichkeit** ein zentrales Bestimmungsmoment. Wie Lenin in seinem Essay »Parteiorganisation und Parteiliteratur« (1905; Werke, 10, 29ff.) begründete, versteht sich der sozialistische Autor als aktiver Teilnehmer an der organisierten und planmäßigen Parteiarbeit, die er mit seinen literarischen Mitteln unterstützt. Das Prinzip der sozialistischen Parteilichkeit und die künstlerische Methode des »sozialistischen Realismus« sind allerdings mit dieser Forderung nach aktiver Beteiligung des Autors am politischen Kampf keineswegs vollständig definiert.

Es ist davon auszugehen, dass politische oder literaturprogrammatische Äußerungen des Autors über die tatsächlichen Wirklichkeitsbeziehungen seines Werks nur wenig aussagen. Ebenso fragwürdig ist es, von der weltanschaulichen Position eines Schriftstellers unvermittelt Rückschlüsse auf sein Werk zu ziehen. Wenn etwa Martin Walser die Feststellung trifft: »Die Realisten unter den Schriftstellern interessieren sich für den Beschädiger im Schaden« (1979, 38), dann kann man dies zwar zum Ausgangspunkt einer Untersuchung seines Werks nehmen, wird es aber als Absichtserklärung nicht mit dem Analyse-Ergebnis verwechseln. – Entscheidend für die Beurteilung des pragmatischen Wirklichkeitsbezugs ist, wie sich die Interessennahme und der Standort des Autors in seiner künstlerischen Methode und in der Struktur des Werks niederschlagen. Die Parteinahme bzw. die Parteilichkeit des Autors kommt in seinem Werk als **Tendenz** zum Ausdruck.

Dies ist nun ein lange und heftig umstrittener Begriff. Folgt man der traditionellen bürgerlichen Literaturauffassung, dann ist immer nur die gegnerische Literatur »tendenziös«, das heißt, diejenigen Werke werden als »einseitig« beziehungsweise als ideologisch vereinnahmt verunglimpft, deren Interessengrundlage und Wirkungsziel der herrschenden Richtung zuwiderlaufen. Die Standort- und Interessengebundenheit der eigenen literarischen Produktion und des eigenen kritischen Urteils wird vornehm übersehen.

Der Tendenzvorwurf kleidet sich oft in die Form eines ästhetischen Urteils. Schon in den 1840er Jahren hat es, ebenso wie z.B. nach 1965, ernsthaft gemeinte Versuche gegeben, die Frage zu ergründen, ob es politische Literatur – gar politische Lyrik – überhaupt geben dürfe.

Ein solcher Streit ist müßig. Die für die Literaturwissenschaft und literarische Produktion relevanten Probleme kommen erst in den Blick, wenn der Versuch einer Zensur der literarischen Wirklichkeit aufgegeben und gefragt wird:

- Wie ist die Realisierung schriftstellerischer Verantwortung und politischer Interessennahme auf der jeweils erreichten Entwicklungsstufe der künstlerischen Technik denkbar?
- Wie lassen sich operationale Wirkungsziele verwirklichen, ohne dass die spezifischen Erfordernisse und kommunikativen Möglichkeiten des poetischen Mediums außer Acht gelassen werden?
- Wie verhalten sich Parteinahme, Parteilichkeit und Engagement zur Autonomie des Kunstwerks?

An diesem Punkt wird die **Diskussion über den Begriff Tendenz** in der Tat interessant. Heines Polemik gegen die »Tendenzdichter« seiner Zeit, Friedrich Engels' bissige Bemerkung, diese seien solche, »die den Mangel an Geist [...] durch politische Anspielung wettzumachen suchen« (MEW 8, 15), führen auf die künstlerisch-technische Dimension des Problems. Es ist ja tatsächlich so, dass die bloße, oft subjektivistische Erklärung guter Absichten wenig an literarischer Wirksamkeit erbringt, wenn es dem Autor nicht gelingt, seine Parteinahme in einen alle Dimensionen des Werks bestimmenden, kognitive und affektive Momente umfassenden Impuls zu verwandeln. Hierzu muss er nicht nur, wie Georg Lukács in seinem viel zitierten Essay »Tendenz oder Parteilichkeit« (1971, 23ff.) ausgeführt hat, die Bewegungsgesetze der Wirklichkeit und das gesellschaftliche Handeln der Menschen genau kennen, sondern auch über eine hinreichende literarische Technik verfügen. Die Stellungnahme des Autors soll, wie schon Friedrich Engels erläutert hatte, in der Darstellung vergegenwärtigt sein und nicht als Kommentar hinzugefügt:

die Tendenz muß aus der Situation und Handlung selbst hervorgehen, hervorspringen, ohne daß ausdrücklich darauf hingewiesen wird, und der Dichter ist nicht genötigt, die geschichtlich-zukünftige Lösung der gesellschaftlichen Konflikte [...] dem Leser in die Hand zu geben (MEW 37, 43).

Wenn wir also die Tendenz als die im Werk vergegenständlichte Stellungnahme des Autors definieren, als »die Richtung, in die das Einzelwerk weist« (Grundbegriffe 1982, 47), dann tritt diesem handlungstheoretischen Begriff der Interessengebundenheit die **ästhetische Kategorie der Perspektive** an die Seite. Diese ist eine Eigenschaft der literarischen Darstellung, das heißt der Textstruktur. Es handelt sich dabei *nicht* in erster Linie um manifeste Inhalte – etwa das Vorkommen eines ›positiven Helden‹ oder den ›optimistischen Schluss‹. Vielmehr kommt es darauf an, den im Werk realisierten spezifischen Blick auf die Wirklichkeit und ihre Entwicklung, auf die Handlungsmöglichkeiten von Individuen und Gruppen zu analysieren, also vor allem die im **Menschenbild** des Werks greifbare »künstlerische Verdichtung des Wertangebots für das Verhältnis des Individuums zur Gesellschaft« (Mattenklott 1975, 123). In der Bemühung um eine realistische Perspektivegestaltung verbinden sich erkenntnistheoretische, literarisch-technische und ethische Aspekte der künstlerischen Methode:

Meiner Meinung nach gehört die Perspektive zum richtigen Schreiben. Wenn ich sie sehe und darzustellen vermag aus dem schwersten Konflikt heraus, kann ich den Konflikt erst darstellen. Seine Darstellung allein genügt nicht. Es gehört zu meinem Beruf, daß ich sowohl die Leute, die ich darstelle, wie die Leute, die mich lesen, nicht ratlos sitzen lasse (Anna Seghers 1966, 319).

2.4.3 Literarischer Kontext

Der **literarische Kontext** bildet das wichtigste Bezugsfeld für die literarische Produktion und hat daher einen hohen Stellenwert auch für die methodische Praxis der Interpretation. Es sollen daher in diesem Zusammenhang auch die praktischen Fragen der Erarbeitung von Kontextbezügen etwas ausführlicher erörtert werden.

Die besondere Bedeutung des literarischen Kontextes für die Interpretation resultiert aus zwei miteinander zusammenhängenden Tatsachen. Erstens bildet der Diskurs der Literatur **ein relativ eigenständiges Subsystem der gesellschaftlichen Kommunikation** und der literarische Prozess eine relativ eigenständige Dimension des historischen; die meisten Werke der Literatur haben daher eine besonders intensive, explizite oder implizite Beziehung zu anderen literarischen Werken. Zweitens bilden die Bedingungen und Charakteristika der literarischen Produktion die dominierende Voraussetzungsklasse in der Textproduktion, sobald sich der Autor angesichts einer individuellen oder gesellschaftlichen Herausforderung für eine poetische Sprachhandlung entschieden hat und nicht etwa einen Zeitungsartikel schreibt oder eine öffentliche Rede hält.

Im Rahmen der produktionsästhetischen Textanalyse umfasst der Begriff **literarischer Kontext** unter anderem:

- den **literarischen Diskurs** zur Zeit der Entstehung des Werks;
- die **Literaturverhältnisse**, das heißt, die aktuell gegebenen Bedingungen der Produktion, Distribution und Rezeption von Literatur;
- die zur Verfügung stehenden **Medien**
- den literarischen **Erwartungshorizont** der Adressaten;
- das sprachlich-literarische **Material**, d.h das Sprachsystem und die aktuell gültigen Schemata der Rede;
- die aktuelle und dem Autor zugängliche literarische **Tradition**, das heißt, die gesamte überlieferte Literatur und die überlieferten künstlerischen Methoden;

- die **Rezeptions- und Wirkungsgeschichte** derjenigen literarischen (und anderen) Werke, welche die aktuell verfügbare Tradition ausmachen.

Die **Untersuchung der Literaturverhältnisse** und des literarischen Diskurses der Entstehungszeit, bei der man vor allem auf literatursoziologische Darstellungen, aber auch auf gute Literaturgeschichten und Autoren-Biographien zurückgreifen kann, ist auch für die Klärung der pragmatischen Dimension in der Analyse des sozialgeschichtlichen Kontextes von Bedeutung; denn literarische Wirkungen können nur realisiert werden, wenn die Voraussetzungen für die Verbreitung und die Rezeption des Werks gegeben sind. Die Frage, ob ein Autor seine Adressaten erreicht, hat ja durchaus unterschiedliche Aspekte, von denen das Funktionieren der materiellen Übertragung der Botschaft nicht der unwesentlichste ist. So werden hier die sozioökonomischen Bedingungen der Produktion und Distribution (Markt, Mäzenatentum) ebenso zu untersuchen sein wie politische Bedingungen (Zensur, Meinungsmonopol), aber auch die materielle und kulturelle Lage der potenziellen Leser.

Es wird an dieser Untersuchungsdimension eine ›vertikale‹ Kontextbildung bedeutsam, nämlich die Frage nach dem **Verhältnis Autor-Adressat**. Man wird vielleicht zunächst auf **werkimmanente Adressatenrollen** achten. So finden wir zum Beispiel in einem Erzählerkommentar des *Dreigroschenromans* die Leseranrede: »wir Bücherkäufer ...«, eine Charakteristik des Adressaten von Brechts satirischem Roman, die durch mancherlei anderer Beobachtungen im Text vertieft werden kann. Eine programmatische Bestimmung des Adressatenbezugs findet sich in dem literaturpolitischen Manifest des Autors »Fünf Schwierigkeiten beim Schreiben der Wahrheit« von 1935:

Nicht nur die Leute einer bestimmten Gesinnung muß man ansprechen, sondern die Leute, denen diese Gesinnung auf Grund ihrer Lage anstünde (GBA 22, 80f.).

Die Frage, welches **Lesepublikum** der Roman tatsächlich erreichte, muss einer genauen literatursoziologischen Untersuchung vorbehalten bleiben, bei der die Ermittlung des Veröffentlichungsorts (und Verlags), der Auflagenzahlen, der Formen der Werbung für das Buch, wenn möglich die regionale Verbreitung usf. wichtige Arbeitsschritte sind. Die **zeitgenössische Rezeption**, zunächst ablesbar an Rezensionen, deren Publikationsort und -umfeld mit beachtet werden sollte, gibt dann schon einen ersten Eindruck davon, ob der Autor sein Publikum auch im übertragenen Sinne ›erreichte‹. Eng damit verbunden ist natürlich auch die Frage, ob (und wie) ein Autor überhaupt ein bestimmtes Publikum ansprechen will bzw. erreichen zu können glaubt. Paul Celan, der sozial und literarisch sehr isoliert war, hat seine Gedichte gelegentlich als »Flaschenpost« bezeichnet, die auf unsicherem Wege einen entfernten Adressaten erreichen mag – oder auch nicht. Brecht, der im Exil von seinem Publikum weitgehend abgeschnitten war, richtete seine künstlerische Methode auf große »Dauer« ein (vgl. GBA 14, 34ff.), denn er rechnete mit einem »nachgeborenen« Leser.

So prägt sich der je konkrete Adressatenbezug in einer kommunikativen Charakteristik des einzelnen Werks aus, die wir seine mehr oder weniger ausgeprägte **Operativität** nennen können, das heißt seine Einrichtung für eine unmittelbare und konkret-praktische Wirkung in der Gegenwart oder eine mehr vermittelte, indirekte, auf längerfristige und/oder *literarische* Interessen zielende Absicht. Hier spielen wieder gattungs- und genrespezifische Unterschiede sowie das institutionelle Verhältnis von Autor, Medium und Publikum eine entscheidende Rolle, welche der realistische Produzent operationaler Texte bei der Antizipation des Erwartungshorizonts seiner Adressaten mitbedenkt.

Wir haben uns mit dieser Erwägung schon der Frage zugewandt, wie das zu interpretierende Werk im **Kontext der literarischen Produktion** seiner Entstehungszeit situiert ist. In dieser Untersuchungsdimension fassen wir nicht nur eine sehr bedeutsame Strukturschicht des Textes, sondern auch seine Stellung in der Literaturgeschichte. Auch zur Klärung dieser Fragen kann man literarhistorische Darstellungen heranziehen, deren Auskünfte jedoch in keinem Fall die ausgedehnte Lektüre gleichzeitig erschienener anderer Werke ersetzen können. Hans Robert Jauß hat in seinen Untersuchungen (zum Beispiel 1981, 286ff.) gezeigt, wie man den Erwartungshorizont des Publikums zu einem bestimmten historischen Zeitpunkt durch literaturgeschichtliche »Querschnitte« rekonstruieren kann. Hierbei ist es sicher sinnvoll, zunächst nach Texten mit ähnlicher Thematik oder mit vergleichbarer Schreibweise Ausschau zu halten – oder nach solchen, von denen sich der Autor polemisch absetzt. Im Vergleich mit der gleichzeitigen literarischen Produktion lässt sich auch **die literaturgeschichtliche Bedeutung** eines Werks einschätzen, indem man sich die Frage vorlegt, wie das Werk in den Literaturverhältnissen seiner Zeit steht, wieweit es inhaltlich und / oder künstlerisch-technisch innovativ ist. Schließlich gehören zum literarisch-praktischen Kontext auch die anderen Werke des Autors, in dessen lebensgeschichtlichen Kontext die Untersuchung damit zurückgeführt wird.

Brechts Erinnerung daran, dass in der Klassengesellschaft zu allen Zeiten List nötig sei, wenn die Wahrheit verbreitet werden solle (GBA 22, 81ff.), führt mit einer Erörterung literarischer Vorbilder und Beispiele auf die Frage nach dem **Kontext der literarischen Tradition** in dem ein Werk zu interpretieren ist. Jeder Autor setzt sich mit seiner textproduzierenden Tätigkeit bewusst oder unbewusst in ein bestimmtes Verhältnis zu den Werken der Vergangenheit und deren Auslegungstradition. Die gegebenenfalls vorhandene oder fehlende Bewusstheit über dieses spezifische Traditionsverhältnis ist ein Bestandteil der künstlerischen Methode und hat oft entscheidende Bedeutung für die Auswahl und produktive Weiterentwicklung der künstlerischen Technik. Die gründliche Untersuchung dieser Kontextdimension dient nicht nur dem besseren Textverständnis und der angemessenen Einordnung des Werks in den literarischen Prozess, sondern ist selbst einer der wesentlichen Wege zur Herstellung eigener, produktiver Beziehungen zur Literaturgeschichte. Es ist dies ein weiterer, auf die Rezeption bezogener Grund dafür, warum in der methodischen Interpretation der Untersuchung literarischer Traditionsbeziehungen ein besonderer Stellenwert zukommt.

In der literaturwissenschaftlichen Diskussion sind diese Beziehungen eines Texts zu anderen Texten unter dem Begriff **Intertextualität** thematisiert worden. Der Begriff wurde Anfang der 1970er Jahre von der französischen Literaturwissenschaftlerin Julia Kristeva geprägt; er meint bei ihr eine prinzipiell gültige, »dialogische« Beziehung aller Texte untereinander. Das Konzept ist eng verbunden mit den poststrukturalistischen Theorien und ihrer systematischen Dezentrierung des Subjekts und des Autorbegriffs. Tendenziell tritt bei Kristeva, bei Roland Barthes, Jacques Derrida und anderen die Intertextualität an die Stelle, welche bis dahin der Begriff der Autorintention einnahm.

Gérard Genette (1982, dt. 1993) hat eine umfassende **Systematik der Intertextualität** entworfen; er definiert:

- **Intertextualität:** textuelle Beziehungen als Zitat, Anspielung, Parodie des Prätexts durch den Text;
- **Paratextualität:** Beziehungen des Textes zu ihm zugeordneten »Paratexten«, das heißt Nachworten, Anmerkungen, Klappentext u.Ä.

- **Metatextualität:** die Erläuterung eines Texts durch einen anderen;
- **Hypertextualität:** die kommentarlose, das heißt in der Regel, oft implizite Verwendung eines Prätextes durch den Text;
- **Architextualität:** eine allgemeine Beziehung auf Grund der Verwendung gleicher oder ähnlicher Textschemata.

Man wird diese differenzierte Begrifflichkeit sinnvollerweise nur anwenden, wenn ein spezifisches Erkenntnisinteresse an den unterschiedlichen Formen und Auswirkungen der intertextuellen Bezüge besteht. Im poststrukturalistischen Konzept der Intertextualität wird vollkommen zu Recht die Universalität sprachlicher Vermittlungen unterstrichen, die in der Moderne *alle* Bereiche des Denkens und der Kommunikation bestimmt. Ihre Brauchbarkeit für die literaturwissenschaftliche Praxis scheint jedoch umso zweifelhafter, je mehr sie die jeweils konkreten Bezüge von Texten auf Texte in einem ganz allgemeinen, ontologisch definierten »Intertext« aufhebt. Wo alles zum »Text« erklärt wird, hat Textanalyse ihren Gegenstand – und damit ihr Recht – verloren.

Die Philologie hat schon früh Begriffe und Verfahren entwickelt, die dazu dienen sollen, sämtliche im Text aufspürbaren Traditionselemente zu systematisieren und für die Interpretation, das heißt im Sinne dieses Ansatzes: für die Ermittlung der *voluntas auctoris* fruchtbar zu machen. Man braucht in dieser Untersuchungsrichtung nicht das alleinige Ziel der Literaturinterpretation zu sehen, um die Vorschläge, die etwa Wolfgang Babilas (1961) zu dieser Frage gemacht hat, nützlich zu finden und für die produktionsästhetische Analyse auf sie zurückzugreifen. Hierbei sind allerdings vorab zwei Einschränkungen zu machen:

- Es erscheint nicht als sinnvoll, die vielfältigen Wirklichkeitsbeziehungen des literarischen Werks ausschließlich unter dem Stichwort »Tradition« zu behandeln. Wenn man die (literarische) Tradition als die »Gesamtheit der stofflichen, gedanklichen, sprachlichen, strukturellen und literaturtheoretischen Produktion aller Kulturepochen« definiert (Babilas 1961, 28), dann ergibt sich doch, dass die noch so umfassende Feststellung aller Traditionsbeziehungen eines Werks immer nur *eine* Dimension im Wirklichkeitsverhältnis aufdeckt.
- Ebenso wenig sinnvoll erscheint es mir, alle realen Äquivalente der zu interpretierenden Textphänomene, also etwa auch diejenigen, welche vom Autor »durch Beobachtung der Realität« (ebd., 32) gefunden werden, dem Begriff der »Quelle« zu subsumieren. Mir scheint, dass dieser Begriff dadurch eher undeutlich wird.

Als allgemeine Kategorie für die Summe dessen, was der Autor
bei der Herstellung seines literarischen Werks aus der Wirklichkeit
und der Überlieferung bezieht, bietet sich vielmehr der **Begriff des
Materials** an. Er umfasst die beobachtbaren Personen, Gegenstände
und Vorgänge der Wirklichkeit, einschließlich des eigenen Lebens;
die Sprache mit ihren verschiedenen Ideo-, Sozio- und Dialekten,
alle anderen Zeichen und Zeichensysteme – zum Beispiel Kunstwerke – sowie die semiotischen Codes und Schemata (Redeformen,
Darstellungsweisen, Kunstmittel) und damit die gesamte kulturelle
Überlieferung im weitesten Sinn. Für den in das Werk eingegan-
genen Teil des einem Autor zur Verfügung stehenden Materials hat
Wolfgang Iser (1976, 87ff.) den Begriff **Textrepertoire** geprägt.

Bildet das ins Werk eingegangene Material einen Index des
extratextuellen Kontextes, indem es auf die faktisch vorhandenen
Wirklichkeitsbeziehungen verweist, so lässt sich ein bestimmter
Teil dieser Bezüge als intertextueller Bezug des Textes auf andere
Texte identifizieren. Diese anderen Texte nenne ich **Quellen.** Von
einem intertextuellen Kontextbezug sprechen wir sinnvollerweise
nur, wo eine nachweisbare Quelle vorliegt und nicht nur ein all-
gemeiner Einfluss:

Auf jeden Fall wird man bemüht sein, nicht nur irgendwelche ›Strömungen‹
als Werk- Hintergrund festzustellen, sondern die ›textlich individualisierten
Quellen‹ zu ermitteln (Babilas 1961, 46).

Die **Aneignung der literarischen Tradition** im Produktionsprozess
erfolgt sowohl durch bewusste Wahl – die historisch-materialis-
tische Literaturwissenschaft spricht hier von einem **Vorgang des
Erbens** (vgl. Kaufmann 1983) – als auch durch spontane, vielfach
unbewusste Übernahme. Sie erstreckt sich auf stofflich-gedankliche
Elemente (Stoffe, Themen, Argumente), sprachlich-künstlerische
Formen (Gattungs- und Genremuster, Kompositions- und Darbietungsweisen, Wort- und Satzfiguren und metrische Schemata)
sowie andere Aspekte der künstlerischen Methode. So hat Brecht
in seinem Manifest »Fünf Schwierigkeiten beim Schreiben der
Wahrheit« (GBA 22, 74–89) die satirischen Methoden Voltaires,
Swifts und anderer Autoren beschrieben, von denen er im *Dreigroschenroman* ausgiebig Gebrauch macht.

Die **analytische Praxis** hat es mit drei Stufen der Untersuchung
zu tun:
* Die Frage, welche Traditionen der Autor sich in seinem Werk
  aneignet, mit welchen er sich auseinandersetzt, erfordert eine
  gründliche Auswertung aller erreichbaren Kommentare zum

Werk. Grundvoraussetzung ist dabei allerdings die theoretische und praktische Erfahrung des Interpreten. Da deren Vorhandensein nicht von Anfang an vorausgesetzt werden kann, ergibt sich nur der Ratschlag ausgedehnter Lektüre und kontinuierlicher Verständigung mit anderen Lesern. Die Erträge einer solchen Suche nach Quellen und Einflüssen kann man in einem **philologischen Kommentar** zusammenstellen.

- Die Frage, wie der Autor mit der literarischen Tradition bzw. Quelle umgeht, das heißt zunächst nach **Kontinuität und Diskontinuität** im Traditionsverhältnis. Generell unterscheiden wir zwischen einem ›materialbezogenen‹ und einem ›deiktischen‹ Kontextbezug. Im zweiten Fall löst der Autor nicht nur die verwendeten Traditionselemente aus ihrem ursprünglichen Zusammenhang, um damit der eigenen Wirkungsabsicht entsprechend zu verfahren, sondern er »zitiert« die Quelle, für den Leser erkennbar. Es wird also nicht nur das Material der Tradition benutzt, sondern der Traditionsbezug selbst wird thematisiert. Das kann vom hymnischen Lob literarischer Vorbilder bis zur bitteren, das zitierte Werk vernichtenden Parodie gehen. In allen Dimensionen fragen wir nach dem Verhältnis von Übernahme und Veränderung.

- Die Frage danach, wie der Autor mit seiner Quelle – und der literarischen Tradition – umgeht, führt in der Regel zu einer **Aussage über die Funktion des intertextuellen Bezugs** in dem zu interpretierenden Werk. Der Autor eröffnet sich durch das Übernehmen literarischen Materials spezifische Wirkungsmöglichkeiten, etwa die gezielte Ansprache ganz bestimmter Adressaten, die historische Perspektivierung seiner Darstellung, die Herstellung einer besonderen Unbestimmtheit beziehungsweise Mehrdeutigkeit – oder auch einer nur für Eingeweihte erkennbaren Bestimmtheit der Aussage. Es gibt in der Literatur kaum spannendere Fragen als die nach der Beziehung der Texte zu anderen Texten.

Literaturhinweise

Literarische Produktion: Balibar, Etienne/Macherey, Pierre: Thesen zum materialistischen Verfahren. 1974. – Billen, Josef/Koch, Helmut: Was will Literatur? 1975. – Göttert, Karl-Heinz: Einführung in die Rhetorik. 1998. – Hebekus, Uwe: Topik, Inventio. 1995. – Hillmann, Karl: Alltagsphantasie und dichterische Phantasie. 1977. – Lehmann, Günther K.: Phantasie und künstlerische Arbeit. 1976. – Macherey, Pierre: Zur Theorie der literarischen Produktion. 1974. – Peters, Günter: Theorie der literarischen Produktion. 1982. – Sartre, Jean Paul: Was ist Literatur? 1981. – Schlenstedt, Dieter u.a.: Literarische Widerspiegelung. 1981. – Torra, Elias: Rhetorik. 1995. – Walch, Günter u.a.: Die literarische Methode. 1980. – Warneken, Bernd Jürgen: Literarische Produktion. 1979.

3. Kategorien und Verfahren der Strukturanalyse

3.1 Der Text als Struktur

Strukturanalysen literarischer Texte antworten auf die Frage: Wie ist der Text gemacht?

Sie abstrahieren heuristisch von den historischen Zusammenhängen der Entstehung und Wirkung des Werks und zielen auf eine exakte Erfassung der Textbedeutung und ihres Zustandekommens. Hierzu zerlegen sie den Text in seine verschiedenen Ebenen und Elemente und suchen eine hierarchische Ordnung aufzudecken, durch welche die Einheit des Textes, das heißt seine Kohärenz und Abgegrenztheit, konstituiert wird. Die Kategorie **Struktur** umfasst dabei inhaltliche und formale Eigenschaften; sie ist das Organisationsprinzip des Textes, ein System von Bedeutungsaspekten, die sich zu einer Textbedeutung – oder zu einer Mehrzahl unterschiedlicher Textbedeutungen – zusammenschließen lassen.

Die **Strukturanalyse** verfährt nach dem **Kriterium der Textadäquanz**. Sie dient einer Präzisierung, Überprüfung und Begründung von Lesarten durch systematische Entfaltung der Bedeutungszusammenhänge im Text. Ihr Ausgangspunkt ist immer ein vorliegendes Textverständnis, etwa eine ausgearbeitete Lesart als Hypothese über die Textbedeutung. Dabei ergeben sich jedoch, je nach den Eigenschaften des zu interpretierenden Werks, ganz unterschiedliche Ausgangssituationen und damit auch spezifische Fragestellungen. Gegenüber dem ›eingängigen‹, scheinbar mühelos zu verstehenden Werk wird das Moment methodischer Verfremdung und Historisierung im Vordergrund stehen. Beim Versuch der »argumentativen Sinnproduktion« (s.o., S. 37) stoßen wir in der Regel auf die historische oder kulturelle Differenz zwischen unseren eigenen Verstehensvoraussetzungen und dem Entstehungskontext des Werks. In anderen Fällen muss die Strukturanalyse ein Verständnis des Textes allererst ermöglichen. Werke vergangener Epochen oder fremder Kulturen verstehen wir vielfach ebenso wenig unmittelbar wie viele Texte der modernen Literatur, die bewusst mehrdeutig, rätselhaft oder hermetisch geschrieben sind. Der Versuch, die Unverständlichkeit durch Aufklärung über fremde Bilder- und Formensprache, historisch entfernte Kontexte oder verborgene thematische Zusammenhänge zu beseitigen, setzt immerhin voraus, dass der Text Grundlage eines Werks ist: wir gehen davon aus, dass die Zeichenfolge einen Sinn hat, auch wenn uns dieser nicht ohne weiteres zugänglich ist.

Nun wird gerade in solchen Fällen ein »**Konflikt der Interpretationen**« (Ricœur 1969), das heißt ein Nebeneinander divergierender Lesarten oft nicht zu vermeiden sein, wodurch die Strukturanalyse eine besondere Funktion im Auslegungsprozess bekommt. Das Kriterium der Textadäquanz impliziert ja die Möglichkeit, dass Lesarten bzw. Interpretationen sich auch als ungenau oder gar falsch erweisen, z.B. wenn sie bestimmten semantischen Vorgaben des Textes widersprechen. Der Versuch, das Zustandekommen eines bestimmten Textverständnisses aus den Eigenschaften des Textes zu erklären, zielt in diesem Falle auf ein »richtiges Verstehen« und modifiziert, vertieft bzw. vervielfältigt das Verständnis, von dem die Analyse ausging.

Viel interessanter – und auch nicht selten – ist der Fall, in dem divergierenden Lesarten sich gleichermaßen auf plausible Beschreibungen der Textstruktur stützen können. Hierbei könnte die Differenz der Lesarten in einer umfassenderen Textdeutung aufgehoben werden, wenn zwischen ihnen kein unauflösbarer Widerspruch besteht. Der Tendenz nach führt die Strukturanalyse in solchen Fällen zu einer Bestimmung des **Bedeutungsspielraums** des Textes: Mehrdeutigkeit oder (partielle) Undeutbarkeit würde dabei nicht beseitigt, sondern als eine Eigenschaft des Textes begründet. In der Regel ist dies auch der Punkt im Arbeitsprozess, an dem eine ausdrückliche Reflexion der Verstehensvoraussetzungen der Beteiligten und der angewandten Auslegungsverfahren unabweisbar wird.

Zugleich wird deutlich, warum die Strukturanalyse des literarischen Textes, so sehr sie auf diesen allein sich konzentriert, nicht immanente Analyse bleiben kann (vgl. Titzmann 1977, 384). Abgesehen davon, dass sie von einer **Deutungshypothese** ausgeht also nicht ›voraussetzungslos‹ beginnt, gibt es in jedem Text Wörter, Sachzusammenhänge, Strukturen, die nicht verstanden, womöglich nicht einmal wahrgenommen werden ohne die Aktivierung lebensweltlicher Erfahrungen und Kenntnisse. Darüber hinaus gilt:

Der Interpret vor dem ›Text‹ muß Fragen stellen: wie aber kommt er zu ihnen? Was ihm an ›Text‹ auffällt, hängt zweifellos vom Umfang seiner Erfahrung mit ›Texten‹ ab. Aber es hängt auch ab von seinem theoretischen Wissen über alternative poetologische Möglichkeiten. Und was er mit seinen diesen Befunden anzufangen weiß, ist durch die ihm verfügbaren methodischen Möglichkeiten bedingt (ebd., 385).

Schließlich kommt es auf die Art und die Behandlung der vorauszusetzenden Deutungshypothese an: Je prägnanter diese als ein
subjektives Textverständnis artikuliert wird und je entschiedener
sie auf dieser Stufe der Arbeit zur Diskussion gestellt wird, desto
fruchtbarer kann die Auseinandersetzung mit der Textstruktur sich
entwickeln. Denn deren Maßstab und Richtung – und auch ihre
Relevanz für den ganzen Interpretationsvorgang – sind nicht objektiv vorgegeben, sondern werden wesentlich mitbestimmt von
dem Erkenntnisinteresse der Beteiligten.

Die Frage: **Was will ich vom Text wissen?** lässt sich diesem
Interesse entsprechend im Hinblick auf ein konkretes Untersuchungsprogramm differenzieren; etwa:
- welche Aspekte meiner Deutungshypothese sind (mir) unklar bzw. strittig?
- welche Eigenschaften des Textes könnte ich gegebenenfalls
  begründen, welche nicht?
- wie sehe ich den Zusammenhang des Textes; gibt es Brüche
  oder Widersprüche?
- welche Aussagen in meiner Deutungshypothese lassen sich
  durch den Hinweis auf (welche?) Texteigenschaften begründen?
- gibt es Texteigenschaften, die auf der Grundlage meiner
  Deutungshypothese nicht erklärt werden können?

Der Strukturanalyse geht also sinnvollerweise die Formulierung
konkreter **Erkenntnisinteressen** und eines aus ihnen abgeleiteten
Untersuchungsprogramms voraus, von denen her sich dann auch
die Verfahren der Analyse begründen lassen. Unter den genannten
Voraussetzungen ist diese selbst textimmanent, insofern möglichst
alle interpretatorischen Aussagen über den Text sich auf dessen
sprachliche Eigenschaften stützen müssen und »die Relevanz textexterner Daten für eine Analyse aufgrund textinterner Daten nach-
gewiesen sein muß« (ebd., 385).
    Textanalyse gründet sich auf die **Prämisse**, dass der Textsinn
auf eine prinzipiell erkennbare und rekonstruierbare Weise mit der
Zeichenfolge zusammenhängt. Die Rede von der »Erlösung des
Sinns aus der Zeichen-Synthese« und die Behauptung, der Text
stelle den Sinn »zur Disposition« (Frank 1982, 131), reißt diesen
gewiss höchst vermittelten und in der Moderne prekär gewordenen, objektiven Zusammenhang auseinander. Es ist in der Tat
kaum möglich, Nichtsinn diskursiv darzustellen (s.o., S. 16). Nach

meiner Auffassung kann jedoch die »Unbegreiflichkeit der Werke« (Adorno; s. ebd.) in ihrer semantischen Bestimmtheit und/oder im Bezug auf die texproduzierende beziehungsweise textrezipierende Subjektivität als Sinnzusammenhang verstanden werden. Anders ausgedrückt: Wo Textanalyse die Geltung der genannten Prämisse nicht annimmt, wird sie zum Glasperlenspiel.

Mit diesen Bemerkungen ist auch die **Stellung der Strukturanalyse** im Prozess einer methodischen Interpretation angedeutet. Sie steht, systematisch gesehen, zwischen Textbeschreibung und Kontextanalyse, sie präzisiert, überprüft, korrigiert die hypothetischen Aussagen über die Autorintention und die Rolle des impliziten Lesers, soweit dies auf der Basis des Textes allein möglich ist. Strukturanalysen für sich, also ohne den Kontext interessierter Lektüre und interessengeleiteter Auslegung, haben nur theoretisches oder didaktisches Interesse; sie dienen der systematischen Erforschung von Textformanten und ihren spezifischen Leistungen oder Demonstrationszwecken.

Die wissenschaftlich folgenreichste und zugleich konsequenteste Formulierung eines Programms der **Textanalyse** ist der literaturwissenschaftliche **Strukturalismus**, als dessen bedeutendste Vertreter Roman Jakobson, Roland Barthes und Algirdas J. Greimas genannt werden sollen. Der »strukturale Theorietyp« (Geier 1983, 50ff.) und seine literaturwissenschaftliche Anwendung haben, trotz zahlreicher, zum Teil sicherlich berechtigter Einwände und Korrekturen, eine fortdauernd hohe praktische Bedeutung für die Interpretationspraxis. Der Strukturalismus geht von der Prämisse aus, dass die Bedeutung eines Textes und anderer sinnhafter Objekte im Sinne der oben definierten »Lebenswelt« (s. S. 38f.) erkannt wird, indem man die Regeln seines Zusammenhangs herausarbeitet. Der Text wird in dieser Theorie

nicht als eine mechanische Ansammlung, sondern als eine strukturelle Einheit behandelt, als ein System, und eine fundamentale Aufgabe ist es, die dem System inhärenten statischen und dynamischen Gesetze zu finden (Jakobson 1973, 9).

Man kann das hier vorgeschlagene Verfahren eine **Modellierung auf der Meta-Ebene** (Warning 1983, 201) nennen: Wir entwerfen ein Modell des Textes, das heißt eine schematisierte Abbildung der relevanten Beziehungen zwischen seinen Elementen. Roland Barthes hat diesen Vorgang als »strukturalistische Tätigkeit« beschrieben. Deren Ziel sei es,

ein ›Objekt‹ derart zu rekonstituieren, daß in dieser Rekonstitution zuta-
getritt, nach welchen Regeln es funktioniert (welches seine ›Funktionen‹
sind). Die Struktur ist in Wahrheit also nur ein *simulacrum* des Objekts,
aber ein gezieltes, ›interessiertes‹ Simulacrum, da das imitierte Objekt
etwas zum Vorschein bringt, das im natürlichen Objekt unsichtbar oder,
wenn man will, unverständlich blieb (1966, 191).

Die wichtigste Operation in der strukturalistischen Tätigkeit besteht
in einem Zerlegen und Wieder-Zusammensetzen, das gelegentlich
– ohne kritische Absicht – als »Bastelei« mit den Elementen des
Textes beschrieben worden ist (Geier 1983, 69ff.). Der Interpret
teilt den Text in einzelne, voneinander unterscheidbare Elemente
und errichtet aus diesen ein Schema, das deren tatsächliche Stellung
und Hierarchie im Text entsprechend wiedergibt (vgl. zum Beispiel
J. Link 1979, 358ff.).

Eine Begründung und das Muster dieser Verfahrensweise ergeben sich aus einer Eigenschaft der Sprache selbst, die Roman
Jakobson in seiner **Zweiachsen-Theorie der Sprache** herausgearbeitet hat. Diese erläutert, dass es in der Sprache zwei grundlegende
Möglichkeiten der Verknüpfung gibt, aus deren Anwendung jede
Art des Bedeutungsaufbaus in Zeichenkomplexen abgeleitet werden kann. Es sind dies die ›vertikale‹ Achse paradigmatischer und
die ›horizontale‹ Achse syntagmatischer Beziehungen, denen die
Tätigkeiten der Selektion und Kombination als Grundoperationen
des sprachlichen Handelns zuzuordnen sind:

Wer spricht, vollzieht vorab zwei Handlungen. Er wählt sprachliche Einheiten aus einem Arsenal zusammengehörender Einheiten aus (Selektion)
und verbindet sie zu verständlichen Syntagmen (Kombination) (Holenstein
1976, 76).

Da die **Begriffe Paradigma und Syntagma** in allen strukturalen
Textanalysen eine wichtige Rolle spielen, füge ich ihre Definition
hier an:

Paradigma bezeichnet eine Klasse von Einheiten, die sich unter bestimmtem
Aspekt gleichen (Äquivalenzbeziehung), unter mindestens einem Aspekt
unterscheiden (Oppositionsbeziehung). Ein Paradigma gleicht einem Vorrat
von ähnlichen und doch unterschiedenen Termen, aus dem im aktuellen
Diskurs ein Term benutzt ist (Prinzip der Selektion); es verbindet Terme
in absentia in einer virtuellen Gedächtnisreihe, das heißt Terme, die aktuell
nicht realisiert, aber virtuell vorhanden, nämlich unbewußt mitgedacht [...]
sind, [...] Die aus dem Paradigma ausgewählten Terme werden zu einer
horizontalen Reihe, zu komplexen Formen und ganzen Sätzen angeordnet,
den Syntagmen (Prinzip der Anordnung oder Kombination).

Syntagma bezeichnet eine Klasse von Termen, die im aktuellen Diskurs aufeinander folgen. Ihre Terme sind in praesentia vereinigt und gewinnen ihren Wert nicht wie im Paradigma in Opposition zu den ähnlichen, virtuell vorhandenen Termen, sondern in Opposition zu den Termen, die ihnen tatsächlich folgen oder vorangehen (Kontiguitäts- oder Nachbarschaftsbeziehungen) (Gallas 1972, XVI).

Die Frage: »Wie ist der Text gemacht?« könnte nach diesen Erläuterungen umformuliert werden. Aufgabe ist, ein Schema zu entwerfen, in dem die hierarchische Anordnung der durch den Text aktualisierten Paradigmata hinreichend genau und möglichst übersichtlich angeordnet bzw. abgebildet ist.

Nun ist es an dieser Stelle weder möglich noch beabsichtigt, die strukturalistischen Texttheorien und Analysemethoden im Einzelnen darzustellen. Die Aneignung des Strukturalismus durch die Literaturwissenschaft hat sich trotz aller Kritik seit den 1960er Jahren als außerordentlich fruchtbar erwiesen. Seine verschiedenen Fragerichtungen, Modelle und Verfahren haben das Wissen über die Konstitutionsbedingungen sprachlicher Bedeutung und poetischer Sprachhandlungen ganz erheblich erweitert und die literaturwissenschaftlichen Analyse-Instrumente wesentlich geschärft. Aus dieser Feststellung ergibt sich freilich keine generelle Entscheidung für eine bestimmte Methode der Textanalyse. Die im Folgenden erörterten Konzepte und Verfahren gelten für unterschiedliche Ebenen und Bedeutungsdimensionen des literarischen Werks, sind aber prinzipiell gleichrangig. Sie schließen daher einander nicht aus, sondern ergänzen sich und können, je nach der Eigenschaft des zu interpretierenden Textes und entsprechend den Erkenntnisinteressen, auch kombiniert angewandt werden.

Bei der systematischen **Inhaltsanalyse** wird der Text mit Blick auf die Darstellung bzw. der evozierten Vorstellungen von »Welt« erschlossen. Das Verfahren ist in den meisten Fällen morphologisch: Wir beschreiben den Text und seine Elemente mit Begriffen, welche den »Formen des Lebens« entsprechen. Das heißt, die Paradigmata, denen die Textelemente zugeordnet werden, sind der Wirklichkeit entnommen, die uns umgibt bzw. die wir uns vorstellen (können). So sind die Figuren eines Romans, die im Syntagma der Erzählung als Helden und Antipoden, als Haupt- und Nebenfiguren fungieren, beispielsweise den sozialen Klassen, Schichten zuzuordnen. Handlungen dieser Figuren, welche im Syntagma vorwärts treibend oder retardierend wirken, können wir – etwa nach der Einteilung bei Habermas (1981) – als zweckrational, normengebunden, expressiv qualifizieren. In der Analyse des Raums sehen wir – etwa im Heimatroman – Stadt und Land gegeneinander gestellt oder die »bel étage« und das Hinterhofmilieu, die im Syntagma vielleicht den Ausgangs- und Endpunkt einer Lebensgeschichte markieren. Angelehnt an die Alltagssprache beschreiben wir in der Regel auch die Gegenständlichkeit bei der Inhaltsanalyse lyrischer Texte.

Die oberste Untersuchungsebene bei der Strukturanalyse ist die Ebene der **Poetik**. Noch bevor ein Text als die sprachliche Manifestation einer Mitteilung verstanden werden kann, wird er wahrgenommen als **die historisch-konkrete Realisation eines Textschemas**, »das der Produktion wie der Rezeption als verbindlich vorausliegt« (Stierle 1975a, 9). Dieses Textschema ist bei literarischen Werken durch die Wahl von **Gattung und Genre** gegeben. Diese sind Teile eines historisch variablen semiotischen Codes, das heißt eines Paradigmas von literarischen Bauformen und Darstellungsweisen, auf das sich Autor und Rezipienten gemeinsam beziehen müssen, wenn die Kommunikation durch den literarischen Text gelingen soll. Die Strukturanalyse thematisiert auf dieser Ebene die Textelemente also nicht mehr im Hinblick auf die Wirklichkeit schlechthin, sondern auf die unterschiedlichen Schemata sprachlichen Handelns unter den Bedingungen des literarischen Diskurses. Kein halbwegs kompetenter Leser wird in einem Roman Figurenrede und Erzählerkommentar, in einem Drama dialogische Rede und Bühnenanweisung verwechseln. Ihre Differenz wie ihre Verknüpfung im Syntagma können nur als sinnvoll wahrgenommen werden, weil der Leser das Paradigma kennt, dem sie zugehören. Es ist das des »sekundären Gebrauchs« von Schemata pragmatischer Sprachhandlungen im fiktionalen Text (vgl. ebd., 17), genauer: es ist die Gesamtheit der möglichen Formen der Sprachverwendung in Texten, im Hinblick auf die etwa die meisten Formen der Verfremdung im »epischen« Theater, aber auch solche Erscheinungen wie die »zukunftsgewisse Vorausdeutung« analysiert werden können. Die thematische Struktur und Kohärenz von Geschichten erkennen wir als eine syntagmatische Entfaltung paradigmatischer Oppositionen, zum Beispiel der von Geschäft und Verbrechen im *Dreigroschenroman* Brechts.

Die **Analyse poetischer Textbildungsverfahren** behandelt den literarischen Text nicht mehr als die historisch-konkrete Verwirklichung eines Sprachhandlungsschemas, sondern als ein auflösbares, hierarchisch gegliedertes Bündel von Bedeutungselementen, das einen festen denotierten Kern und eine tendenziell unbegrenzbare Sphäre von konnotierten Bedeutungen aufweist. Strukturanalyse kann auf dieser Untersuchungsdimension darin bestehen, den

Text als eine Anordnung von Bedeutungsebenen (Isotopien) zu rekonstruieren, die aufgrund sprachlicher, das heißt lautlicher, metrisch-rhythmischer, morphologischer und syntaktisch-semantischer Paradigmata konstituiert sind und unterschieden werden können. Bei der Untersuchung narrativer Texte können die Bedeutungsebenen auch durch »Codes« konstituiert sein, welche – etwa in Roland Barthes' viel zitierter Analyse von Balzacs Erzählung *Sarrasine* (1987) – als die Erzählung strukturierende »Funktionen« und »Indices« aufgefasst sind. Sowohl bei der Analyse konnotativer Bedeutungsebenen als auch bei der Frage nach der thematischen Kohärenz geht jedoch die Erörterung einer »Grammatik der Poesie« (Jakobson) schon in die historisch konkretere Frage nach der Poetik des literarischen Textes über.

Die **Wahl des Untersuchungsverfahrens** wird vornehmlich von den Eigenschaften des jeweils zu interpretierenden Werks abhängen. Die heuristisch voneinander getrennten Untersuchungsebenen stehen nämlich ebenso wie die einzelnen Kategorien und Verfahren in einem systematischen Zusammenhang, der *auch* ein Zusammenhang mit der »Logik der Sache« ist. Literaturwissenschaftliche Interpretation hat die Aufgabe, im Blick auf die Eigenart des behandelten Werks und die eigenen, aus der Lese-Erfahrung und der kritischen Stellungnahme entwickelten Erkenntnisinteressen eine reflektierte Auswahl des Verfahrens zu treffen. Und sie hat die Lizenz, die Kategorien und das Verfahren gegebenenfalls dem Ziel der Untersuchung flexibel anzupassen. So lassen sich die Figurenkonstellation und Handlungsführung eines Werks unschwer auch gattungs- bzw. genretheoretisch formalisieren; und sie sind, wie Jochen Schulte-Sasse und Renate Werner gezeigt haben, auch mit Hilfe der strukturalen Semantik durchsichtig zu machen (1977, 137ff.).

Man wird sinnvollerweise die stärker formalisierenden Analyseverfahren nur dann anwenden, wenn entweder ein theoretisches Interesse an verallgemeinerbaren Ergebnissen vorliegt oder wenn der Bedeutungszusammenhang sich anders nicht ermitteln lässt. Zudem besteht ein historischer Zusammenhang zwischen den Analyseverfahren und der literarischen Evolution, insofern die Werke der modernen Literatur aufgrund ihrer widersprüchlichen und bewusst rätselhaften Darstellungsweise die Entwicklung immer genauerer, aber auch abstrakterer Interpretationsverfahren nach sich zogen. Die Forderung, dass Untersuchungsmethoden praktikabel sein sollen und ihre Ergebnisse auf verständliche Weise vermittelbar, verbietet es nach meiner Auffassung, Kategorien und

Verfahren eines höheren Abstraktionsgrades anzuwenden, wenn der Bedeutungs- bzw. Strukturzusammenhang des betreffenden Textes auch auf einer konkreteren Beschreibungsstufe durchsichtig werden kann. Es lässt sich vielleicht als allgemeine Regel formulieren: Je komplizierter bzw. unverständlicher ein literarischer Text ist, desto grundlegender und materialbezogener – also auch abstrakter – werden die angewandten Interpretationsverfahren sein müssen.

Bevor ich die einzelnen Untersuchungsverfahren systematisch vorführe, gebe ich einen **Beispieltext**, den Prolog aus Bertolt Brechts *Dreigroschenroman* (GBA 16, 9–17).

Die Bleibe

> Und er nahm, was sie gaben, denn hart ist die Not
> Doch er sprach (denn er war kein Tor):
> Warum gebt Ihr mir Obdach? Warum gebt Ihr mit Brot?
> Weh! Was habt Ihr mit mir vor?!
> *(Aus ›Herrn Aigihns Untergang‹. Alte irische Ballade)*

Ein Soldat namens George Fewkoombey wurde im Burenkrieg ins Bein geschossen, so daß ihm in einem Hospital in Kaptown der Unterschenkel amputiert werden mußte. Er kehrte nach London zurück und bekam 75 Pfund ausbezahlt, dafür unterzeichnete er ein Papier, worauf stand, daß er keinerlei Ansprüche mehr an den Staat habe. Die 75 Pfund steckte er in eine kleine Kneipe in Newgate, die in letzter Zeit, wie er sich aus den Büchern, kleinen, mit Bleistift geführten, bierfleckigen Kladden, überzeugen konnte, ihre reichlich 40 Schilling abwarf.
    Als er in das winzige Hinterzimmer eingezogen war und den Schankbetrieb zusammen mit einem alten Weib ein paar Wochen geführt hatte, wußte er, daß sein Bein sich nicht besonders rentiert hatte: die Einnahmen blieben erheblich unter 40 Schillingen, obgleich es der Soldat an Höflichkeit seinen Gästen gegenüber nicht fehlen ließ. Er erfuhr, daß die letzte Zeit durch im Viertel gebaut worden war, so daß die Maurer für Betrieb in der Kneipe gesorgt hatten. Der Bau war aber jetzt fertig und damit war es mit der vielen Kundschaft aus. Der neue Käufer hätte das, wie man ihm sagte, aus den Büchern leicht erkennen können, da die Einnahmen an den Wochentagen entgegen allen Erfahrungen des Gastwirtsgewerbes höher gewesen waren als an den Feiertagen; jedoch war der Mann bisher nur Gast solcher Lokale gewesen und nicht Wirt. Er konnte das Lokal knapp vier Monate halten, umso mehr, als er zuviel Zeit damit verschwendete, den Wohnort des früheren Besitzers ausfindig zu machen, und lag dann mittellos auf der Straße.

Eine Zeitlang fand er Unterkunft bei einer jungen Kriegerfrau, deren Kindern er, während sie ihren kleinen Laden versorgte, vom Kriege erzählte. Dann schrieb ihr Mann, er komme auf Urlaub, und sie wollte den Soldaten, mit dem sie inzwischen, wie das in den engen Wohnungen eben geht, geschlafen hatte, möglichst rasch aus der Wohnung haben. Er vertrödelte noch ein paar Tage, mußte dennoch heraus, besuchte sie noch einige Male, als der Mann schon zurück war, bekam auch etwas zu essen vorgesetzt, kam aber doch immer mehr herunter und versank in dem endlosen Zug der Elenden, die der Hunger Tag und Nacht durch die Straßen der Hauptstadt der Welt spült.

Eines Morgens stand er auf einer der Themsebrücken. Er hatte seit zwei Tagen nichts Richtiges gegessen, denn die Leute, an die er sich in seiner alten Soldatenmontur in den Kneipen herangemacht hatte, bezahlten ihm wohl einige Getränke, aber kein Essen. Ohne die Montur hätten sie ihm auch keine Getränke bezahlt, er hatte sie deshalb eigens angezogen gehabt.

Jetzt ging er wieder in seinen Zivilkleidern, die er als Wirt getragen hatte. Denn er hatte vor zu betteln und schämte sich. Er schämte sich nicht, daß er eine Kugel ins Bein bekommen und eine unrentable Wirtschaft gekauft hatte, sondern daß er darauf angewiesen war, wildfremden Leuten Geld abzuverlangen. Seiner Meinung nach schuldete keiner keinem etwas.

Das Betteln wurde ihm schwer. Das war der Beruf für diejenigen, die nichts gelernt hatten; nur wollte auch dieser Beruf anscheinend gelernt sein. Er sprach mehrere Leute hintereinander an, aber mit einem hochmütigen Gesichtsausdruck und besorgt, sich den Angesprochenen nicht in den Weg zu stellen, damit sie sich nicht belästigt fühlen sollten. Auch wählte er verhältnismäßig lange Sätze, die erst zu Ende kamen, wenn die Angeredeten schon vorüber waren; auch hielt er die Hand nicht hin. So hatte, als er sich schon an die fünf Mal gedemütigt hatte, wohl kaum einer gemerkt, daß er angebettelt worden war.

Wohl aber hatte es jemand anderes gemerkt; denn plötzlich hörte er von hinten eine heisere Stimme sagen: »Wirst du dich wohl hier wegschwingen, du Hund!« Schuldbewußt wie er war, sah er sich gar nicht um. Er ging einfach weiter, die Schultern eingezogen. Erst nach einigen Hundert Schritten wagte er sich umzublicken und sah zwei zerlumpte Straßenbettler niederster Sorte beieinander stehen und ihm nachschauen. Sie folgten ihm auch, als er forthinkte.

Erst einige Straßen weiter sah er sie nicht mehr hinter sich.

Am nächsten Tage, als er in der Gegend der Docks herumlungerte, immer noch ab und zu Personen der niederen Klasse durch seine Versuche, sie anzusprechen, in Erstaunen versetzend, wurde er plötzlich in den Rücken geschlagen. Gleichzeitig steckte ihm der Schläger etwas in die Tasche. Er sah niemand mehr, als er sich umblickte, aber aus der Tasche zog er eine steife Karte, vielfach eingebogen und unsäglich verdreckt, auf der eine Firma gedruckt stand: J.J. Peachum,

Old Oakstraße 7, und darunter, mit Bleistift geschmiert: »Wen dir deine Gnochen was Wehrt sinn, dann adresse wie obig!« Es war zweimal unterstrichen.

Langsam ging es Fewkoombey auf, daß die Überfälle mit seiner Bettelei zusammenhängen müßten. Er verspürte jedoch keine besondere Lust, in die Old Oakstraße zu gehen.

Nachmittags, vor einer Stehbierhalle, wurde er von einem Bettler angesprochen, den er als einen der zwei vom vorigen Tage erkannte. Er schien heute verträglicher. Er war noch ein junger Mann und sah nicht eigentlich schlimm aus. Er faßte Fewkoombey am Rockärmel und zog ihn mit sich.

»Du verdammter Dreckhund«, begann er mit freundlicher Stimme und ganz ruhig, »zeig deine Nummer!«

»Was für eine Nummer?« fragte der Soldat.

Neben ihm herschlendernd, weiter freundlich, aber ihn keinen Augenblick loslassend, erklärte ihm der junge Mann in der Sprache dieser Schichten, daß sein neues Gewerbe ebenso geordnet sei wie jedes andere, vielleicht noch besser; daß er sich nämlich in keiner wilden, von zivilisierten Menschen verlassenen Gegend befinde, sondern in einer großen und geordneten Stadt, der Hauptstadt der Welt. Für die Ausübung seines neuen Handwerks brauche er also eine Nummer, eine Art Erlaubnismarke, die er da und da bekommen könne – nicht umsonst, es gab da eine Gesellschaft mit dem Sitz in der Old Oakstraße, der er rechtmäßig angehören müsse.

Fewkoombey hörte, ohne eine einzige Frage zu stellen, zu. Dann erwiderte er, ebenso freundlich sie gingen durch eine menschenreiche Straße – er freue sich, daß es eine solche Gesellschaft gebe, genau wie bei den Maurern und den Friseuren, er zöge aber für seinen Teil vor, zu tun was ihm beliebe, da ihm in seinem Leben schon eher zuviel Vorschriften gemacht worden seien als zu wenige, was sein Holzbein beweise.

Damit reichte er seinem Begleiter, der ihm mit einer Miene zugehört hatte, als höre er eine ihn außerordentlich interessierende Ausführung eines erfahrenen Mannes, der er nur nicht ganz beistimmen könne, die Hand zum Abschied, und der schlug ihm lachend wie einem alten Bekannten auf die Schulter und ging über die Straße. Fewkoombey gefiel sein Lachen nicht.

In den nächsten Tagen ging es ihm immer schlechter.

Es stellte sich heraus, daß man, um einigermaßen regelmäßig Almosen zu bekommen, an einer bestimmten Stelle sitzen mußte (und da gab es dann noch gute und schlechte), und das konnte er nicht. Er wurde immer vertrieben. Er wußte nicht, wie es die andern machten. Irgendwie sahen sie alle elender aus als er. Ihre Kleider waren richtige Lumpen, durch die man die Knochen sehen konnte (später erfuhr er, daß in gewissen Kreisen ein Anzug ohne solche Einblicke auf Fleischpartien als ein Auslagefenster galt, das mit Papier verklebt ist). Auch ihr körperliches Aussehen war schlimmer; sie hatten mehr und ärgere Gebrechen. Viele saßen ohne Unterlagen auf dem kalten Boden, so daß der Passant wirklich die Sicherheit hatte, daß sich der Mensch eine Krankheit holen mußte. Fewkoombey hätte sich gern auf den kalten Boden gesetzt, wenn es ihm nur erlaubt worden wäre. Der entsetzliche und erbarmungswürdige Sitz war aber anscheinend nicht Allgemeingut. Polizisten und Bettler störten ihn immerfort auf.

Durch das, was er durchmachte, holte er sich eine Erkältung, die sich auf die Brust schlug, so daß er mit Stichen in der Brust in hohem Fieber herumlief.

Eines Abends begegnete er wieder dem jungen Bettler, der ihm sogleich folgte. Zwei Straßen weiter hatte sich diesem noch ein anderer Bettler zugesellt. Er fing an zu laufen, sie liefen auch.

Er bog in einige kleinere Gassen ein, um sie los zu werden. Er meinte schon, dies sei ihm gelungen, da standen sie bei einer Straßenecke plötzlich vor ihm, und bevor er sie noch genauer sah, schlugen sie mit Stöcken nach ihm. Einer warf sich sogar auf das Pflaster und zog ihn an seinem Holzbein, so daß er hinterrücks auf den Hinterkopf fiel. In diesem Augenblick ließen sie aber von ihm ab und liefen weg; um die Ecke war ein Schutzmann gekommen.

Fewkoombey glaubte schon, der Schutzmann könnte ihn hochnehmen, da rollte aus einer Häusernische unmittelbar neben ihm auf einem kleinen Karren ein dritter Bettler hervor und deutete aufgeregt auf die Entlaufenen, wobei er mit gurgelnder Stimme etwas dem Schutzmann zu erklären suchte. Als Fewkoombey, von dem Schutzmann hochgerissen und mit einem Tritt vorwärts gestoßen, weitertrabte, blieb der Bettler dicht hinter ihm, mit beiden Armen seinen eisernen Karren rudernd.

Ihm schienen die Beine zu fehlen.

An einer weiteren Straßenecke griff der Beinlose Fewkoombey an die Hose. Sie befanden sich im schmutzigsten Viertel, die Gassen waren nicht breiter als eine Mannslänge, neben ihnen gähnte ein niedriger Durchgang in einen dunklen Hof. Hier herein! befahl der Krüppel gurgelnd. Da er zugleich mit seinem Gefährt, das einen stählernen Hebel an der Seite hatte, an Fewkoombeys Schienbein fuhr und dieser vom Hungern geschwächt war, brachte er ihn wirklich in den kaum drei Meter im Geviert messenden Hof. Und bevor der Überraschte um sich blicken konnte, kletterte der Krüppel, ein älterer Mensch mit riesiger Kinnlade, affenartig aus seinem Karren, besaß plötzlich wieder seine beiden gesunden Beine und stürzte sich auf ihn.

Er überragte Fewkoombey um gut eine Haupteslänge und seine Arme waren wie die eines Orang Utans.

»Jacke aus!« rief er. »Zeige in offenem, ehrlichem Kampf, ob du fähiger bist als ich, eine sich gut rentierende Stellung zu besitzen, die wir beide erstreben. ›Freie Bahn dem Tüchtigen!‹ und ›Wehe dem Besiegten!‹ ist mein Wahlspruch. Auf diese Art ist der ganzen Menschheit gedient, denn nur die Tüchtigen kommen so in die Höhe und in den Besitz des

Schönen auf Erden. Wende aber keine unfairen Mittel an, schlage nicht unter den Gürtel und ins Genick und laß die Knie aus dem Spiel! Der Kampf muß, soll er Geltung haben, nach den Regeln des Britischen Faustkämpferverbandes ausgefochten werden!«

Der Kampf war kurz. Seelisch und körperlich zerbrochen schlich Fewkoombey hinter dem Alten her.

Von der Old Oakstraße war nicht mehr die Rede.

Eine Woche lang blieb er unter der Fuchtel des Alten, der ihn an einer bestimmten Ecke aufstellte, übrigens wieder in Soldatenuniform, und der ihn auch, wenn abends abgerechnet worden war, abfütterte.

Seine Einnahmen blieben immer unter einer sehr niederen Grenze. Er mußte sie an den Alten abliefern, wußte also oft nicht einmal, ob die paar Groschen die Bratheringe und die Tasse Schnaps niederster Sorte deckten, die seine Hauptmahlzeit bildeten. Der Alte, dessen Gebrechen schlimmer schien und in Wirklichkeit überhaupt nicht vorhanden war, hatte einen ganz anderen Zulauf als er.

Mit der Zeit kam der Soldat zu der Überzeugung, daß sein Chef nur den Platz auf der Brücke, sich selber gegenüber, besetzt haben wollte. Die Haupteinnahmequelle waren die Leute, die regelmäßig an der Stelle vorbeikamen, jeden Vormittag oder, wenn sie ins Geschäft gingen, am Morgen und abends, wenn sie heimgingen. Sie gaben nur einmal und sie benutzten zwar im allgemeinen immer dieselbe Straßenseite, aber manchmal nach längeren Zeitläufen wechselten sie doch. Vollständig konnte man sich auf sie keinesfalls verlassen.

Fewkoombey fühlte, diese Stellung war ein Fortschritt, aber sie war noch nicht das Richtige.

Nach Ablauf der Woche bekam der Alte anscheinend seinetwegen Anstände bei der geheimnisvollen Gesellschaft in der Old Oakstraße. Drei, vier Bettler überfielen die beiden, als sie frühmorgens eben ihren Unterschlupf in einem Schiffsschuppen verlassen wollten und schleppten sie mehrere Straßen lang in ein Haus mit einem kleinen, unsäglich verdreckten Laden, auf dessen Schild »Instrumente« stand.

Hinter einem wurmstichigen Ladentisch standen zwei Männer. Der eine, klein und dürr, von gemeinem Gesichtsausdruck, mit einer ehemals schwarzen Hose und einer ebensolchen Weste bekleidet, stand in Hemdsärmeln und einem zerbeulten steifen Hut auf dem Hinterkopf, die Hände in den Hosentaschen, am Schaufenster und blickte in den trüben Morgen hinaus. Er wandte sich nicht um und gab kein Zeichen von Interesse von sich. Der andere war dick und krebsrot und sah womöglich noch gemeiner aus.

»Guten Morgen, Herr Smithy«, begrüßte er den Alten, höhnisch, wie es schien und ging ihm voraus durch eine blechbeschlagene Tür ins Nebenzimmer. Der Alte blickte unsicher um sich, bevor er ihm zusammen mit den Männern, die ihn geholt hatten, folgte. Sein Gesicht war grau geworden.

Fewkoombey blieb, wie übersehen, in dem kleinen Ladenraum stehen. An der Wand hingen ein paar Musikinstrumente, alte, zerbeulte

Trompeten, Geigen ohne Saiten, einige zerschrammte Drehorgel-kästen. Das Geschäft schien nicht sehr gut zu gehen, die Instrumente waren von dickem Staub bedeckt.

Fewkoombey sollte noch erfahren, daß die sieben oder acht Musikklamotten keine besondere Rolle in dem Geschäft spielten, in das er getreten war. Auch die schmale, nur zweifenstrige Front des Hauses deutete höchst unvollkommen den Umfang der von ihr vertretenen Baulichkeiten an. Auch der Ladentisch mit der wackligen Kassen-schublade bekannte nicht Farbe.

In dem alten Fachbau, der drei ganz geräumige Häuser mit zwei Höfen umfaßte, waren eine Schneiderei mit einem halben Dutzend Mädchen und eine Schuhmacherwerkstatt mit nicht weniger Fach-leuten erster Ordnung etabliert. Und vor allem gab es irgendwo hier eine Kartothek, in der gut 6000 Namen geführt wurden, die Männern und Frauen gehörten, die alle die Ehre hatten, für dieses Haus zu arbeiten.

Der Soldat begriff noch keineswegs, wie dieser eigentümliche und anrüchige Betrieb funktionieren mochte; dazu brauchte er noch wo-chenlang. Aber er war zu zermürbt, um nicht einzusehen, daß es ein Glück für ihn wäre, hier einzutreten, in eine große, geheimnisvolle und mächtige Organisation.

Herr Smithy, Fewkoombeys erster Brotgeber, kam an diesem Vor-mittag nicht mehr zum Vorschein und Fewkoombey sah ihn später höchstens zwei oder drei Mal wieder und nur von fern.

Der Dicke rief nach einiger Zeit, die Blechtür einen Spalt weit öffnend, in den Laden herein: »Hat echtes Holzbein.«

Der Kleine, der aber der Herr zu sein schien, ging auf Fewkoom-bey zu und hob ihm mit einem schnellen Griff die Hose hoch, um das Holzbein zu sehen. Dann ging er, die Hände wieder in den Hosenta-schen, zu dem blinden Fenster zurück, sah hinaus und sagte leise:

»Was können Sie?«

»Nichts«, sagte der Soldat ebenso leise. »Ich bettle.«

»*Das möchte jeder*«, sagte der kleine Mann höhnisch und nicht einmal hersehend. »*Sie haben ein Holzbein. Und weil Sie ein Holzbein haben, wollen Sie betteln? Ach! Aber Sie haben dieses Ihr Bein im Dienst des Vaterlandes verloren? Umso schlimmer! Das kann jedem passieren! Sicherlich! (Außer er ist Kriegsminister). Da ist jeder auf den andern angewiesen, wenn das Bein weg ist? Unbestreitbar! Aber ebenso unbe-streitbar, daß keiner gern etwas hergibt! Kriege, das sind Ausnahmefälle. Wenn ein Erdbeben stattfindet, dafür kann keiner was. Als ob man nicht das Schindluder kennte, das mit dem Patriotismus der Patrioten getrie-ben wird! Zuerst melden sie sich alle freiwillig und dann, wenn das Bein weg ist, will es keiner gewesen sein! Ganz abgesehen von den unzähligen Fällen, wo ein Bierkutscher, dem beim gewöhnlichen Gelderwerb, eben dem Bierfahren, das Bein abhanden kam, von der Schlacht bei Dingsda daherfaselt! Und noch etwas, die Hauptsache: darum gilt es doch als so verdienstvoll, für das Vaterland in den Krieg zu ziehen, darum überhäuft man doch eben diese Braven so mit Ehren und Beifall, weil dann das Bein weg ist! Wenn nicht dieses kleine Risiko dabei wäre, also gut, dieses große Risiko, wozu dann die tiefe Dankbarkeit der ganzen Nation? Im Grunde sind Sie ein Antikriegsdemonstrant, leugnen Sie schon erst gar nicht! Sie wollen, indem Sie so herumstehen und sich gar keine Mühe geben, Ihren Stumpf zu verbergen, zum Ausdruck bringen: ach, was sind Kriege für furchtbare Dinge, man verliert sein Bein dabei! Schämen Sie sich, Herr! Kriege sind so notwendig, wie sie furchtbar sind. Soll uns alles weggenommen werden? Sollen auf dieser britischen Insel fremde Leute herumwirtschaften, Feinde? Wünschen Sie etwa, inmitten von Feinden zu leben? Sehen Sie, Sie wünschen es nicht! Kurz Sie sollen nicht mit Ihrem Elend hausieren gehen, Mann. Sie haben das Zeug nicht dazu...«*

Als er ausgesprochen hatte, ging er, ohne den Soldaten anzusehen, an ihm vorbei in die Kontor hinter der Blechtür. Aber der Dicke kam heraus und führte ihn, des Beines wegen, wie er sagte, durch einen Hof in einen zweiten Hof, wo er ihm einen Hundezwinger übergab.

In der Folge trieb sich der Soldat zu jeder Tages- und Nachtzeit auf dem einen Hofe herum und kontrollierte die Blindenhunde. Davon gab es eine ganze Anzahl; sie waren nicht nach der Eignung, blinde Leute zu führen, ausgesucht (es gab hier keine fünf solcher Bedauernswerten), sondern nach anderen Gesichtspunkten, nämlich danach, ob sie genug Mitleid hervorriefen, das heißt billig genug aussahen, was zum Teil allerdings auch von der Fütterung abhängt. Sie sahen sehr billig aus.

Wäre Fewkoombey von einem Volkszählungsbeamten gefragt worden, was für einen Beruf er ausübe, wäre er in Verlegenheit gewesen, ganz abgesehen von allen Bedenken, vielleicht der Polizei aufzufallen. Kaum hätte er sich einen Bettler genannt. Er war Angestellter in einem Unternehmen, das Utensilien für Straßenbettel verkaufte.

Es wurden keinerlei Versuche mehr angestellt, aus ihm einen einigermaßen leistungsfähigen Bettler zu machen. Die Fachleute hier hatten auf den ersten Blick erkannt, daß er es so weit niemals bringen würde. Er hatte Glück gehabt. Er besaß keine von den Eigenschaften, die einen Bettler ausmachen, aber er besaß, was nicht jeder hier von sich sagen konnte, ein echtes Holzbein und das genügte, ihm ein Engagement zu verschaffen.

Ab und zu wurde er in den Laden gerufen und mußte einem Beamten der nächsten Polizeistation sein Holzbein vorzeigen. Zu diesem Zweck hätte es gar nicht so echt zu sein brauchen, wie es leider war. Der Mann sah kaum hin. Es war da fast immer zufällig Fräulein Polly Peachum, die Tochter des Chefs, im Laden, die mit Beamten umzugehen wußte.

Im großen und ganzen aber lebte der frühere Soldat das halbe Jahr, das ihm noch vergönnt war, unter den Hunden. Dann sollte er auf eine eigentümliche Art dieses spärlich gewordene Leben ver-

lieren, einen Strick um den Hals, unter dem Beifall einer großen Volksmenge.
   Der kleine Mann, den er am ersten Morgen seiner Anwesenheit in diesem interessanten Hause am Schaufenster hatte stehen sehen, war Herr Jonathan Jeremiah Peachum gewesen.

3.2   Kategorien der Inhaltsanalyse

Die **Inhaltsanalyse** antwortet auf die Frage: Wovon redet der Text? Sie dient der Verständigung über Lese-Erfahrungen, entwickelt sich aus einer genauen Lektüre und ist eine ausgearbeitete Äußerung über den Mitteilungsgehalt des Textes. Inhaltswiedergaben literarischer Texte haben im Analyseprozess zwei verschiedene Funktionen: Sie machen einerseits den Charakter verschiedener Lesarten und ihrer Abweichungen voneinander sichtbar; und sie lenken andererseits die Aufmerksamkeit auf diejenigen Eigenschaften des Textes, von denen seine aktuelle Wirkung bestimmt ist. Das können im Einzelfall sehr unterschiedliche Faktoren sein; erfahren und beschrieben werden sie als prägnante Punkte, Spannungsmomente, Auffälligkeiten und/oder spezifische Widerstände, die der Text dem Verständnis entgegensetzt. Sie bilden den Ausgangspunkt für die weitergehenden Fragen und Untersuchungen. Die Standortgebundenheit der Lesarten sollte in der Textanalyse nicht vernachlässigt werden, sondern ist als deren Bezugspunkt fruchtbar zu machen. Es muss daran erinnert werden, dass alle, auch die scheinbar ›bloß beschreibenden‹ Aussagen über Textbefunde einen interpretierenden Charakter haben. Sie implizieren stets eine Deutung und Wertung des Textes und der durch seine Lektüre vermittelten Erfahrungen und machen damit auch verborgene Voraussetzungen auf Seiten der Leser greifbar. An ihnen lässt sich also nicht nur etwas über die spezifische Wirksamkeit des Textes ablesen, sondern auch über die Rezipienten. In Aussagen über Textinhalte verbindet sich die Subjektivität individueller Lese-Erfahrung mit einer mehr oder weniger expliziten Hypothesenbildung für die anschließende Analyse von Darstellungsweise und Kontext.
   Ausgangspunkt der Untersuchung ist eine Zusammenfassung des ausgewählten Romankapitels:

Der Soldat Fewkoombey wird nach dem Burenkrieg als Invalide aus der Armee entlassen und scheitert bei dem Versuch, mit Hilfe seiner

Abfindung in London eine Existenz als Gastwirt zu begründen. Er verwickelt sich in der Folge beim Betteln in Auseinandersetzungen mit anderen Bettlern, steht eine Woche lang im Dienst eines Bettlers namens Smithy und findet schließlich eine Anstellung als Hundepfleger in der Firma J.J. Peachum, die mit Utensilien für Straßenbettel handelt.

Eine solche **Textparaphrase oder Nacherzählung**, an deren Stelle man in der praktischen Arbeit auch einen kritisch zu lesenden Auszug aus einem Romanführer bzw. Schauspielführer setzen kann, sagt etwas aus über Ort, Zeit und Verlauf der Handlung, über die handelnden Figuren sowie über die tragenden Konflikte. **Handlung, Figur und Raum** sind die wichtigsten Kategorien zur Erfassung der so genannten pragmatischen, das heißt handlungsbezogenen Gattungen: der Epik, der Dramatik sowie erzählender Genres der Lyrik. Die den Handlungsverlauf bestimmenden und gliedernden Geschehnisse fassen wir als die Entwicklung eines Konflikts. Dieser ist in unserem Falle als ein ökonomisch begründeter erkennbar. Während es keine entscheidende Rolle zu spielen scheint, dass der Soldat im Krieg ein Bein verloren hat, fungieren seine wirtschaftliche Lage und die aus ihr folgenden Anstrengungen als auslösende und vorwärts treibende Faktoren. Der Vorgang ist gut überschaubar, weil er der natürlichen Chronologie folgt und zudem übersichtlich gegliedert ist.

Die einzelnen **Handlungsphasen** sind jeweils durch Zeitwechsel – »Eines Morgens«, »Eines Abends«, »nach Ablauf der Woche«, aber auch durch Ortsangaben eingeleitet und unterscheiden sich zudem in der Erzählweise. Einen zusammenfassenden Bericht über den Konkurs des Soldaten als Gastwirt (Exposition) folgen einige Szenen, die jeweils durch Reflexionen und Kommentare ergänzt sind. Sie führen die sich zuspitzende Kollision Fewkoombeys mit der »großen, mächtigen und geheimnisvollen Organisation« vor, welche das Geschäft mit dem Betteln beherrscht (Durchführung), und münden schließlich in die Schilderung der Aufnahme des entlassenen Soldaten in dieses Unternehmen (Lösung). Der Vorgang ist zügig, ohne epische Breite erzählt.

Als **Episoden**, das heißt als eingeschaltete Nebenhandlungen ohne notwendigen Zusammenhang mit den Geschehnissen, können allenfalls die im Text kursiv gesetzten Reden der Herren Smithy und Peachum bezeichnet werden, in denen Fewkoombey (und die Leser) über die im Konkurrenzkampf und im Bettelgewerbe geltenden Normen und Anforderungen belehrt werden.

Die **Konfliktgestaltung** in literarischen Werken besteht in der Darstellung, Entwicklung und Lösung von individuell oder gesellschaftlich begründeten Gegensätzen und Widersprüchen zwischen den Figuren bzw. zwischen deren Subjektivität und der objektiven Wirklichkeit. Das ist nicht immer so einheitlich und übersichtlich wie in unserem Textbeispiel; vielmehr sind die Bewegungen der Figuren besonders in der modernen Literatur vielfach uneinheitlich, verborgen oder in sich widersprüchlich. Oft verbinden sich mehrere Reihen von Geschehnissen in einer entweder zeitlich organisierten oder simultan in unterschiedlichen Räumen ablaufenden Konstellation von Konflikten, das heißt im Nebeneinander von Handlungssträngen. Die genauere Untersuchung von deren Verhältnis zueinander sowohl systematisch als auch im Textverlauf bildet dann einen der wesentlichen Schritte in der Strukturanalyse.

Lösungen literarisch dargestellter Konflikte ergeben sich aus der für den jeweiligen Text(abschnitt) ›abschließenden‹ Verwandlung der problematischen Situation, durch welche die Bewegungen der Figuren angestoßen wurden. Der Verlauf und Ausgang der Handlung hat natürlich mit der Intention des Autors nur sehr mittelbar zu tun. Das ist bei dem hier behandelten Romankapitel, in dessen Ende der Triumph des großen Geschäfts auf Kosten des ›kleinen Mannes‹ steht, durch die distanzierende Erzählweise ohnehin unübersehbar, gilt aber prinzipiell. Die Frage nach der vom Autor intendierten Wirkung oder dem aktuellen Textsinn mag vom jeweils dargestellten Handlungsverlauf angestoßen werden, zu beantworten ist sie allein im Hinblick auf ihn nicht. Ein Autor kann die von ihm dargestellten Lösungen als praktikable Vorschläge, utopische Antizipationen, ironische bzw. satirische Verkehrungen formulieren. Er kann diejenigen Faktoren zeigen, in denen die reale Lösbarkeit der dargestellten Konflikte sichtbar wird; er kann aber auch die Lösung ganz aussparen. Solche ›offenen Schlüsse‹ sind, ebenso wie verborgene Konflikte, aus denen sich kein äußeres Geschehen entwickelt, eine Herausforderung an das Selbst- und Weiterdenken.

Die Beschreibung dessen, was in dem Romankapitel vorgeht, fördert auch nähere Auskünfte über die **Figuren** zutage. Der Soldat Fewkoombey macht eine ›innere‹ Entwicklung durch, er ist freundlich bis zur Naivität, unerfahren im Geschäft, ohne große Entschlussfreudigkeit und besteht auf seiner Selbständigkeit. Sein Bewusstsein geht seiner sozialen Lage deutlich hinterher. Er muss sich immer wieder von den anderen Figuren und den Verhältnissen fühlbar belehren lassen und kommt erst gegen Ende auch nicht ganz freiwillig zu der Einsicht, dass es ein Glück ist, für das

Haus Peachum zu arbeiten. All diese Eigenschaften und inneren Veränderungen des ›Helden‹ erfahren wir sowohl direkt durch den Erzähler: »Der Soldat begriff noch keineswegs«, als auch aus dem Verhalten und Reflexionen der Figur: »Seiner Meinung nach schuldete keiner keinem etwas«.

Die ›Gegenspieler‹ Fewkoombeys, die Mitarbeiter der Firma Peachum, sind im Gegensatz zu dem Soldaten professionell und effektiv. Sie erscheinen ihm zwar als abgerissen und ungebildet, sind aber freundlich, soweit es geboten scheint, und darüber hinaus von entschlossener Härte. Die **Figurenkonstellation** (auch: Konfiguration; vgl. J. Link 1979, 232ff.) ist bestimmt durch die unterschiedliche Stellung der Einzelnen im Geschäftsleben; sie sind Angestellte oder kleinere bzw. größere Unternehmer. Ihr Verhältnis zueinander regelt sich durch ihre Stärke oder Ohnmacht im Konkurrenzkampf, nicht zuletzt beruhend auf der Kenntnis der im Gewerbe herrschenden Regeln. Die Charakterisierung dieser anderen Figuren erfolgt hauptsächlich durch ihr Verhalten und ihr Äußeres (Körperbau, Kleidung, Gesten) sowie durch ihre Redeweise.

Eine Eigenart des geschilderten Vorgangs wird wesentlich erzeugt und verstärkt durch die Zweideutigkeit des **Milieus.** Der Schauplatz der Handlung, London, wird als eine »große und geordnete Stadt« charakterisiert, die Atmosphäre ist jedoch bestimmt durch den »endlosen Zug der Elenden, die der Hunger Tag und Nacht durch die Straßen der Hauptstadt der Welt spült«, durch die Enge der Arbeiterwohnungen, die Dunkelheit und Schmierigkeit der Gassen und Hinterhöfe. Die den Eindruck von Genauigkeit erzeugenden **Ortsangaben** sind knapp, stichwortartig: »Newgate«, »eine der »Themsebrücken«, »an den Docks«, »Stehbierhalle«, »Schiffsschuppen«. Näher beschrieben ist einzig das geheimnisvolle Etablissement des J.J. Peachum. Die Straßenbettelei erweist sich als ein geordnetes, von einem Großunternehmer beherrschtes Geschäft, in denen die Eigenschaften, die einem zum Bettler machen können – Arbeitslosigkeit, Invalidität, Krankheit und Hunger –, gerade *nicht* zum Erfolg prädestinieren. Der Arbeitsplatz in der Old Oakstraße ist nach allem eine höchst fragwürdige Bleibe. Der Leser, die Leserin hat dies, im Unterschied zu Fewkoombey, bereits geahnt, denn es wird in Kapitelüberschrift und Motto andeutend vorweggenommen und vom Erzähler hintergründig kommentiert. All dies macht, weil es im Ton größter Selbstverständlichkeit dargeboten wird, gespannt auf den Fortgang der Geschichte – ebenso wie die das Kapitel abschließende Vorausdeutung auf den »eigentümlichen« Tod des sympathischen Soldaten.

Mit der exemplarischen Charakterisierung von Handlung, Figuren und Atmosphäre des Textes sind wir bereits über die Inhaltswiedergabe hinausgegangen zu einer ersten **Kennzeichnung des epischen Vorgangs**, das heißt des spezifischen Zusammenhangs von erzähltem Geschehen und Erzählvorgang. Bestimmte strukturelle und stilistische Eigenschaften des ausgewählten Textes perspektivieren das Geschehen auf eine Weise, die den Versuch fragwürdig erscheinen lässt, den Darstellungsinhalt ›neutral‹ wiedergeben zu wollen. Die Zusammenfassung des Textes, sei es als Nacherzählung eines Vorgangs oder als Beschreibung einer Figur oder der Atmosphäre, ist bereits verbunden mit Annahmen über die Verknüpfung, Deutung und Wertung des Geschehens oder der Situation durch einen **Erzähler**. So muss man sich z.B. dafür entscheiden, entweder aus der Perspektive der Mittelpunktsfigur von »Anstellung« zu sprechen oder aus der Perspektive des Erzählers von einer »Bleibe«. Darüber hinaus ist es keineswegs gleichgültig, wie man über den Konkurs des Soldaten als Gastwirt redet. Vorhandene Varianten – »er scheitert«, »er wird ruiniert«, »er ruiniert sich« – unterstellen implizit ein verschiedenes Maß an Verantwortung der Figur für ihr ökonomisches Schicksal. In der Inhaltsbeschreibung stehen Deutung und Wertung des dargestellten Vorgangs durch den Erzähler und durch den Leser zur Debatte.

Inhaltsbeschreibungen **nicht-erzählender Lyrik** gehen meist von einer Bestimmung der zugrunde liegenden Motive aus. Das **Motiv** wird in der Literaturwissenschaft definiert als das Schema einer typischen bzw. bedeutungsvollen Situation. Die unterschiedlichen Bedeutungen, die das Wort hat, verweisen auf die morphologischen und funktionellen Aspekte, unter denen es als literaturwissenschaftliche Kategorie verwendet wird.

1. In der bildenden Kunst und der Fotografie bezeichnet der Ausdruck Motiv einen **charakteristischen Ausschnitt der Wirklichkeit**. Dabei werden in der Fotografie die das Motiv bildenden Gegenstände in der Regel in der vorgefundenen Form und Anordnung abgebildet, gegebenenfalls modifiziert durch die Einstellung, die Aufnahmetechnik und die Beleuchtung. Malerei und Grafik dagegen haben die Möglichkeit, Form und Anordnung der Gegenstände zu verändern, weit entfernte Dinge zusammenzustellen, eine von den »Formen des Lebens« vollkommen unterschiedene Wirklichkeit zu montieren. Dem ersten Verfahren entspräche in der Literatur ein **Motiv als bildhafte Vorstellung**, wie sie z.B. in dem folgenden Abschnitt des Gedichts »1940« von Brecht (GBA 12, 96) vergegenwärtigt wird:

> Nebel verhüllt
> Die Straße
> Die Pappeln
> Die Gehöfte und
> Die Artillerie

Das in der Malerei und Grafik mögliche montierende Verfahren findet sich besonders in der modernen Lyrik. Ein Beispiel aus Erich Frieds Gedichtband *und Vietnam und* (1966, 23):

> *Einbürgerung*
>
> Weiße Hände
> rotes Haar
> blaue Augen
>
> Weiße Steine
> rotes Blut
> blaue Lippen
>
> Weiße Knochen
> roter Sand
> blauer Himmel

Manche Texte der so genannten »konkreten Poesie« kann man als Entfaltungen **ornamentaler Motive** beschreiben, von typischen Figurationen also, die auf ihr eigenes Geformt-Sein verweisen und auf das Material, in dem sie geformt sind.

2. In der Musik bezeichnet der Ausdruck Motiv eine charakteristische Tonfolge. Literaturwissenschaftlich können wir vom **Motiv als Vorgangsgestalt** sprechen. Ein Beispiel hierfür ist Brechts Gedicht »Zeitung lesen beim Theekochen« (GBA 12, 123):

> *Zeitung lesen beim Theekochen*
>
> Frühmorgens lese ich in der Zeitung von epochalen Plänen
> Des Papstes und der Könige, der Bankiers und der Ölbarone.
> Mit dem anderen Auge bewach ich
> den Topf mit dem Theewasser
> Wie *es* sich trübt und zu brodeln beginnt und sich wieder klärt
> Und den Topf überflutend das Feuer erstickt.

3. In der Psychologie bezeichnet der Ausdruck Motiv den **Beweg-
grund einer Handlung**, auch im weiteren Sinne. Unter diesem
funktionellen Aspekt kann man es literaturwissenschaftlich als
widersprüchliche beziehungsweise labile Konstellation zwischen
Personen oder zwischen diesen und der Realität beschreiben. Solche Motive sind die Vergegenständlichung eines Problems, einer
problematischen Situation. Sie verweisen auf ein Geschehen und
sind geeignet, Spannung aufzubauen, die nach Lösung verlangt.
So ist im Ausdruck »Bleibe« die Fragen impliziert: Wie kam es
dazu, dass jemand Hilfe braucht? Kann ihm geholfen werden? Im
handlungstheoretisch fundierten Begriff des narrativen Texts von
Karlheinz Stierle ist das Motiv in dem hier ausgeführten Sinne als
Konzept definiert (vgl. S. 137).

Das Verbrechen verlangt nach Aufklärung, die Liebe nach Erfüllung. Der als Geist wiedererscheinende Tote verweist zurück
auf sein Leben, in dem etwas nicht in Ordnung ist, und fordert
Rache oder Rehabilitation. Der Fluch erzeugt eine Spannung auf
seine Verwirklichung oder Entzauberung. In diesem Sinne wird
das Motiv in dramatischen und epischen Texten zum **Baustein
der Handlung**, erhält die Funktion, das Verhalten der Figuren
auszulösen und zu begründen. So wird das Motiv der »Bleibe«
zum Kern des *Dreigroschenroman*-Prologs, trägt die Handlung des
ganzen Kapitels. Es ist seinerseits gerade *nicht* motiviert durch
Güte oder Freundlichkeit derer, die dem Soldaten eine Zuflucht
bieten, sondern durch Geschäftsinteressen. Das Motiv des Kampfes
zwischen Ungleichen – Goliath und David – wird hier zu einem
zentralen Handlungsmoment, satirisch verkehrt, indem der scheinbar Schwächere sich als der Stärkere erweist und sich dabei auf die
»Gleichheit der Mittel« beruft. Dieses Motiv, das auch in vielen
Märchen auftaucht, kehrt bildhaft verwandelt in Brechts »Legende von der Entstehung des Buches Taote-king auf dem Weg des
Laotse in die Verbannung« als die Lehre wieder, »daß das weiche
Wasser in Bewegung/mit der Zeit den harten Stein besiegt« (GBA
12, 32–34).

Das Motiv ist die kleinste, relativ selbständige Einheit im stofflichen Gefüge eines literarischen Werks. Strukturbestimmend wird
es in den »einfachen Formen« (André Jolles) aller Gattungen: der
Kurzgeschichte, dem Einakter, dem kurzen Gedicht. Innerhalb der
Motivkomplexe größerer Werke kann funktional unterschieden
werden nach der Bedeutung, welche die einzelnen Motive für den
Darstellungsinhalt bzw. für den Handlungsfortschritt haben. Im ersten Fall können wir von Kern-, Rahmen- und Füllmotiv sprechen,
im zweiten von Haupt- und Nebenmotiven sowie von blinden

Motiven. Roland Barthes unterscheidet diese beiden Gruppen als Indices und Funktionen (vgl. Frank 1982, 144f.). Das **Kernmotiv** trägt die Fabel eines Werks und bestimmt die gesamte Konzeption; so beim *Dreigroschenroman* das Motiv der Metamorphose von Bürger und Verbrecher. Als handlungsbestimmende **Rahmenmotive** in diesem Roman werden durch die Überschriften der ersten beiden Bücher Liebe und Verbrechen angekündigt: »Liebe und Heirat der Polly Peachum« und »Die Ermordung der Kleingewerbetreibenden Mary Swayer«. Der Kampf zwischen J.J. Peachum und Macheath hat jedoch, entgegen diesen die Handlungsoberfläche bestimmenden Motiven, eine geschäftliche Grundlage und Ursache. Als das **Hauptmotiv** des Romans muss daher die Konkurrenz der beiden Geschäftsleute bestimmt werden, welche sich in der Auseinandersetzung um Kredit und Kreditwürdigkeit bis aufs Messer verfeinden – und wieder vertragen.

Als **Nebenmotiv** werden der Betrug im Geschäft mit Schiffen und die Ermordung des Maklers Coax sichtbar; eine strukturelle Beziehung zur Episode ist häufig, aber nicht zwingend. Es ist eine besondere Eigenart dieses satirischen Romans, dass sich zahlreiche Handlungen der Figuren und manche Ausführungen des Erzählers bei genauerem Hinsehen als vorgeschobene Aktivitäten oder desorientierende Meinungsäußerungen erweisen. Man könnte sie von daher als **blinde Motive** definieren, denn die Handlung wird in Wirklichkeit von den Regeln und dem Gang der Geschäfte vorangetrieben. Deren Motto durchzieht als **Leitmotiv** den gesamten Text und wird des Öfteren direkt oder indirekt erinnert: »Der starke Mann ficht, der kranke Mann stirbt!«

Auf diese Weise kann die genauere Beschreibung der Motiv- und Motivationskomplexe eines literarischen Textes schon zu recht weit reichenden Aussagen über die Bauform und die Darstellungsweise führen.

Anders als der Inhalt eines Textes existiert der **Stoff** unabhängig von seiner Verarbeitung im literarischen Werk. Er ist ein in der Geschichte oder der Überlieferung vorhandener, sprachlich gefasster Lebenszusammenhang, den der Autor aufgreift, um ihn von seinem Standpunkt aus im Sinne seiner Wirkungsabsicht mittels spezifischer Kunstmittel zu gestalten. Der Stoff ist im Unterschied zu Motiven an bestimmte Figuren gebunden und vorgangsmäßig, zeitlich und räumlich mehr oder weniger fixiert. So sind in Brechts *Dreigroschenroman*, der schon im Titel auf seine stoffliche Grundlage, die *Dreigroschenoper,* verweist, die tragenden Figuren J.J. Peachum, Macheath und Polly sowie das Motiv der heimlichen Heirat wieder aufgenommen, während die Fabel des Romans von der der Oper wesentlich abweicht. Die Untersuchung des Stoffs eines literarischen Werks und vor allem der wichtigen Fragen der **Stoffwahl und der Stoffverarbeitung** gehört in die Kontextanalyse. Die Frage, ob die stoffliche Grundlage bei lyrischen Texten für deren Interpretation eine Bedeutung hat, ist vor allem von Vertretern der so genannten »immanenten Werkinterpretation« oft verneint worden. Diese Auffassung ist jedoch zu relativieren.

So findet sich z.B. in den dem Gedichtzyklus *Svendborger Gedichte* von Brecht vorangestellten Mottoversen der ausdrückliche Hinweis: »Vergilbte Bücher, brüchige Berichte / Sind meine Unterlage« (GBA 12, 7). Wieweit solche auch in der Gegenwart nicht so seltenen dokumentarischen Gedichte authentisch sind, bedarf natürlich jeweils einer besonderen Kontextuntersuchung.

Im Blick auf die Stoffwahl, vor allem aber im Erkennen bestimmter Prinzipien der Stoffbearbeitung, der Akzentuierung spezifischer Motive oder Eigenheiten des Gegenstandes fassen wir den thematischen Ansatz des Textes. Das **Thema** eines literarischen Werks bildet dessen gedankliche Grundlage, das Problem, um welches der Text kreist, auf welches die Aufmerksamkeit des Lesers gelenkt werden soll. Die Frage nach dem Thema und seinem Verhältnis zum Stoff ist für die Klärung des Verhältnisses von Aktualität und Historizität eines literarischen Werks von erheblicher Aufschlusskraft: Der Stoff als ein Bestandteil der Geschichte oder Überlieferung ist, bezogen auf die Textsituation, immer historisch; das Thema ist, bezogen auf den gleichen Zeitpunkt, immer aktuell. Die Stoffwahl und Stoffbearbeitung folgt bestimmten thematischen Gesichtspunkten; sie ist Mittel zum Zweck. Die thematische Stellungnahme unterwirft den Stoff und die Motive einer bestimmten Erklärungsweise im Sinne der Tendenz oder der Parteilichkeit des Autors.

Das Thema wird auf diese Weise als ein wichtiges Vermittlungsglied zwischen dem Text und der historischen Situation zur Entstehungszeit erkennbar. Es bildet vom Standpunkt des Autors aus die geschichtlich-gesellschaftliche Herausforderung gedanklich ab, in der der Autor durch die Produktion des Textes Stellung bezieht. Im *Dreigroschenroman* ist es die Frage, wie sich bürgerliche Kultur und faschistische Barbarei zueinander verhalten: als kategoriale Gegensätze oder als gegensätzliche Bewegungsformen derselben (ökonomischen) Grundlage. Was der Autor durch die Textproduktion zum Thema zu sagen versucht, können wir als **die Aussage des Textes** bezeichnen. Ist das Thema der Frage bzw. Herausforderung gleichzusetzen, welcher der Autor sich stellt, so kann man die Aussage als eine Antwort des Autors auf diese Frage zu verstehen suchen. Auch diese lässt sich oft schon in einer ersten Wiedergabe des Inhalts hypothetisch formulieren; im *Dreigroschen-roman* ist es der nachdrückliche Hinweis auf die jeweils berührten materiellen Interessen. Auf sie wird bereits im Motto beziehungs-reich angespielt: »Weh! Was habt Ihr mit mir vor?!«

Es ist sinnvoll, bei der Inhaltsbeschreibung das Thema des Textes – wie vorläufig auch immer – möglichst konkret zu fassen und sich nicht mit einer allgemeinen Formel »Freundschaft«, »Liebe und Tod«, »Individuum-Gesellschaft« oder ähnlichem zufrieden zu ge-ben. Nur eine konkretere Formulierung des thematischen Ansatzes sowie des gedanklichen Aussagegehalts kann eine für die weitere Untersuchung produktive Funktion haben. Denn von ihnen her, beziehungsweise auf sie hin, rekonstruieren wir etwa die Konzepte, nach denen eine Geschichte organisiert ist (vgl. S. 137). Dabei ist es nicht ratsam, die Aussagen über das Thema mit solchen über die zeitgenössische oder aktuelle Geltung des Textes zu verwech-seln. Ähnlich wie bei der Frage nach Motiv und Fabel *abstrahieren* wir vom konkreten Inhalt und Eindruck des Werks, wo wir nach seinem Thema und seiner Aussage fragen. Literarische Texte lassen sich in ihrer Wirkung nur als symbolische *Handlungen* verstehen, in deren Realisierung die Rede von bestimmten Erklärungsweisen der Wirklichkeit einen gegebenenfalls begrenzten Effekt macht. Anders ausgedrückt: Der Aufklärung über das Verhältnis von Ge-schäft und Gewalt können auch Texte dienen, in denen von beiden gar nicht geredet wird. Orientierung im Widerstand gegen Faschis-mus und Krieg können nicht nur Texte anstoßen helfen, welche von Faschismus und Krieg sprechen. Insofern hatte Brecht guten Grund, gerade auf dem Höhepunkt des Krieges auch von Bäumen zu sprechen (zum Beispiel »Vom Sprengen des Gartens«, GBA 15, 89). Freilich bildet die jeweils aktuelle Bedeutung und Bedeut-keit des Themas oft einen wesentlichen Ansatzpunkt literarischer Wirkungen. Schließlich wird man sich auch davor hüten, einzelne Äußerungen, sentenzhafte Formulierungen etc. unumwunden mit der Aussage des Textes gleichzusetzen. Die ›Antwort‹ des Autors auf eine individuelle bzw. gesellschaftliche Herausforderung lässt sich nicht ohne weiteres an Figurenreden oder Erzählerkommentaren ablesen, sondern sie wird in einer gedanklichen Integration der Textstruktur ermittelt.

3.3   Strukturanalyse narrativer Texte

Die **Struktur narrativer Texte**, die das grundlegende Schema der
erzählenden und der dramatischen Literatur ist, hat Karlheinz Stierle (vgl. v.a. 1975a; 1977) beschrieben. Er entwickelte im Anschluss
an den französischen Strukturalismus und andere Texttheoretiker
ein differenziertes, handlungstheoretisch fundiertes **Textebenenmo-
dell**. Mit dessen Hilfe können die in der Literaturwissenschaft ge-
bräuchlichen Kategorien der Strukturanalyse, die Bauformen und
Darstellungsweisen der erzählenden und dramatischen Literatur,
übersichtlich geordnet und systematisch erörtert werden.

Der narrative Text ist die Manifestation der **Sprachhandlung
Erzählen**: »Jemand erzählt jemandem eine Geschichte«. Ich sehe
in diesem Zusammenhang davon ab, dass es in der Realität viele
unterschiedliche Formen dieser Sprachhandlung gibt und unterscheide in ihr zunächst zwei Ebenen, Erzähltes und Erzählvorgang,
welche bei den französischen Theoretikern als **Geschichte** (*histoire*)
und **Diskurs** (*discours*) unterschieden werden. Sie sind bei Stierle ergänzt durch die Kategorie **Geschehen**, so dass seine Formel
lautet: »Geschehen, Geschichte, Text der Geschichte«. Diese liegt
dem folgenden Modell zugrunde, dem ich die wichtigsten der
hier benutzten literaturwissenschaftlichen Begriffe zur Orientierung hinzufüge:

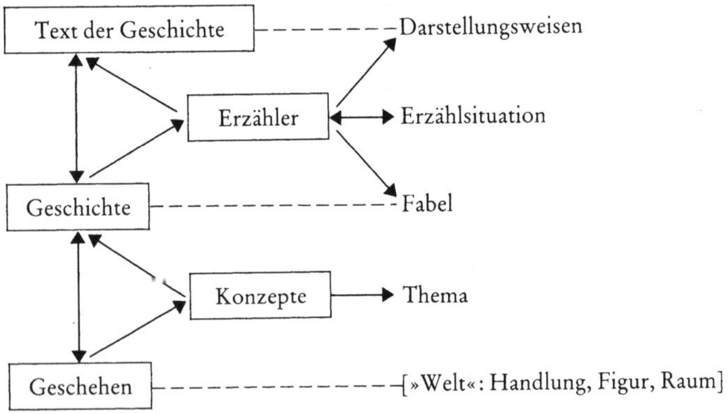

Abbildung 4: Ebenen des narrativen Textes

Ausgehend von einer Erfahrung, einer Folge von Ereignissen, einem
Stoff konzipiert der Autor eine **Geschichte**. Diese lässt sich syste-

matisch entwickeln aus der elementaren Struktur der Erzählung: Aus einem Zustand A wird durch das Ereignis (oder die Ereigniskette) B der Zustand C. Dabei bezeichnen A und C die Endpunkte einer zeitlich gerichteten Linie, die sich als begriffliche Opposition bestimmen lassen: im Prolog des *Dreigroschenromans* z.B. »lebend« vs. »tot«. Sind solche narrativen (das heißt konsekutiv festgelegten) Oppositionen geeignet, die zu einer Geschichte verknüpften **Geschehensmomente** auf der Linie der Diachronie (= Zeitfolge) zu ordnen, so haben literarische narrative Texte stets ein ganzes System von solchen Konzepten, welche in einer thematischen und motivlichen Korrelation stehen. So ließe sich das Romankapitel sicher auch im Hinblick auf die Paradigmata »Aufstieg vs. Abstieg«, »Glück vs. Untergang«, »Geschäft vs. Verbrechen« strukturieren, um nur die auffälligsten **Relevanzgesichtspunkte** zu nennen. Solche unterschiedlichen und in den Texten komplex vermittelten Oppositionen lassen sich zwar auf ideologische Kontexte beziehen, sind als solche jedoch nicht »zeitenthoben« vorgegeben (vgl. jedoch Ludwig 1982, 71). Sie müssen durch eine Interpretation des Texts evident gemacht beziehungsweise als textadäquat begründet werden. Die aus dem Text herausgelöste Geschichte, etwa die Nacherzählung auf S. 126, ist ein Modell des Textes, bei dessen Konstruktion die thematische Struktur *ausgelegt* wurde – das zeigt sich schon an der Formulierungsalternative »Bleibe« vs. »Anstellung«. Sicherlich geben viele literarische Werke ihre konzeptuell grundlegende Opposition schon im Titel (oder Motto) an (ebd., 74); man wird diese Aussagen jedoch nicht an die Stelle eigener Auslegung setzen dürfen.

Das **Konzept**, nach dem die Geschichte eines Textes synthetisiert ist, wird zu seinem eigentlichen Thema. Im fiktionalen Text hat dieses die Priorität vor dem Geschehen:

Der Sinn der Geschichte wird hier nicht mehr aus einem Geschehen abgeleitet, sondern unmittelbar vergegenständlicht. [...] Dennoch gilt auch hier, daß der fiktiven Geschichtsebene eine fiktive Geschehensebene implizit zugeordnet ist, auf deren Hintergrund das Verstehen angewiesen bleibt (Stierle 1975a, 53).

Im Verhältnis zwischen **Geschehen, Geschichte** und **Text der Geschichte** sieht Stierle (ebd., 50) eine dreifache Relation, aus der sich einige Folgerungen für die Auslegung narrativer Texte ergeben:

- Im Hinblick auf die **Fundierungsrelation**: wir setzen ein Geschehen voraus, imaginieren eine »Welt«, wo eine *Geschichte* erzählt wird und wir suchen eine Geschichte zu erkennen bzw.

zu rekonstruieren, wo wir vermuten, dass *erzählt* wird. Das
Letztere ist relevant bei narrativen Texten, in denen unmittelbar
keine diachronische Achse erkennbar ist.

- In der **hermeneutischen Relation** ist der Text als eine Interpretation der Geschichte, diese als eine Interpretation des Geschehens definiert. Wir erhalten dadurch die Möglichkeit, dem
  Text gegenüber als literarische Person eine eigenständige Rolle
  zu übernehmen und z.B. uns oder den Erzähler zu fragen, ob
  man die erzählten Vorgänge nicht auch ganz anders wahrnehmen, deuten und werten könne.
- In der **Dekodierungsrelation** schließlich ist die Anweisung an
  die Rezipienten enthalten, bei solchen distanzierenden Rollen-
  spielen auf dem Boden des Textes zu bleiben. Denn *nur* der
  Text macht die Geschichte sichtbar und *nur* die Geschichte
  macht das Geschehen sichtbar; an den spezifischen Zusammenhang zwischen der Zeichenfolge und dem Sinn bleibt die
  Textauslegung gebunden, wenn sie begründbare Aussagen an-
  strebt.

3.3.1 Fabelanalyse

Als **Geschichte** erzählender und dramatischer Texte beschreiben
wir den Gesamtvorgang zwischen dem ersten und letzten Satz,
genauer: dem ersten und letzten Handlungsmoment des Textes.
Ihre Expansion und die Darstellungsprinzipien werden erkennbar
im Verhältnis zum (voraussetzbaren) **Geschehen**. Dieses wird in
narrativen Texten unter dem Aspekt der Zeit organisiert. Die Verknüpfung von Geschehensmomenten zu einer Geschichte ist ohne
eine zeitliche Achse nicht denkbar. Hier ist die Grenze zwischen
dem narrativen und dem systematischen Text, z.B. einem Gedicht
oder Gedichtzyklus oder einer Reihe von Szenen wie in Brechts
Furcht und Elend des Dritten Reiches, sehr exakt zu ziehen. Der
Schriftsteller, der sich zum Erzählen entschließt, steht also vor
der Aufgabe,

seine Ideen und Meinungen, seine Raum- -und Charaktervorstellungen
in zeitliche Vorgänge, in Geschehen umzusetzen oder doch einzubetten,
wenn er sie *erzählbar* machen will (Lämmert 1955, 21).

Die Geschichte ist eine **Verlaufsgestalt**, eine Folge von Ereignissen, Handlungen und Begebenheiten in chronologischer Abfolge. Ihre »erzählerische Ordnung« hat Robert Musil beschrieben:
»Als das geschehen war, hat sich jenes ereignet« (Der Mann ohne

Eigenschaften, 1978, 650). Es ist im Übrigen für die Strukturanalyse völlig irrelevant, ob es sich bei dem Geschehen, welches
zur Geschichte wird, um tatsächliches oder erfundenes Geschehen
handelt.

Die Paraphrasierung der Geschichte aus dem Text der Geschichte kann zum Problem werden. Dies ist der Fall bei der
poetischen Sprachhandlung »unmögliche Geschichte«, das heißt
bei einer dargestellten Kette von Ereignissen, die sich nicht zur
Geschichte ordnen lassen, keine Geschichte werden, zum Beispiel
in Jürgen Beckers Text *Ränder* (1967).

Die **Fabel** als ein Hauptelement der Komposition ist im Unterschied zur Geschichte eine **Kunstgestalt**, ein Sinnzusammenhang auf der Ebene der Darstellung. Nach der Geschichte eines
literarischen Werks fragen wir: »Was ist geschehen?« Nach der
Fabel fragen wir: »Wie hängt das Geschehene miteinander zusammen?« Die Fabel ist relativ unabhängig von der gedachten bzw.
rekonstruierbaren Verlaufsform der Geschichte; sie verknüpft nicht
nach der Zeitfolge, sondern nach Ursache und Wirkung oder sie
suggeriert dies.

Mit der hier vorgeschlagenen Definition des Fabelbegriffs schlie-
ße ich mich Eberhard Lämmert (1955) an und unterscheide mich
vom Begriffsgebrauch der russischen formalen Schule (vgl. die
nützliche Darstellung der Terminologien bei Ludwig 1982, 65ff.,
und bei Martinez/Scheffel 2002, 26). Die Fabel ist eine »subjektive
Variante« (Stierle 1975a, 53) der Geschichte. Sie liegt im Drei-
Ebenen-Modell auf der gleichen Textkonstitutionsebene wie diese
und wird formal ununterscheidbar von ihr, wo strikt chronologisch
erzählt wird. In diesem Fall werden die Rekonstruktion der Fabel
und die der Geschichte zu einem identischen Analysevorgang. Aber
gerade die vielfältigen Möglichkeiten des sekundären Gebrauchs
von Schemata pragmatischer Sprachhandlungen in fiktionalen Texten und die ausgiebige Nutzung dieser Möglichkeiten besonders in
der modernen Literatur lassen eine terminologische Trennung als
angebracht erscheinen. Praktisch wird man nur dort unterscheiden,
wo die Rekonstruktion der »subjektiven Transformation« (ebd.) für
das Verständnis und die Auslegung des Textes notwendig sind. Die
Anwendung des entwickelten Begriffsinstrumentariums auf den
relativ einfachen Beispieltext hat demonstrative Funktion.

Die Verwandlung der Geschichte in die Fabel geschieht auf
der Ebene der **Erzählsituation** oder des »Diskurs 1«, unabhängig
davon, ob sich der Erzähler im Text bemerkbar macht oder nicht.
Anders ausgedrückt: Diejenige Instanz im Text, welche durch Auswahl und Anordnung aus einer Reihe von Geschehensmomenten

eine Geschichte macht und diese zur Bauform einer Fabel ordnet, konstituiert die Dimension des Erzählens.

Dies gilt zuallererst für die **Zeitgestaltung**. Ihre Untersuchung bildet daher den primären Ansatzpunkt der Fabelanalyse. Fabeln erzählender Texte unterscheiden sich von den ihnen zugrunde liegenden Geschichten vor allem durch die fast unbegrenzten Möglichkeiten in der Verfügung über die Zeit – der Dramatiker dagegen ist sehr viel stärker an die natürliche Chronologie gebunden (vgl. Pfister 1977, 327ff.). Die Möglichkeiten zur Verzerrung, Umstellung, Unterbrechung, Raffung, Dehnung der Zeitabläufe sowie zur Aussparung ganzer Zeitspannen von beliebiger Länge erklären sich aus dem besonderen **Verhältnis von Geschehen, Geschichte und Fabel:**

- Das der Geschichte zugrunde liegende, voraussetzbare **Geschehen** ist zerlegbar, sinnindifferent und kontingent. Es ist im Hinblick auf die Geschichte als ein »unabschließbares Feld von Darstellbarkeiten« definiert (Stierle 1975a, 50).
- Die **Geschichte** zerlegt das Geschehen in seine einzelnen Momente (wobei es keine untere Grenze der Verkleinerung gibt), wählt aus, setzte Anfang und Ende und strukturiert dadurch auf einen Sinn hin, dessen Basis ein konzeptuelles Verhältnis von Anfang und Ende bildet.
- Die **Fabel** als subjektive Aneignung und Darbietung der Geschichte bewegt sich (relativ) frei im Zeitkontinuum und im Raum der dargestellten Welt. In ihr werden die Geschehensmomente zu Sequenzen, diese zu Phasen eines Handlungsvorgangs modelliert, dessen Folge von der Logik des Erzählens und nicht vom Fortschreiten der Zeit bestimmt ist.

Der Erzähler überblickt die Geschichte als Ganzes, er kann die Sequenzen und Phasen, Stränge und Ebenen der Handlung *so* anordnen, wie es dem bestimmten Zweck seines Erzählens und seiner Wirkungsintention entspricht. Gegenüber der gleichmäßigen Sukzession des Erzähl- bzw. Lesevorgangs ist der erzählte Vorgang vielfältig gestaffelt und perspektiviert. **Handlungsebenen** in erzählenden Texten sind fast immer Zeitebenen, **Handlungsstränge** in Sequenzen und Phasen gegliedert nach zeitlichen Aspekten, während in dramatischen Texten auch der Raum eine besondere Bedeutung hat.

Die **Untersuchung des »Zeitgerüsts«** (Günter Müller) ist deswegen auch »der zunächst sicherste Weg, das Verhältnis von erzählter Wirklichkeit und sprachlicher Wiedergabe zu fassen« (Lämmert

1955, 23) und darüber hinaus ein geeigneter Boden für den Strukturvergleich verschiedener narrativer Texte. Das wechselnde Verhältnis zwischen **erzählter Zeit** (Dauer des Geschehens) und **Erzählzeit** (Dauer des Erzählvorgangs, objektiviert in Seiten- bzw. Zeilenzahl) lässt sich als eine Abfolge verschiedener Erzähltempi, das heißt als ein **Erzählrhythmus** beschreiben und bestimmt in hohem Maße die Kontur des Gesamtvorgangs im erzählenden Text. Der dramatische Text verfügt nur sehr eingeschränkt über die Möglichkeit einer Dehnung bzw. Raffung der Zeit; sein Darbietungstempo lässt sich jedoch analog als das Verhältnis von Handlungsfortschritt und Rede-Dauer (Textlänge) analysieren. Im Hinblick auf das Tempo der *schauspielerischen* Realisierung überschreitet die Frage nach der Zeitgestaltung den Bereich literaturwissenschaftlicher Interpretation.

Die **Untersuchung der Phasenbildung,** das heißt der zeitlichen Gliederung des epischen bzw. dramatischen Vorgangs entsprechend den hier aufgeführten Fragen, kann am Beispiel einer einfachen, einsinnig dargebotenen Handlung veranschaulicht werden, wie sie das herangezogene Romankapitel darstellt. Dabei werden die Eigenarten des Gesamtvorgangs herausgearbeitet, wie sie im Grundsatz auch an einsinnig dargebotenen umfangreicheren Texten aufgewiesen werden können.

Erzählt wird ein Abschnitt aus dem Leben des Soldaten Fewkoombey, von seiner Verwundung im Burenkrieg (eine indirekte Angabe über den Zeitpunkt, zu dem die Erzählung spielt) bis zu seinem Tod. Die erzählte Zeitspanne von knapp einem Jahr umgreift auch die gesamte Handlung des *Dreigroschenromans,* abgesehen von den im ersten und siebten Kapitel erzählten **Vorgeschichten** der Herren Peachum und Macheath. Anfang und Ende der Ereigniskette, Verwundung und Tod, stehen in einem zeitlich gerichteten, kausalen Verhältnis zueinander. Die paradigmatische Opposition »lebend« vs. »tot« wird entfaltet als ein Ablauf von Ereignissen, vermittelt durch die Geschehensmomente Kriegsverletzung, Konkurs und sozialer Abstieg. Die auch durch eine eigentümliche Erzählhaltung und Schreibweise erzeugte Doppeldeutigkeit weckt Spannung auf den Fortgang des Geschehens. Die Geschichte ist in chronologischer Reihenfolge erzählt. Die einfache Sukzession ist nur einmal durch eine **Rückwendung** durchbrochen, indem der Erzähler vom Ende der Geschichte her auf den Tag zurückblickt, an dem Fewkoombey in das Unternehmen Peachum eingetreten ist. Dieser letzte Absatz des Romanprologs dient einer **Kapitelverzahnung** und stimmt den Leser auf das folgende erste Kapitel mit der Vorgeschichte Peachums ein. Die einzelnen Phasen beziehungsweise Sequenzen der Handlung sind durch Zeitangaben so stereotyp voneinander abgetrennt, dass der Eindruck entsteht, der Erzähler wolle den erzählten Vorgang so durchsichtig wie irgend möglich anlegen.

Der deutliche **Wechsel im Erzähltempo** lenkt dabei die Aufmerksamkeit auf diejenigen Ereignisse, durch die der zunächst selbständige Soldat nach Verlust seiner Existenzgrundlage in die Abhängigkeit vom Unternehmer gerät. Die ersten reichlich vier Monate der erzählten Ereignisse werden auf 39 Zeilen abgehandelt, das letzte halbe Jahr auf 28 Zeilen. Die unerfreulichen Begegnungen des zum Bettler gewordenen Soldaten mit seinen Konkurrenten, deren mächtigstem er sich am Ende unterordnen muss, spielen sich in einem Zeitraum von ca. zwei Wochen ab, umfassen jedoch mehr als drei Viertel des Textes (280 Zeilen). »Eine Woche« bei Smithy wird auf wenigen Zeilen, die folgenden, in den Laden Peachums führenden Ereignisse auf mehr als zwei Seiten geschildert. Der durch einlässiges bzw. knappes Erzählen entstehende Rhythmus hebt auch innerhalb der einzelnen Handlungssequenzen die Mitteilungen des Erzählers über den Wissens- bzw. Erkenntnisfortschritt des Soldaten im Verhältnis zum äußeren Geschehen deutlich hervor. Die äußeren Gegebenheiten und Begleiterscheinungen seines sozialen Abstiegs, Hunger, Elend, Krankheit und Obdachlosigkeit, werden eher beiläufig erwähnt, während die zu seiner Belehrung gehaltenen Ansprachen in kursivem Schriftsatz in den szenisch dargebotenen Begegnungen mit Smithy und Peachum zusätzlich retardierend auf das Erzähltempo wirken. Es wird auf diese Weise anschaulich, wie sich in der Konturierung des epischen Vorgangs eine Haltung des Erzählers realisiert, die den Text perspektiviert und eine bestimmte Rezeptionshaltung bei den Adressaten erzeugen will.

Bei der Untersuchung komplexerer Bauformen bildet eine erste Unterscheidung der **Handlungsstränge**, der **Handlungs-** bzw. **Erzählebenen** sowie ihrer spezifischen Verknüpfung den Ausgangspunkt. Gefragt wird hier zuerst nach dem Umriss der unterschiedenen Handlungen, nach der Anordnung dieser zueinander und zur jeweiligen Haupthandlung, sowie schließlich nach dem Gewicht der einzelnen Stränge und Ebenen für Struktur und Bedeutung des Gesamtvorgangs. Solche Beziehungen sollen zunächst strukturell beschrieben und dann funktional gedeutet werden, indem man sie ins Verhältnis setzt sowohl zur vorab hypothetisch formulierten Textstrategie, als auch zur eigenen Lese-Erfahrung.

Dem einsinnig dargebotenen Handlungsablauf im Prolog steht im *Dreigroschenroman* selbst eine vielfach aufgesplitterte Handlungsführung gegenüber, deren Sequenzen sich um die Aktivitäten der Geschäftsleute Peachum und Macheath gruppieren. Werden die einzelnen Handlungsteile scheinbar unverbunden nebeneinander gestellt, so folgt die Schachtelung der beiden Handlungsstränge einem komplizierten Muster, dessen Erkennen dem aufmerksamen Leser Einblick in die Hintergründe, das heißt in den Gang der Geschäfte ermöglicht. Neben dem **Mittel des zeitlichen Vor- und Rückgriffs** bedient sich der Erzähler dabei auch der **Parallelisierung,** das heißt der sukzessiven Anordnung zeitgleicher Begebenheiten, indem er den für die Schürzung und Lösung der »Kriminalhandlung« entscheidenden 20. September zweimal nacheinander erzählt. Charakteristisch für die Bauform des *Dreigroschenromans* ist, dass diese verzweigte Handlung, in der wie bei einer »Fischgräte« (Arnold Zweig) alles auf genau kalkulierte Weise ineinander greift, kein erzähltes Detail überflüssig ist und dennoch der Eindruck einer lockeren Aneinanderreihung von Begebenheiten, Aktivitäten, Reflexionen vermittelt wird, deren Zusammenhang eben *nicht* »auf der Hand liegt«. Hier wird dem Leser eine hohe Kombinationsleistung abverlangt, welche den Rückschluss auf eine spezifische Gegenstandsauffassung und Wirkungsstrategie des Autors zulässt.

Unterschiedliche Handlungs- bzw. Erzählebenen können in einer syntagmatischen (zeitlichen) oder **paradigmatischen Anordnung** hierarchisch zueinander stehen. Während die in der aufbauenden Rückwendung erzählte Vorgeschichte des Macheath im 7. Kapitel ein Teil der Haupthandlung und damit der Erzählebene dieser Handlung ist, wird die Geschichte von der Einführung der Ehrlichkeit ins Geschäftsleben durch die Rothschilds (GBA 12, 456) von einer Romanfigur erzählt. Sie steht damit auf einer der Haupthandlung untergeordneten Ebene. Wieder auf einer anderen, nämlich auf der Ebene der Imagination einer Figur, spielt der »Traum des Soldaten Fewkoombey«, welcher den Epilog des Romans bildet.

Vorgestellte, erinnerte, geträumte, erzählte Geschichten in einer Geschichte sind ihrer Struktur nach als **Episoden** zu definieren, unabhängig davon, in welchem Verhältnis sie nach ihrer Länge und inhaltlichen Bedeutung zur Haupthandlung des Textes stehen. Ihrer Funktion nach dienen sie oft der näheren Charakterisierung von einzelnen Figuren, der Aufklärung des vielleicht dunklen Gesamtvorgangs in dramatischen Texten als **Mauerschau, Botenbericht** oder **Briefe** auch dem Handlungsfortschritt beziehungsweise der rückwendenden Begründung des dramatischen Konflikts. Durch sie wird, wenn sie nicht nur additiv hinzugefügt sind und damit dem Gesamtvorgang eine andere Kontur verleihen, vielfach die Darstellung auf ihre zugrunde liegenden Konzepte hin durchsichtig gemacht – wie in Fewkoombeys Traum mit der in ihm gegebenen Aufklärung über das Mehrwertgesetz. Die genannten Funktionen können im Roman und Drama auch von anderen Textsorten übernommen werden, ohne dass durch sie eine neue Handlungs- oder ErzähleBene konstituiert würde: im *Dreigroschenroman* zum Beispiel von den jeweils den Kapiteln vorangestellten Motti und Songs, soweit diese nicht selbst zum erzählenden Genre gehören.

Die aus der Figurenperspektive erzählten bzw. an Figuren ge- knüpften Geschichten können, obwohl sie der Haupthandlung untergeordnet sind, für den Gesamtvorgang dennoch eine tragende Bedeutung erlangen. So bilden die vielfältigen, in höchst unter- schiedlicher Weise eingebrachten Berichte über Begebenheiten aus der Geschichte der Klassenkämpfe in Peter Weiss' Roman *Die Ästhetik des Widerstands*, welche vielfach nicht nur erzählt, sondern diskutiert, reflektiert, durchgearbeitet werden, den Hauptinhalt dieses Romans. Dennoch kann man die alle diese Geschichten zusammenhaltende Geschichte des Ich-Erzählers nicht als eine **Rahmenhandlung** bezeichnen. Mit diesem Begriff ist eine Bau- form erzählender Texte bezeichnet, in der das Erzählen durch eine erzählte Figur in einer mehr oder weniger anschaulich gestalteten Sprechsituation die Haupthandlung einrahmt. Von einer Rahmen- handlung im prägnanten Sinne wird man nur sprechen, wenn die in der erzählten Situation erzählten Geschichten den räumlich überwiegenden, inhaltlich entscheidenden Teil des Textes ausma- chen. Hierbei perspektiviert die Rahmenhandlung, auch wo sie nur aus einem Satz am Anfang und Ende der erzählten Geschichte besteht, mehr oder weniger nachdrücklich die Binnenerzählung, während es z.B. bei Peter Weiss' Roman gerade umgekehrt ist. Hier geben die erzählten und reflektierten geschichtlichen Zusammen- hänge der Ich-Figur erst ihre Kontur.

Exemplarisch für die **syntagmatische Anordnung verschiedener Handlungsebenen** ist die Ich-Erzählung, bei der wir es immer mit zwei (oder mehr) zeitlich gestaffelten Ebenen zu tun haben, welche durch die Identität und Distanz von erzählendem und er- innertem Ich in einer vielfältig variierbaren Beziehung zueinander stehen. Hierbei ist die Kontur des epischen Vorgangs gleicherma- ßen bestimmt von der zeitlichen Differenz zwischen den Hand- lungsebenen wie von deren inhaltlicher Ausgestaltung. Geht man dabei – wie auch bei anderen Formen der zeitlichen Staffelung von Handlungen – von der Gegenwart der Haupthandlung aus, so erscheint die erzählte Vergangenheit des Erzählers als eine **Vor-**

zeithandlung (Lämmert 1955, 44). Den interessanten Fall einer in die Zukunft der Erzählergegenwart verlegten Handlung haben wir in der Schlusspassage der *Ästhetik des Widerstands* vor uns.

Auch im Hinblick auf die Handlungs- bzw. Erzähllebenen kommt es bei der Strukturanalyse wesentlich auf die Herausarbeitung der jeweils spezifischen **Verknüpfungsweisen** an. In welchem Verhältnis stehen die Ebenen zueinander, wie machen sie, in ihrer besonderen Konstellation, den Gesamtvorgang aus? Wie stellt sich diese Konstellation vom Erzähler aus dar, wie vom Leser aus gesehen? Diese verschiedenen Arten der Verknüpfung hat Eberhard Lämmert ausführlich behandelt (1955, 45–67); er unterscheidet additive, korrelative und konsekutive (kausale) Verknüpfungen im erzählenden Text.

Sukzession und Integration, »sukzessiver Aufbau« und »sphärische Geschlossenheit« (Lämmert) zusammen machen eine Reihe von Begebenheiten zu einem Erzählstoff. Erst als zeitlich geordnete Ganzheit, die dem Erzählvorgang vorausliegt (bzw. als ihm vorausliegend gedacht wird), konstituiert sich der erzählende Text. Der Integration kann eine die einzelnen Erzählteile zusammenhaltende Erzählperspektive dienen, aber auch eine Figurenperspektive, aus der heraus alles gesehen, erlebt, reflektiert wird. Anfang und Ende werden zuweilen zyklisch zusammengezogen, um die Aufmerksamkeit auf Verwandlung und Identität der dem Text zugrunde liegenden konzeptuellen Opposition zu lenken (vgl. Martin Walsers »Ein fliehendes Pferd«). Besonders wichtig für diese Integration sind **Vorausdeutungen und Rückwendungen**, in denen sich implizit die Verfügung des Erzählers über den gesamten Ablauf der Geschichte dokumentiert: seine Fähigkeit, die Ordnung der Zeit umzustellen, Späteres vorher zu erzählen, auszusparen usf. Scheinbar willkürlich fragmentierte Textstrukturen können thematisch oder allegorisch integriert sein.

Im Hinblick auf die moderne Erzählliteratur des 20. Jahrhunderts hat man vielfach von einer »**Entfabelung**« oder auch vom »**Tod des Erzählers**« (W. Kayser) gesprochen. Der avantgardistische Erzähltext – als Beispiele werden gerne die Romane von Joyce und Beckett, aber auch der »Noveau Roman« angeführt – erscheint als ein locker verbundenes Geflecht von fragmentarischen Berichten, Beschreibungen, Episoden, Reflexionen und sprachlichen Konfigurationen aller Art, deren Beziehung auf eine narrative Achse äußerst schwierig ist. In den Roman- und Erzähltheorien der »klassischen Moderne« wird dieser Formwandel als Folge einer epochalen Erkenntnis-, Sprach- und Darstellungskrise beschrieben. Theodor W. Adorno, in dessen Rundfunkvortrag von 1954 die literarischen Formen und Folgen dieser Krise exemplarisch zusammenfasst, sieht den »Standort des Erzählers im zeitgenössischen Roman« bezeichnet durch eine »Pa-

radoxie«: »es läßt sich nicht mehr erzählen, während die Form des
Romans Erzählen verlangt« (GS 11, 41). Die Wirklichkeit, auf die
sich Erzähltexte aber auch Theaterstücke dieser Art beziehen, gilt als
verdinglicht, unklar, nicht erkennbar; die Subjektivität des Autors
als entfremdet: »Zerfallen ist die Identität der Erfahrung, das in sich
kontinuierliche und artikulierte Leben, das die Haltung des Erzählers
einzig gestattet« (ebd., 306). Eine Geschichte lässt sich nicht mehr
erzählen, weil es keinen denkbaren Standort gibt, von dem aus die
Realität angeeignet und strukturiert werden könnte.

Die »Romankrise«, von der hier die Rede ist (vgl. Scheune-
mann 1973) hat – wie auch die Krise des Dramas um 1900 (vgl.
Peter Szondi 1956) – zu einer ganzen Reihe von »Rettungs-« und
»Lösungsversuchen« geführt, die für eine Analyse der Zeitstruktur durchaus unterschiedliche Relevanz haben. Sie sind etwa bei
Volker Petersen (1994, 36-45) als »Merkmale eines Formwandels
erzählender Wirklichkeitsaneignung« knapp und übersichtlich zusammengefasst und können – auch in Kombinationen miteinander – für die Strukturanalyse moderner Erzähltexte nützlich sein:

- Auflösung der biographischen Schürzung, Verschwinden des
  individuellen Helden;
- Gleichniserzählung;
- Epische Mikroskopie (hoher Aufwand von Erzählzeit für immer
  kürzere Abschnitte erzählter Zeit);
- Essayistisch-reflektierende Erörterung (statt) erzählter Verknüp-
  fungen;
- Ironische Distanzierung des Erzählers vom Erzählten (Ironie
  als Selbstaufhebung der Subjektivität);
- Entblößung des Gemachtsein der Fiktion in der Fiktion selbst;
- Techniken des *stream of conciousness* (Zurücknahme der Erzäh-
  lerposition in die isolierte Innerlichkeit der Figur);
- Montage nicht-fiktionaler Alltagstexte, Ausstellung gesellschaftlicher Denk- und Sprachformen;
- Reportageroman (Berufung auf die dokumentarische Wahrheit
  des Berichts).

Die für die »klassische Moderne« insgesamt typische Überlage-
rung des Geschehens und der Geschichte durch Reflexion und
Assoziationen, ihre Aufsplitterung durch einmontierte Bruchstücke
systematischer Texte und andere nicht-narrative Elemente führt an
die Grenze des Anwendungsbereichs narrativer Schemata. Die traditionelle Erzählweise mit dem Effekt von Kontinuität, Individua-
lisierung und kausaler Verknüpfung der Elemente und Fabelstränge
zu einer zeitlich geordneten Folge von Begebenheiten bildet dabei
in unterschiedlicher Weise den Horizont dieser »unmöglichen Ge-

schichten«: als das, was sie mehr oder weniger explizit voraussetzen und zugleich negieren.

Seit den 1970er Jahren gibt es zahlreiche Versuche, die Untersuchungsrichtungen und die Kategorien für die **Analyse der Zeitgestaltung** zu begründen und zu ordnen. Die erste umfassende Systematik entwarf Eberhard Lämmert (1955), dessen *Bauformen des Erzählens* (1955) zu Recht bis heute ein Standardwerk geblieben sind. Als maßstabsetzend für die Gegenwart muss wohl Gérard Genettes Buch *Die Erzählung* (1972, dt. 1994) gelten, das auf ganz anderer, nämlich strukturalistischer Grundlage eine umfassende, differenziert ausgearbeitete Erzähltheorie bietet, die aufgrund ihrer Komplexität und ihrer Terminologie allerdings einen sehr hohen Anspruch stellt. Die Systematik und wesentliche Begriffe von Genettes Arbeiten sind übersichtlich vergegenwärtigt in der *Einführung in die Erzähltheorie* von Matias Martinez und Michael Scheffel (1999, 3. Aufl., 2002), deren sehr nützliche Topik man zur Differenzierung und Vertiefung der Zeitstrukturanalyse nutzen kann.

Die **Analyse der Zeitstruktur** kann von folgenden Fragen ausgehen, die man für dramatische Texte entsprechend umformulieren muss:

1. Zu welcher Zeit spielt die erzählte Geschichte?
2. Wie lang ist die erzählte Zeitspanne insgesamt?
3. Lassen sich verschiedene Zeitebenen im Text feststellen; wie sind sie voneinander unterschieden bzw. abgegrenzt?
4. Gibt es explizite Zeitangaben oder müssen Angaben über die erzählte Zeit erschlossen werden?
5. Lassen sich verschiedene Phasen des erzählten Vorgangs unterscheiden; wie sind sie voneinander unterschieden bzw. abgegrenzt?
6. Wie verhalten sich die Phasen zu den Kapitel- und Bucheinteilungen bzw. zu Akt- und Szeneneinteilungen?
7. Wird die Geschichte in chronologischer Reihenfolge dargeboten oder gibt es Umstellungen der chronologischen Ordnung?
8. In welcher Reihenfolge werden die Geschehensmomente erzählt?
9. Wie ist der Wechsel im Verhältnis von erzählter Zeit und Erzählzeit (Tempowechsel) gestaltet?
10. Welche Teile bzw. Aspekte des Geschehens werden durch die Zeitgestaltung unterstrichen bzw. ›abgeblendet‹?
11. Gibt es relevante Zeitaussparungen?
12. Welche Vorausdeutungen bzw. Rückwendungen sind im Text vorhanden?

Zur Analyse der Zeitstruktur von Erzähltexten

1. Erzählter Vorgang und Erzählvorgang	
Chronologie	das Geschehen in natürlicher Reihenfolge
Sukzession	Abfolge des Geschehens im Erzählvorgang

2. Das Geschehen im Erzählvorgang	
einsinniges Erzählen	Sukzession ist gleich der Chronologie
umgestelltes Erzählen	Sukzession ist nicht gleich der Chronologie

einsträngiges Erzählen	der Text vermittelt einen Handlungsstrang
mehrsträngiges Erzählen	der Text verknüpft mehrere Handlungsstränge in abwechselnder Folge

3. Erzählte Zeit und Erzählzeit		
Erzählzeit		Zeit, die das Erzählen einer Geschichte beansprucht
erzählte Zeit	Dauer	Zeit, die eine Geschichte oder eine Phase dauert
	Zeitebenen	Zeitebenen, auf der bestimmte Teile der Geschichte spielen
Erzählergegenwart		Zeitebene, auf der die Geschichte erzählt wird

4. Erzähltempo	
zeitdeckendes Erzählen	erzählte Zeit = Erzählzeit (z.B. im Dialog)
zeitraffendes Erzählen	erzählte Zeit > Erzählzeit (z.B. im Bericht)
zeitdehnendes Erzählen	erzählte Zeit < Erzählzeit (z.B. im Bewusstseinsstrom)
Ellipse	erzählte Zeit = n – Erzählzeit = 0
Pause	erzählte Zeit = 0 – Erzählzeit = n

3.3.2 Erzählsituation

In dem »Spielraum vielfältiger Formen des subjektiven Innehabens der Geschichte oder des Verfügens über sie«, den Karlheinz Stierle (1975a, 53) als »Diskurs I« beschrieben hat, wählt und verwirklicht der Autor des narrativen Textes eine bestimmte **Darbietungsform**. Diese umfasst vor allem die poetische Produktion der Vermittlungssituation und der Vermittlungsinstanzen *im* Text, in der (und durch die) die zu erzählende Geschichte ihren Adressaten erreichen soll. In ihr verwirklicht sich die Intention des Autors vor allem durch **Perspektivierung des erzählten Vorgangs** und durch die sprachliche Realisierung einer bestimmten Haltung zu ihm.

Der literaturwissenschaftlichen Kategorie der Darbietung entspricht im rhetorischen Textmodell der Begriff der »Aktion«: Das Vortragen der ausgearbeiteten und auswendig gelernten Rede in der gegebenen Sprechsituation, für die sie entworfen wurde. Zu dieser Situation nimmt der Redner des rhetorischen Textmodells ein pragmatisches Verhältnis ein; er stellt sich in Gedankenauswahl, Gedankenführung und sprachlicher Ausformulierung seiner Rede auf den aktuell gegebenen Bezugsrahmen, den zu behandelnden Gegenstand, die Adressaten und ihre Erwartungen ein.

Anders der Autor eines fiktionalen Textes. Er kann nicht pragmatisch von einer vorab gegebenen Kommunikationssituation ausgehen, sondern er muss, wegen der unaufhebbaren Distanz zwischen Produktion und Rezeption der schriftlichen Rede, diese Situation in seinem Text mitliefern, soweit sie nicht ihrerseits institutionell abgesichert ist. Literarische Texte sind kommunikative Handlungen und sie bilden kommunikative Handlungen ab. Der **Erzählvorgang** – und damit die Sprechsituation des Erzählens: Jemand erzählt jemandem eine Geschichte – ist im fiktionalen erzählenden Text Bestandteil der literarischen Darstellung. Hieraus resultiert die relative Freiheit des Autors eines fiktionalen Erzähltextes gegenüber der je gegebenen Kommunikationssituation. Er kann die Darbietungsform, also vor allem die Sprechsituation und die perspektivierenden Instanzen, ›situationsunabhängig‹ wählen und ausgestalten. Der ihm gegebene Spielraum ist dabei bestimmt durch die Erreichbarkeit der Adressaten (im doppelten Wortsinn), durch die Möglichkeiten und Grenzen des gewählten Erzählgenres und durch seine Fähigkeit, den Leser durch die besondere Kunst seiner Darstellung zugleich für deren ›richtiges‹ Verständnis zu konditionieren. Unter diesem Aspekt erscheint die Kommunikation *im* Erzähltext als die zugleich komplexeste und schwierigste Form des kommunikativen Handelns überhaupt.

Die Literaturwissenschaft hat diese Fragen eines »sekundären Gebrauchs« pragmatischer Sprachhandlungen vor allem in denjenigen Kategorien modellhaft beschrieben, welche die **Position des Erzählers im narrativen Text** beschreiben. Sie behandelt die spezifischen Darbietungsprobleme literarischer Texte nicht zufällig vorzugsweise anhand derjenigen Gattung, in welcher sie am reinsten ausgeprägt sind. Denn der erzählende Text muss seine Kommunikationssituation auf der Basis der geltenden literarischen Konventionen vollständig immanent aufbauen, während der dramatische Text auf eine Realisierung durch andere, vom Autor getrennte Instanzen – Regisseur, Schauspieler, Bühnenapparat – angelegt ist.

Methodischer Ausgangspunkt einer Untersuchung der Darbietungsform von Erzähltexten ist die Tatsache, dass der narrative Text verschiedene **Kommunikationsebenen** aufweist, die je für sich und in ihrem Verhältnis zueinander beschrieben werden müssen. Zur Differenzierung und genaueren Kennzeichnung dieser »Kommunikationsniveaus« (Kahrmann 1977; 1, 40ff.) sind in der literaturwissenschaftlichen Diskussion eine ganze Reihe von teilweise divergierenden Ansätzen und Modellen entworfen worden, deren meist unterschiedlicher Begriffsgebrauch zusätzlich verwirrend wirkt (vgl. Ludwig 1982, 51ff.; H. Link 1980, 25; Kahrmann 1977, 214ff.). Einigkeit besteht hinsichtlich einer Unterscheidung von **textexterner** Kommunikation mittels literarischer Werke und **textinterner** Kommunikation *im* literarischen Werk. Die letztere muss als eine Struktureigenschaft des fiktionalen Textes beschrieben werden. Das Kommunikationsmodell des literarischen Erzählens wird sehr viel übersichtlicher, wenn man sich – im Blick von der literarischen Praxis her – dazu entschließt, die tatsächlich vorhandenen **Ebenen** der Kommunikation von den **Instanzen** zu unterscheiden, die in den Texten vorkommen beziehungsweise zum Zweck bestimmter analytischer Operationen angenommen werden müssen. Unter dieser Voraussetzung spreche ich von **drei verschiedenen Kommunikationsebenen im Erzähltext:**

- der erzählende literarische Text ist eine poetische Sprachhandlung, durch die ein **Autor** eine **reale Kommunikation** zu einem Adressaten bzw. Publikum aufzubauen sucht, auf den bzw. das sich seine Intention bezieht;
- der erzählende literarische Text baut eine von dieser poetischen Sprachhandlung umgriffene **fiktionale Kommunikationssituation** auf, in der ein **Erzähler** einem Leser/Hörer eine Geschichte erzählt;
- im erzählenden literarischen Text findet eine in vielfältigen Formen dargestellte **fiktive Kommunikation** zwischen **Figuren** statt.

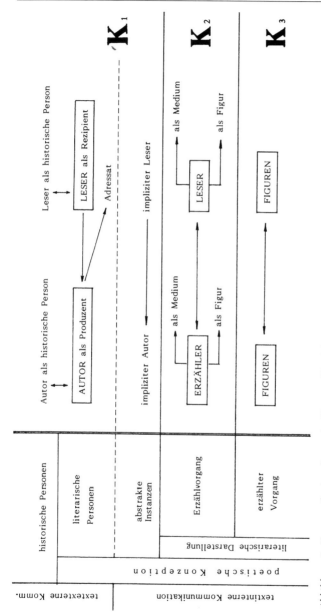

Abbildung 5: Kommunikationsebenen des Texte und im Text

Wenn man die sinnvollerweise zu unterscheidenden Instanzen einbezieht, ergibt sich etwa das folgende Bild (s. S. 151):

Zur Erläuterung: Der **Autor als Produzent** ist eine Instanz im Diskurs der Literatur. Er schafft das literarische Werk, indem er den Text schreibt. Er ist im Text anwesend durch die Buchstaben (indem er z.B. einige Partien kursiv drucken lässt), den Titel des Werks, die Kapiteleinteilung und -überschriften, vorangestellte Gedichte und Motti, Abbildungen. Manchmal tritt er mit seinem Namen im Buch auf. Er entwirft die poetische Konzeption des Werks, das heißt er baut auch die fiktionale Kommunikationssituation auf, innerhalb derer er einen Erzähler einem Leser die Geschichte erzählen lässt. Er ist im Prozess der Rezeption immer »er selbst und ein anderer« (Weimar 1980, 83ff.), das heißt literarische Instanz und historische Person zugleich. Seine kommunikative Handlung richtet sich auf den Adressaten, denn seinen wirklichen Rezipienten kennt er nur selten.

Der **implizite Autor und der implizite Leser**, bei Klaus Weimar auch als Autor bzw. Leser *im Text* bezeichnet (1980, 136/156), sind abstrakte Instanzen. Die Begriffe wurden entwickelt, um innerhalb rezeptionsästhetischer Untersuchungen den »Aktcharakter des Lesens« (Iser) und des Schreibens bezeichnen zu können. Sie stellen Hinsichten des Lesers auf den Text dar, und ihre Relation ist komplementär zu sehen in der Beziehung zwischen Autor und Adressat.

Der **Erzähler** erzählt einem **Leser** oder Hörer die Geschichte und konstituiert dadurch den Erzählvorgang. Er bewegt sich innerhalb der vom Autor eröffneten fiktionalen Kommunikation und ist, mit seiner erzählenden Tätigkeit, Bestandteil der literarischen Darstellung. Er ist im Text vertreten durch die Auswahl, Anordnung und Bedeutung der Wörter, als Bezugspunkt der Tempora und Pronomina (Weimar 1980, 133ff.) und er ist in diesem Fall nur indirekt, als ein Medium des Erzählvorgangs wahrnehmbar. Er kann aber – wie der Leser – auch als fiktive Figur (auf einer eigenen Erzählebene) auftreten und ist dann vertreten durch das Pronomen »ich« und die entsprechenden Verbformen (ebd., 136).

Die Kommunikationsebene, auf welcher der Erzähler eines narrativen literarischen Textes agiert, nenne ich die **Erzählsituation** und stelle die im Folgenden verwendeten Kategorien des Erzählens in der auf S. 153 abgedruckten Tabelle übersichtlich zusammen.

Zur Analyse der Erzählsituation
(»Kategorien des Erzählens«)

Erzählform	Ich-Erzählung: der Erzähler tritt als handelnde Figur auf	Er-Erzählung: der Erzähler tritt nicht als handelnde Figur auf

Erzählerstandort (Blickpunkt) (point of view)	räumlich	bei der Figur	nicht bei der Figur
	zeitlich	**gleichzeitig** (vision avec) meist im Präsens	**nicht gleichzeitig** (vision par derrière) meist im Präteritum

Erzählperspektive	Innensicht (internal point of view) der Erzähler teilt die Gedanken und Gefühle der Figuren mit	Außensicht (external point of view) der Erzähler teilt die Gedanken und Gefühle der Figuren nicht mit

Erzählverhalten	*auktorial*: der Erzähler akzentuiert seine eigene Sicht
	neutral: der Erzähler tritt ganz in die Darstellung zurück
	personal: der Erzähler wählt die Optik einer Figur

Erzählhaltung	eine Einstellung ist nicht erkennbar	eine Einstellung ist erkennbar (kritisch oder unkritisch, ironisch, pathetisch, sarkastisch, naiv u.a.)

In die zum Teil verwirrende Vielfalt der Begriffe, mit der die Literaturwissenschaft diese Kommunikationsebene beschreibt, hat Jürgen H. Petersen einige Ordnung gebracht. Ich folge daher seiner Darstellung, mit einer Ausnahme: das betrifft den Ausdruck Erzählsituation selbst. Petersen spricht vom »Erzählsystem« als einer »Verknüpfung bestimmter Erzählschichten, die das jeweilige Gesicht einer epischen Passage prägen« und verweist zu Recht darauf, dass die einzelnen Kategorien dieses Systems funktional aufeinander bezogen sind, jedoch *nicht* auseinander ableitbar (1977, 194). Es ist ihm auch darin zuzustimmen (ebd., 186), dass der Terminus »Erzählsituation« *in* einem solchen erzähltheoretischen Beschreibungssystem nicht verwendet werden soll; aber er wird, eben weil er so komplex ist, als Terminus *für* dieses in Frage kommen. Denn die handlungstheoretische Kategorie für diese Dimension des »Diskurs I«, das heißt diejenige Ebene, auf welcher sich der Erzählvorgang abspielt, ist die Sprechsituation: die **Erzählsituation** ist eine **fiktionalisierte Sprechsituation des Erzählens**.

Erzählsituation meint also die aus dem Text erschließbare Gesamtheit jener Bedingungen, unter denen erzählt wird. Diese Situation ist entweder im Text vergegenständlicht, dann sprechen wir von **Erzählergegenwart**, oder sie ist nur in der sprachlichen Form erschließbar. Auf diese Weise lassen sich für die Zwecke der methodischen Interpretation die Kategorien des Erzählens als ein sachlich wie begrifflich präzises Instrumentarium verwenden. Denn sie haben ihren Maßstab nicht nur in der Brauchbarkeit für die Beschreibung der Texte, sondern auch in ihrer Fundierung in handlungstheoretischen Kategorien. Diese fungieren, anders gesagt, als ein formales Paradigma, auf das die im Test gestaltete Erzählsituation analytisch bezogen werden kann.

Wichtig für die exakte Untersuchung der Erzählsituation ist zunächst die Bestimmung ihres Verhältnisses zur erzählten Geschichte selbst. Ich habe darauf hingewiesen, dass das **Verhältnis zwischen Erzähltem und Erzählen** für die Kontur des epischen Vorgangs von erheblicher Bedeutung ist. Schematisch kann man für dieses Verhältnis zwei Pole angeben: Entweder wird der Erzählvorgang zu einer ungegriffenen Möglichkeit; die Erzählsituation bleibt vollkommen implizit und der erzählte Vorgang steht beherrschend im Vordergrund. Oder es dominiert der Erzählvorgang über das Erzählte: Dies ist vorstellbar als eine »unmögliche Geschichte«, in der etwa die Unmöglichkeit des Erzählens und die Versuche der Überwindung der dem Erzählen entgegenstehenden Hindernisse zum Erzählgegenstand werden (vgl. Stierle 1975a, 54). Das Verhältnis von Erzählvorgang und erzähltem Vorgang birgt also unbegrenzte Möglichkeiten der Situierung und Charakterisierung eines Erzählermediums beziehungsweise eines Erzählers.

Der folgende Versuch, die **Elemente der Erzählsituation** (Erzählergegenwart) zu veranschaulichen, hat systematischen Charakter. Bei der Interpretation wird man sich von inhaltlichen Auffälligkeiten leiten lassen und die Elemente der Erzählsituation in ihrem Zusammenhang und ihrer Funktion für den Aufbau des epischen Vorgangs, der Perspektivierung und Sinngebung des erzählten Geschehens herausarbeiten. Vielfach empfiehlt es sich auch, die genauere Untersuchung der Erzählergegenwart mit einer Analyse der Schreibweise zu verbinden; denn die unterschiedlichen Darstellungsweisen wie Bericht, szenisches Erzählen, Kommentar, Figurenrede, innerer Monolog, erlebte Rede u.a. sind sehr eng an den Charakter der Erzählsituation geknüpft.

Die **Erzählform** ist das personale Verhältnis Erzähler-Erzählgegenstand, unabhängig davon, ob beides, eines von beiden oder keines fiktiv ist. Die **Ich-Erzählung** baut auf der Identität und der Differenz auf, die zwischen der Erzählergegenwart und Handlungsgegenwart, das heißt dem erzählenden (erinnerndem) und dem handelnden (erinnerten) Ich besteht. Weil dies so ist, hat der Ich-Erzähler Personalität, unabhängig davon, wie ausdrücklich er sich im konkreten Text ins Spiel bringt, wie handlungsreich oder handlungsarm die Erzählergegenwart ausgestattet ist. Der Ich-Erzähler ist Teilnehmer der dargestellten Ereignisse und Erzähler zugleich, von ihnen entfernt aber doch mit ihnen verbunden. Deswegen ist jeder Satz seiner Rede »bipolar« (Petersen), charakterisiert zugleich den Redenden und den Gegenstand der Rede.

Die formale, etwas abstrakte Definition der »Personalität« des Ich-Erzählers lässt sich durch eine weitere Überlegung inhaltlich konkretisieren. So wie der Ich-Erzähler Teilnehmer der dargestellten Ereignisse ist, so wird er durch diese als Person identifiziert und konturiert. Im Gegensatz zum Er-Erzähler hat er eine eigene »Geschichte«. Zu dieser gehören auch die meist nicht erzählten aber voraussetzbaren Ereignisse zwischen dem erzählten Vorgang und der Erzählergegenwart. Der Ich-Erzähler erscheint in ganz spezifischer Weise als »historische Person« weil seine Erzählung – als Akt des Eingedenkens und Erzählens – in den Horizont der Erzählung – als erzählte Geschichte – gerückt und dadurch auf unvergleichliche Weise motivierbar ist. Was in der erzählten Geschichte spricht dafür, dass sich das Ich soundsoviel Jahre später auf diese besondere Weise an die Ereignisse erinnert?

Der **Er-Erzähler** hat keine Personalität und wird deswegen häufig auch als Erzähler-Medium bezeichnet.

Personalitätslosigkeit meint nicht Objektivität und Neutralität oder gar Farblosigkeit, sondern die Tatsache, daß das erzählende Medium nicht als Person in das Bewußtsein des Lesers tritt, keine Charaktereigenschaften gewinnt, nicht als Figur vor das (innere) Auge kommt (Petersen 1977, 176).

Der Er-Erzähler wird für den Leser als Person nur dort greifbar, wo er von sich erzählt. Dann haben wir es aber mit zwei verschiedenen Handlungsebenen zu tun, deren übergeordnete eine Ich-Erzählung ist. Die Erzählergegenwart wird in diesem Falle zu einer eigenen Handlungsebene mit einem erzählenden und einem erzählten Ich. Der Er-Erzähler erzählt nur von anderen, auch wo er »Ich« sagt, beziehungsweise sagen kann, etwa wenn der Erzähler des *Dreigroschenromans* von sich und seinen Adressaten als von »*uns* Bücherkäufern« redet (GBA 16, 128). Ein solcher Er-Erzähler setzt sich damit allerdings auch in ein kategorial anderes Verhältnis zur erzählten Geschichte.

Mit der Frage nach der Erzählform eng verbunden ist die nach der Authentizität der Darstellung. Ist es einerseits grade an der Ich-Erzählung unmittelbar evident zu machen, dass Autor und Erzähler nicht identisch, sondern methodisch zu unterscheiden sind, so ist ichhaftes Erzählen andererseits ein Mittel der Beglaubigung: Es vermittelt den Schein authentischer Erzählung von wirklichen Erfahrungen. Andererseits kann der Versuch, die eigene Vergangenheit zu erzählen, von der Überzeugung oder der etwa im Verlauf des Erzählvorgangs entstehenden Einsicht bestimmt sein, dass unsere eigenen Erfahrungen eben *nicht* fraglos zugänglich sind, sondern dass wir sie genau so mühsam aneignen müssen wie fremde. Das führt unter anderem zu ausführlichen Reflexionen über die Struktur der Erinnerung, zum Beispiel in Martin Walsers *Kristlein-Trilogie*, oder zum Erzählen von sich selbst in der dritten Person, zum Beispiel in Christa Wolfs *Kindheitsmuster* oder, in ganz anderer Weise, in der *Blechtrommel* von Günter Grass.

Der **Erzählerstandort** (Point of view, Blickpunkt) bezeichnet das räumliche Verhältnis des Erzählers zu den erzählten Vorgängen:

Wie nahe kommt der Erzähler den Gestalten und Geschehnissen, erblickt er die Ereignisse nur von weitem, erkennt er sie nur ungefähr, oder rückt er so eng an sie heran, dass er sie detailliert beschreiben kann? Bindet er sich an eine Figur, das heißt wählt er seinen Standort immer dort, wo sich eine bestimmte Person befindet, oder behält er einen Abstand, der ihn einen allgemeinen Überblick verschafft? (Petersen 1977, 181).

In unserem Romankapitel befindet sich der Erzähler räumlich gesehen nahe bei der Figur; er blickt mit ihr auf das Geschehen, allerdings mit zwei aufschlussreichen Ausnahmen. Der Anfang des Kapitels erscheint aus größerer Distanz gesprochen; Fewkoombey wird zweimal auffallend allgemein als »der Käufer« und als »der Mann« bezeichnet und am Schluss dieser ersten Handlungsphase fällt ein sehr panoramischer Blick gewissermaßen aus großer Höhe auf den »endlosen Zug der Elenden, den der Hunger Tag und Nacht durch die Straßen der Hauptstadt der Welt spült«.

Vom Einsatz der zweiten Erzählphase an, der aus diesem Grunde auch als besonders markierter Einschnitt bewusst wird, befindet sich der Standort des Erzählers stets nahe bei der Figur. Dieser Eindruck wird zunächst durch die Einlässlichkeit und Detailliertheit der Darstellung vermittelt. Später heißt es, den Standort des Erzählers eindeutig fixierend, dreimal »hier«: Der Erzähler steht neben dem Soldaten und blickt in Richtung Herrn Peachums. Zuvor war (und dies ist die zweite Ausnahme) noch einmal eine Ortsbeschreibung aus größerer Distanz gegeben worden, wohl mit der Absicht, den Leser jetzt schon mehr über Peachums Unternehmen wissen zu lassen: »In dem alten Fachbau, der drei ganz geräumige Häuser mit zwei Höfen umfaßte, waren ...«. Der Erzähler bemüht sich hier allerdings, seinen besseren Überblick nicht als ein Besser-Wissen hervortreten zu lassen: »und vor allem gab es *irgendwo* hier eine Kartothek ...« (Hervorhebung J.S.).

Der Eindruck der Nähe im Verhältnis Erzähler – Figur wird natürlich dadurch verstärkt, dass der Leser über die Gefühle, Einstellungen und Gedanken des Soldaten etwas erfährt. Mit der Frage nach der Vertrautheit bzw. Unvertrautheit des Erzählers mit den inneren Vorgängen der Figur(en) ist die Kategorie **Erzählperspektive** angesprochen. Perspektive und Standort des Erzählers gehören sehr eng zusammen, sind jedoch nicht dasselbe und auch nicht auseinander ableitbar. Nach dem Erzählerstandort fragen wir: »Wo steht der Erzähler und was sieht er von dort aus?« Diesem Begriff entspricht in der Filmtechnik der Begriff der Einstellung der Kamera auf das filmische Objekt, die Abbildungsgröße in Relation zum Bildrahmen (Totale, Nahaufnahme, Ausschnitt, Großaufnahme usw.). Was die Filmkamera *nicht* kann, nämlich durch die Oberfläche hindurch in die Figuren hineinsehen, kann der Erzähler; wir nennen es die Erzählperspektive der **Innensicht** im Gegensatz zur **Außensicht**.

Durch die Wahl dieser Erzählperspektive ist es dem Erzähler in unserem Beispiel möglich, dem Leser einen lebendigen Eindruck vom Lernprozess des Soldaten Fewkoombey zu vermitteln:

Er schämte sich [...] Das Betteln wurde ihm schwer[...] Schuldbewußt
wie er war[...] Langsam ging es Fewkoombey auf [...] Er verspürte jedoch
keine besondere Lust [...] Er wußte nicht [...] Er kam zu der Überzeugung
[...] Er fühlte [...] Er begriff noch keineswegs.

Nicht identisch mit der Innensicht, aber vom Erzähler gezielt ein-
gesetzt zur Vermittlung eines Eindrucks von Vertrautheit mit der
Hauptfigur ist das **personale Erzählverhalten**. Es besteht darin, dass
der Erzähler seine Aussagen an die Optik der Figur bindet; er sieht
gewissermaßen mit ihren Augen: »Langsam ging es Fewkoombey
auf, dass die Überfälle mit seiner Bettelei zusammenhängen *müßten*«
– rein aus der Sicht des Erzählers müsste es heißen: »zusammenhin-
gen«. Solche Indizien für das personale Erzählverhalten sind auch
die anderen Unsicherheiten der Figur bei der Wahrnehmung und
Einschätzung der Geschehnisse: »*Irgendwie* sahen sie alle elender
aus als er«; und: »der entsetzliche und erbarmungswürdige Sitz war
aber *anscheinend* nicht Allgemeingut«.

  Besonders wichtig für die Beurteilung des Erzählverhaltens sind
die Darbietungsweisen des inneren Monologs und der erlebten
Rede. Im **inneren Monolog** spricht die Figur zu sich selbst:

Er [Peachum] fuhr schweißbedeckt aus den Decken hoch: »O, ich verdammter Dummkopf! Ich bringe mich noch unter die Brückenbögen!
Wie konnte ich mit einem Mann ein Geschäft machen, dem ich nicht
den Hals abdrehen kann?« (GBA 16, 46).

In der **erlebten Rede** gibt der Erzähler mit seinen eigenen Worten
(im Präteritum und in der 3. Person), aber aus der Optik der Figur
deren Gedanken wieder: »Das Betteln wurde ihm schwer. Das war
der Beruf für diejenigen, die nichts gelernt hatten ...«. Es wird
an diesem Beispiel zugleich deutlich, dass das Identifizieren eines
Textabschnitts als erlebte Rede oft die Kenntnis des Kontextes
voraussetzt. Der zitierte Satz muss identifiziert werden als zwar mit
den Worten, aber nicht aus der Sicht des Erzählers gesprochen.
Diese Interpretation wird zunächst nahe gelegt durch den direkt
folgenden Satz: »Nur wollte auch dieser Beruf anscheinend gelernt
sein« und gestützt durch den die – abweichende – Sicht des Erzählers markierenden Satz: »Es wurden keinerlei Versuche mehr
angestellt, aus ihm einen einigermaßen leistungsfähigen Bettler zu
machen. Die Fachleute hier hatten auf den ersten Blick erkannt,
daß er es soweit niemals bringen würde«.
  Auktoriales Erzählverhalten besteht darin, dass sich die Sehwei-
se des Erzählers geltend macht, indem dieser durch Kommentar
– »wie das in engen Wohnungen eben geht« –, Bezugnahme auf
die Erzählsituation – »uns Bücherkäufern« – und in anderer Form

Stellung nimmt bzw. sich als »persönliches Medium« kundtut. Ein eindeutiges Indiz für auktoriales Verhalten ist die Erzählerreflexion auf etwas Irreales: »Wäre Fewkoombey von einem Volkszählungsbeamten gefragt worden ...«. In der gleichen Weise auktorial sind Urteile wie das folgende: »Dann sollte er auf *eigentümliche Weise* dieses *spärlich gewordene* Leben verlieren«. Es ist auffällig, dass sich der Erzähler bemüht, das auktoriale Erzählverhalten nicht zu sehr dominieren zu lassen: an einer ganz analogen Stelle ganz am Anfang versäumt er es nicht, durch Hinzufügen eines Nebensatzes die im Ansatz auktoriale Erzählerreflexion in eine Darbietungsweise des **neutralen Erzählverhaltens**, den Bericht, zu verwandeln, der jede Kommentierung und Wertung vermeidet: »Der Käufer hätte das, *wie man ihm sagte*, aus den Büchern leicht erkennen können ...« (Hervorhebung J.S.). Generell verhält sich der Erzähler neutral, wenn er sich vollständig in der Darstellung zurücknimmt und weder die Sicht einer Figur noch die eigene Sicht auf die Dinge durchscheinen lässt.

Die Erfahrung in Seminardiskussionen gibt Anlass, an den formalen Status der hier erläuterten Kategorien in der Strukturanalyse zu erinnern. Die Rede von »der Vertrautheit bzw. Unvertrautheit des Erzählers mit den inneren Vorgängen der Figur(en)« (s.o., S. 157), ist streng genommen irreführend. Es kommt nämlich bei der Beschreibung der Erzählsituation nicht darauf an, was der Erzähler *weiß*, sondern auf das, was er seinen Adressaten *mitteilt*, beziehungsweise auf das, was er sie *wissen lässt* oder was er ihnen *zu verstehen gibt*. Auch tut man gut daran, den Erzähler nicht zu sehr zu substanzialisieren. Das gilt unbedingt für das Erzählverhalten, aber auch schon für die Erzählform: Ist der Erzähler der *Blechtrommel* ein Ich-Erzähler oder ein Er-Erzähler? Indem wir die prinzipiell unbegrenzte Verfügbarkeit des Geschehens im Erzählen berücksichtigen, formulieren wir etwa: »Der Erzähler verhält sich hier auktorial, hier personal; er tritt hier als Ich-Erzähler in Erscheinung, dort als Er-Erzähler«.

Als **Erzählhaltung** bezeichnen wir die Einstellung des Erzählers gegenüber den Begebenheiten und Figuren, nun nicht im technischen, sondern im psychologischen Sinne. Sie kann sich implizit in einer besonderen erzählerischen Anordnung der Fabelelemente bzw. einer spezifischen Art der Darstellung äußern, die dann »für sich spricht«. Sie äußert sich jedoch auch explizit als besonderer Tonfall, als kritische, pathetische, ironische, affirmative Färbung der Erzählerrede. So erhält der Text unseres Romankapitels schon durch die Kombination von Überschrift und Motto eine hintergründige, latent bedrohliche Note. Die bereits analysierten

Wahrnehmungsunsicherheiten des Soldaten lassen die dargestellten Begebenheiten in einem zweideutigen Licht erscheinen, indem der Erzähler die Differenz zwischen der tatsächlichen Lage des Helden und seiner Selbsteinschätzung zunächst versteckt, dann zunehmend deutlich markiert. Dies geschieht jedoch, wie wir sahen, nicht durch auktorialen Erzählereingriff, sondern durch einen – vielleicht erst bei der zweiten Lektüre bemerkten – sarkastischen Unterton der Erzählerrede, besonders in den Mitteilungen über Fewkoombeys Gedanken: »Er verspürte keine besondere Lust ... Er fühlte, diese Stellung war ein Fortschritt ...«. Und während der Erzähler bei den Vorgängen in Peachums Haus zunächst noch eine Erklärung für Fewkoombeys Selbsteinschätzung liefert – »er war zu zermürbt, um nicht einzusehen, dass es ein Glück für ihn wäre, hier einzutreten« –, ist seine Distanz unüberhörbar, wo er das spärliche Leben unter den Hunden beurteilt, für das der Soldat engagiert wird: »Er hatte Glück gehabt«. Spätestens hier, am Ende des Prologs, hat sich der Erzähler des *Dreigroschenromans* seiner Haltung nach eindeutig als Satiriker identifiziert.

3.4　Strukturanalyse lyrischer Texte

Die Struktur des lyrischen Textes als Einheit einer poetischen Sprachhandlung beruht auf dem fiktionalen Gebrauch, aber auch auf der problematisierenden »Transgression« (Stierle 1979) der Schemata pragmatischer Sprachhandlungen, von denen für die nicht-erzählende Lyrik das **Textschema der Beschreibung** das wichtigste ist. Das bedeutet zunächst, dass diese Texte nicht als Manifestationen einer zeitlich strukturierten, von einem Erzähler dargebotenen Geschichte verstanden werden können. Ihre Einheit beruht vor allem auf einem hohen Maß an formaler Geschlossenheit und kann verstanden werden als thematische Kohärenz simultaner Bedeutungen und Kontexte, als deren Fluchtpunkt die – wie immer problematische – Identität eines lyrischen Subjekts vorgestellt wird. Beide Aspekte zusammen machen das aus, was wir den **Bildcharakter lyrischer Texte** nennen können. Es herrscht in ihnen eine virtuelle Gleichzeitigkeit vielfältiger Bedeutungsebenen und -elemente, wodurch vor allem in kürzeren lyrischen Texten eine »intensive Dynamik« (Stierle 1975b, 362) entsteht, das heißt eine besonders hohe Komplexität der Bedeutungsrelationen und Kontextbezüge. Sie sind, mit einem treffenden Ausdruck von Jürgen Link (1981, 202) als **überstrukturierte Texte** zu bestimmen.

Diese Definition basiert auf der sprachwissenschaftlich begründeten Annahme, dass die Bedeutung von Texten überhaupt auf der Interferenz unterschiedlicher Strukturen beruht, die sich im sprachlichen Material ›überlagern‹. Man unterscheidet in der Sprache drei Strukturebenen, deren Ausprägung je für sich und deren Beziehungen zueinander die Bedeutungen des Textes wesentlich bestimmen. Es sind dies: die Ebene der **sprachlichen Signifikanten**, auf der beim lyrischen Text die lautliche Gestalt sowie Metrum, Rhythmus und Strophenbildung untersucht werden, die Ebene der **Denotation**, das heißt der manifesten Bedeutungen und schließlich die verschiedenen Ebenen der **Konnotation**, der assoziierten Bedeutungen.

Der »überstrukturierte Text« ist dadurch charakterisiert, dass er, bildlich gesprochen, »neben sinnvollen ›horizontalen‹ (syntagmatischen) Bezügen sinnvolle ›vertikale‹ Bezüge zwischen den einzelnen Ebenen« aufweist (J. Link 1981, 202). Diese Bestimmung hat formalen Charakter. Sie trifft für viele andere, literarische und nicht-literarische Gattungen und Genres von Texten auch zu, hat jedoch für lyrische Texte und ihre Analyse eine besondere Bedeutung, weil sich diese, im Unterschied etwa zu gereimten Werbe-Slogans, nicht als pragmatische Sprachhandlungen definieren lassen und weil in ihnen, im Unterschied zu narrativen Texten, die diskursive Kohärenz der alltäglichen Rede teilweise bewusst außer Kraft gesetzt bzw. spezifisch überformt ist:

Poetische Texte lassen sich rein technisch dadurch definieren, daß in ihnen die Alltagssprache zusätzlichen Regeln unterworfen ist bzw. daß sie zusätzliche sekundäre textbildende Ordnungsmuster enthalten, die im Hinblick auf die alltägliche Mitteilungsfunktion der Sprache überflüssig scheinen (Schulte-Sasse/Werner 1977, 126f.).

Die »zusätzlichen Regeln« und »sekundären Ordnungen«, von denen hier die Rede ist, werden als **Verfahren der Textkonstitution** beschrieben und von den grundlegenden Eigenschaften und Verknüpfungsregeln der Sprache her erklärt. Von ihnen geht die Strukturanalyse lyrischer Texte aus, indem sie die Funktion der einzelnen Textbildungsverfahren für den Bedeutungsaufbau des zu interpretierenden Textes zu ermitteln sucht. Dabei fragt sie, allgemein gesprochen, zunächst nach der **Frequenz** (Häufigkeit) und der **Distribution** (Verteilung) der festgestellten Textphänomene auf den verschiedenen Strukturebenen. Wir untersuchen begriffliche Bedeutungskomponenten auf der denotativen Ebene, formale Beziehungen auf der Ebene der sprachlichen Signifikanten und schließlich das Zustandekommen der konnotativen Bedeutungen durch deren Zusammenspiel. Das ist keine formale Übung, die einen Selbstzweck hätte, sondern das Interesse richtet sich stets auf die Präzisierung und Überprüfung von Deutungshypothesen, im Hinblick auf die wir allein sinnvoll von einer Hierarchie der Textelemente sprechen können.

Die Vergegenwärtigung der semantischen Relationen, die sich vor allem als **Äquivalenzen und Oppositionen** formalisieren lassen, kann im Prinzip gar nicht eingehend genug sein. Denn die Entscheidung über divergierende Lesarten oder die Vertiefung des eigenen Textverständnisses erfordert ja gerade die Erklärung auch derjenigen Textphänomene, welche der eigenen Deutungshypothese, vielleicht auch nur zunächst, entgegenstehen. Dennoch findet die Einlässlichkeit der Strukturanalyse ihre Grenze am praktischen Zweck der jeweiligen Interpretation – vorab am Ziel einer Verständigung über den Sinn des Textes sowie seine historische und aktuelle Geltung. Voraussetzung der Strukturanalyse ist immer eine Deutungshypothese, die in einer Lesart oder Textbeschreibung niedergelegt sein mag; von einer solchen gehe ich auch hier aus.

Im Ergebnis der produktionsästhetischen Analyse der »Todesfuge« hatten sich zwei divergierende Lesarten herausgestellt, von denen her man zu einer nahezu entgegengesetzten politischen und historischen Bewertung des Gedichts kommen müsste. Vertraten etwa Menzel und Stiehler die These von einem unversöhnlichen Gegensatz zwischen Tätern und Opfern in Celans Gedicht, so sehen andere, z.B. Seidensticker und Herrmann, eine die beiden Seiten umgreifende Perspektive.

Das Schicksal des Opfers zieht den Henker unwiderstehlich an, und in seinem Übermut gibt es sich freiwillig preis. [...] Im Tanz vollzieht sich auch die Vereinigung der Todgeweihten mit dem Herrn ihres Schicksals. (Seidensticker 1960, 40 u. 42).

Ich möchte im Folgenden der Frage nachgehen, wie weit die Kategorien und Verfahren der Strukturanalyse geeignet sind, die divergierenden Lesarten auf ihre Textadäquatheit hin zu überprüfen, gegebenenfalls eine von ihnen zu korrigieren oder aber die notierte Mehrdeutigkeit als eine konstitutive Eigenart des Textes exakt zu erklären (woraus sich dann weitergehende Deutungsprobleme ergeben). Dabei kommt es, wie gesagt, darauf an, eine durchschaubare und nachvollziehbare Ordnung der Textelemente auf den einzelnen Ebenen der Struktur und ihre Beziehungen zueinander zu beschreiben.

Sicherlich das auffälligste Charakteristikum ›poetischer‹ Texte besteht in der Entfaltung unterschiedlicher **Wiederholungsstruk-**

turen (auch: Parallelismen) auf unterschiedlichen Strukturebenen. Bei lyrischen Texten sehen wir uns in der Regel zuerst auf die Schicht der sprachlichen Signifikanten verwiesen, wo wir in der **Strophenbildung**, in **Vers**, **Metrum** und **Rhythmus** die wichtigsten Wiederholungsstrukturen erfassen. Ihre Analyse und Fixierung erfolgt mit den Kategorien und Verfahren der **Verslehre.** Dabei wird man, ganz besonders bei lyrischen Werken, einen bis ins Druckbild hinein gesicherten Text zugrunde legen und nach Möglichkeit eine Aktualisierung der lautlichen und rhythmischen Beziehungen im Text durch lautes Lesen oder Vortragen anstreben. So sind etwa die meisten Gedichte Brechts mit ihrem ausgesprochen »gestischen« Rhythmus ohne einen gesprochenen Nachvollzug in ihrer Aussage wohl kaum angemessen zu verstehen. Der gegenteilige Fall, dass ein lyrischer Text vornehmlich optisch wirken soll, ist demgegenüber viel seltener.

Die metrisch-rhythmische Analyse der »Todesfuge« erklärt den gleichförmigen Tonfall des Gedichts, den Menzel (1968, 439) mit einem »klagenden Gesang« verglichen hat. Bei fast durchgehend daktylischem Versmaß (Daktylus: – ‿ ‿) finden sich im Versinnern kaum stärkere Zäsuren. Die ungleichmäßig langen Verse (2–8 Hebungen) stimmen mit der syntaktischen Gliederung stets überein. **Enjambement** (= Hinausgehen des Satzes über das Versende) ist ganz bewusst vermieden (vgl. die Wiederholung des »der schreibt« in V. 5/6 und 13/14). Herausgehoben durch trochäisches Versmaß (Trochäus: – ‿) ist nur die Eingangsformel »Schwarze Milch der Frühe«, durch deren dreimalige Wiederholung in fast gleichen Abständen der Text auffällig gegliedert ist. Als Beispiel die metrische Darstellung der ersten Strophe:

er schreibt es und tritt vor das Haus und es blitzen die Sterne er pfeift

seine Rüden herbei

er pfeift seine Juden hervor läßt schaufeln ein Grab in der Erde

er befiehlt uns spielt auf nun zum Tanz

Die metrisch-rhythmischen Eigenschaften des Textes haben zu Interpretationen geführt, in denen eine **Semantisierung** (vgl. J. Link 1981, 206ff.) der sprachlichen Signifikanten notiert wird. So bemerkt Seidensticker (1960, 38) zu den Versen 1–3: »Das erzeugt den Eindruck einer Tanzdrehung«; Menzel (1968, 439) kommentiert die gleichen Verse: »Der Fluß dieser Worte gibt etwas wieder von der Unaufhaltsamkeit im Ablauf der Zeit«. Es bleibe dahingestellt, wie evident diese Deutungen sind; sie erfolgen jedenfalls nicht unabhängig von den im Text denotierten Bedeutungen, so der viermaligen Wiederholung des Wortes »trinken« und der Erwähnung des Tanzes und der Musik im weiteren Textzusammenhang. Zugleich beobachten wir an dieser Stelle eine deutliche **Desemantisierung** der denotierten Bedeutungen, insofern die Zeitadverbien ihren differenzierenden Charakter fast vollkommen verlieren und wir infolgedessen ihre ungewöhnliche Abfolge und ihre Austauschbarkeit gar nicht mehr als prägnant wahrnehmen. Dieser Eindruck wird zusätzlich verstärkt durch eine Alliteration (= Wiederholung des Anfangsbuchstabens), die in den Variationen V. 11 und 20 beibehalten ist.

Viel auffälliger als die metrisch-rhythmischen Regelmäßigkeiten sind in der »Todesfuge« natürlich die **Parallelismen auf der denotativen Ebene**. Der ganze Text scheint montiert aus wenigen formelhaften Sätzen, die entweder (fast) wörtlich (V. 5/6 = 13/14 u.ö.) oder mit Variationen (V. 1/2 = 10/11 = 19/20 = 27/29) verwendet werden. Dieses für die Struktur des Gedichts konstitutive Verfahren hat für die meisten Interpreten seine Erklärung in der »Partitur der Fuge«, die aus dem Text »herausgeschrieben« werden könne (Menzel 1968, 434) und seine Gliederung bis ins Einzelne bestimme. Auf diese Weise ergibt sich nicht nur eine Deutung für die Frequenz und Distribution der einzelnen Sätze im Text, sondern auch eine Bedeutungshierarchie, in der die Relevanz der einzelnen Textelemente für die Gesamtbedeutung schon weitgehend geklärt erscheint (nach Menzel, ebd., 439ff.):

> *Hauptthema:*
> Schwarze Milch der Frühe
> *Kontrapunkt:* wir trinken sie abends
> wir trinken sie mittags und morgens wir trinken sie nachts
> *freie Fortführung:*
> wir schaufeln ein Grab in den Lüften da liegt man nicht eng
> *Thema:*
> Ein Mann wohnt im Haus
> *Kontrapunkt und freie Fortführung:*
> der spielt mit den Schlangen der schreibt
> [...]
> er befiehlt uns spielt auf nun zum Tanz

Die »Engführung« und »Durchführung« dieser beiden »kontrapunktisch einander entgegengestellten Themen« (ebd., 440) bestimmen die weitere Gliederung des Textganzen. Die Prinzipien, nach denen die Wiederholungen im Text erfolgen, werden auf diese Weise plausibel gemacht. Strophe II und IV entsprechen den »Engführungen«, das heißt sie verknappen den in der Exposition dargestellten Gegensatz von »Schwarze Milch der Frühe wir trinken ...« und »Ein Mann wohnt im Haus ...«. Die Strophen III und V führen als »Zwischenspiele« die Zeilen 8/9 konkretisierend weiter und führen, wie schon Strophe II, ebenfalls ein neues Motiv ein: »Der Tod ist ein Meister aus Deutschland«. In der letzten Durchführung der Fuge (Strophe VI) bildet das einzige gereimte Verspaar eine »Fermate«; die einzelnen Motive werden noch enger miteinander verwoben und klingen in einem »Schlußakkord« – harmonisch oder dissonant? – aus.

Die Berechtigung und Fruchtbarkeit dieser Herangehensweise, die durch den Titel des Gedichts veranlaßt ist, soll hier nicht in Frage gestellt werden. Mit dem Ziel, den *syntagmatischen* Zusammenhang des Textes als eine *thematische* Kohärenz zu fassen, erklären diese Interpreten die Textstruktur durch die Analogie zu einer anderen, in der Wirklichkeit vorgefundenen Form, deren Schema sie als ein Paradigma zugrunde legen. Das ist ein legitimes, auch sonst in der Interpretation verwendbares Verfahren, das zwischen einer Textbeschreibung und einer strukturalen Analyse steht und von hohem heuristischen Wert sein kann. So kann man die Bauform komplizierter Romanfabeln durch den Vergleich mit räumlichen Figuren – etwa einem Ornament oder einem Gebäudegrundriss – durchsichtig machen oder die Figurenkonstellation und Handlungsführung eines Dramas graphisch veranschaulichen (vgl. Zobel 1976). Das Verfahren ist jedoch, trotz seiner bisweilen

bestechenden Prägnanz, nur ein erster Schritt der Analyse und
bedarf immer einer methodischen Absicherung, um z.B. einer un-
willkürlichen Festlegung der Deutungsperspektiven *per analogiam*
zu entgehen. – Im Hinblick auf die »Todesfuge« lässt sich darüber
hinaus feststellen, dass der Vergleich mit dem Kompositionsprinzip
der Fuge zu der angestrebten genaueren Bestimmung des Deutungsspielraums nur wenig beiträgt.

Es kommt also darauf an, die thematische Kohärenz von Celans
»Todesfuge« in ihrer Widersprüchlichkeit noch genauer zu erfassen,
um den »Konflikt der Interpretationen« (Ricœur) gegebenenfalls
schlichten zu können. Ich gehe zu diesem Zweck von einer systematischen Erläuterung des **Äquivalenzprinzips** aus, welches als
das wichtigste zusätzliche Textbildungsverfahren in nicht-alltags-
sprachlichen, poetischen Texten gilt und auch den bisher erörterten
Wiederholungsstrukturen zugrunde liegt.

Wie fruchtbar der Äquivalenzbegriff in der Textanalyse ist, zeigen die vielen
Quasi-Synonyme, die, je nach der untersuchten Textebene, statt seiner in
Gebrauch sind: Entsprechung, Übereinstimmung, Beziehung (in einem
inhaltlich akzentuierten Sinn), Gemeinsamkeit, Wiederholung, Identität,
Gleichartigkeit, Gleichförmigkeit, Gleichheit, Ähnlichkeit, Synonymität,
Analogie usw. (Posner 1972, 154).

Äquivalenz (auch **Similarität**) ist definiert als eine Ähnlichkeit von
Textelementen oder deren Beziehungen, die ihrerseits im Textzusammenhang nach den Regeln der syntaktischen **Verknüpfung**
(auch **Kontiguität**) angeordnet sind. Die partielle Übereinstimmung von Textelementen kann auf allen Strukturebenen sowie in
deren Relationen zueinander gegeben sein und lässt sich nur im
Verhältnis zur Opposition eindeutig bestimmen. Diese Zusammenhänge sollen an den beiden Schlussversen der »Todesfuge«,
an denen sich für viele Interpreten die Frage nach Harmonie oder
Dissonanz zu Recht noch einmal stellt, veranschaulicht werden.

> dein goldenes Haar Margarete
> dein aschenes Haar Sulamith

Metrisch und syntaktisch sind diese beiden Verse fast identisch; in
ihnen ist infolgedessen eine Gemeinsamkeit auch für die beiden
Frauennamen konnotiert, die für die Täter- und Opferseite stehen. Semantisch besteht jedoch eine nicht eindeutig festzulegende
Differenz, aufgrund derer der Zusammenhang der beiden Verse
unbestimmt wird. Das ergibt sich vor allem aus der Tatsache, dass
die beiden Attribute »golden« und »aschen« in unterschiedlicher

Weise gedeutet werden können. Sie können als Glieder einer Äquivalenzklasse aufgefasst werden, wenn man in ihnen die Farben »blond« und »grau« assoziiert; sie müssen jedoch als Pole einer binären (zweigliedrigen) Opposition gelten, wenn man in ihnen die Entgegensetzung »lebendig« vs. »tot« konnotiert sieht.

Der Begriff der **Äquivalenzklasse** bezeichnet alle diejenigen Elemente eines vorliegenden Textes, welche das die Klasse definierende Merkmal aufweisen. Mit ihm ist eine ›vertikale‹ Untersuchungsdimension angesprochen, sofern die in einer definierten Äquivalenzklasse zusammengefassten – und so von anderen Textelementen abgegrenzten – Einheiten als Teilmenge eines Paradigmas betrachtet werden (müssen). Die Bezeichnungen »blond« und »grau« werden in ihrer Auffassung als Farben zugleich als Glieder einer möglichen Ordnung von Farben außerhalb des Textes wahrgenommen. *Im* Text der »Todesfuge« bilden sie, zusammen mit den Adjektiven »schwarz« und »blau«, eine *semantisch* definierte Äquivalenzklasse. Diese erweist sich zugleich als ähnlich mit einer anderen, *syntaktisch* definierten Klasse von Textelementen, denn die vier Adjektive sind die einzigen Attribute im Text.

In der ›horizontalen‹ Untersuchungsdimension fragen wir nach dem Vorkommen der definierten Äquivalente im Textzusammenhang und konstituieren dadurch eine **Äquivalenzrelation**. Diese ist keine Menge von Einheiten, sondern ein Teil der Textstruktur und bestimmt sich vor allem aus der Frequenz (Häufigkeit) und der Distribution (Verteilung) der äquivalenten Textelemente im Syntagma. So stehen die Adjektive »schwarz« und »blau« ausschließlich am Anfang bzw. Ende des Verses und die Sätze mit den Bezeichnungen »golden« und »aschen« kommen dreimal in der gleichen Reihenfolge unmittelbar hintereinander vor.

Es wird an dieser Erörterung schon deutlich, dass die **Äquivalenzkriterien**, nach denen Klassen von Elementen im Text zusammengefasst werden, nicht objektiv ›gegeben‹ sind, sondern im Hinblick auf eine Deutungshypothese oder ein Erkenntnisinteresse gewählt werden. »Die Zahl der möglichen Untersuchungsgesichtspunkte ist nahezu unbegrenzt« (Posner 1972, 151). Betrachten wir die beiden zitierten Einheiten als *Verse,* so stehen sie in der »Todesfuge« für sich und gehören zum Paradigma der »dreihebigen Volksliedverse«; fassen wir sie als *Sätze* auf, so bilden wir eine Äquivalenzklasse, zu der auch Teile der Verse 6, 15, 22, 23 und 32 gehören. Über diese Eigenschaften der Ausdrucks-Ebene hinaus

kann jedes beliebige Merkmal, das im Text vorkommt, als Äquivalenzkriterium benutzt werden. Es bestimmt dann die Klasse derjenigen – und nur derjenigen – Textelemente, die dieses Merkmal haben und also in

Bezug auf dieses Merkmal miteinander äquivalent sind: die zugehörige
Äquivalenzklasse und die zugehörige Äquivalenzrelation. Als Textmerkmale
sind nicht nur Eigenschaften, sondern auch Relationen zugelassen: auch
sie zerlegen den Text in eine Klasse von Elementen, für die sie gelten, und
eine Klasse von Elementen, für die sie nicht gelten (Posner 1972, 152).

Der Strukturanalytiker hat also nicht nur »zu prüfen, zwischen
welchen Elementen eines gegebenen Textes Äquivalenzrelationen
bestehen und wie sie sich definieren lassen« (ebd.), sondern er muss
– von seiner Deutungshypothese her – die **Relevanzgesichtspunkte**
bestimmen, nach denen im Text Äquivalenzrelationen konstituiert
werden (können). Diese müssen allerdings von der semantischen
Vorgabe des Textes her begründet werden, was gegebenenfalls nicht
ohne einen Rückgriff auf den Kontext möglich ist. So wird man
im Blick auf den Darstellungszusammenhang der »Todesfuge« wohl
zu dem Ergebnis kommen, dass die Opposition »lebendig« vs.
»tot« in den Schlussversen eindeutig im Vordergrund steht. Das
gilt auf jeden Fall für Leser und Leserinnen, die den Sinn des
Satzes »dann steigt ihr als Rauch in die Luft« im Zusammenhang
der Vernichtungslager begreifen. – Wir haben es also prinzipiell
auch in der Strukturuntersuchung stets mit dem Unterscheiden
und Entscheiden zu tun, von dem oben (S. 62f.) mit Bezug auf
Peter Szondi die Rede war.

Den hier angesprochenen, für die Konstitution poetischer Texte
charakteristischen **Zusammenhang zwischen paradigmatischen
und syntagmatischen Ordnungen** hat zuerst Roman Jakobson in
einer viel zitierten These formuliert:

> Die poetische Funktion projiziert das Prinzip der Äquivalenz von der Achse
> der Selektion auf die Achse der Kombination (1971, 153).

Das gilt zunächst für die metrische und strophische Gliederung
lyrischer Texte. Hier findet eine Abbildung des metrischen Paradigmas – z.B. eines dreihebigen daktylischen Verses – auf einen
sprachlichen Zusammenhang statt, dessen einzelne Elemente allein
durch ihre Stellung im Metrum bzw. Vers (Hebung/Senkung bzw.
Versanfang/Versende usf.) als äquivalent wahrgenommen werden:

> Im Grunde ist die These von der Projektion des Äquivalenzprinzips von
> der paradigmatischen auf die syntagmatische Achse nichts anderes als eine
> linguistische Formulierung und Explikation dessen, was bei der Aufteilung
> eines Gedichts in Verse und Strophen spontan zum Ausdruck gebracht
> wird (Holenstein 1976, 13).

Jakobsons These gilt jedoch auch für die lautliche und die semantische Ebene und ist daher für alle Strukturanalysen von hoher

praktischer Bedeutung. Jedes Wort gehört zumindest zwei verschiedenen paradigmatischen Ordnungen an: einer phonologisch und einer semantisch definierten. **Lautliche Paradigmata** erhalten wir, wenn wir Wörter mit gleichem Anfangsbuchstaben, gleichem betonten Vokal oder gleicher bzw. ähnlich lautender Endsilbe zusammenstellen; aus ihrer Abbildung auf das Syntagma ergeben sich **Alliteration, Assonanz** (zum Beispiel »aschenes Haar«) und **Reim** (J. Link 1981, 201; Schulte-Sasse/Werner 1977, 128). Einfachstes Beispiel für ein **semantisches Paradigma** ist das Wortfeld, z.B. die Skala der Farben, die Verben der Fortbewegung oder die Tageszeiten, deren wechselnde Kombination den ersten »Kontrapunkt« der »Todesfuge« dominiert. Graphisch vereinfacht lässt sich diese Form der Überstrukturierung folgendermaßen darstellen:

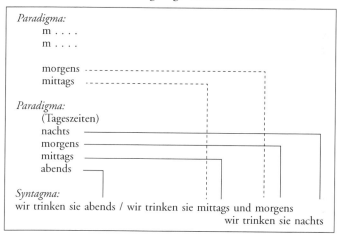

Von besonderem Interesse für die Textanalyse ist nun die Tatsache, dass sich der von Jakobson formulierte Sachverhalt auch umkehren lässt. So wie ein Autor durch die Projektion paradigmatischer Reihen auf den Textzusammenhang Äquivalenzrelationen herstellt, so ist der Leser unter bestimmten Umständen geneigt, Paradigmata zu assoziieren, wo der Text Äquivalenzen aufweist. Das kann an einem sehr prägnanten Beispiel aus Celans Text veranschaulicht werden:

Syntagma:
er pfeift seine Rüden herbei / er pfeift seine Juden hervor
Paradigma?
Rüden
Juden

Die phonologische Äquivalenz der beiden Wörter »Rüden« und »Juden«, verstärkt durch den genauen Parallelismus der beiden Verssegmente, erzeugt den Eindruck einer semantischen Ähnlichkeit zwischen Begriffen, die normalerweise im Gegensatz zueinander stehen. Es entsteht eine Assoziation, deren Bedeutungsgehalt etwa in den Satz gefasst werden könnte: »Menschen werden wie Tiere behandelt«.

Es kann an diesem Beispiel der Mechanismus der **Konnotation** erläutert werden. Konnotationen werden, im Anschluss an Louis Hjelmslev und Roland Barthes, als sekundäre Zeichensysteme definiert, die auf einem primären Zeichensystem (der Denotation) beruhen (vgl. Schulte-Sasse/Werner 1977, 90ff.; J. Link 1979, 356ff.). Das formale Verhältnis zwischen Denotation und Konnotation kann man graphisch veranschaulichen (nach Geier 1983, 188):

Denotation {	1. Ausdruck	2. Inhalt
	3. Zeichen	
Konnotation {	I. AUSDRUCK	II. INHALT
	III. ZEICHEN	

Der Text in unserem Beispiel denotiert zwei Handlungen. Auf dem Hintergrund der semantischen Opposition zwischen »Rüden« und »Juden« wird die Äquivalenz des sprachlichen Ausdrucks (Signifikanten) zu einem **konnotativen Element** (auch: »Konnotatoren«; vgl. Schulte-Sasse/Werner, ebd., 107ff.). Ausgelöst wird es durch eine Konnotation, die begrifflich nicht exakt zu fassen ist, sondern eher die »regulative Idee« (Stierle 1975a, 138) einer paradigmatischen Ordnung evoziert, in der der Mensch auf einer Stufe mit dem Tier steht. Es ist dabei von Bedeutung, dass die ausgelösten Assoziationen nicht subjektiv-beliebig sind, sondern sowohl durch die Eigenart des konnotativen Elements als auch durch den Kontext determiniert sind, und zwar in zweifacher Weise.

Erstens wird – textintern – die konnotierte Herabwürdigung des Menschen durch den Charakter der dargestellten Handlung und der folgenden Aktivitäten und Befehle des Mannes denotativ bestätigt.

Zweitens ist – textextern – ein Kontext vorauszusetzen, dessen Aktualisierung vom kulturellen und historischen Wissen des Rezipienten abhängig ist. Das im Textzusammenhang zunächst auffällige Wort »Rüden« konnotiert eine ideologische Praxis, die im deutschen Faschismus eine bedeutsame Rolle spielte. Auch hier findet sich eine textinterne Bestätigung, allerdings nicht denotativ, sondern durch Äquivalenzen konnotativer Elemente (»goldenes Haar«, »blaue Augen«), so dass eine von der Denotation unterschiedene konnotierte Bedeutungsebene entstehen kann.

Die Unterscheidung zwischen einer horizontalen und einer vertikalen Konnotationsachse hat Karlheinz Stierle (1975a, 131 ff.) beschrieben. Mit Hilfe der **horizontalen Konnotation** lässt sich u.a. der Aufbau der literarischen Darstellung, gerade auch in narrativen Texten, systematisch beschreiben. So denotiert der Satz: »er pfeift seine Juden hervor«, auf der Ebene des dargestellten Vorgangs, eine bestimmte Handlung und konnotiert, auf derselben Ebene, die Eigenschaft der Figur bzw. die individuelle Praxis, von denen her diese Handlung ›erklärt‹ werden kann. In ähnlicher Weise konnotiert der Text Celans einen Handlungsraum, indem er Ortsangaben und Bewegungsrichtungen denotiert: »... im Haus ... vor das Haus ... die Sterne ... herbei ... hervor ... in der Erde«. Obwohl er nicht beschrieben wird, ist der Ort des Geschehens auf diese Weise für den Leser gut vorstellbar. Vorgestellt wird er in der Regel nicht ohne die Realisierung eines Systems **vertikaler Konnotationen.** Das sind in diesem Fall möglicherweise die durch bestimmte konnotative Elemente aufgerufenen Kenntnisse des Lesers über das System der Vernichtungslager, über Brutalität und Zynismus der Bewacher und gegebenenfalls konkrete Erinnerungen an Bilder von den Gaskammern und Verbrennungsöfen. Es ist jedoch bei fiktionalen Texten sehr viel wahrscheinlicher – und auch angemessener –, dass sich die vertikalen Konnotationen zuerst in einer Beziehung des dargestellten Vorgangs auf die Sprechsituation bzw. Erzählsituation realisieren. Diese ist ja, abgesehen vom Rollengedicht und vom Auftreten eines fiktiven Erzählers, fast ausschließlich dem konnotierten System eines Textes zuzurechnen. Sie bildet immer einen ersten Bezugsrahmen, von dem her die denotierten Bedeutungen und die mit diesen verbundenen horizontalen Konnotationen einen spezifischen Sinn erhalten. So konnotieren wir in der »Todesfuge«, besonders aufgrund des »reigenhaften« Gleichmaßes und des »psalmodierenden« Gestus der Rede, eine Situation des lyrischen Subjekts, in der die Vorgänge im Vernichtungslager nicht als das erscheinen, was sie in Wirklichkeit sind. Die Strukturanalyse der »Todesfuge« müsste einer Aufklärung dieser Paradoxie gelten, an der sich die Meinungen der Interpreten scheiden.

Es ist bei der Strukturanalyse immer notwendig, die durch den Text ausgelösten Assoziationen auf ihn selbst zurückzubeziehen

und die konnotativen Elemente und ihre Funktionen inhaltlich
möglichst genau herauszuarbeiten. Zwar erscheint es als legitim
und unter Umständen sogar geboten, im Untersuchungsgang alle
wahrgenommenen Konnotationen zur Sprache zu bringen; aber

nur jene Konnotationen lassen sich systematisch beschreiben, die Bestandteile sind des durch den Text kontrollierten Sinns (Stierle 1975a, 136).

Konnotative Elemente (Konnotatoren) haben immer Indiziencharakter und verweisen sowohl auf den Entstehungshorizont als
auch auf die vom Rezipienten erwartete Verstehensleistung. In
beiden Richtungen fungieren sie als »Gelenkstellen für die Interrelation von Texten und Kontexten« (Schulte-Sasse/Werner 1977,
108). Ein mögliches Verfahren der semantischen Analyse, das von
dem hier erörterten Begriff der Äquivalenz ausgeht, haben Jochen
Schulte-Sasse und Renate Werner (1977, 68ff.) im Anschluss an
Algirdas J. Greimas erprobt. Es zielt darauf, die strukturelle Kohärenz schwer verständlicher und mehrdeutiger Texte dadurch zu
erhellen, dass ihre einzelnen Elemente und Relationen zu **Isotopien**
(= Bedeutungsebenen) geordnet werden. Diese sind konstituiert
durch Äquivalenzrelationen begrifflicher und konnotierter Bedeutungsmerkmale, die in den einzelnen Textelementen als dominant
wahrgenommen oder gesetzt werden.
    Die Gegenüberstellung von Opfern und Tätern in der »Todesfuge« kann zunächst als eine semantische Opposition beschrieben
werden. Es werden zwei Äquivalenzklassen gebildet, indem wir
die »isotopiekonstitutiven Aktanten« (J. Link 1979, 75f.) beider
Seiten zusammenstellen. Es ergibt sich: »Wir – uns Juden« vs.
»ein Mann – der – er – der Tod«. Diesen Serien lassen sich die
einzelnen Sätze des Textes zuordnen. Die Äquivalenz zwischen »ein
Mann« und »der Tod ist ein Meister aus Deutschland« leite ich aus
V. 30 ab: »sein Auge ist blau«. Die Zuordnung von »dein goldenes
Haar Margarete« ist eindeutig (V. 7 »es«); bei »dein aschenes Haar
Sulamith« wäre konnotativ zu ergänzen »wir sagen«.

»wir«	»ein Mann«
»Schwarze Milch der Frühe wir trinken«	»wohnt im Haus«
	»Spielt mit den Schlangen«
	»schreibt«
»dein aschenes Haar Sulamith«	»dein goldenes Haar Margarete«
	»tritt vor das Haus«
	»pfeift seine Rüden/Jüden«
»Wir schaufeln ein Grab in den Lüften«	»lässt schaufeln ein Grab in der Erde«
	»befiehlt«
	»ruft«
	»greift nach dem Eisen schwingts«
	»trifft dich genau«
	»hetzt seine Rüden«
	»schenkt uns«
	»träumet«

Die Aufstellung zeigt, dass es zwischen den Äquivalenzrelationen »wir« und »ein Mann« eine zusätzliche Entgegensetzung gibt, die bestimmt ist durch das Bedeutungsmerkmal »real« vs. »surreal« (vgl. auch Stiehler 1979, 51) – bezogen auf die Darstellungsebene des Textes. Während der Satz: »läßt schaufeln ein Grab in der Erde« als Äquivalent eines wirklichen Sachverhalts gedacht werden kann, ist dies beim Satz: »wir schaufeln ein Grab in den Lüften« nicht möglich. Diese Entgegensetzung durchzieht nun den ganzen Text und macht dadurch auch die ihn bestimmende Grundopposition zwischen »wir« und »ein Mann« ambivalent. Zwar lässt sich feststellen, dass auf der Seite des »wir« keine Handlung beschrieben wird, die einen in diesem Sinne ›realen‹ Charakter hat, aber auf der anderen Seite findet sich mindestens ein Textelement, dem nur sehr vermittelt ein wirklicher Sachverhalt zuzuordnen wäre: »er spielt mit den Schlangen«. Es entsteht auf diese Weise eine Isotopie »surreal«, die den Gegensatz von Opfern und Tätern überformt und ihn dadurch als mehrdeutig erscheinen lässt.

Dieser Sachverhalt stellt sich noch klarer dar, wenn wir, ausgehend vom Titel, Serien von Textelementen zusammenstellen, in denen gleiche Bedeutungsmerkmale dominant sind (s. S. 174):

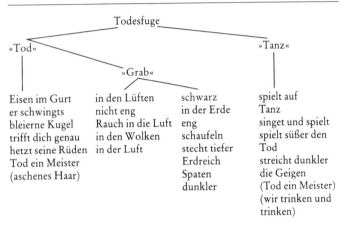

Die Zuordnung von »der Tod ist ein Meister aus Deutschland«
ist unsicher; die von »wir trinken und trinken« erfolgt aufgrund
des konnotierten »Reigencharakters« dieser Verse. Während die
Isotopien »Tod« und »Tanz«, bei gewissen Unsicherheiten der Zuordnung, verhältnismäßig eindeutig sich beschreiben lassen, haben
wir es bei der Isotopie »Grab« mit einer Interferenz zweier Bedeutungsebenen zu tun, deren jeweils dominante Bedeutungsmerkmale
in einer binären Opposition stehen. Diese **heterogene Isotopie**
entsteht dadurch, dass ein bestimmtes Textelement zu zwei (oder
mehreren) Bedeutungsebenen zugleich gehört:

              (V. 4) wir   in den Lüften

                     schaufeln ein Grab

              (V. 8) läßt   in der Erde

Man kann diese unvermittelte Zusammenstellung zweier hetero-
gener Bedeutungsmerkmale im Vers 4 als einen **Isotopienbruch**
(auch: Isotopienmodulation; J. Link 1979, 78ff.) bezeichnen:

Isotopienbrüche beruhen darauf, dass ein bis zu einem bestimmten Punkt
kohärenter Text von diesem Punkt an auf einer anderen Bedeutungsebene
weitergeführt wird (Schulte-Sasse/Werner 1977, 70).

Das lässt sich folgendermaßen schematisieren:

Isotopie (1): Grab – liegt man – eng
Isotopie (2): in den Lüften – liegt man – nicht eng

Die Einbeziehung des »da liegt man« in die Isotopie (2) wird durch die Alliteration nahe gelegt; es entsteht möglicherweise eine Konnotation (»wiegt man sich«), die ihrerseits auf einer Assonanz beruht.

Peter Seidensticker hat die Auflösung dieser für die Interpretation der »Todesfuge« wohl zentralen Ambivalenz unter Rückgriff auf eine andere Bedeutungsrelation des Textes versucht. Das Wort »Tanz« sei »der Schlüssel zum Verständnis des ganzen Gedichts« (1960, 39). Man könne das Ganze als einen »Wechseltanz« auffassen, in dem sich der Täter schließlich seinen Opfern freiwillig preisgebe:

Die trennende Wand der Individualität bricht zusammen, und mit ihrer Auflösung läßt auch der Mann sein Doppelleben hinter sich und geht in einem einzigen Seelenzustand auf. Hingerissen in besessener Verzückung verheißt er seinen Opfern die Erfüllung ihrer Sehnsucht: ›er ruft streicht dunkler die Geigen dann steigt ihr als Rauch in die Luft / dann habt ihr ein Grab in den Wolken da liegt man nicht eng‹ (ebd., 40f.).

Seidensticker geht, ähnlich wie Stiehler (1979, 51), davon aus, dass die Sätze

(1) wir schaufeln ein Grab in den Lüften
(2) dann steigt ihr als Rauch in die Luft
(3) dann habt ihr ein Grab in den Wolken

gleichermaßen einer Bedeutungsebene angehören, die durch das Merkmal »surreal« definiert ist. Das erscheint schon deswegen zweifelhaft, weil der Satz (1) ein *Handeln* des lyrischen Subjekts exponiert, während die Sätze (2) und (3) der *Rede* der beschriebenen Figur angehören. Darüber hinaus ist es aus dem historischen Kontext wohlbekannt, dass es keiner »Verzückung« der SS-Angehörigen bedurfte, um Zynismus wie die zitierten hervorzubringen. Man muss wohl davon ausgehen, dass die Sätze (2) und (3) wirkliche Sachverhalte abbilden. Zumindest scheint es plausibel, zwischen den Ortsangaben »in den Lüften« und »in die Luft« bzw. »in den Wolken« (Vermeidung der Alliteration!) *auch* eine Entgegensetzung anzunehmen.

Der Versuch, die komplexen Bedeutungsrelationen literarischer Texte übersichtlich zu schematisieren, um über die Textadäquatheit von Deutungen entscheiden zu können, bleibt immer vorläufig und wird kaum gelingen, wenn man es darauf anlegt, *alle* Beobachtungen und Textelemente in eine Struktur zu integrieren. Vielmehr muss es darum gehen, solche Schematisierungen vorzunehmen, in denen die herausgearbeiteten **Relevanzgesichtspunkte** der jeweiligen Interpretation anschaulich werden. Unter dieser Voraussetzung skizziere ich, einer methodischen Anregung Gotthard Lerchners (1984, 137ff.) folgend, ein Schema der Bedeutungsstruktur von Celans »Todesfuge«, in dem die beobachteten Parallelismen ebenso berücksichtigt sind wie die nach meiner Auffassung für die Textstrategie entscheidende Entgegensetzung von »real« und »surreal«:

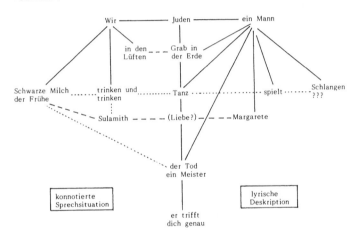

Nach meiner Auffassung kann die »Todesfuge« Paul Celans, trotz vieler (im Schema durch Fragezeichen angedeuteter) Unsicherheiten, in ihrer thematischen Einheit als eine **Symbolstruktur** verstanden werden, wenn man darunter »die semantische Vereinigung von parallelen Texten mit je eigener Isotopie« versteht (Link 1979, 168; vgl. ders. 1981, 211ff.). Auf diesen für den Bedeutungsaufbau lyrischer Texte zentralen Begriff soll hier nur hingewiesen werden. Er kann an Celans Gedicht deswegen gut veranschaulicht werden, weil in diesem Text sowohl das eigentliche Bild, die **Pictura** in der Form der lyrischen Beschreibung der Situation, als auch die zu konnotierende Bedeutung, die **Subscriptio**, sprachlich manifestiert ist. Freilich sind in Celans Gedicht die Elemente der Subscriptio – »Schwarze Milch der Frühe – Grab in den Lüften – Sulamith« selbst wieder in spezifischer Weise verschlüsselt, wodurch gegebenenfalls eine zusätzliche Konnotation entsteht, indem eine prinzipielle Undeutbarkeit der – dieser! – Wirklichkeit assoziiert wird. Aber die im Unterschied zum Symbol im engeren Sinn sprachlich manifestierte »Bedeutung« des Bildes ist doch als »eine aus jüdischem Denken stammende Deutung dieses Geschehens« (Herrmann 1980, 100; s.o., S. 87) erkennbar. Auf diese Weise erklären sich auch die Äquivalenzen zwischen den Handlungen und Reden des faschistischen Mörders und der Rede des lyrischen Subjekts: diese *zitiert* ihr Gegenüber, um das Zitierte in einem umgreifenden Sinne neu zu deuten (vgl. M. Janz 1976, 40). – Es soll damit nicht gesagt sein, dass dieser Deutungsvorschlag die besprochenen Mehrdeutigkeiten auflöst. Ich bin im Gegenteil der Auffassung, dass er eher dazu anleitet, die Frage nach der Bedeutung des »er spielt mit den Schlangen« und des »er träumet« neu zu stellen.

Literaturhinweise

Strukturalismus und Texttheorie: Abel, Günter: Sprache – Zeichen – Interpretation 1999. – Barthes, Roland: Die strukturalistische Tätigkeit. 1966. – ders.: Elemente der Semiologie. 1979. – Bierwisch, Manfred: Strukturalismus. 1966. – Breuer, Dieter: Einführung in die pragmatische Texttheorie. 1974. – Eco, Umberto: Einführung in die Semiotik. 1972. – Eimermacher, Karl: Zum Verhältnis von formalistischer, strukturalistischer und semiotischer Analyse. 1975. – Fietz, Lothar S.: Strukturalismus. 1998. – Gallas, Helga: Strukturalismus als interpretatives Verfahren. 1972. – Hempfer, Klaus: Poststrukturalismus – Dekonstruktion – Postmoderne. 1992. – Jakobson, Roman: Poesie der Grammatik und Grammatik der Poesie. 1965. – ders.: Der Doppelcharakter der Sprache. 1956. – ders.: Linguistik und Poetik. 1971. – Link, Jürgen: Semiotische Diskursanalyse. 1990. – Lotman, Jurij M.: Die Struktur literarischer Texte. 1972. – ders.: Vorlesungen zu einer strukturalen Poetik. 1972. – Maingueneau, Dominique: Linguistische Grundbegriffe zur Analyse literarischer Texte. 2000. – Meyer, Holt: Exkurs: Formalismus und Strukturalismus. 1995. – Plumpe, Gerhard: Diskursive Textstrukturierung. 1981. – Stierle, Karlheinz: Text als Handlung. 1975. – ders.: Die Einheit des Textes. 1977. – ders.: Text als Handlung und Text als Werk. 1981. – Strukturalismus in der Literaturwissenschaft. 1972. – Tirzmann, Michael: Strukturale Textanalyse. 1977.

Literaturwissenschaft und Linguistik: Fleischer, Wolfgang: Über Möglichkeiten linguistischer Untersuchungen literarischer Werke. 1978. – Klein, Wolfgang: Linguistik und Textanalyse. 1981. – Kühn, Ingrid: Semantische Struktur eines literarischen Textes als Komponente der Textinterpretation. 1981. – Lerchner, Gotthard: Sprachform von Dichtung. 1984. – ders./ Werner, Hans-Georg: Diskussion zur integrativen Analyse poetischer Texte. 1981. – Spillner, Bernd: Linguistik und Literaturwissenschaft. 1974.

Gattungen: Hempfer, Klaus: Gattungstheorie. 1973. – Knörrich, Otto: Formen der Literatur in Einzeldarstellungen. 1981. – Meyer, Holt: Gattung. 1995. – Müller-Dyes, Klaus: Literarische Gattungen. 1978. – Raible, Wolfgang: Was sind Gattungen? 1980. – Voßkamp, Wilhelm: Gattungen und Epochen in der Literaturgeschichte. 1978. – ders.: Literarische Gattungen und literaturgeschichtliche Epochen. 1981. – Zymner, Rüdiger: Gattungstheorie. 2004.

Inhaltsanalyse: Beller, Manfred: Stoff-, Motiv- und Themengeschichte. 1981. – Frenzel, Elisabeth: Vom Inhalt der Literatur. Stoff, Motiv, Thema. 1980.

Bauformen erzählender Texte: Bachtin, Michail: Die Ästhetik des Wortes. 1979. – ders.: Zeit und Raum im Roman. 1974. – Behrmann, Alfred: Einführung in die Analyse von Prosatexten. 1982. – Booth, Wayne C.: Die Rhetorik der Erzählkunst. 1974. – Bürger, Peter: Literarische Kleinprosa. 1983. – Dolezel, Lubomir: Die Typologie des Erzählers. 1972. – Fellinger, Raimund: Die Struktur von Erzähltexten. 1981. – Genette, Gerard: Die Erzählung. 1994. – Kahrmann, Cordula u.a.: Erzähltextanalyse. 1977. – Krusche, Dietrich: Zeigen im Text. 2001. – Lämmert, Eberhard: Bauformen des Erzählens. 1955. – Ludwig, Hans-Werner: Arbeitsbuch Romananalyse. 1982. – Martinez, Mathias/Scheffel, Michael: Einführung in die Erzähltheorie. 2002. – Petersen, Jürgen H.: Kategorie des Erzählens. 1977. – ders.: Erzählsysteme. 1991. – Ritter, Alexander: Zeitgestaltung in der Erzählkunst. 1978. – Schardt, Reinhold: Narrative Verfahren. 1995. – Schneider, Jost: Einführung in die Romananalyse. 2003. – Stanzel, Franz Karl: Typische Formen des Romans. 1981. – ders.: Theorie des Erzählens. 1979. – ders.: Die Komplementärgeschichte. 1978. – Stierle, Karlheinz: Die Struktur narrativer Texte. 1977. – Todorov, Tzvetan: Die Kategorien der literarischen Erzählung. 1972. – ders.: Die strukturelle Analyse der Erzählungen. 1972. – ders.: Die zwei Prinzipien des Erzählens. 1973. – Vogt, Jochen: Aspekte erzählender Prosa. 1972. – Weimann, Robert: Kommunikation und Erzählstruktur im Point of View. 1971.

Bauformen des Dramas: Asmuth, Bernhard: Einführung in die Dramenanalyse. 2004. – Geiger, Heinz/Haarmann, Hermann: Aspekte des Dramas. 1978. – Greiner, Norbert u.a.: Einführung ins Drama. 1982. – Klotz, Volker: Geschlossene und offene Form im Drama. 1975. – Müller, Udo: Drama und Lyrik. 1979. – Pfister, Manfred: Das Drama. 2001. – Platz-Waury, Elke: Drama und Theater. 1998. – Pütz, Peter: Grundbegriffe der Interpretation von Dramen. 1980. – Struck, Wolfgang: Exkurs: Drama und Theater. 1995. – Thomsen, Christian W.: Kommunikative Aspekte von Drama und Theater. 1977. – ders.: Theater. 1981. – Zobel, Klaus: Die Veranschaulichung dramatischer Strukturen. 1976.

Struktur lyrischer Texte, Verslehre: Asmuth, Bernhard: Aspekte der Lyrik. 1979. – Behrmann, Alfred: Einführung in die Analyse von Verstexten.

1974. – Burdorf, Dieter: Einführung in die Gedichtanalyse. 1997. – Frey, Daniel: Einführung in die Metrik. 1996. – Helmstetter, Rudolf: Lyrische Verfahren. 1995. – Herrmann, Manfred: Gedichte interpretieren. 1980. – Horn, Eva: Subjektivität in der Lyrik. 1995. – Kayser, Wolfgang: Kleine deutsche Versschule. 1957. – Killy, Walter: Elemente der Lyrik. 1972. – Knörrich, Otto: Lexikon lyrischer Formen. 1992. – Krause, Eveline: Gedichtverständnis, Gedichterlebnis. 1983. – Link, Jürgen: Das lyrische Gedicht als Paradigma des überstrukturierten Textes. 1981. – Ludwig, Hans-Werner: Arbeitsbuch Lyrikanalyse. 1994. – Müller, Udo: Drama und Lyrik. 1979. – Posner, Roland: Strukturalismus in der Gedichtinterpretation. 1972. – Sorg, Bernhard: Lyrik interpretieren. 1999. – Waldmann, Günter: Produktiver Umgang mit Lyrik. 2001. – Wiegmann, Hermann: Der implizite Autor des Gedichts. 1981.

Stilanalyse: Anderegg, Johannes: Literaturwissenschaftliche Stiltheorie. 1977. – Asmuth, Bernhard/Berg-Ehlers, Luise: Stilistik. 1976. – Lausberg, Heinrich: Handbuch der literarischen Rhetorik. 1960. – ders.: Elemente der literarischen Rhetorik. 1963. – Michel, Georg: Stilistische Textanalyse. 2001. – Torra, Elias: Stilistik. 1995.

Bildlichkeit: Böhme, Gernot: Theorie des Bildes. 2004. – Haverkamp, Anselm: Theorie der Metapher. 1983. – Jakobson, Roman: Der Doppelcharakter der Sprache. 1971. – Kurz, Gerhard: Metapher, Allegorie, Symbol. 1982. – ders./Pelster, Theodor: Metapher. Theorie und Unterrichtsmodell. 1976. – Nieraad, Jürgen: Bildgesegnet und bildverflucht. 1977. – Weinrich, Harald: Semantik der Metapher. 1967.

4. Text – Leser – Wirklichkeit: Rezeptionsästhetische Analyse

4.1 Der literarische Text als Rezeptionsvorgabe

Die literaturwissenschaftliche Rezeptionstheorie untersucht die Beziehungen und Determinationsfaktoren im Verhältnis TEXT – LESER – WIRKLICHKEIT. Sie fragt danach, **wer warum wie versteht** und erarbeitet Kriterien und Verfahren für eine an den tatsächlichen oder potentiellen Wirkungen der Literatur interessierte Analyse. Aufgrund dieser Orientierung auf textexterne funktionale Zusammenhänge, das heißt auf die Voraussetzungen und Folgen der Sinnkonstitution im Rezeptionsvorgang, unterscheidet sich die seit den 1960er Jahren entwickelte neuere Rezeptionsforschung vom literaturwissenschaftlichen Strukturalismus, dem sie, ebenso wie der phänomenologischen Literaturwissenschaft, zahlreiche grundlegende Einsichten verdankt. Rezeptionsästhetische Analyse, wie sie im Folgenden skizziert werden soll, ist fundiert in einer Theorie sozialen, genauer: kommunikativen Handelns. Aus der Perspektive des realen Lesers fragt sie einerseits nach dem »Nutzen der Literatur« (H.D. Zimmermann), andererseits nach den konkreten Lese-Interessen und den Voraussetzungen der Rezeption. Sie deutet die Struktur literarischer Texte als wirkungsbezogene Strategie und setzt diese ins Verhältnis zu der besonderen, für die Sinnkonstitution unentbehrlichen Aktivität der Rezipienten, und sie entwickelt – *last but not least* – Modelle für den Lesevorgang. Indem sie derart die konkreten Aneignungsprobleme in den Mittelpunkt stellt, erfasst sie eine wesentliche Dimension der Geschichtlichkeit des literarischen Werks.

4.1.1 Rezeption als Aneignung von Erfahrung

Der **Lesevorgang** ist ein Interaktionsprozess ganz eigener Art, bei dem der Leser als das »tätige Subjekt« einen entscheidenden Anteil hat. Anders als in der Alltagskommunikation sind Text und Leser im Rezeptionsprozess nicht wie ›Sender‹ und ›Empfänger‹ aufeinander bezogen, sondern stehen in einem jeweils konkret zu bestimmenden, ›asymmetrischen‹ Verhältnis zueinander (vgl. Grimm 1975, 39). Bei der Lektüre literarischer Werke befinden sich Sprecher und Hörer immer auf unterschiedlichen zeitlichen Ebenen; es findet keine reale Kommunikation statt, sondern eine komplexe Vermittlung von Subjekt und Objekt, innerhalb derer die kommunikative Situation und Disposition erst ›aufgebaut‹ wird.

Sartres Formel »**Lesen ist gelenktes Schaffen**« bezeichnet treffend das Wesentliche an diesem Vorgang, weil in ihr der Sachverhalt ausgedrückt ist, dass bei der Lektüre der Text eine die rezeptive Tätigkeit steuernde und insoweit determinierende Funktion hat. Der literarische Text ist eine **Rezeptionsvorgabe**, dessen besondere gegenständliche Eigenschaften die Aktivität des Lesers bestimmen und damit auch seine Freiheit im Umgang mit dem Text eingrenzen (vgl. Naumann u.a. 1973, 85). Die inhaltlichen und strukturellen Eigenschaften des literarischen Textes sind in diesem Sinne als die Rezeption determinierende, notwendige, aber nicht hinreichende Bedingungen für die sinnproduzierende Tätigkeit des Lesens zu betrachten.

Eben dies ist die Bedeutung des Begriffs »Rezeptionsvorgabe«. Wie der Leser den Autor braucht, wenn er die im Werk angelegte kommunikativen Potenzen realisieren will, so braucht der Text den Leser, um allererst zum Werk werden zu können. Der Text ist vom Autor her für einen Adressaten gemacht und auf eine Wirkung hin angelegt. In ihm ist also bereits bei der Produktion eine die Rezeption lenkende Funktion eingeschrieben. Eben weil er in dieser Weise adressatenbezogen ist, bleibt er ohne den Leser und seine rezeptive Aktivität ein Werk nur der Möglichkeit nach. Die Rezeption erst entbindet die wirklichkeitskonstitutiven und gesellschaftsbildenden Potenzen des Werks.

Die **rezeptive Tätigkeit des Lesers** ist die subjektive Seite in der Interaktion zwischen Werk und Rezipient. Man kann davon ausgehen, dass sich Lektüre in einer jeweils konkret zu untersuchenden Weise auf die Aneignung der im Werk vergegenständlichten Erfahrung richtet. Ihr Motiv ist jedenfalls eine vorab gegebene wertende Beziehung zum Werk. Diese Beziehung ergibt sich in erster Linie aus der Stellung des Rezipienten im oder zum Diskurs der Literatur – als Anspruch, Aufgabe oder Verlockung zur Lektüre, die sich in der Regel auf den Gegenstand, den Stoff oder das Thema des Werks beziehen. In der vom Leser zum Werk aufgenommenen Beziehung äußern sich jedoch auch andere, speziellere Interessen und Bedürfnisse, aufgrund derer sich der Leser dem Werk in einer ganz bestimmten Weise zuwendet.

Im Lesevorgang selbst entsteht eine wechselseitige, dialektische Beziehung, deren konkrete Form und Bedeutung sich dem objektivierenden Zugriff entzieht. Der Leser, die Leserin konstituiert im Lese-Vorgang einen **Textsinn** und situiert ihn zugleich im **Kontext** der eigenen Lebenswelt. Dies ist ein spontaner, mehr oder weniger unbewusster Prozess, der erst *nachträglich* und auch nur *modellhaft*, das heißt mit Hilfe abstrahierender und schematisierender Aussagen über die Lese-Erfahrung objektiviert werden kann. Der Leser rezipiert den Text entsprechend seinen vorab gegebenen, jedoch meist undefinierten und teilweisen unbewussten Erwartungen und Wünschen, seiner individuellen Rezeptionsweise und Rezeptionskompetenz. Dabei übt der Text eine Wirkung auf ihn aus und verändert gegebenenfalls sowohl seine Rezeptionshaltung als auch die vorab gegebene psychische Disposition. Bei der Lektüre entsteht eine ästhetische, durch die inhaltlichen und strukturellen Eigenheiten des Textes determinierte Erfahrung, deren Realisierung durch den Leser man auch als einen **Prozess der Sinngebung** beschreiben kann. Die rezeptionsästhetische Analyse als Untersuchung dieses Vorgangs ist eine retrospektive hermeneutische Reflexion. Das bedeutet zweierlei: Sie erfasst ihren Gegenstand nur durch aktuelle Lektüre und als Erfahrung und nicht ›von außen‹, und: sie kann ihn nicht objektiv ›feststellen‹, sondern nur verstehend umschreiben. Ihr erstes und unverzichtbares Kriterium ist die Evidenz der ästhetischen Erfahrung.

Diese Erinnerung an den hermeneutischen Status auch von fixierten Lesarten soll die folgenden Vorschläge zu einer rezeptionsorientierten Analyse vor falschen Erwartungen bewahren, macht jedoch nach meiner Auffassung nicht den Versuch überflüssig, die Voraussetzungen und den konkreten Verlauf des eigenen Sinnverstehens der Reflexion zugänglich zu machen.

Der literarische Text hat eine **Appellstruktur** (Wolfgang Iser), die mit der Autorintention nicht identisch ist, im Verlauf der Interpretation jedoch zu ihr ins Verhältnis gesetzt werden kann. In dem Begriff des Appells fassen wir alle für den je aktuellen Lesevorgang relevanten Wirkungsfaktoren des Textes zusammen, die sich auch als ein Komplex von Textfunktionen oder Funktionen einzelner Textelemente beschreiben lassen. Der Begriff bildet das rezeptionsästhetische Äquivalent zur Kategorie der Textstrategie. Man kann ihn umschreiben als eine magnetische Kraft, die vom Text ausgeht, den Leser anzieht und dessen Aufmerksamkeit – wie Feilspäne – in virtuelle Bahnen lenkt. Dieser Appellstruktur entspricht auf der Seite des Lesers bzw. der Leserin eine psychische Disposition, die man als **Interessenstruktur** beschreiben kann. Darunter verstehe ich den Komplex der Erwartungen, Erfahrungen, Bedürfnisse und Motivationen, die in den Lese-Vorgang eingehen und in ihm aktualisiert, bestätigt, erweitert oder verändert werden.

Die Vermittlung zwischen Appellstruktur des Textes und Interessenstruktur des Lesers, als die wir den Lese-Vorgang schematisch beschreiben, bildet die **pragmatische Achse der Rezeption**. Mit der Frage nach dem praktischen Sinn und dem nur indirekt beschreibbaren tatsächlichen Effekt der Lektüre stellen wir uns auf den Boden der gesellschaftlichen Wirklichkeit und begreifen das Lesen so gut wie das Schreiben als Formen sozialen Handelns: »Textproduktion und Textverstehen sind Segmente einer Handlungstheorie« (Grimm 1975, 17). Dabei kommt es freilich darauf an, den besonderen, vermittelnden Charakter dieses Handelns genauer zu beobachten und nicht die Literaturrezeption unumwunden mit Praxis gleichzusetzen. So sagt Gunter Grimm (ebd., 27) erläuternd:

Der aktive Lesevorgang als soziales Verhalten ist zwar keine ›Aktion‹ in sich, gehört aber potentiell dem Aktionsbereich an, wenn die im Lesen entfaltete Aktivität integriert wird in einem Gesamtzusammenhang sozialen Handelns (als Ziel oder Ausgangspunkt).

Die im Lesen entfaltete rezeptive Aktivität soll in diesem Sinn als eine **Aneignungstätigkeit** begriffen werden, deren Horizont die Lebenswelt des Rezipienten ist. Dieser wird sich den Text und die in ihm vergegenständlichte Erfahrung in unterschiedlichem Ausmaß zu Eigen machen. Das ist eine Orientierungs- und Differenzierungsleistung, die Karlheinz Stierle zu Recht als die komplexeste Form intellektueller Tätigkeit, als »ungewohnt, mühevoll, methodisch aufwendig« beschrieben hat (1975b, 365). Wer liest, hat sich vorab dafür entschieden, dass die Mühe des Lesens auch umfangreicher und komplizierter Texte sich lohne, – vielleicht, weil eine »Verlockungsprämie« (Freud) ausgesetzt ist – der durch die Form des Werks vermittelte ästhetische Genuss. Zwar ist das Interesse der Rezipienten am Erfahrungsgehalt des Werks in der Regel inhaltlich bestimmt, es richtet sich aber immer zugleich auf die *Form* seiner Aneignung, Übermittlung und künstlerischen Verarbeitung durch den Autor, auf dessen Subjektivität sowie auf die vom Werk in der Lektüre ausgehende Wirkung, sei diese vorrangig belehrend oder vergnüglich. Zu reflektieren ist die je unterschiedliche Gewichtung der beiden Seiten.

Da nun die **Sinnkonstitution eine Form der Erfahrung** ist, wird die Aneignung dessen, »wovon die Bücher reden«, selbst zu einer Erfahrung, deren realen Hintergrund die Lebenswelt des Lesers bildet. Das heißt: in der Lektüre wird der Lesende sich immer zugleich der Realität des Autors wie seiner eignen Lebenswelt bewusst. Er sieht sich gefordert, die Konstellation der eigenen mit

der fremden Wirklichkeit zu reflektieren. Indem die Literatur auf
diese Weise dazu beiträgt, die gesellschaftlichen Erfahrungen und
die projektive Phantasie ihrer Leser zu prägen, verändert sie zwar
nicht direkt die Wirklichkeit selbst, aber das Bewusstsein über sie.
Auf diesen pragmatischen Aspekt der Literaturrezeption und den
damit verbundenen Fragen, u.a. der Frage nach der Differenz und
dem Zusammenhang von Rezeption und Wirkung, kann ich hier
nicht näher eingehen. Im Folgenden soll der Vorgang der Sinnkonstitution im Mittelpunkt stehen, von den möglichen Formen
der Weiterverarbeitung des Konstituierten, deren Untersuchung
ohnehin den Gegenstandsbereich der Literaturwissenschaft überschreitet, sehe ich vorerst ab.

4.1.2 Rezeptionsbedingungen fiktionaler Texte

Die konstitutiven **Rezeptionsbedingungen fiktionaler Texte** sind
in den 1970er Jahren im Zusammenhang mit der sich entwi-
ckelnden rezeptionsästhetischen und der wirkungsgeschichtlichen
Diskussion in der Literaturwissenschaft eingehender untersucht
worden. Das hängt damit zusammen, dass die »rezeptive Aktivität«
im Lesevorgang, wie gesagt, durch die besonderen Eigenschaften
der Rezeptionsvorgabe determiniert ist.

Die **Fiktion** ist ein Modus der Aneignung von Wirklichkeit,
der durch keine andere Aneignungsweise ersetzbar ist. Ihre produktionsästhetischen Möglichkeiten wurden bereits skizziert. Sie
bestehen darin, dass der Schreibende seine Erfahrungen in einer
Weise inszenieren kann, in der die ihnen inhärenten Widersprüche
als lösbar erscheinen oder doch auf die Chancen auf die Lösbarkeit
hin durchgespielt werden können. Rezeptionstheoretisch lässt Fiktionalität sich definieren als die Fähigkeit einer bestimmten Sorte
von Texten, bzw. einer bestimmten Art der Sprachverwendung,
durch die Schaffung imaginärer Spielräume dem Leser Erfahrungen
zu vermitteln, in denen der Bereich seiner Alltagserfahrung in
markanter Weise überschritten wird. Die fiktionale Literatur erweitert den Bereich der **Erfahrbarkeit** für den Leser zunächst auf
das hin, »was sich seiner Erfahrung noch oder bereits entzieht«
(Stierle 1983, 182), kann also neben der Erfahrung des räumlich
oder kulturell Entfernten vor allem das geschichtlich Vergangene
oder das Zukünftige, das Utopische, zugänglich machen. Sie ermöglicht jedoch auch eine Erfahrung, die sich ihrer *Struktur* nach
von lebensweltlicher Erfahrung unterscheidet und dadurch die **Erfahrungsfähigkeit** des Lesers erweitern kann. Dieses vermag sie

aufgrund ihrer besonderen kommunikativen und modellbildenden Eigenschaften.

Fiktionalität beruht, nach einer Formulierung von Rainer Warning (1983, 194) im Anschluss an Jean-Paul Sartre, auf einem »Kontrakt zwischen Autor und Leser«, welcher ein grundlegender Bestandteil der Gattungskonvention literarischer Texte ist und daher systematisch nicht abgeleitet werden kann. Daraus ergeben sich für die **Pragmatik und Poetik der Fiktion** einige wichtige Folgerungen:

- Die Fiktion als eine spezifische Form sprachlichen Handelns ist **nicht im Gegensatz zur Wirklichkeit** zu definieren, der fiktionale Text ist nicht das »ganz andere« des pragmatischen. Daraus folgt u.a., dass die »traditionelle Diskussion über Wirklichkeit und Wahrheit fiktionaler und pragmatischer Texte« für die literaturwissenschaftliche Interpretation erheblich an Bedeutung verliert (Gumbrecht 1977, 193). Das heißt, für die Frage nach der »Wahrheit und Wirklichkeit der Fiktion« werden andere Kriterien relevant als die Übereinstimmung von dargestellter Sachlage und außertextueller Wirklichkeit, obwohl natürlich auch fiktionale Texte vielfach reale Sachverhalte abbilden.

- Die Fiktion ist prinzipiell eine »**Setzung**« (Stierle 1975b, 356), welche nicht aufgrund von semantisch-syntaktischen Texteigenschaften definiert und erkannt werden kann, sondern vor allem von der Situation her, in der die Texte geschrieben und aufgenommen werden, sowie durch die von Autor und Rezipient vertretenen Ansprüche (vgl. Gumbrecht 1977, 194). Fiktionale Texte *können* Fiktionalitätssignale enthalten, müssen dies aber keineswegs; ebenso wenig müssen literarische Texte immer fiktionale sein oder als fiktional aufgefasst werden.

- Der literarische Text ist konstituiert auf der Grundlage einer **Situationsspaltung**, von der im Zusammenhang mit der Erörterung der Kommunikationsebenen im Erzähltext (s. S. 150) schon die Rede war. Er baut stets eine »interne Sprechsituation« auf (Warning 1983, 188), welche von der »externen Rezeptionssituation« umschlossen und determiniert wird. Autor und Leser begegnen sich im Text auf einer Kommunikationsebene, welche funktional auf die Wirklichkeit der Entstehungssituation und der antizipierten Rezeptionssituation bezogen ist, ihrer Struktur nach jedoch eine fiktionale ist. Das lässt sich etwa daran veranschaulichen, dass die vom Autor mit der kommunikativen Handlung verbundene Handlungserwartung (Wirkungsintention) keineswegs mit dem vom Leser realisierten Textsinn identisch sein muss, damit die literarische Kommunikation gelingt, dass der Leser jedoch in der Lage sein muss, zwischen »interner Sprechsituation« und Dargestelltem einen konsistenten Zusammenhang herzustellen, damit er den Text verstehen kann.

- Aus dieser spezifischen Form der ›Wiederholung‹ der Kommunikationssituation des literarischen Textes *im Text* ergibt sich die Möglichkeit des **fiktionalen Rollenspiels** von Autor und Leser. Beide agieren je für sich und miteinander als »sie selbst und ein anderer« (Weimar 1980, 148). Genauer müsste es wohl heißen: und *viele* andere. Der Autor kann seine Deutung und Wertung des Dargestellten, sein subjektives Verhältnis zu ihm oder seine Wirkungsabsicht auf vielfache Weise, etwa im Vorwort, als fiktiver Herausgeber, als Erzähler oder in der Perspektive einer literarischen Figur ausdrücken. Ebenso kann der Leser, als Spieler vielfältiger Rollen, seine eigenen Probleme bei der Lektüre ausagieren, sofern sie mit dem Dargestellten perspektivisch verbunden werden können. Die Tatsache, dass die im Text vergegenständlichten Erfahrungen des Autors, die denen des Lesers in einer bestimmten Hinsicht entsprechen mögen, in dem vom Text eröffneten imaginären Spielraum eingebunden bleiben, ermöglicht eine Anschauung dieser Konflikte und Katastrophen, Interessengegensätze und Widersprüche aus der Distanz des beobachtenden, in die Konflikte nicht tatsächlich verwickelten Teilnehmers. Der Leser kann sich also in den nach seinen Bedürfnissen wechselnden Rollen des Mitspielers, Spielleiters, Zuschauers usf. im Text selbst als Agierender, Parteinehmender in der dargestellten Situation verhalten. Es handelt sich dabei um ein Spiel mit dem Text und den von diesen bereitgestellten Rollenschemata, Bewusstseins- und Vorstellungsmodellen, aufgrund dessen wir eigene Erfahrungen, Probleme, Herausforderungen und ihre Einbettung in die ihnen entsprechende imaginäre Welt reflektieren können. Dies ist ein Zusammenhang, der in der psychoanalytischen Literaturwissenschaft intensiv reflektiert wird und dort unter anderem zu der Forderung nach einem »**szenischen Verstehen**« geführt hat (vgl. etwa Lorenzer 1988, 60ff.; Schönau/Pfeiffer 2003, 56ff.; Pietzcker 1992, passim).

- Die fiktionale Literatur ist aufgrund dieser Eigenschaften in der Texttheorie als ein **sekundäres modellbildendes System** (Lotman 1981, 67ff.) beschrieben worden. Der einzelne Text ist stets das Analogon eines wirklichen Gegenstands – übersetzt in die Sprache der literarischen Kunstmittel. Er ist etwas der Wirklichkeit zugleich ›Ähnliches‹ und ›Unähnliches‹. Lotman fasst das in die Formel: »Ich weiß, daß dies nicht das *ist,* was es darstellt, aber ich sehe klar, daß es *das* ist, was es darstellt.« In der damit bezeichneten, besonderen Wirklichkeitsbeziehung liegt die eigentliche Bedeutung des literarischen Textes für die individuelle und gesellschaftliche Aneignung der Wirklichkeit. »Eine besondere Leistungsfähigkeit literarischer Werke besteht darin, dass sie uns Modelle *komprimierten, aufgehellten* objektiven und subjektiven Lebens übergeben können« (Naumann u.a. 1973, 470; Hervorhebung J.S.).

- Die Literatur bildet nicht Wirklichkeit ab, sondern vermittelt diese stets »in Bezug auf den Menschen« (ebd., 45). Aufgrund dieser Tatsache gewinnt der fiktionale Text die Fähigkeit, als »extensive Dynamik« im Erzähltext eine »Welt« zu konstituieren, als »intensive Dynamik« im Gedicht ein welterschließendes Bewusstsein (vgl. Stierle 1975b, 362). Dies geschieht aufgrund eines Merkmals, das als **Autoreferenzialität des fiktionalen Textes** bezeichnet wird. Von dieser sprechen wir, wenn bei einem Text

nicht mehr ein bestimmtes Verhältnis zwischen dargestellter Sachlage und wirklichem Sachverhalt aufzudecken ist wie bei dem pragmatischen Texten, sondern nur noch Verhältnisse zwischen der abstrakten Grundstruktur der geschilderten Sachlage [etwa den Konzepten einer Geschichte, J.S.] und ihren konkreten Artikulationsformen [dem Text der Geschichte, J.S.] (Gumbrecht 1977, 197).

- Als **sekundäre modellbildende Eigenschaft** des fiktionalen Textes wird die Tatsache bezeichnet, dass dieser nicht nur Modelle der objektiven Wirklichkeit an den Leser übermittelt, sondern damit zugleich Modelle der Aneignung der Realität durch das wahrnehmende, sprechende, denkende Bewusstsein. Der literarische Text teilt nicht nur Erfahrungen mit, sondern organisiert zugleich Schemata der Erfahrungsbildung (Stierle 1975b, 381). Damit macht er die Instrumente dieser Erfahrungsbildung (Anschauungsformen, Sprache, Wissen) und die wirklichkeitskonstituierende Tätigkeit des Bewusstseins selbst zu Objekten der Wahrnehmung.
- Von Bedeutung für die literaturwissenschaftliche Interpretation ist nun die Tatsache, dass der literarische Text als Modell prinzipiell zwei Dimensionen aufweist, die nicht gegeneinander abgehoben werden dürfen, sondern in ihrem spezifischen Zusammenhang beobachtet werden müssen. Die Fiktion ist »Spielmodell« und »Erkenntnismodell« zugleich (Warning 1983, 202); sie ist nicht nur Medium der Vorstellungsbildung,

sondern zugleich eines der Reflexion. Daraus ergeben sich wesentliche Folgerungen für die rezeptive Tätigkeit des Rezipienten und für die Frage nach der Rezeptionskompetenz.

Der Leser des fiktionalen Textes ist gefordert zu einer imaginativen,
illusionsbildenden Aktivität, in der ein wesentlicher Teil seiner rezeptiven Tätigkeit besteht. Für das, was in dieser Tätigkeit ›erzeugt‹
wird, wähle ich den Begriff **literarische Darstellung**. Er erscheint
mir weniger vorbelastet als der der Illusion (Stierle), klarer als der
des Imaginären (Iser). Es wird im literarischen Text etwas dargestellt, was der Text nicht bezeichnet, auf das er aber verweist. Man
kann dieses Dargestellte bestimmen als den vorauszusetzenden Horizont einer äußeren oder inneren »Welt«, vor dem die erzählte
Geschichte sich abspielt, vor dem die im Gedicht gegebene »Mitteilung eines Gedankens oder einer auch für andere vorteilhaften
Empfindung« (Brecht) ihren Platz hat und zum Thema wird. Der
Aufbau der literarischen Darstellung im Lektüre-Vorgang ist sowohl von den Texteigenschaften als auch durch die Disposition
des Rezipienten determiniert. Er vollzieht sich vor allem durch
Konsistenzbildung und Perspektivierung der im Text entwickelten
Sachlage. Ebenso wie der Autor des literarischen Textes – nach
dem oben zitierten Ausspruch von Umberto Eco – »eine Welt
erfindet«, in der sich dann die Geschichte »wie von selbst« erzählt,
schafft sich auch der Leser einen Horizont, vor dem die erzählte
Geschichte sich allererst als eine *bestimmte* Geschichte mit Anfang
und Ende wahrnehmen lässt.

Als **Spielmodell** kann der literarische Text fungieren, in dem
er dem Leser die Möglichkeit bietet, im Medium der imaginären
›Welt‹ die Konflikte und Probleme als gegenwärtige nachzuvoll-
ziehen, von denen der Text handelt. In der Bereitstellung dieser
Möglichkeit gleichen sich Spiel und Kunst:

Indem sie die unübersichtlichen komplexen Regeln der Wirklichkeit durch
ein einfacheres System ersetzen, stellen sie – psychologisch betrachtet – die
Befolgung der im gegebenen Modellierungssystem gültigen Regeln als die
Lösung einer Lebenssituation dar (Lotman 1981, 83).

Dieser Vorgang beruht auf einer »referenziellen Illusion« (Stierle),
weil der Leser in der Lektüre den Text mit eigener Erfahrung,
Phantasie, Interessen ›besetzt‹ und dadurch das Dargestellte so
wahrnimmt, als ob eine reale Wirklichkeit dadurch bezeichnet
sei. Das bedeutet, dass der Leser zwischen der Darstellung und
einem von ihm imaginierten Wirklichkeitshorizont *eine* bestimmte
Beziehung vergegenwärtigt. Sofern jedoch durch den literarischen

Text diese Beziehung nicht eindeutig vorgegeben ist, sondern aufgrund der Unbestimmtheiten in der Darstellung mehrere, unterschiedliche Perspektivierungen ermöglicht werden, ist der Leser frei oder, aufgrund der Machart des Textes, sogar dazu genötigt, *verschiedene* Relationen zwischen den im Text dargestellten sowie zwischen diesen und wirklich gegebenen Sachverhalten, etwa des eigenen Lebens, durchzuspielen (Gumbrecht 1977, 198).

Die Möglichkeit, die literarische Darstellung als ein Analogon der eigenen Wirklichkeit aufzufassen, ist nicht bei allen literarischen Werken in gleicher Weise gegeben. So treten uns moderne Erzähltexte und Gedichte – aber auch Werke aus fremden Kulturen und nicht mehr lebendigen Traditionen – in einer Form entgegen, die von den uns gewohnten Darstellungsweisen erheblich abweichen. Sie setzen daher der konsistenzbildenden und perspektivierenden Vorstellungstätigkeit einen Widerstand entgegen, zu dessen Überwindung eine intensivierte sinnkonstituierende Aktivität erforderlich wird. Die Eigenschaft fiktionaler Texte als Rezeptionsvorgabe wird an solchen widerständigen Texten besonders deutlich.

Es ist die Besonderheit der literarischen Fiktion, dass die mit ihrer Hilfe aufgebaute »Welt« zurückgebunden bleibt – und vom Leser zurückbezogen werden muss – auf den *Text,* welcher die literarische Darstellung konstituiert. Dieser wird dadurch potentiell zum **Erkenntnismodell**, dass er nicht nur den Aufbau einer Darstellung fordert, die – wie vermittelt auch immer – als Modell unserer Lebenswelt rezipiert wird, sondern mehr noch dadurch, dass er die Konstitutionsregeln der von ihm dargestellten »Wirklichkeit« selbst enthält – als die Spielregeln des von ihm ermöglichten imaginären Spiels. »In die durch Fiktion erzeugte Vorstellung ist der Charakter der Fiktion selbst eingeschrieben« (Stierle 1983, 178).

Dies bedeutet nun nichts anderes, als dass die Fiktion als sekundäres modellbildendes System sich auf die Bewusstseinstätigkeit des Subjekts selbst bezieht. Modellbildend ist der literarische Text unter diesem Aspekt nicht in Bezug auf gegebene Objekte in der Wirklichkeit, sondern in Bezug auf die wahrnehmende und denkende Tätigkeit selbst, die er im wahrsten Sinne des Wortes »zur Sprache bringt«. Auf diesen Sachverhalt zielt die Feststellung Michail Bachtins, dass der literarische Diskurs ein »Bild der Sprache« gibt (1979). Hierin manifestiert sich auch die unvergleichliche Bedeutung der Fiktion für die Wahrnehmung und Erhellung des Unbewussten:

Die Funktion der Künste, d.h. auch der Literatur ist es, die unbewußten Praxisfiguren und Erlebniserwartungen in sinnlich-unmittelbare Symbole zu überführen, um so neue Lebensentwürfe in der sinnlichen Erfahrung zur Debatte zu stellen (Lorenzer 1988, 60).

Die **pragmatische Funktion** der Fiktion realisiert sich in dieser Dimension darin, dass sie die lebensweltlichen Praxisformen durch deren ›Entpragmatisierung‹ befragt und befragbar macht.

Die **rezeptionsorientierte Analyse** des Textes und die **hermeneutische Reflexion** des Lesevorgangs bestehen vor allem darin, in einem reflektierten Durcharbeiten des Textes sowohl das Rezeptionsrepertoire als auch die Rezeptionskompetenz zu erhöhen und damit zugleich das Verständnis für die besondere Leistung der Literatur zu vertiefen. Die Lesefähigkeit des Einzelnen wird gefördert durch das Wissen über das, was im Lese-Vorgang geschieht, was im individuellen Fall das Lesen motiviert, das Verstehen ermöglicht und lenkt, irritiert oder verhindert. Soweit die sinngebende Tätigkeit von den gegenständlichen Eigenschaften des Textes abhängt, ist sie durch minutiöse Analyse aus der Perspektive des Lesers ein Stück weit der Einsicht zugänglich. Die konstitutive Funktion der exponierten Sachlagen für die Entstehung der literarischen Darstellung, die Bedeutung und Bedeutsamkeit dieser Darstellung und der literarischen Kunstmittel für das Welt- und Kunstverständnis der Lesenden können durch eine solche Auseinandersetzung mit dem eigenen Tun partiell objektiviert werden. Die Durcharbeitung der Lese-Erfahrung, welche auf ein Verstehen des Verstehens zielt, verändert indirekt die Rezeptionshaltung und Rezeptionsweise des Lesenden und kann, sofern sie mit der intersubjektiven Verständigung über Texte und ihre Bedeutung kontinuierlich verbunden ist, eine den Diskurs der Literatur prägende Funktion erhalten.

Die **rezeptionsästhetische Analysepraxis** geht von zwei Ansatzpunkten aus:

- Sie fragt aus der Perspektive des realen Lesers nach der **Wirksamkeit der Texte**, indem sie ihren Inhalt und ihre Struktur unter funktionalem Aspekt interpretiert; hierbei spielen die Kategorien impliziter Leser, Konsistenzbildung und Perspektivierung eine zentrale Rolle.
- Sie fragt nach der **Wirkung** literarischer Texte, in dem sie Rezeptionszeugnisse interpretiert, die ihrerseits Medium einer öffentlichen Verständigung über Texte und die mit ihnen gemachten ästhetischen Erfahrungen sind. Es handelt sich dabei um eine Historisierung des lesenden Subjekts, das heißt den Versuch, den eigenen Erwartungshorizont im Verhältnis zu anderen Horizonten (des Autors, anderer Rezipienten) zu identifizieren.

4.2   Modell der Textrezeption

Die Rekonstruktion von Rezeptionsbedingungen auf der Grundlage eines aktuellen Rezeptionsvorgangs setzt voraus, dass es einen Komplex notwendiger (nicht-zufälliger) und erkennbarer Beziehungen zwischen den Rezeptionsbedingungen, den gegenständlichen Eigenschaften der Rezeptionsvorgabe und dem Rezeptionsresultat (ästhetische Erfahrung, Textsinn, Lesart) gibt. Diese Beziehungskomplexe kann man in einem Modell der Rezeption abbilden.

Für das hier vorgestellte Modell gilt, was beim Modell der Textproduktion gesagt ist: Modelle sind nicht die Sache selbst, aber bilden einen Zugang zu ihrer Untersuchung. Ein Modell der Textrezeption muss (entsprechend dem auf S. 66f. Gesagten):

- Die Beziehungen und Determinationsfaktoren im Verhältnis TEXT – LESER – WIRKLICHKEIT hinreichend differenziert und durchsichtig darstellen;
- ein genügend übersichtliches Schema der im Lese-Vorgang und seiner Analyse relevanten Kategorien und Eigenschaften des Textes abbilden.

Das Modell spiegelt also keinen realen Rezeptionsprozess. Die unabsehbaren Zufälligkeiten, Widersprüche und Inkonsistenzen im wirklichen Lese-Vorgang, in denen sich unter anderem auch gesellschaftliche und individuelle Konflikte, Besonderheiten und Bedingungen widerspiegeln, können natürlich nicht schematisch gefasst werden. Vielmehr bietet das Modell gerade einen Rahmen für die nähere Untersuchung des je historisch-konkreten Vorgangs, zeigt einige der ›Griffe‹, mit deren Hilfe wir versuchen können »zu begreifen, was uns ergreift« (Staiger). – Was kann gefragt werden, wenn wir wissen wollen, wer warum wie versteht?

Der Umriss des Modells zeigt an, dass die Rezeption als eine **Vermittlung zwischen Leserhorizont und Autorhorizont** gedacht wird, die sich auf dem Boden der aktuellen Rezeptionssituation vollzieht. Da die im Modell angedeutete zentrale **Stellung des Autors** auch in der rezeptionsästhetischen Analyse in der Literaturwissenschaft keineswegs selbstverständlich ist, soll sie hier kurz erläutert werden. Der Leser braucht den Autor (Weinrich 1983). Er hat nicht nur ein Interesse an der Kommunikation mit ihm, sondern er kann den Text ohne ihn gar nicht verstehen. Wenn es richtig ist, dass das Textverstehen – ebenso wie die Textproduktion – ein soziales Handeln ist, so handelt der Lese vor allem darin, dass er das Projekt eines »alter ego« realisiert. Dazu muss er sich

mit einem anderen Subjekt in einem gemeinsamen Handlungs-
feld treffen. Nicht bestritten, sondern erst auf dieser Grundlage
verstehbar ist, dass jeder Leser das Werk aus unterschiedlichen
Blickrichtungen rezipiert. Er wird also nicht immer nach dem Au-
torsubjekt fragen, sondern, je nach den dominierenden Interessen,
wechselnden Aspekten und Funktionen des Werks zugewandt sein.
Das ändert jedoch nichts an der Tatsache, dass Texte überhaupt
nur im Blick auf ein Text produzierendes Subjekt verstanden werden können. Dies ist allerdings nicht der Autor als historische
Person, sondern die in dem Text ›eingeschriebene‹ Subjektivität,
das heißt der implizite Autor oder der Autor als Produzent. Es ist
für diesen Zusammenhang unerheblich, ob man im Hintergrund
einen realen Autor sieht oder von einem »**Subjekteffekt**« des Textes
sprechen will.

   Wenn also gesagt wird, dass der Autor in der rezeptionsästhetischen Analyse unentbehrlich ist, so ist dies zu differenzieren. Wir
lesen und verstehen fiktionale Texte vor einem Horizont, den wir
im Lesevorgang erst konstituieren. Herauszuarbeiten, in welchem
Verhältnis der uns unbekannte, wirkliche Autor zu diesem bei der
Lektüre vorauszusetzenden und entstehenden »Autor im Text« steht
ist Aufgabe der produktionsästhetischen Analyse. Erst durch die
Reflexion dieser Beziehung kann Textverstehen als Fremdverstehen
realisiert werden.

   Die Vorstellung, man könne ohne Bezug auf ein textproduzie-
rendes Subjekt überhaupt verstehen bzw. Verstandenes erkennen,
ist die Folge sowohl der Autonomievorstellungen, welche die Literatur in den letzten zweihundert Jahren begleiten und in ihrem
Zusammenhang ausgebildet wurden, als auch der damit in systematischem Zusammenhang stehenden Auffassung von Fiktionalität
als *Gegensatz* der Wirklichkeit, die es ja in der Tat erlaubt, das
Werk ohne jeden Bezug auf den Autor als biographische Person
und die wirklichen Verhältnisse seiner Entstehungssituation zu lesen. Aber die Historisierung des eigenen Verstehens ist ohne den
Bezug auf einen von uns unterschiedenen, historischen Horizont
nicht möglich. Die **Frage nach dem Autorhorizont** ist also schon
aus hermeneutischen Gründen aus der Interpretation nicht aus-
zuklammern. Sie stellt sich in zweifacher Richtung:
• als Frage nach der Autorsubjektivität, welche sich im Werk
   ausdrückt;
• als Frage nach der historisch-gesellschaftlichen Situation und
   Herausforderung, auf die das Werk reagiert.

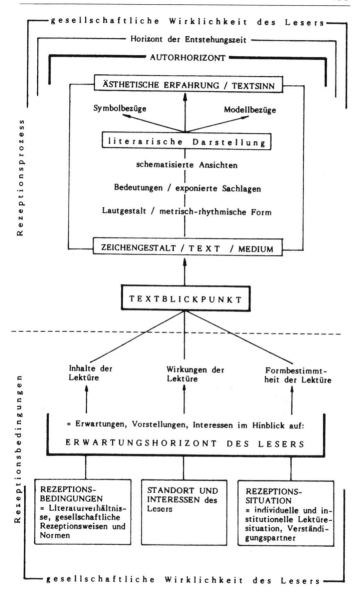

Abbildung 6: Modell der Textrezeption

Diese beiden Aspekte sind selbstverständlich nicht getrennt, sondern stets in ihrer Beziehung aufeinander zu sehen. Wir vergegenwärtigen in der Lektüre die Entstehungssituation allein aus der Perspektive des Autors und wir erfahren dessen Subjektivität ausschließlich aufgrund ihrer Reaktion auf die historische Konfliktsituation und den individuellen Schreibanlass.

Nun wird es in vielen Fällen so sein, dass der Horizont der Entstehungszeit in etwa auch der des Lesers oder der Leserin ist. Dies ist immer dann der Fall, wenn Autor und Leser sich als Zeitgenossen begegnen. Unter diesen Umständen kann der im Modell nur angedeutete »Horizont der Entstehungszeit« tendenziell mit dem der Rezeptionsgegenwart zusammen gedacht werden, wobei methodisch jedoch von einer Differenz ausgegangen werden sollte, weil die Interpretation ja gerade auf eine **Horizontabhebung** zielt. In der Regel sind wir bei zeitgenössischen Autoren eher noch als bei solchen der Vergangenheit in der Gefahr, unsere eigenen Erfahrungen und Wahrnehmungsstereotypen im Aufbau der literarischen Darstellung unwillkürlich zur Geltung zu bringen. Nachdrücklicher als bei fremdartigen Werken werden wir deshalb hier die Verschiedenheit der jeweils in Frage stehenden Auffassung der Wirklichkeit voraussetzen. Diesen ›fremdmachenden Blick‹ gegenüber dem Text, der sich beim kulturellen Abstand auch zeitgenössischer Autoren meist ohnehin einstellt, man denke an Dschingis Aitmatow oder Gabriel García Márquez u.a. – werden kompetentere Leser und Leserinnen nach Möglichkeit einüben. Er erlaubt es, einen Autor und sein Werk (zunächst) aus seinen eigenen Voraussetzungen zu verstehen. Dass hiermit kein historistisches Verfahren vorgeschlagen werden soll, versteht sich von selbst.

Indem auf diese Weise das reflektierte **Verhältnis von Autorhorizont und Leserhorizont** zum Ausgangspunkt gemacht wird, ist daran zu erinnern, dass wir den zu interpretierenden Text nicht in gleicher Weise zum Thema im *eigenen* Erwartungshorizont machen können wie in dem des Autors und seiner Entstehungszeit.

Die **Blickrichtung der Interpretation** geht *immer* vom Rezipienten zum Autor. Sie lässt sich nicht umkehren und in ihr lässt sich der Autorhorizont als ein vorausgesetzter Hintergrund des Textes und seines Verstehens und Erkennens nicht aussparen. Anders ist es mit dem Blick auf den eigenen Horizont. Dieser ist Implikation des eigenen Verstehens und nicht des Textes. Der Leser aktualisiert, indem er liest, Momente des eigenen Erwartungshorizonts, welche durch eine Reflexion des Rezeptionsresultats teilweise in den Blick kommen und intersubjektiv kommunizierbar gemacht werden können. Dieser Vorgang ist gemeint, wenn davon die Rede ist, dass der Interpret, auch der Interpret fremder Rezeptionszeugnisse, seinen Standort definieren solle. Ebenso wenig wie wir die Blickrichtung umdrehen können, um etwa vom Autor her den Text zu erläutern, können wir davon absehen, dass alles Interpretieren stets umgriffen ist vom Horizont unserer eigenen Wirklichkeit. Alle Erfahrung von Vergangenheit erfolgt in einem Augenblick der Gegenwart, und das Verstehen, das diesen Horizont durch Vermittlung mit dem eines vergangenen Subjekts überschreitet, verändert damit diesen Horizont, macht ihn dadurch aber nicht weniger gegenwärtig.

Wie im Modell der Textproduktion lassen sich auch in dem der Textrezeption zunächst zwei Ebenen unterscheiden: der **Rezeptionsprozess** und die **Rezeptionsbedingungen**. Ein wesentlicher Unterschied zwischen beiden Modellen liegt allerdings in der Stellung, welche der Text in ihnen jeweils hat. Er ist **Text als Vorgabe**, das heißt Gegenstand der textrezipierenden Tätigkeit, und **Text als Aufgabe**, das heißt Ziel der textproduzierenden Tätigkeit. In der Textrezeption gehört der fertige Text also zu den Voraussetzungen und steuert die rezeptive Aktivität von Anfang an, während er in der Produktion allenfalls in seinen bereits vorliegenden oder konkret konzipierten Teilen auf die Aktivität des Autors zurückwirkt.

Die formale Rezeptionstheorie beschreibt den Lesevorgang als eine Vermittlung zwischen Appellstruktur des Textes und Interessenstruktur des Lesers. Es handelt sich um die Konstitution eines Textsinns auf der Grundlage einer ästhetischen Erfahrung. Die pragmatische Achse dieses Vorgangs ist im Modell als imaginäre Linie von **Standort und Interessen** des Lesers über dessen Textblickpunkt zum Textsinn erkennbar. Mit dem Begriff **Textblickpunkt** bezeichne ich den virtuellen, durchaus nicht starr festliegenden Fokus der in der Lektüre ablaufenden Verstehensprozesse. Er kann mit dem Blickpunkt des »impliziten Lesers« zusammenfallen, muss es aber nicht. Er ist – metaphorisch gesprochen – der Fluchtpunkt der Linien, welche der Leser durch den vom Text eröffneten imaginären Spielraum legt und kann sich ggf. in der Realisierung einer Leserrolle konkretisieren.

Wenden wir uns zunächst den **textseitigen Voraussetzungen** der Rezeption zu, so wird der Text als eine aus heterogenen Schichten aufgebaute, komplexe Struktur sichtbar, deren »Durcharbeitung« dem Leser im Lesevorgang und erst recht in der Interpretation abverlangt wird. Diesen Arbeitsvorgang, der sich in den Stufen

Konstituierung, Perspektivierung und Modalisierung beschreiben lässt (vgl. Stierle 1975b), werde ich im folgenden Abschnitt
genauer besprechen. Hier sollen zunächst die im Modell ange-
deuteten **Ebenen des Textes** kurz charakterisiert werden, wie sie
in der rezeptionstheoretischen Diskussion – ausgehend von den
Überlegungen Roman Ingardens –, meist zugrunde gelegt werden.
Es sind dies:

- die Schicht der **Lautgestalten** (bzw. Zeichengestalten) einschließlich der metrischen und rhythmischen Gegebenheiten,
  die als eine zeitliche Strukturierung des konkreten Lesevorgangs
  realisiert werden;
- die Schicht der **Bedeutungen**, die als eine vom Text exponierte
  Folge von Sachlagen erfasst werden;
- die Schicht der **schematisierten Ansichten** (Ingarden), nach
  denen die vom Text exponierten Sachlagen perspektiviert werden;
- die Schicht der **literarischen Darstellung**, die im Lesevorgang
  als eine ganzheitliche Gestalt aufgebaut wird, einschließlich der
  Symbol- und Modellbezüge.

Kern der Bedeutung eines literarischen Textes ist die Beziehbarkeit einer
Folge von Zeichengestalten auf eine literarische Darstellung (Naumann
u.a. 1975, 305).

Diese ist definiert als eine »›Schilderung durch den Geist‹ (Goethe),
die in der Rezeption als gegenwärtig, wirklich, lebendig gelten
kann« (ebd., 311). Die literarische Darstellung ist deswegen im
Modell besonders hervorgehoben, weil ihr Aufbau das primäre Ziel
der Lektüre ist. Wir sagen: Der Roman erzählt eine Geschichte
und baut dabei eine »Welt« auf, in der sich die Figuren bewegen,
handeln, leiden, kämpfen usf. Diese »Welt« als literarische Darstellung existiert nicht in der Zeichenkette, welche der Text ist,
sondern wird in der Vorstellung des Lesers aufgebaut (so wie sie
zuvor, in anderer Weise, in der Vorstellung des Autors existierte).
Um diesen Aufbau leisten zu können, muss der Leser die im Text
exponierten Bedeutungen, welche in ihrer Gesamtheit das **Textrepertoire** (Wolfgang Iser) bilden, zu einer Folge von Sachlagen
konstituieren. Diese werden im gleichen Vorgang perspektiviert,
das heißt, aus einer sukzessiven Folge zu raum-zeitlichen Vorstel-
lungsgestalten umgeformt, und schließlich modalisiert, das heißt
auf vorauszusetzende Sachverhalte bezogen. Ausgangspunkt und
Grundlage dieser Aktivität bilden neben den exponierten Satzbe-
deutungen vor allem diejenigen semantischen und semiotischen
Eigenschaften des Textes, welche die Rezeption lenken und zu-

sammengefasst als **Textstrategie** (Iser) bezeichnet werden können. Der Aufbau der literarischen Darstellung schließt eine Realisierung der **Symbolfunktion** und der **Modellfunktion** ein, welche der literarischen Darstellung stets inhärent sind.

Die literarische Darstellung ist insofern Symbol, als in ihrem Aufbau eine ganzheitliche, diskursiv nicht zu fassende Gestalt vorausgesetzt und konstituiert wird. Diese Gestalt ist im Text nicht bezeichnet, sondern mitgemeint: Er verweist als »**Relevanzfigur**« (Stierle) auf sie, als auf ein »Inneres, Allgemeines, Höheres« (Goethe). In der Darstellung sind zugleich Analogien zur Wirklichkeit enthalten. Dadurch wird sie zu einem »**Modell** objektiver und subjektiver Beziehungen und Prozesse« (Naumann u.a. 1973, 312) und spricht so die tatsächlichen Beziehungen des Lesers zur Wirklichkeit an.

Die im Schema bezeichneten Funktionen, sowohl die Darstellungsfunktion des Textes als auch die Symbol- und Modellfunktion der Darstellung, beruhen auf der Beziehbarkeit der einzelnen Textebenen auf gesellschaftliche Systeme und Fähigkeiten: auf »die Sprache, die Darstellungsweisen, das gesellschaftliche Bewusstsein in seinen kognitiven und axiologischen Aspekten« (ebd., 313). Das bedeutet:

- Wir können aus der Zeichenkette (vermittelt durch Medien) nur **einen Text konstituieren**, soweit wir über Lese-Fähigkeit im weiteren Sinne verfügen;
- wir können auf der Grundlage des Textes nur **eine literarische Darstellung aufbauen**, soweit wir unsere Kompetenz zur Sprachverwendung sowie zur Identifikation und Verwendung der literarischen Darstellungsweisen mobilisieren;
- wir können in dieser Darstellung nur **Symbol- und Modellbezüge realisieren** aufgrund unserer Wirklichkeitserfahrung und unserer je konkreten Beziehung zu den Konventionen und Normen unserer Lebenswelt.

Mit diesem Hinweis auf die Standort- und Interessengebundenheit der Sinnkonstitution kommen die **leserseitigen Rezeptionsvoraussetzungen** in den Blick.

Der im Modell angezeigte **Erwartungshorizont** ist der Horizont eines *realen* Lesers, auf den sich im Zusammenhang einer Textinterpretation rezeptionsästhetische Aussagen zunächst beziehen. Dieser individuelle, gegenwärtige Erwartungshorizont steht stets in einem synchronen, dialektischen Verhältnis zu anderen individuellen und kollektiven Erwartungen und Normen, als deren Gegenüber und Bestandteil er erfahren wird. Und er steht im diachronen Verhältnis zu eigenen früheren Lese-Erfahrungen und Erwartungen künftiger literarischer Praxis, sofern wir die Lektürebiographie eines Lesers als einen lebensgeschichtlich fundierten Wandel von Horizonten beschreiben können. Nicht zuletzt um »unseren Horizont zu erweitern« lesen wir ja.

Lektüre-Erwartungen und -Interessen richten sich auf Unterschiedliches im und am Text. Da sie selbst unübersehbar vielfältig sind, können sie nur vereinfacht als **Erwartungsklassen** ins Modell eingehen. Als einprägsame Formel für diese denkbaren Interessenrichtungen gilt: Wir wollen etwas *aus* Literatur erfahren, etwas *durch* Literatur erfahren, etwas *über* Literatur erfahren. Hierin artikulieren sich ein inhaltliches, ein funktionales und kommunikatives Interesse, die im konkreten Fall selbstverständlich nicht getrennt voneinander existieren, sondern jeweils zusammen, wobei es dann darauf ankommt, die jeweiligen Präferenzen herauszuarbeiten:

- Interessiert am **Inhalt des Textes** fragt der Leser nach der dargestellten Wirklichkeit, nach der Subjektivität des Autors bzw. nach der Entstehungssituation;
- interessiert am **Effekt der Lektüre** thematisiert der Leser die Funktionen, welche das Lesen für ihn haben kann; deren umfassendste Gruppierung ergibt sich aus der klassischen Formel »prodesse aut delectare« (Belehrung oder Genuss);
- im Hinblick auf die **Formbestimmtheit** der Lektüre interessiert sich der Leser zunächst für das Verhältnis zwischen den Darstellungsweisen des Textes und seiner eigenen Lese-Fähigkeit; er fragt nach dem Verhältnis der literarischen Techniken zu seiner Lese-Kompetenz, nach ihrer Bedeutung für die literarische Praxis, in die er lesend einbezogen ist.

Im Begriff des **Erwartungshorizonts** sind also, abweichend von der Definition etwa bei Hans Robert Jauß, nicht nur *literarische* Normen und Erwartungen angesprochen, sondern *alle* lebensweltlichen Normen überhaupt, soweit sie als Erwartungen den konkreten Lese-Vorgang mitbestimmen.

Erwartungen und Interessen, mit denen der Lesende an den Text herangeht, lassen sich beschreiben als ein Code von Normen, ein Regelsystem, von dem her der Text rezipiert wird. Unter diesem Aspekt erscheinen die Rezeptionsvoraussetzungen als ein **Interpretationssystem**, zu dem in der rezeptionsästhetischen Analyse das beschriebene Werksystem ins Verhältnis gesetzt wird. Dieses System von »Sprachen«, aufgrund derer der Rezipient den Text versteht, ist primär fundiert in der Alltagssprache zum Zeitpunkt der Rezeption, umfasst aber darauf aufbauend, weitere Dialekte, Soziolekte, sowie die literarischen und lebensweltlichen Normensysteme aller Art, welche in der gegenwärtigen literaturwissenschaftlichen Diskussion, zuweilen etwa ausufernd, allesamt als »Texte« bezeichnet werden.

Wird der Erwartungshorizont auf diese Weise sichtbar als eine Momentaufnahme des aktuellen »Wissens von Welt«, vor welchem der Lese-Vorgang sich abspielt, so ist dieser doch faktisch in Gang gesetzt von Bedürfnissen und Motivationen, die sich auf die erwartete Wirkung der Lektüre für den gegenwärtigen Lebenszusammenhang beziehen. In pragmatischer Perspektive fragt die Rezeptionsanalyse daher nach der dem Leser-Horizont eingezeichneten **Interessenstruktur:** Warum und woraufhin jemand liest.

Mit dieser Differenzierung des Leser-Horizonts ist der Tatsache Rechnung getragen, dass es auch im Lese-Vorgang stets eine **Dialektik von Verstehen, Auslegen und Anwenden** gibt. Die rezeptionsästhetische Analyse fragt also nicht nur nach den aktualisierten Erfahrungen, Erwartungen, Kenntnissen, sondern auch nach den die Lektüre anstoßenden und leitenden Interessen. Der Leser rezipiert den Text vor seinem Erwartungshorizont, perspektiviert ihn jedoch mindestens *auch* auf eine praktische Funktion und Bedeutung hin.

Es ergibt sich also, im Hinblick auf den je konkreten Leser-Horizont, eine zweifache Untersuchungsrichtung:
- Welches Wissen von der Realität, welche sozialen, kulturellen, literarischen Normen werden im Lese-Vorgang durch ihre Aktualisierung sichtbar?
- Welche Lese-Interessen haben, als vorauszusetzende oder während der Lektüre aktivierte, Einfluss gehabt auf die im Rezeptionsresultat greifbare sinnkonstituierende Tätigkeit?

Abschließend sollen die umgreifenden, die Rezeptionshaltung und die Rezeptionsweise des Einzelnen ihrerseits bedingenden **objektiven Rezeptionsvoraussetzungen** im Modell erläutert werden.

Standort und Interessen des Lesers bestimmen auch seine Einstellung gegenüber der Literatur überhaupt sowie dem einzelnen, jeweils gelesenen Werk. Sie sind im Hinblick auf die Person determiniert durch Alter, Geschlecht, gesellschaftliche Herkunft und Erfahrungen, materielle und kulturelle Lebensbedingungen, Bildungsgang, Lektüre-Biographie und Lektüre-Gewohnheiten.

In die Kategorie **Rezeptionsbedingungen** gehen diejenigen Faktoren ein, welche unter anderem Blickwinkel als das Gesamt der Literaturverhältnisse beschrieben wurden (s.o., S. 46f.): Gesellschaftliche Bedeutung der Literatur und des Lesens, institutionelle Voraussetzungen der Literaturproduktion und -distribution; Vermittlung und Präsentation des jeweils konkreten Werks und Autors in den und durch die Institutionen (Buchhandel, Bibliotheken, Kritik, Wissenschaft, Schule). Dabei ist selbstverständlich davon auszugehen, dass der einzelne Leser diesen Bedingungen nicht zwingend unterworfen ist, in ihnen nur ›reagiert‹. Er kann sich in ihnen vielmehr relativ eigenständig verhalten, wobei die Grenzen seiner Bewegungsfreiheit wiederum von den gegebenen individuellen Voraussetzungen abhängig sind.

Schließlich ist bei der rezeptionsästhetischen Untersuchung die gegebene **Rezeptionssituation** von erheblicher Bedeutung. Das betrifft sowohl die vorauszusetzende Lese-Haltung und die tatsächlich gegebene Lese-Weise als auch das Zustandekommen und den konkreten Status der Lesarten, welche ja immer sowohl situations- als auch adressatenbezogen geäußert werden. Von den Schwierigkeiten, institutionelles und privates Lesen zu vermitteln, das heißt, innerhalb der Institutionen die für das Interpretieren unabdingbare Subjektivität der Lesarten und Interpretationshypothesen zu sichern, können Deutsch-Lehrer umfangreiche, z. T. deprimierende Mitteilung machen.

Eine Interpretation, die am praktischen Sinn der Lektüre, der Aneignung von Wirklichkeit durch das Lesen und die literarische Kommunikation sowie dem Ziel einer »Didaktik der Rezeption fiktionaler Texte« (Stierle) interessiert ist, wird die gesellschaftlichen und individuellen Voraussetzungen der Rezeption im Untersuchungsprozess stets mitreflektieren.

4.3 Zugänge zur rezeptionsästhetischen Analyse

Die rezeptionsästhetische Analyse fragt nach den **Bedingungen der Sinnkonstitution** im Lese-Vorgang und dem Zustandekommen der ästhetischen Erfahrung. Damit sind zwei unterschiedliche Aspekte angesprochen, deren einer die den Lese-Vorgang leitenden Orientierungen sowie die Textstruktur berührt und deren anderer die Aufklärung darüber betrifft, »was denn eigentlich im Lesen geschieht« (Iser 1976, 36). Dabei zielt die Analyse jedoch auf *historisch-konkrete* Deutung und Wertung ihres Gegenstandes. Die Rezeptionstheorie tendiert zuweilen dazu, die Frage nach dem inhaltlich bestimmten Sinn der Werke und ihrer Rezeptionen in den Hintergrund zu stellen. Es müsse, heißt es bei Iser (ebd.),

die Konstitution von Sinn und nicht ein bestimmter, durch Interpretation
ermittelter Sinn von vorrangigem Interesse sein. Rückt dieser Sachverhalt in
den Blick, dann kann sich die Interpretation nicht mehr darin erschöpfen,
ihren Lesern zu sagen, welchen Inhalts der Sinn des Textes sei; vielmehr
muß sie dann die Bedingung der Sinnkonstitution selbst zu ihrem Gegenstand machen. Sie hört dann auf, ein Werk zu erklären, und legt statt
dessen die Bedingung seiner möglichen Wirkung frei.

Eine scheinbar standortlose Betrachtung dessen, was in der Rezeption ›möglich sei‹, ist sicherlich von theoretischem Interesse, das
Ziel der Literaturinterpretation kann sie nicht sein. Diese geht
vielmehr den Voraussetzungen und Bedingungen jeweils *konkreter* Textbedeutungen nach und ist interessiert an **historisch-
bestimmten Wirkungen** der Werke, zu denen sie deutend und
wertend Stellung nimmt.
  Die Bedingungen der Sinnkonstitution im Lese-Vorgang bestehen ja jeweils in einem historisch qualifizierbaren Erwartungshorizont, von dem her die im Text angelegten potentiellen Bedeutungen zu einem vergleichsweise eindeutigen und nicht nur
möglichen Textsinn aktualisiert werden. Ebenso ist die ästhetische
Erfahrung des realen Lesers, die sich im formulierten Textsinn
auslegt, stets eine konkrete Erfahrung; auch sie ist ästhetisch-his-
torischer Deutung und Wertung nicht prinzipiell entzogen. Der
Vorgang des Lesens besteht in einer perspektivierenden, konsistenzbildenden Tätigkeit, in der das Erkennen von Bekanntem, die
Herstellung von Zusammenhängen auf der Grundlage gegebener
Anschauungs- und Denkformen, die Anschließung der Textbedeutungen an die eigene Lebenswelt und Situation des Lesers eine
entscheidende Rolle spielen. Die Rede von den *möglichen* Bedeutungen und Wirkungen literarischer Werke ist daher immer eine
methodische Abstraktion.
  Bezogen auf den **Lese-Vorgang** fragt die rezeptionsorientierte
Analyse nach der Appellstruktur des Textes und nach den Verste-
hensleistungen, die dem Leser abverlangt sind. Sie zielt zunächst
auf ein genaueres Erkennen der Textstruktur und der in ihr ein-
geschriebenen Rolle des impliziten Lesers, gibt als solche also der
systematischen Textanalyse die Ansatzpunkte und Fragerichtungen
vor.
  Bezogen auf die **leserseitigen Voraussetzungen** der Lektüre richtet sich die Analyse auf die leitenden Interessen und Erwartungen
des Lesers. Dies ist eine hermeneutische Reflexion, deren Ziel die
Verständigung und Selbstverständigung über das Textverstehen ist.
Sie zielt weniger auf die Darstellung eines »Interpretationssystems«,
als auf ein »Selbstverstehen im Fremdverstehen« (Jauß). Es gibt

keine Möglichkeit, die eigene Subjektivität zu objektivieren. Die Analyse kann jeweils *bestimmte* Eigenheiten und Voraussetzungen des Verstehens thematisieren und befindet sich dabei immer schon im unaufhebbaren – wenngleich durch solche Reflexionen sich verändernden – Horizont der eigenen geschichtlichen Situation. Die Verständigung über den Text und die von ihm zur Sprache gebrachte Sache bleibt also immer unabgeschlossen, zielt auf die **Historisierung des eigenen Verstehens** und seiner Voraussetzungen und damit auf kommunikative Praxis.

Die Interpretation wird unter diesem Aspekt zum Versuch, die impliziten Eigenheiten des Verstehens zu explizieren und sie damit sowohl intersubjektiv kommunizierbar als auch der Kritik und Korrektur zugänglich zu machen. Das bleibt, wie gesagt, ein unabschließbarer Vorgang, dessen jeweils aktuelle Begrenzung praktischen Erwägungen folgt und nicht theoretisch begründet werden kann.

Das leitende Interesse der rezeptionsästhetischen Analyse ist die Frage nach der **Angemessenheit des Textverstehens**. Sofern die Frage: Habe ich richtig verstanden? nur in einer hermeneutischen Reflexion beantwortet werden kann, schließt sie naturgemäß die Frage nach dem »Wie« und dem »Warum« des Verstehens ein. In ihr wird zugleich das Problem der Maßstäbe und Kriterien relevant, von denen her die Angemessenheit des Textverstehens beurteilt werden soll. Auf diese Weise stellt sich für die rezeptionsästhetische Analyse – im Abstand zur systematischen und produktionsästhetischen Untersuchung – kontinuierlich die Frage nach dem praktischen Sinn der Interpretation.

Über diese methodischen Einschränkungen hinaus ist auf den **hermeneutischen Status der Rezeptionszeugnisse** zu achten. Lesarten aller Art – ob als Gedichtvortrag, Drameninszenierung, Nacherzählung o.Ä. – sind immer schon Deutung und Wertung der ästhetischen Erfahrung sowie eine Textproduktion im Hinblick auf eine konkrete Situation und einen bestimmten Adressaten. Im Verhältnis zum Text und zu der von ihm vermittelten ästhetischen Erfahrung ist die fixierte Lesart also ein Drittes. Sie sagt etwas aus über die rezeptive Tätigkeit, aber nur indirekt: sie ›übersetzt‹ sie für einen kommunikativen Zweck. Deswegen muss sie, weil es um die Reflexion des eigenen Verstehens geht, interpretiert werden. Sie ist im günstigsten Fall ein Erfahrungsbericht, nicht die Erfahrung selbst.

Lesarten fassen also auch bei größtem Bemühen die vorausgegangene ästhetische Erfahrung und rezeptive Aktivität nur modellhaft. Sie bedürfen im Verständigungsprozess, ohne den eine methodische Interpretation kaum denkbar ist, der Erläuterung, welche um so fruchtbarer sein wird, je mehr es gelingt, die Subjektivität der Lesenden unverkürzt zu artikulieren.

Indem ich die Lesart mit dem Text und anderen Lesarten konfrontiere, bleibt weder sie noch die in ihr ›aufgehobene‹ ästhetische Erfahrung ganz die gleiche. Dies ist nicht als eine Einschränkung der Arbeitsgrundlage zu sehen, sondern bildet deren wesentliche, den pragmatischen Gehalt der interpretierenden Tätigkeit bestimmende Eigenschaft. Die Ausarbeitung einer Lesart, etwa in der Verbindung mit einer zweiten Lektüre, hat es ohnehin mit einem ›anderen Text‹ zu tun, insofern die Unbestimmtheiten – und damit die Perspektivierungsprozesse – bei einem in seinem Gesamtverlauf bekannten Text in der Regel vollkommen anders rezipiert, gewertet, ›gefüllt‹ werden.

Auch die **Analyse des Lese-Vorgangs** kann im Rahmen der literaturwissenschaftlichen Interpretation nur *Textanalyse* sein. Sie unternimmt nicht den Versuch, den realen Lese- Vorgang in seiner uneinholbaren Konkretheit und Flüchtigkeit zu wiederholen, sondern sucht die textseitigen, semiotischen und semantischen Äquivalente der ästhetischen Erfahrung und rezeptiven Aktivität aufzuzeigen. Es geht um die Frage, welche Eigenheiten des Textes den Aufbau der literarischen Darstellung und die Realisierung von deren Symbol- und Modellbezügen lenken – und wie sie dieses tun.

Damit bekommt eine solche rezeptionsästhetische Textanalyse – wie eine methodische Interpretation überhaupt – *auch* das Ziel, diejenigen Eigenschaften des Textes herauszuarbeiten, die prinzipiell *nur* einer methodisch reflektierten Rezeption zugänglich sind. Sie betrachtet den Text in einer Einstellung, die von der des ›normalen Lesers‹ deutlich unterschieden ist und aus einem literarästhetischen bzw. literaturtheoretischen Interesse an der spezifischen Leistung der einzelnen Textformanten entspringt. Der Text wird in einer solchen Einstellung betrachtet wie eine Apparatur, deren Geheimnis durch das Auseinandernehmen ergründbar ist, wobei die Aufmerksamkeit sich auf die Funktion der einzelnen Teile für das Ganze richtet.

Ein solcher **technischer Blick** kann für die Rezeptionskompetenz des einzelnen und für die literarische Kommunikation überhaupt von unschätzbarer Bedeutung sein. Indem die Leserin die Art und Weise erkennt, in der die Wirkungen zustande kommen, kann sie auch dem spontanen Verstehen neue Möglichkeiten eröffnen. Der Selbstverständlichkeit, mit der das Werk daherkommt, kündigt sie den Respekt auf und konstituiert es, aus der Perspektive der Lektüre und der ästhetischen Erfahrung, gewissermaßen neu. Hierbei sind selbst respektlose Spiele mit dem Textwortlaut erlaubt, sofern sie dem Interesse an dessen Erkenntnis dienen.

Voraussetzung einer solchen technisch interessierten Untersuchung ist freilich, dass die Frage nach der Textwirkung als methodische Achse der Untersuchung festgehalten wird. Es handelt sich also *nicht* um eine Abstraktion von der aktuellen Wirksamkeit des Werks wie bei der systematischen Textanalyse, sondern um eine, welche gerade diese Wirksamkeit genauer zu erkennen sucht.

Hier erweist sich das **Konzept des ›impliziten Lesers‹** als vorteilhaft. Denn es erlaubt, dass sich der Interpret im gesamten Untersuchungsgang jeweils als Leser begreift, der dem Text nicht nur – technisch interessiert – *gegenüber* ist, sondern zugleich sich – als vom Werk und seiner illusionsbildenden Kraft konstituierte Subjektivität – *in ihm* bewegt. Rezeptionsästhetische Textanalyse darf also nicht wie die systematische Textanalyse von der im Lesevorgang aufgebauten Illusion abstrahieren, sondern muss diese gerade in ihrer jeweils aktuellen Gegebenheit zu ergründen suchen und als Horizont der Textbetrachtung festhalten. Daraus ergibt sich auch, dass alle Aussagen einer solchen rezeptionsästhetischen Analyse selbst wieder zu interpretierenden Charakter haben und durch den Rekurs auf semantisch-semiotische Texteigenschaften belegt werden müssen. Das heißt, rezeptionsästhetische Aussagen bedürfen eines Bezugs auf die Textbedeutungen.

Bezogen auf den oben erwähnten »Kontrakt« zwischen Autor und Leser der Fiktion muss sich der Interpretierende also als ein Vertragspartner zugleich verhalten *und* verstehen. Er akzeptiert zunächst den Geltungsanspruch der gesetzten Bedingungen: In der Identifikation mit dem impliziten Leser versetzt er sich in die vom Text vorausgesetzte Kommunikationssituation und übernimmt in der »Welt« des Textes die entsprechenden Leserrollen (Blickpunkte). Zugleich setzt er sich in ein beobachtendes Verhältnis zu diesen von ihm eingenommenen Leserrollen, indem er sich gegenüber dem impliziten Leser als eine historische Person in der *eigenen* Wirklichkeit identifiziert.

Kann die Lektüre daran scheitern, dass es dem Leser nicht gelingt, den Text von einem vorausgesetzten impliziten Leser-Blickpunkt aus als sinnvollen und konsistenten wahrzunehmen, so wird die Lese-Erfahrung ganz ausbleiben, wenn sich der Leser nicht auf das Spiel mit der impliziten Leserrolle einlässt, das heißt sich *nur* beobachtend verhält. Wenn es dem Leser nicht gelingt, den Text als die Grundlage einer literarischen Darstellung aufzufassen, kann dieser nicht zur Grundlage einer ästhetischen Erfahrung werden.

Bezeichnet diese Möglichkeit den durchaus denkbaren Grenzfall rezeptionsästhetischer Untersuchung, so wird in ihr zugleich anschaulich, dass die Methodik dieser Untersuchung weitgehend abhängig ist von den strukturellen und inhaltlichen Eigenschaften des je vorliegenden Textes. So ermöglichen etwa Erzähltexte, deren Darstellungsweise den jeweils gegebenen »Formen des Lebens« sich annähert, eine unproblematische Vorstellungs- und Illusionsbildung; sie machen ihren Fiktions- und das heißt auch, ihren Werkcharakter leichter vergessen. Das sagt über ihren ästhetischen Rang nicht grundsätzlich etwas aus, muss jedoch bei der Textauswahl für die Analyse beachtet werden. Moderne geschriebene Texte dagegen lenken durch programmatische Unverständlichkeit die Aufmerksamkeit auf den Schreibprozess und den artifiziellen Charakter des Geschriebenen; in ihnen wird unübersehbar, was *alle* fiktionalen Texte und ihre Rezeption auszeichnet. Es ist daher für die folgende Überlegung bewusst ein solcher Text als Beispiel gewählt. Die vorgestellten Kategorien und ihre Bedeutung für die textbezogene Analyse des Lesevorgangs gelten jedoch für Texte überhaupt, unabhängig von ihrer Schreibweise.

4.3.1 Was macht der Leser, der einen Text liest?

Als elementare Rezeptionsleistung bei der Aufnahme auch nichtfiktionaler Texte hat Karlheinz Stierle die **Konstitution und Perspektivierung von Sachlagen** herausgearbeitet. Dieser Vorgang geschieht sukzessiv, ist aber stets sinnbezogen und ganzheitlich. Das heißt: Der einzelne, beim Lesen aufgenommene Satz, die einzelne Sachlage, wird aufgefasst im Horizont einer ›Vollständigkeit‹, welche sowohl (relative) **Abgeschlossenheit der Bedeutung** als auch deren pragmatischen Sinn als eine sprachliche Handlung umgreift. Wir verstehen einen Text nur, sofern wir ihn als Rede und als Handlung verstehen. Der einzelne Satz, die einzelne im Satz exponierte Sachlage eines Textes, wird also immer nicht nur als solcher aufgefasst, sondern stets auch als Baustein einer antizipierten Ganzheit.

Das »**Vorschreiten**« und »**Rückschreiten**« (Protention und Retention), das alles Textverstehen bestimmt, kann methodisch in der Figur des hermeneutischen Zirkels gefasst werden: Das Ganze ist nur aus seinen Teilen, diese sind jedoch nicht ohne Antizipation des Ganzen verstehbar. Im Lektürevorgang wird dem

jeweils gelesenen Satz bzw. Textteil ein aktueller Sinn unterlegt,
der hypothetisch bleibt, offen für Veränderungen, die sich aus der
Kenntnisnahme weiterer Sätze und Sachlagen ergeben können.
– Es ist dabei nicht ohne Bedeutung, dass die vorauszusetzende
Bereitschaft des Lesers, den je gebildeten Sinn wieder zu suspen-
dieren, unter der Prämisse einer prinzipiell erreichbaren relativen
Abgeschlossenheit steht.

Es entsteht also an jedem Punkt der Lektüre eine charakteristische »**Durchgangsfigur**«, in der die Entfaltung der Textbedeutungen, ein steter Wandel der aktuellen Sinnhorizonte und ein
›wandernder Blickpunkt‹ (Iser) miteinander korrelieren. In einer
fiktionalen Geschichte arrangiert der Leser an jedem Punkt der
Lektüre einen sinnvollen Ablauf (bis hierher), von dem aus weitere
Vorblicke (Prospektionen) auf das Geschehen möglich werden.
Differenzen zwischen diesen Prospektionen und dem tatsächlichen
Textverlauf bieten u.a. die Möglichkeit, das Phänomen der »Spannung« im Lese-Vorgang näher zu untersuchen.

Die dem Leser eines jeden Textes abverlangten Rezeptionsleis-
tungen und die Struktur, in denen sie sich vollziehen, sollen an
einem **Beispiel** veranschaulicht werden; ich wähle dazu einen Auszug aus einem narrativen Text, von dem zunächst nur der Anfang
mitgeteilt wird:

> Wir waren gut vorangekommen. Aber da war es schon wieder aus.
> Wir mußten im Kreis gegangen sein.

Als Ausgangspunkt der Analyse fixieren wir eine »Momentaufnahme« in der Sukzession des Lese-Vorgangs. Sie stellt die ›wandernde
Struktur‹ von Horizonten dar, welche sich aus der kontinuierlichen
Veränderung in den Beziehungen zwischen bereits realisierten
und noch antizipierten Bedeutungen ergibt. Unter rezeptionsäs-
thetischem Aspekt kommt es darauf an, die einzelnen Sachlagen
(Sätze/Satzkorrelate) gegeneinander zu spiegeln, um diese Erwar-
tungs-Erfahrungs-Struktur konkret sichtbar zu machen: Welche
Erwartung weckt der erste Satz; wie verhält sich zu diesen der
zweite? Wie steht der erste Satz im Lichte des zweiten; wie der
erste und zweite im Lichte des dritten usf.? Das ist ein Analysevorgang, der sich rasch verzweigt und daher mit jedem Schritt
unabsehbar an Komplexität zunimmt. Man wird das Verfahren
daher nur an jeweils kurzen Texten bzw. Textauszügen anwenden
können. Hier ist es jedoch in der Lage, über die Eigenschaften
des Textes und die bei seiner Lektüre sich vollziehende rezeptive
Tätigkeit in ihrem Zusammenhang Auskunft zu geben. Wenn man

dabei einen Textanfang auswählt, verringern sich die Schwierigkeiten etwas, insofern es keinen Kontext ›nach links‹ gibt. Unter den vielfältigen Unbestimmtheiten, die der erste Satz unseres Beispiels enthält, erscheinen drei als besonders relevant: *Wer* war gut vorangekommen, *wobei* und zu welchem gegenwärtigen Ergebnis? Die Vorvergangenheit spannt die Erwartungen auf einen Zeitpunkt hin, an dem sich die Erzählung sozusagen ›einholt‹. Die vom – hier vorerst nur behaupteten – Gattungscharakter des Textes konstituierte narrative Anschauungsform fordert dieses Einstehen in einer erzählten Gegenwart, welche grammatisch ein »episches Präteritum« ist. Insofern der zweite Satz unseres Textes auf diese letzte Frage eine Antwort gibt und die beiden anderen einstweilen offen lässt, erfüllt oder modifiziert er, je nachdem, die Erwartungen des Lesers. Die den hypothetischen Sinn des ersten Satzes rückwirkend bestätigende oder verändernde Wirkung des zweiten Satzes ist als ein Indiz für die Erwartung aufzufassen, die der Leser vom gerade erreichten Textpunkt aus auf den weiteren Verlauf projiziert hat.

Es kommt also darauf an, die Lese-Bewegung experimentell stillzustellen, um die an der einzelnen Textstelle jeweils im Bewusstsein gebildete **partielle Relevanzfigur** aufscheinen zu lassen. Welche Vorstellungen haben wir im Hinblick auf das, was »schon wieder aus« ist? Wie veränderten sich diese, wenn mitgeteilt würde, der nächste Satz unseres Textes lautete: »Die Berechnungen mussten noch einmal begonnen werden«? Wie, wenn korrigiert wird, dass es tatsächlich heißt: »Wir mußten im Kreise gegangen sein. Solange das nur eine Vermutung ist, kann man froh sein«? Welche Vorstellung hat der Leser *jetzt* von denen, die sich da in vermutlich bedrohlicher Weise verirrt haben? Mag man sich vorstellen, dass sich das Geschehen in der Eiswüste der Antarktis abspielt? Auch dann noch, wenn es weiter heißt: »Wir stießen auf Reste von Lagerfeuern. Das müssen nicht unsere eigenen gewesen sein. Die Steine waren noch heiß«?

Ich löse die möglicherweise entstandene Spannung des Lesers auf, indem ich einen größeren, in sich relativ abgeschlossenen Teil des Textes mitteile:

> Wir waren gut vorangekommen. Aber da war es schon wieder aus. Wir mußten im Kreis gegangen sein. Solange das nur eine Vermutung ist, kann man froh sein. Wir stießen auf Reste von Lagerfeuern. Das müssen nicht unsere eigenen gewesen sein. Die Steine waren noch heiß. Unsere Pferde hatten wir längst gegessen. Keiner sagte: kehren wir um. Jeder dachte es. A. litt unter Durchfall. B. hatte Fieber. C.

verlor Zähne. D. fror. E. hatte Bauchkrämpfe. F. spuckte Blut. Ich war am schlimmsten dran. Sollten wir unsere Papageien schlachten? Die Regenzeit hatte begonnen. Wir säbelten uns den Weg durchs nasse Grün. Die Gesünderen unter uns flüsterten immer häufiger. Eines Morgens waren sie weg. E., F. und ich waren allein. Wir standen nicht mehr auf. Nach mehreren Tagen kamen die anderen. Aber sie kamen nicht aus der Richtung, in die sie gegangen waren. Sie waren überrascht, uns zu sehen. Jetzt waren sie erschöpfter als wir. Wir nahmen ihnen ab, was sie noch hatten, ließen sie liegen und zogen los.

Das Auffüllen von **Unbestimmtheitsstellen** im Text, das aufgrund des nun zugänglich gemachten innertextuellen Kontextes adäquater möglich ist, stellt eine wesentliche Leistung des Lesers bei der Konstituierung und Perspektivierung der vom Text exponierten Sachlagen dar. Dieses Auffüllen bleibt dabei stets gebunden an die im Text gegebene Bestimmtheit der Bedeutungen und ist funktional gebunden an die Konsistenzbildung, das heißt, an den Aufbau einer literarischen Darstellung.

Die rezeptive Aktivität ist bei den unterschiedlichen **Formen der Unbestimmtheit** in verschiedener Weise gefordert und führt entsprechend auch zu qualitativ differenzierten Prozessen und Ergebnissen.

- Zunächst gibt es solche Unbestimmtheiten, die sich durch Weiterlesen erledigen. Dies ist in unserm Text der Fall im Hinblick auf die erzählte Situation und die Zusammensetzung der Gruppe. Freilich bleibt dabei auch noch vieles im Hintergrund, das sich der Leser so oder so vorstellen mag, das aber für das Verstehen der erzählten Handlung nicht unbedingt benötigt wird. Im Hinblick auf die Figuren findet sich im Text eine *Bestimmtheit,* die Anlass geben könnte zu unabschließbaren Mutmaßungen über unbestimmt Bleibendes: Warum heißt es »*unsere* Papageien ...«?

- Die für den Aufbau einer ganzheitlichen, gegenwärtigen Vorstellung der Situation notwendigen Bedeutungselemente – Lagerfeuer, Pferde, Papageien, Regenzeit usf. – füllen wir mit eigenen Phantasien und Erinnerungen auf und schließen sie so an unsere Erfahrungswirklichkeit an. Diese **Anschließbarkeit** exponierter Bedeutungen an unterschiedliche Kontexte und an die eigene Erfahrung ist eine der fundamentalen Kategorien der Textbildung in der Lektüre (Iser 1976, 284). Auch hierbei werden natürlich mannigfache Unbestimmtheiten aufgefüllt. Sie resultieren jedoch nicht aus unabgeschlossener Lektüre, sondern aus der unaufhebbaren Abstraktion, welche sich aus dem

Charakter der Sprache ergibt. Jeder Leser wird sich unter dem »nassen Grün« etwas anderes vorstellen; aber die Inhaltlichkeit dieser Vorstellung bzw. Illusionsbildung ist für den erzählten Vorgang, die erzählte Geschichte, nur Hintergrund.

• Zugleich aber sind diese Vorstellungsleistungen sowohl gefordert als auch in gewisser Weise gelenkt durch den Stil der Darstellung, das heißt durch die Wirkungsstrategie des Autors. Wir gehen beim Lesen davon aus, dass er weder Wesentliches weglässt, noch ohne Absicht so unbestimmt redet. Das heißt: Wir realisieren im Text eine **strategische Unbestimmtheit**. Unsere Aufmerksamkeit richtet sich deswegen gerade *nicht* auf die mannigfaltigen Vorstellungen, welche sich für uns mit Begriffen wie Regenzeit, Lagerfeuer, Papageien usw. verbinden, sondern auf den in lakonischen Sätzen mitgeteilten Geschehensablauf selbst.

Hierbei wird nun deutlich, dass die einzelnen Sachlagen des Textes eine **Perspektivierung** erfahren (müssen) im Hinblick auf *die* Sachlage, welche wir als sein **Thema** bezeichnen können (vgl. Stierle 1975b). Wir stellen uns einen Augenblick vor, es handele sich bei dem vorliegenden Auszug um einen vollständigen Text, etwa eine »Kürzestgeschichte«. Ein mögliches Schema des Vorgangs wäre dann – je nachdem, welche Chance der Leser den Figuren E., F. und dem Erzähler geben will – »der Stärkere siegt« oder: »Einer kommt durch«. Wir haben jedenfalls die Darstellung eines ziemlich mitleidlosen Überlebenskampfes vor uns, mitsamt verhinderter Kommunikation – als Ursache?

Wenn es sich bei unserem Text um eine abgeschlossene Geschichte handelte, dann fände der dargestellte Prozess der Protentionen und Retentionen an diesem Punkt ein vorläufiges Ende. Der Leser schließt den Text dadurch zu einer Ganzheit zusammen, macht ihn konsistent, dass er die einzelnen Sachlagen und die mit ihnen verbundenen Vorstellungskomplexe auf die Vollständigkeit und relative Abgeschlossenheit einer Geschichte bezieht.

Perspektivieren wir auf diese Weise die einzelnen Sachlagen des Textes im **Innenhorizont** einer erzählten Geschichte, so gibt es in dieser natürlich noch vielfältige andere Perspektivierungen, die ebenfalls die Rezeption des Textes lenken und die sich vor allem auf der Ebene der Konnotationen bewegen. Die wichtigste von ihnen ist die Erkennbarkeit einer Erzählsituation und eines Erzählers. Dessen vom berichteten Geschehen merkwürdig abweichende Erzählhaltung verweist darauf, dass die die Geschichte bildenden Sachlagen des Textes auf einen **Außenhorizont** hin perspektiviert sind. Mit diesem Begriff bezeichnet die Rezeptionstheorie all das, »was in der Welt der Fall ist, aber thematisch unergriffen bleibt« (Stierle 1975b, 349). Wir konstituieren als Leser des vorliegenden Textes eine »Welt«, in der der Erzähler – etwa ein davongekommener Expeditionsteilnehmer – uns mit leicht ironischem Unterton von seinen Erlebnissen berichtet. Von ihm könnten wir uns gegebenenfalls nähere Auskünfte über die beteiligten Personen, deren weiteres Schicksal, über Zweck und Erfolg der Reise erhoffen.

Wir stoßen hier auf eine weitere, in der Analyse methodisch zu reflektierende Rezeptionsleistung des Lesers, die als **Modalisierung** bezeichnet wird, das heißt, »die Zuordnung der durch sprachliche Steuerung konstituierten und perspektivierten Sachlage zu einem vorauszusetzenden Sachverhalt« (ebd., 351). Spätestens hier haben wir zu realisieren, dass unser narrativer Text ein *fiktionaler* Text ist; denn im Hinblick auf die Modalisierung unterscheidet sich der fiktionale Text grundlegend vom pragmatischen:

> Das Verhältnis von Sachlage und Sachverhalt ist nicht wie im pragmatischen Text ernsthaft und verbindlich festgelegt, die Sachlage des Textes ist dem fiktionalen Äquivalent eines Sachverhalts zugeordnet, und zwar so, dass diese Zuordnung sich durchspielen läßt, ohne dass sich daraus unmittelbare Folgen für das Handeln des Rezipienten ergeben (ebd., 356).

Der vorgestellte Außenhorizont unserer Geschichte, von dem her wir einen Teil der **Leerstellen des Textes** auffüllen konnten, ist also nicht – oder jedenfalls nicht unmittelbar – unsere Lebenswelt, sondern eine imaginäre ›Welt‹ der Fiktion. Solange wir unseren Text als »Kürzestgeschichte« behandeln, sind die in ihm gegebenen Informationen »prinzipiell nicht durch eine genauere Kenntnis der Sachverhalte zu korrigieren« oder zu ergänzen (Stierle 1975b). Die den Wortlaut des Textes weit übersteigende Konkretheit der beim Lesen konstituierten literarischen Darstellung verdankt sich zum großen Teil einer **pseudopragmatischen Rezeption**, das heißt einer Vorstellungsaktivität, in der die vom Text exponierten Sachlagen an die eigene Erfahrung angeschlossen werden: Wir haben den Text so gelesen, als ob sich die Geschichte in der uns bekannten Wirklichkeit abspiele.

Nun wissen oder ahnen wir, dass unser Text ein Auszug aus einem umfangreichen Werk ist. Wir können und müssen ihn also konkretisierend auf seinen dadurch gegebenen Kontext als auf einen nächstliegenden Außenhorizont beziehen. Es handelt sich um die erste Hälfte einer Textsequenz aus Martin Walsers Roman *Die Gallistl'sche Krankheit*, welche ich zunächst vollständig wiedergebe:

Wir waren gut vorangekommen. Aber da war es schon wieder aus. Wir mußten im Kreis gegangen sein. Solange das nur eine Vermutung ist, kann man froh sein. Wir stießen auf Reste von Lagerfeuern. Das müssen nicht unsere eigenen gewesen sein. Die Steine waren noch heiß. Unsere Pferde hatten wir längst gegessen. Keiner sagte: kehren wir um. Jeder dachte es. A. litt unter Durchfall. B. hatte Fieber. C. verlor Zähne. D. fror. E. hatte Bauchkrämpfe. F. spuckte Blut. Ich war am schlimmsten dran. Der Briefträger brachte praktisch nur noch Reklame. Sollten wir unsere Papageien schlachten? Die Regenzeit hatte begonnen. Wir säbelten uns den Weg durchs nasse Grün. B. schaffte sich einen Farbfernseher an; er kriegt alles billiger. Die Gesünderen unter uns flüsterten immer häufiger. Eines Morgens waren sie weg. E., F. und ich waren allein. Wir standen nicht mehr auf. Nach mehreren Tagen kamen die anderen. Aber sie kamen nicht aus der Richtung, in die sie gegangen waren. Sie waren überrascht, uns zu sehen. Jetzt waren sie erschöpfter als wir. Wir nahmen ihnen ab, was sie noch hatten, ließen sie liegen und zogen los. Frau B. sagte, kommt doch herein. Sie machte uns Tee. Ich blieb die Nacht dort. Am nächsten Tag schien zum ersten Mal die Sonne. Überall lagen tote Fische herum. Ich preßte ein Papiertaschentuch gegen die Nase. In der Gegend des Südbahnhofs sah man ein Feuerwerk in den hellen Himmel steigen. Wir begegneten den Streikenden. Sie wandten sich angeekelt ab. F. sagte: Wenn ich eine Frau wäre, würde ich einen Arbeiter heiraten. In Biebrich war ein Fest. Man trug Kranke weg. Da die Villa hinter hohen Hecken liegt, konnten wir unbesorgt sein. Alle wollten wissen, wie es uns ergangen war. Dunkelblaue Vorhänge an jedem Fenster. Unsere ungewaschenen Hände wurden bestaunt. Der Hausherr fragte, ob wir unter Insekten zu leiden gehabt hätten. Als wir das verneinten, läutete ein Telephon. Der Mann, der mit den Fahnen hereinrannte, war ein Setzer. Ich fragte laut: Warum haben Sie A., B., C. und D. nicht eingeladen? Die Antwort ging im Geprassel des Kaminfeuers unter. Nachher, wieder im Garten, suchte die Hausherrin meinen Blick. Ich verschwand hinter einem Essigbaum. Auf dem Fluß näherte sich ein weißes Motorboot. Es trieb. Ich bemächtigte mich seiner. So entkam ich. Nachts zündete ich Lampions an. Als ich beschossen wurde, löschte ich die Lampions wieder. Seitdem treib ich im Dunkeln. Am Tag treib ich an kleineren Booten vorbei, in denen Leute sitzen, Lesebücher in den Händen.

In der authentischen Fassung des Textes, der die 59. von insgesamt 106 locker gereihten, in vier Kapiteln angeordneten Textsequenzen des Romans ist, wird die Konsistenzbildung zum Problem. Hinfällig ist die Möglichkeit einer ungebrochenen pseudopragmatischen Rezeption. Allzu krass stehen die im Textrepertoire eingezogenen Bedeutungsfelder bzw. Realitätsbereiche nebeneinander; sie sind der bisher entwickelten Sachlage des Textes keineswegs problemlos zu integrieren. Die beiden bisher weggelassenen Sätze in der ersten Hälfte zerstören die Einheitlichkeit der Urwald-Szenerie. Der Text baut ja zunächst einen Horizont auf, vor dem der Satz »Der Briefträger brachte praktisch nur noch Reklame« als Schock wirkt. Der *Schnitt,* den dieser Satz markiert, bildet eine **Leerstelle,** die der Leser nicht nach Belieben übergehen kann, sondern die er entweder auffüllen oder, als Leerstelle, funktional auf einen dadurch veränderten Sinn des Textes beziehen muss. In einem Zeitungsartikel, etwa einer Reportage über Expeditionserfahrungen, würden wir diesen Satz und die anschließende Mitteilung über B.s Fernseherkauf gegebenenfalls als Umbruchfehler vernachlässigen. Hier sind wir jedoch aufgrund der mit dem Fiktionalitäts-Kontrakt verbundenen Intentionalitäts- und Genauigkeitsvermutung daran gehindert: Der Text *soll* so lauten und er soll *genauso* lauten.

Damit wird die Frage nach einer Perspektive relevant, in der sich das Nebeneinander disparater Sachlagen zu einer konsistenten ›Situation‹ ordnet. Träger dieser Perspektive wäre, rezeptionsästhetisch gesehen, **der implizite Leser.** *Eine* Möglichkeit solcher perspektivierenden Aktivität besteht in dem Versuch, im Text selbst assoziative Zusammenhänge herzustellen, das heißt einen neuen Innenhorizont der Geschichte zu entwerfen. So könnte die Verdichtung »Urwald-Reklame-Farbfernsehen« darauf aufmerksam machen, dass der Text bei seinem Leser weniger mit eigenen Dschungel-Erfahrungen rechnet als mit den durch Medien vermittelten Stereotypen. In anderer Hinsicht könnten sich Vorstellungsrelationen ergeben, die sich mit der Metapher »im Dickicht der Städte« verbinden ließen. Der Widerstand, welcher der Text einer Vereindeutigung seiner Perspektive entgegensetzt, lenkt jedoch unsere Aufmerksamkeit nicht nur immer wieder auf dessen Wortlaut zurück, sondern fordert darüber hinaus die Möglichkeit einer anderen Hinsicht auf das Ganze. In dieser wird nun die Struktur der Unvereinbarkeit selbst zum Inhalt der vorgestellten Konsistenz. Damit gehen wir in der Analyse auf eine andere Ebene des Textes und richten unsere Aufmerksamkeit auf den **Erzähler,** dessen Eigenschaften vielleicht für den verwirrenden Eindruck des Erzählten verantwortlich sind.

Wir wissen spätestens seit der Nennung des Romantitels, dass wir es mit einer Krankengeschichte zu tun haben. Das gibt uns die Chance, ein angemessenes Verständnis des Textes aus der Perspektive der Erzählsituation zu entwerfen. Der Satz: »Seitdem treib ich im Dunkeln« exponiert, metaphorisch gedeutet, die Sachlage geistiger Umnachtung. Jetzt lässt sich der Text wieder ohne große

Schwierigkeiten an die Alltagserfahrung anschließen: »Man weiß«, wie Kranke reden.

Indem wir unseren Textauszug von einem konkreter bestimmten Außenhorizont her verstehbar machen (der der Innenhorizont des ganzen Romans ist), wechseln wir den Textblickpunkt: Aus einem Leser der *Gallistl'schen Krankheit* werden wir zu einem »Leser« der Gallistl'schen Krankheit. Wir identifizieren den impliziten Leser und uns in der Handlungsrolle eines Psychologen oder Arztes, der die Krankengeschichte zu verstehen sucht.

Spätestens an dieser Stelle der rezeptionsästhetischen Analyse stellt sich die Frage nach der **Innenperspektivik eines Werks** insgesamt. Denn wir haben es in Walsers Roman, wie in den meisten umfangreicheren Erzähltexten, mit einer Mehrzahl von *schematisierten Ansichten* zu tun, unter denen die im Text dargestellten Wirklichkeitsbereiche jeweils vorgestellt sind. So besteht Martin Walsers Roman zunächst aus einer Anzahl einander vielfältig widersprechender **Figurenperspektiven**, das heißt wechselnden Blickwinkeln, unter denen der kranke Gallistl seine eigene Geschichte erlebt. Auch die **Erzählerperspektive**, unter der das Erlebte aufgezeichnet, kommentiert und gedeutet wird, ist keineswegs eindeutig, ja, sie lässt sich von der Figurenperspektive nicht einmal überall zuverlässig unterscheiden, was natürlich auch mit der Ich-Form zusammenhängt. Die disparaten Ansichten, die der unzuverlässige Erzähler von seiner Krankheit gibt, müssen als Konsistenz erfahrbar sein aus der Perspektive eines impliziten Lesers, der als Kommunikationspartner des impliziten Autors eine wie immer widersprüchliche Botschaft verstehen will. Denn wir haben es, wie die Kapitelgliederung, Motto, Titel und Gattungsbezeichnung unzweideutig anzeigen, mit einem literarischen Werk zu tun und nicht mit einer wirklichen Krankengeschichte, die als solche zufällig und kontingent, das heißt prinzipiell unverstehbar sein könnte. Deshalb verweist uns jeder beim Lesen erfahrene Widerstand des Textes gegen eine konsistente Perspektivierung an den Text selbst und die von ihm bereitgehaltenen Deutungsmöglichkeiten zurück, was eine Erscheinungsform der **Autoreferenzialität** ist. Die rezeptionsästhetische Analyse kann dabei die einzelnen, in der labilen Innenperspektivik angelegten Perspektiven je für sich probeweise vereindeutigen, indem sie von der Forderung nach Gegenwärtigkeit und Ganzheit der literarischen Gestalt zeitweise absieht. Sie betrachtet dann gewissermaßen die einzelnen Linien des im Text angelegten Spektrums von schematischen Ansichten je für sich. Das Spektrum selbst kann, in einer »Perspektive der Perspektiven«

(Warning 1977, 36), nur im je aktuellen Lesevorgang vergegenwärtigt werden, der nach einer solchen Durcharbeitung des fiktionalen Textes allerdings unter gewandelten Voraussetzungen sich
vollziehen würde, aber immer wieder darauf angewiesen bleibt,
eine literarische Darstellung in der ästhetischen Erfahrung zu vergegenwärtigen.

Der Prozeß der Rezeption findet seine Grenzen nur an der Fähigkeit des
Rezipienten, den rezipierten Text als eine unendliche Menge von sinnkonstituierenden Relationen klar und distinkt zu erfassen (Stierle 1975b,
369),

das heißt subjektiv: innerhalb der Grenzen der individuellen Wahrnehmungsfähigkeit und Urteilskraft; objektiv: im Hinblick auf die
in einer bestimmten historischen Situation aktualisierbaren Bedeutungen des literarischen Werks.

Damit stellt sich die rezeptionsästhetisch bedeutsame Frage
nach der Angemessenheit der Interpretation bzw. des Sinnverstehens in einer konkreteren Weise, insofern die beiden genannten
Aspekte den nun durchgearbeiteten Text auf das lesende Subjekt
und den Horizont der Rezeption beziehen. Die hier relevanten
Gesichtspunkte können mit den Stichwörtern **Verfügbarkeit und
Aktualität** bezeichnet werden.

- Das Kriterium der **Verfügbarkeit** (vgl. Iser 1976, 33) gibt Auskunft darüber, wie weit der Erfahrungsinhalt und die gegenständlichen Eigenschaften der Rezeptionsvorgabe vom einzelnen
  Leser für die Sinnkonstitution wirksam gemacht werden können. Wenn die »Durcharbeitung« des Textes darin besteht, seine
  konstitutiven Leistungen nicht nur wahrzunehmen, sondern zu
  erkennen, so bedeutet das eine Übersetzung der Sukzession im
  Leseverlauf in die Simultaneität der Text-Schichten und Text-
  Elemente im Text-Raum. Das ist ein doppelter Reflexions- und
  Erkenntnisprozess: Wir erkennen das Sukzessive als die Ent-
  faltung einer Gleichzeitigkeit und wir erkennen die imaginäre
  Vorstellung als gebunden an ihr materielles Zeichensubstrat.
- Hierbei wird nun die Frage relevant, wie sich in der Durchar-
  beitung des Textes das Verhältnis des Lesenden zum impliziten
  Leser entwickelt. Diese Frage ist die nach der **Aktualität** des
  Textes; sie markiert einen grundlegenden Zugang zur Wer-
  tungsproblematik. Es ist klar, dass das möglichst genaue Erfassen der Handlungsrolle des impliziten Lesers zum adäquaten
  Textverstehen wesentlich beiträgt; jedoch bleibt es nicht dabei,
  sondern dieses Verhältnis selbst kann sich, in der historischen
  und ästhetischen Wertung als Übereinstimmung, Differenz

oder Spannung realisieren (vgl. ebd., 64). Es kommt, so gesehen, also nicht darauf an, sich *mit* dem impliziten Leser zu
identifizieren, sondern, als historische Person, *im Verhältnis zu*
ihm.

Wenn die beiden in diesem Zusammenhang gebrauchten Kategorien **Lesbarkeit und Anschließbarkeit** und ihre Unterscheidung
einen Sinn haben sollen, so müssen sie als subjektive und objektive
bezogen werden auf die Differenz von Bedeutung und Sinn.

- Die Lesbarkeit eines (literarischen) Textes würde dann die
  objektive und subjektive Möglichkeit einer Realisierung seiner Textbedeutung sein. Das hat, auf der Seite des lesenden
  Subjekts, mit der **Rezeptionskompetenz**, der Fähigkeit zum
  Auffassen und Perspektivieren komplexer Sachlagen in Texten
  zu tun. Textseitig ist es die Frage nach der **Transparenz der
  Rezeptionsvorgabe**, das heißt der Erkennbarkeit der im Text an-
  geeigneten Erfahrungen, Realitätsebenen etc. Es ist ja gar nicht
  ausgemacht, ob – und wie – beispielsweise ein mittelalterlicher
  Text heute noch verstanden werden kann. Lesbarkeit ist also
  eine notwendige, wenn auch nicht hinreichende Bedingung der
  Anschließbarkeit.

- **Anschließbarkeit** bedeutet die objektive und subjektive Möglichkeit einer Aktualisierung des Textes und seiner Erfahrung.
  Das hat leserseitig mit der Möglichkeit der kritischen Standortbestimmung im Blick auf den Text zu tun, mit der Frage also,
  wie weit die vom Text vergegenständlichten Probleme und Antworten für den Lebenszusammenhang des Lesers relevant sind.
  Soweit die in der aktuellen Rezeption vom Leser konstituierte
  Textbedeutung im zeitgenössischen Horizont, das heißt über
  das einzelne Individuum hinaus, Aktualität gewinnt, ist eine
  objektive Anschließbarkeit gegeben. Der Text wird dadurch an
  einen überindividuellen Rezeptionshorizont anschließbar, dass
  seine Probleme wie seine Antworten in ihrer Aktualisierung
  durch den einzelnen Rezipienten zugleich einen »Eingriff« in
  intersubjektive gesellschaftliche Kommunikationszusammenhänge und die in ihnen jeweils aktuellen Konstellationen bedeuten wie fordern. Wesentlich hierdurch realisiert sich die
  Wirkung des literarischen Werks.

Verweist uns die Frage nach der Lesbarkeit textseitig auf die
strukturelle und historische Untersuchung (zur Herstellung von
Transparenz des Textes) und leserseitig auf die Veränderung des
Rezeptionsrepertoires und der Rezeptionskompetenz, so führt die

Erörterung ihrer Anschließbarkeit auf die Untersuchung des Rezep-
tionskontextes, dessen Entfaltung indirekt auch der Historisierung
des lesenden Subjekts dienen kann.

4.4   Text und Kontext (2)

Erwartungshorizont und Interessenstruktur als leserseitige Voraussetzungen der je konkreten Lese-Erfahrung und Sinnkonstitution
lassen sich kaum direkt, sondern nur in Bezug auf gleichzeitige
und historische Wissens- und Praxishorizonte methodisch reflektieren. Solche für die rezeptionsästhetische Analyse wesentlichen
Hinsichten sind allein greifbar zu machen als unterschiedliche
Kontexte der aktuellen Lese-Erfahrung, deren Auswahl, Kontur
und Ausarbeitung wiederum von dieser Erfahrung selbst sowie den
erkenntnisleitenden Interessen der Interpretation mitgeprägt werden. Der unausgesprochene, die Lektüre vorgreiflich bestimmende
Zusammenhang von individuellem Leseverständnis, Lese-Haltung
und Rezeptionssituation wird einer Reflexion teilweise zugänglich,
indem der Leser sein Textverständnis in den Horizont der eigenen
Gegenwart stellt, um sich im Hinblick auf die im literarischen
Werk vergegenständlichten Erfahrungen und Probleme, Fragen
und Antworten als Zeitgenosse zu identifizieren.

Sofern die aktuellen Rezeptionskontexte unübersehbar gestaffelt
sind und sich zudem im Verlauf der Lektüre und Interpretation
dynamisch verändern, erscheint es auch hier sinnvoll, einen Fächer
von Fragerichtungen zu entfalten, von dem her ein differenzie-
rendes, die individuellen Gegebenheiten und Interessen berück-
sichtigendes Vorgehen möglich ist.

Lektüre-Erfahrungen vollziehen sich immer im Rahmen eines
gesellschaftlichen **Vermittlungsprozesses** (synchron) und eines geschichtlichen **Überlieferungsprozesses** (diachron) der Literatur. Von
diesem her sind im Einzelfall sowohl die Rezeptionsbedingungen als
auch der Erwartungshorizont und die Interessenstruktur des Lesers
mit determiniert. In der Eingebundenheit der Literaturrezeption
in gesellschaftlich-geschichtliche Bedingungen ist ebenso gut wie
in den gegenständlichen Eigenschaften der Rezeptionsvorgaben die
Tatsache begründet, dass Interpretationen literarischer Werke zwar
historisch und sozial variabel, aber dennoch nicht vollkommen be-
liebig sind. Eine Untersuchung des Rezeptionshorizonts kann also
neben den Voraussetzungen der Lese-Erfahrung zugleich die Grenzen des Deutungsspielraums klären helfen. Die synchronen und
diachronen Vermittlungen der Lese-Erfahrung lassen sich durch

eine Kontextanalyse teilweise aufklären. Zu ihnen gehören in erster
Linie die gesellschaftlich bedingten und geschichtlich wirksamen
Verstehens-, Deutungs- und Wertungsmuster der Literatur, aber
auch lebensweltliche Normen und Praxisformen. Die rezeptionsorientierte Analyse hat es entsprechend mit zwei unterschiedlichen
Kontexten der eigenen Lektüre-Erfahrung zu tun:
- Mit dem **literarischen und literaturgeschichtlichen Kontext**:
  dem Diskurs der Literatur, den Literaturverhältnissen, der literarischen Überlieferung generell und der Wirkungsgeschichte
  des jeweils behandelten Werks;
- mit dem **geschichtlich-gesellschaftlichen Kontext**: der gesellschaftlichen Praxis, der Ideologie, den historischen Entwicklungen
  und politischen Auseinandersetzungen der eigenen Gegenwart.

Die Frage, wer warum wie versteht, bestimmt also auch den
zweiten Aspekt der rezeptionsorientierten Analyse in der Literaturinterpretation. Und auch hier gilt, dass das Interesse an den
involvierten Interessen die pragmatische Achse der Untersuchung
darstellt. Nachdem durch den Vergleich des eigenen Textverständnisses mit dem im Text ›programmierten‹ Lese-Verhalten eine teilweise objektivierende Beschreibung des »Wie« erfolgte, geht es
jetzt um die Frage nach dem »Warum« und damit indirekt nach
dem »Wer«. Auch hier haben wir es mit einer hermeneutischen
Reflexion zu tun, die vor allem dem »Selbstverstehen im Fremdverstehen« dient und nicht etwa einer systematischen Fixierung von
vorgreiflichen Rezeptionsbedingungen. Die Klärung des eigenen
Standorts und der eigenen Interessen im Blick auf das interpretierte
literarische Werk bedeutet zugleich deren Veränderung und ist eine
der wesentlichsten Voraussetzungen dafür, dass das Werk in der
Rezeption überhaupt eine Wirkung entfalten kann.

Unter der **Historisierung des lesenden Subjekts** verstehe ich
den Versuch, die eigene Lese-Erfahrung und den eigenen Erwartungshorizont im Verhältnis zu anderen – zeitgenössischen oder
geschichtlich früheren – zu identifizieren. Sie ist nicht denkbar
ohne eine bewusste Weiterentwicklung der literarischen Kommunikation, der Verständigung über Lese-Erfahrungen und Texte.
Denn wenn ich mich als lesendes Subjekt – in den jeweils gegebenen Grenzen – historisieren will, muss ich mich ins Verhältnis
setzen zu umgreifenderen Horizonten *oder* zu anderen Subjekten
und deren Verstehens- und Kommunikationsvoraussetzungen. Das
kann zunächst der **Autorhorizont** sein und dessen, durch die produktionsästhetische Analyse und Kontextanalyse herauszuarbeiten-
den, geschichtlichen Bedingungen. Auf diese Weise identifiziere

ich mich im Verhältnis zu dem kulturell und/oder historisch von mir entfernten Autor, dessen Situation und geschichtliche Praxis allerdings nur interpretierend erschlossen werden und nicht restlos objektiviert werden können.

Die systematische Strukturanalyse des Textes, welche nach der produktions- wie der rezeptionsästhetischen Seite die Voraussetzungen des genaueren Erkennens schafft, gibt einen Einblick in die der Textstruktur zugrunde liegenden Codes und ihrer historisch-konkreten Verwendungsweise im Werk. Die **Frage nach anderen Leser-Horizonten** – sowohl der Vergangenheit als auch der eigenen Gegenwart – zielt auf das Erkennen des eigenen historischen Standorts, sofern ich mich hierbei in ein *bestimmtes* Verhältnis zu anderen Rezipienten setze. Es ist jedoch bei alledem unmöglich, das eigene Textverständnis etwa aus einem Erwartungshorizont der eigenen Gegenwart abzuleiten, wie es unmöglich ist, den Text stringent aus seinen Entstehungsbedingungen zu erklären.

Das **Schema zur Literaturrezeption** stellt den Versuch dar, die für die rezeptionsorientierte Analyse relevanten Instanzen und Relationen übersichtlich zu ordnen (s. S. 219).

Man kann die beiden seitlichen Achsen des Modells als Literatur und Geschichte, den literarischen und den historischen Prozess unterscheiden. Jede Rezeption eines literarischen Werks ist in doppelter Weise auf Geschichte bezogen, indem der Leser die im Text vergegenständlichte geschichtliche Erfahrung durch die rezeptive Tätigkeit in die Geschichtlichkeit der eigenen Subjektivität ›übersetzt‹. Die dritte Achse des Modells, zwischen der **Überlieferungsgeschichte der Texte** und der **Sozialgeschichte der lesenden Subjekte**, dem historischen Prozess, ist die Rezeptions- bzw. **Wirkungsgeschichte** der Werke. In dieser Dimension hätte eine rezeptionsorientierte Literaturgeschichtsschreibung ihren Gegenstand aufzusuchen und darzustellen. Die vielfältigen, synchronen und diachronen Beziehungen, die eine solche »Literaturgeschichte des Lesers« (H. Weinrich) und der gelesenen Literatur bestimmen, sind natürlich nur in äußerster Reduktion schematisch darzustellen. Hervorgehoben werden soll hier vor allem, dass der Text, wie er dem aktuellen Lese-Vorgang zugrunde liegt, eine Überlieferungsgeschichte hinter sich hat, die ihrerseits von den sich wandelnden Literaturverhältnissen bedingt ist. Für diese steht im Schema der Begriff »**Vermittler**«. Er bezeichnet, wie erinnert werden soll, nicht nur die institutionellen Voraussetzungen der literarischen Praxis, sondern diese selbst in der Gesamtheit ihrer Dimensionen, den Diskurs der Literatur.

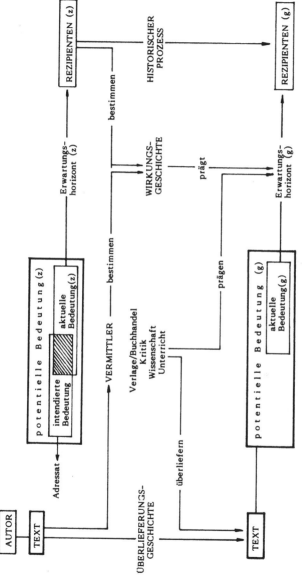

Abbildung 7: Überlieferungsgeschichte, Wirkungsgeschichte und historischer Prozess

Die **Rezeptions- bzw. Wirkungsgeschichte** wird konstituiert durch
die historische Folge der nacheinander – und in vielfältigen Relationen zueinander – realisierten aktuellen Bedeutungen und Wirkungen der Texte, wie sie in den überlieferten Rezeptionszeugnis-
sen indirekt greifbar sind. Sie gehen in den jeweils gegenwärtigen
Erwartungshorizont und damit in die potentielle Bedeutung und
Wirkung des Textes ein, auf deren Grundlage der **gegenwärtige
Rezipient** (g) einen aktuellen Textsinn konstituiert. Dieser Rezipient ist mit den früheren Lesern des Werks jedoch noch anders
verbunden als allein durch die Wirkungsgeschichte des Werks. Er
steht als lesendes, handelndes Subjekt im gleichen historischen Prozess; und die in der Gegenwart gegebenen Rezeptionsbedingungen
sind auch von dieser geschichtlichen Kontinuität mit bestimmt.
So sind etwa die heutigen Leser und Leserinnen Paul Celans die
Enkel der **zeitgenössischen Rezipienten** (z), die das zeitgenössische
Publikum des Autors bildeten. Ihre Erfahrungen, Erwartungen
und Interessen sind auch auf außerliterarische Weise mit denen
früherer Rezipienten verbunden. Diese durchaus auch methodisch
rekonstruierbare, Widersprüche und Brüche einschließende Kontinuität, wird in rezeptionsorientierten Untersuchungen gerne unter-
schlagen oder in den Hintergrund gedrängt. Will man jedoch mit
der Aufgabe ernst machen, die Interessen und den Standort des
Interpreten jeweils mit zu explizieren, so wird man gerade ohne
diese geschichtliche Identifikation nicht hinkommen.

Indem wir die eigenen Rezeptionsvoraussetzungen zu reflektieren
suchen, beschreiben wir sie also zunächst als eine wirkungsge-
schichtlich gesättigt **literarische Gegenwartssituation**.

Hierzu kann man die folgenden Fragen stellen:

- Welche Bedeutung hat der Autor/die Gattung im gegen-
  wärtigen literarischen Leben (gibt es z.B. öffentliche Dis-
  kussionen über ihn?)
- Von welchem Publikum wird er gelesen?
- In welchen Medien und Präsentationsformen wird sein
  Werk verbreitet?
- Wie ist er in der Literaturkritik (jeweils welcher Richtung
  und welcher Medien) besprochen und gewertet?
- Welche Rolle spielt er in der Literaturwissenschaft und im
  schulischen Unterricht?

Bei der Beschreibung der literarischen Rezeptionssituation in diesem umfassenden Sinn wird in der Regel der wirkungsgeschichtliche Aspekt im Vordergrund stehen. Überlieferungsgeschichtliche Ermittlungen sind – abgesehen von den Aufgaben der Textkritik im engeren Sinne (s.o., S. 24ff.) – nur insoweit unmittelbar relevant, als sie die jeweilige Präsentationsform des Autors/Werks und damit eine für die ästhetische Erfahrung ja nicht unwichtige Seite des Lesevorgangs erhellen können.

Mit diesem Hinweis ist schon die Notwendigkeit angesprochen, im Rahmen einer Reflexion der gesellschaftlich-geschichtlichen Rezeptionssituation auch die **aktuelle Kommunikationssituation** zu thematisieren, in der die Lektüre und Interpretation jeweils stattfindet. Mit dieser Überlegung verbindet sich ggf. eine Besinnung auf die individuellen Voraussetzungen der Lektüre, vorangegangene Lese-Erfahrungen, persönliche Situation, tatsächlicher Ablauf des Lese-Vorgangs usf. Bezogen auf den einzelnen Lese-Vorgang können sich die folgenden Fragen als nützlich erweisen:

- Welche Vermittlungsinstanz hat den Text zur Lektüre ausgewählt/bereitgestellt?
- In welcher äußeren Form ist er präsentiert (Medium; ästhetisch-materielle Eigenarten)?
- Was ist der Lese-Anlass (eigenes Motiv, Auftrag)?
- Gab es, beispielsweise in Verbindung mit einem Lektüre-Auftrag, Vorinformationen, Wertungen?
- Wie hat sich die individuelle Lese-Situation auf den Lesevorgang ausgewirkt (Dauer, Tempo, Kontinuität, Umgebung usf.)?
- Gab es eine vorab formulierte Anweisung für die Erstellung einer Lesart (etwa Anleitung durch Fragen)?

Die interpretierende Vermittlung der aktuellen Rezeption mit der Wirkungsgeschichte und der eigenen gesellschaftlich-geschichtlichen Gegenwart überschreitet das Gebiet literaturwissenschaftlicher Methoden. Historische, (sozial)psychologische, soziologische, kulturwissenschaftliche und psychoanalytische Untersuchungen umgreifen die literaturwissenschaftliche Interpretation auch unter rezeptionstheoretischer Perspektive. Ihre Einbeziehung und damit die inhaltliche Kontur des gesamten Untersuchungsergebnisses wird wesentlich von dem praktischen Interesse abhängen, dem die interpretierende Tätigkeit entsprungen ist. Das mag ein Interesse an der Wirkungsgeschichte als solcher sein, ein literaturtheoretisches – etwa an der sinnkonstituierenden Leistung bestimmter Textstrukturen bzw. Textformanten – oder ein praktisches an der Weiterentwicklung von Rezeptionskompetenz und literarischer Kommunikation. Setzt man ein Interesse voraus an der Aneignung von künstlerisch vergegenständlichter Erfahrung und an der Verständigung über das Gelesene und das Lesen, welche beide als unverzichtbare Bestandteile einer entwickelten Lesekultur gelten müssen, so wird das erläuterte **Kriterium der Produktivität** auch die Form bestimmen, in der die Arbeitsergebnisse dargeboten werden. Das hieße, die interpretierende Tätigkeit wird im Blick auf einen konkreten Adressaten und auf den praktischen Sinn des Lesens und der Erkenntnis perspektiviert. Sie mündet schließlich in einen Vorgang des Schreibens, dessen Ziel die Vermittlung geschichtlicher Erfahrung und eine Anweisung auf neue Lektüre ist.

Literaturhinweise

Rezeption: Barner, Winfried: Rezeptions- und Wirkungsgeschichte. 1981. – Buchwald, Dagmar: Intentionalität, Wahrnehmung, Vorstellung. 1995. – Faulstich, Werner: Domänen der Rezeptionsanalyse. 1977. – Fieguth, Rolf: Zur Rezeptionslenkung bei narrativen und dramatischen Werken. 1973. – Funke, Mandy: Rezeptionstheorie, Rezeptionsästhetik. 2004. – Grimm, Gunter: Rezeptionsgeschichte. 1977. – ders.: Literatur und Leser. 1975. – Gumbrecht, Hans Ulrich: Konsequenzen der Rezeptionsästhetik. 1975. – Iser, Wolfgang: Der Akt des Lesens. 1976. – Jauß, Hans Robert: Ästhetische Erfahrungen und literarische Hermeneutik. 1982. – Kaiser, Michael: Zur begrifflichen und terminologischen Klärung einiger Vorgänge beim literarischen Lesen. 1978. – Köpf, Gerhard: Rezeptionspragmatik. 1981. – Lehmann, Günther K.: Die Theorie der literarischen Rezeption. 1974. – Leseerfahrung Lebenserfahrung. 1983. – Link, Hannelore: Rezeptionsforschung. 1980. – Mandelkow, Karl Robert: Probleme der Wirkungsgeschichte. 1970. – Maurer, Karl: Formen des Lebens. 1979. – Müller, Jürgen E.: Literaturwissenschaftliche Rezeptions- und Handlungstheorien. 1990. – Naumann, Manfred u.a.: Gesellschaft. Literatur. Lesen. 1973. – Pany, Doris. Wirkungsästhetische Modelle. 2000. – Rezeptionsgeschichte oder Wirkungsästhetik. 1978. – Schödlbauer, Ulrich: Ästhetische Erfahrung. 1982. – Simon, Tina: Rezeptionstheorie. 2003. – Steinmetz, Horst: Rezeptionsästhetik und Interpretation. 1981. – Stierle, Karlheinz: Was heißt Rezeption bei fiktionalen Texten? 1975. – Todorov, Tzvetan: Die Lektüre als Rekonstruktion des Textes. 1978. – Warning, Rainer: Rezeptionsästhetik. 1975. – Weinrich, Harald: Für eine Literaturgeschichte des Lesers. 1967. – Willenberg, Heiner: Zur Psychologie literarischen Lesens. Wahrnehmung, Sprache und Gefühle in der Textrezeption. 1978. – Zimmermann, Bernhard: Literaturrezeption im historischen Prozeß. 1977.

Fiktion: Anderegg, Johannes: Fiktion und Kommunikation. 1983. – Gumbrecht, Hans Ulrich: Fiktion und Nichtfiktion. 1977. – Landwehr, Jürgen: Fiktion und Nichtfiktion. 1981. – Löffler, Dietrich: Wie wird fiktionale Prosa gelesen? 1982. – Stierle, Karlheinz: Die Fiktion als Vorstellung, als Werk und als Schema. 1983. – Warning, Rainer: Der inszenierte Diskurs. 1983. – Zipfel, Frank: Fiktion, Fiktivität, Fiktionalität. 2001.

Tradition und Erbe: Dahnke, Hans-Dieter: Erbe und Tradition in der Literatur. 1977. – Kaufmann, Hans: Versuch über das Erbe. 1980. – Weimann, Robert: Gegenwart und Vergangenheit in der Literaturgeschichte. 1971.

5. Hinweise zur Technik des wissenschaftlichen Arbeitens

Inhalt: Bibliographieren – Examensarbeit – Exzerpt – Gruppenarbeit – Handbücher und Hilfsmittel – Kartei – Konspekt – Mitschreiben – Protokoll – Zitieren – Literaturhinweise zur Technik des wissenschaftlichen Arbeitens.

Vorbemerkung: Die folgenden Ratschläge sind mit Bedacht nicht systematisch angeordnet, denn ein »System« der wissenschaftlichen Arbeit gibt es nicht. Es zahlt sich natürlich dennoch aus, wenn man sich über die Möglichkeiten systematischen Arbeitens, einschließlich eines angemessenen Umgangs mit der eigenen Arbeits- und Lebenszeit Gedanken macht. Forschung hat es – neben und vor aller kritischen und kreativen Auseinandersetzung – mit der **Ermittlung, Auswertung und Verarbeitung von Informationen** zu tun. Die Art dieser Informationen, ihr Stellenwert und ihre Handhabung im eigenen Arbeitsprozess werden in den folgenden Artikeln dargestellt. »Suchen ist Methode, Finden ist Gnade«, hat der Romanist Ernst Robert Curtius gelegentlich formuliert, und man könnte hinzufügen: »Wiederfinden ist Disziplin«. Der reflektierte Umgang mit Informationen entscheidet in der »Wissensgesellschaft« mehr denn je über die Frage, ob wir die aufgegebene oder selbst gewählte wissenschaftliche Aufgabe bewältigen.

Fast alle Aspekte der literaturwissenschaftlichen Arbeit sind heutzutage tangiert von den Möglichkeiten, welche die **elektronischen Medien** bieten. Der Zugang zu den unübersehbaren Informationsmöglichkeiten des **Internet** ist inzwischen so selbstverständlich geworden, dass eine »Einführung in die Technik des wissenschaftlichen Arbeitens« sich auf einige ergänzende Hinweise beschränken kann. Insbesondere kann keine Garantie für den Fortbestand der angegebenen Adressen übernommen werden.

5.1 Bibliographieren

Eine wesentliche Voraussetzung für die literaturwissenschaftliche Arbeit ist die Ermittlung von Quellen (Primärliteratur) und Darstellungen (Sekundärliteratur) zum gewählten oder aufgegebenen Gegenstandsbereich oder Problemkomplex. Man kann unterscheiden:

5.1.1 Fortschreitende Bibliographie

Sie ist die häufigste und für normale Studienanforderungen ausreichende Form der Literaturermittlung. Man geht von einer vorliegenden wissenschaftlichen Darstellung zum Thema, von einer Literaturliste, von allgemeinen oder speziellen Nachschlagewerken oder von einem systematischen Katalog aus. Die dort gefundene Literatur enthält meist weiterführende Angaben, mit deren Hilfe man sich – zweckmäßigerweise zeitlich von den neuesten Darstellungen zu älteren fortschreitend – weiter in die Problematik, in die Forschungslage oder Forschungsgeschichte einarbeitet. Die Richtung, in der man dabei die eigene Bibliographie Schritt für Schritt ergänzt, wird von den eigenen Erkenntnisinteressen oder von der vorgegebenen Aufgabenstellung bestimmt.

5.1.2 Systematische Bibliographie

Zu einem Autor, einer Gattung, einer Epoche oder einer bestimmten Fragestellung wird im Fall einer langfristigen wissenschaftlichen Arbeit (Projekt, Examen o.Ä.) eine umfassendere, systematische Bibliographie notwendig sein. Auch diese ist in den meisten Fällen eine **Auswahlbibliographie,** da ein lückenloses Verzeichnis aller zu einem Thema erschienenen wissenschaftlichen Arbeiten fast nie erforderlich – und daher nutzlos – ist. Allenfalls bei Forschungsberichten oder Rezeptionsstudien ist eine vollständige Erfassung der einschlägigen Quellen und Darstellungen angebracht.

5.1.3 Ergänzungen zu Bibliographien

Bei den meisten Bibliographien ist der Auswahlcharakter schon äußerlich betont, und in eigenen Literaturlisten sollte stets Raum für Nachträge bleiben! Nur so lässt sich – vor allem bei Literaturlisten zu Seminaren – der Eindruck vermeiden, der Autor der Literaturauswahl wisse schon, was man lesen müsse und sonst sei sowieso nichts gut. Man wird also, besonders in den eigenen Interessenschwerpunkten, die Bibliographie laufend ergänzen:

- **Neuerscheinungen:** Zeitschriftenaufsätze, Monographien und Sammelwerke führen die Forschung weiter und enthalten Hinweise auf neueste Literatur zum Thema
- Es ist sehr nützlich, regelmäßig zu verfolgen, was im **Lesesaal** der Instituts- oder Universitätsbibliothek an Zeitschriften neu ausliegt,
- was in **Buchläden** und **Verlagsprospekten** auftaucht oder
- unter den **Neuerwerbungen** der Bibliotheken zu finden ist. Allmählich entwickelt sich daraus ein Überblick über die Forschungslage im eigenen Interessenschwerpunkt.
- **Rezensionen** zu wichtigen Neuerscheinungen schärfen das Kritikvermögen und helfen zugleich, Problemstellungen und Forschungsperspektiven besser zu erkennen. Man findet sie – für ältere Forschungs-

arbeiten – im »Dietrich«, für neuere im »Eppelsheimer« und in der »Germanistik«.

Viele der im Folgenden genannten Bibliographien und biographischen Nachschlagewerke sind mittlerweile schon als **elektronische Bücher** (CD, DVD) greifbar; man benutzt diese kostenlos auch in den meisten Universitätsnetzen und in großen Bibliotheken.

Signaturen benutzter Bücher und besonders informative **Internetadressen** schreibt man sich zweckmäßigerweise in die eigene Literaturliste, Kartei oder Lesezeichen-Sammlung, man spart damit viel Zeit, wenn man die Informationen später noch einmal braucht.

5.1.4 Zur Technik der bio-bibliographischen Recherche

1. Wie verschaffe ich mir erste biographische Informationen, Kenntnisse über die anderen Werke des Autors usw.?
* **Werkausgaben und Textsammlungen** enthalten in Einleitungen und Kommentaren oft biographische und bibliographische Hinweise, die einen guten Zugang zu Autor und Werk bieten. Unabdingbar ist es gerade, wenn man nur eine Kopie des Textes in den Händen hat, in der Bibliothek die Werkausgaben des jeweiligen Autors durchzusehen.

* **Personenlexika** bieten biographische, oft auch bibliographische Auskünfte. Die Standardwerke sind hier:
Allgemeine Deutsche Biographie. Hrsg. durch die Historische Commission bei der Bayerischen Akademie der Wissenschaften. Red. R. von Liliencron und F.X. von Wegele. 56 Bde. Leipzig: Duncker + Humblot 1875–1912. Neudruck: Berlin 1967 (=ADB).
Neue deutsche Biographie. Hrsg. v. d. Historischen Kommission bei der Bayerischen Akademie der Wissenschaften. Bd. 1ff. Berlin: Duncker + Humblot 1953ff. (=NDB).

* **Schriftstellerlexika** informieren über Autorinnen, Autoren und ihre Werke und enthalten meist auch bibliographische Hinweise:
Deutsches Literatur-Lexikon. Biographisches und bibliographisches Handbuch. Hrsg. von Wilhelm Kosch. 3., völlig neu bearb. Aufl. Hrsg. von Bruno Berger und Heinz Rupp. Bd. 1ff. Bern, München: Francke 1968ff.
Harenbergs Lexikon der Weltliteratur. Autoren, Werke, Begriffe. Hrsg. von Hans A. Neunzig u.a. 5 Bde. Dortmund: Harenbergs Lexikon Verlag 1989 (Studienausgabe 1995).
Der Literatur-Brockhaus. Hrsg. von Werner Habicht, Wolf Dieter Lange und der Brockhaus-Redaktion. 3 Bde. Mannheim: Brockhaus 1988.
Literatur Lexikon. Autoren und Werke deutscher Sprache. Hrsg. von Walter Killy. 15 Bde. Gütersloh, München: Bertelsmann 1988 [CD-Rom-Ausgabe bei directmedia, Berlin].

Kindlers Neues Literaturlexikon. Hrsg. von Walter Jens. Redaktion Rudolf Radler. 20 Bde. München: Kindler 1988–1992 [CD-Rom-Ausgabe bei United Soft Media, München].

- Etwas handlicher sind:
Autorenlexikon deutschsprachiger Literatur des 20. Jahrhunderts. Hrsg. von Manfred Brauneck unter Mitarbeit von Wolfgang Beck. Überarb. u. erw. Neuausg. Reinbek: Rowohlt 1995 (rororo handbuch, 6355).
Lexikon der Weltliteratur. Unter Mitwirkung zahlreicher Fachgelehrter hrsg. von Gero von Wilpert. Bd. 1: Biographisch-bibliographisches Handwörterbuch nach Autoren und anonymen Werken. 1988 Bd. 2: Hauptwerke der Weltliteratur in Charakteristiken und Kurzinterpretationen. 3., neubearb. Aufl. Stuttgart: Kröner 1988–1993.
Lexikon deutschsprachiger Schriftsteller von den Anfängen bis zur Gegenwart. Hrsg. von Günter Albrecht, Kurt Böttcher, Herbert Greiner-Mai und Paul Günter Krohn. 2 Bde. Leipzig: Bibliographisches Institut 1974 (auch: Kronberg/Ts: Scriptor 1974).
Lexikon deutschsprachiger Schriftstellerinnen 1800–1945. Hrsg. von Gisela Brinker-Gabler, Karola Ludwig und Angela Wöffen. München: Deutscher Taschenbuch Verlag 1986 (dtv 3282).
Metzler Autoren Lexikon. Deutschsprachige Dichter und Schriftsteller vom Mittelalter bis zur Gegenwart. 3., überarb. u. erw. Aufl. Hrsg. von Bernd Lutz und Benedikt Jeßing. Stuttgart, Weimar: Metzler 2004.
Lexikon sozialistischer Literatur. Ihre Geschichte in Deutschland bis 1945. Hrsg. von Simone Barck, Silvia Schlenstedt, Tanja Bürgel, Volker Giel und Dieter Schiller unter Mitarbeit von Reinhard Hillich. Stuttgart, Weimar: Metzler 1994.

- Sehr gute Informationsmöglichkeiten zur **Gegenwartsliteratur** bieten:
Kritisches Lexikon zur deutschsprachigen Gegenwartsliteratur. Hrsg. von Heinz Ludwig Arnold. München: edition text + kritik 1978ff. (fortlaufend ergänzte Loseblatt-Sammlung) (=KLG).
Kritisches Lexikon zur fremdsprachigen Gegenwartsliteratur. Hrsg. von Heinz Ludwig Arnold. München: edition text + kritik 1983ff. (fortlaufend ergänzte Loseblatt-Sammlung) (=KLfG).

- Für die in den abgeschlossenen Bibliographien nicht erfasste neueste Zeit sind **periodische Bibliographien** heranzuziehen. Besonders hingewiesen wird zunächst auf:
Bibliographie der deutschen Literaturwissenschaft. Hrsg. von Hanns W. Eppelsheimer [Bd. 9–21: Clemens Köttelwesch; Bd. 22ff.: Bernhard Kaßmann]. Bd.1ff. Frankfurt a.M.: Klostermann 1957ff. (Berichtszeitraum seit 1945).
Germanistik. Internationales Referatenorgan mit bibliographischen Hinweisen. Hrsg. von T. Ahlden. Jg. 1ff. Tübingen 1960ff.

- Dann auf die wichtigsten **Bücherverzeichnisse**, die ebenfalls als periodische Bibliographien angelegt sind:

Deutsche Bibliographie. Wöchentliches Verzeichnis. Amtsblatt der deutschen Bibliothek. Jg. 1ff. Frankfurt a.M.: Buchhändler Vereinigung 1947ff.

Deutsche Nationalbibliographie und Bibliographie des im Ausland erschienenen deutschsprachigen Schrifttums. Leipzig: Deutsche Bücherei 1931ff.

Verzeichnis lieferbarer Bücher. Frankfurt a.M.: Verlag der Buchhändlervereinigung 1971ff. (mit eigenem Schlagwort-Index und gründlichen Registern) (=VLB).

* Für unselbständig erschienene **Zeitschriftenartikel, Rezensionen** usw., benutzt man:

Internationale Bibliographie der Zeitschriftenliteratur. Begründet von F. Dietrich Abt. A–C Bd. 1ff. Leipzig (ab 1946: Osnabrück) 1879ff. (=Dietrich).

Internationale Bibliographie der Zeitschriftenliteratur aus allen Gebieten des Wissens. Hrsg. von Otto Zeller. Bd. 1ff. Osnabrück 1965ff. (=IBZ).

Internationale Bibliographie der Rezensionen wissenschaftlicher Literatur. Hrsg. von Otto Zeller. Bd. 1ff. Osnabrück 1971ff. (=IBR).

Zeitungs-Index. Verzeichnis wichtiger Aufsätze aus deutschsprachigen Zeitungen. Jg. 1ff. (mit Register und Beiheften). Hrsg. Willi Gorzny. Pullach bei München: Verlag Dokumentation 1974ff.

* **Interpretationen** zu Texten der deutschen Literatur weist nach:

Schmidt, Heiner: *Quellenlexikon der Interpretationen und Textanalysen.* Personal und Einzelwerkbibliographie zur deutschen Literatur von ihren Anfängen bis zur Gegenwart. Ein Handbuch für Schulen und Hochschulen. 12 Bde. Duisburg: Verlag päd. Dokumentation 1984–1987 (3., überarb. u. wesentl. erw. Aufl., unter d. Titel »Quellenlexikon zur deutschen Literatur«, 1994ff.).

* Weiterführende nützliche Hinweise zur **Technik der Literatur-Ermittlung** sowie Übersicht über die wichtigsten Hilfsmittel geben:

Blinn, Hansjürgen: *Informationshandbuch Deutsche Literaturwissenschaft.* 4., völlig neu bearb. u. stark erw. Ausg., 2., verb. Aufl. Frankfurt a.M.: Fischer Taschenbuch Verlag 2003 (Fischer Taschenbuch 10327).

Hansel, Johannes: *Bücherkunde für Germanisten.* Studienausgabe. 9., neubearb. Aufl., bearb. von Lydia Tschakert. Berlin: Erich Schmidt 1991.

Landwehr, Jürgen; Mitzke, Matthias; Paulus, Rolf: *Praxis der Informationsermittlung: »Deutsche Literatur«.* Systematische Einführung in das fachbezogene Recherchieren. München: Fink 1978.

Paschek, Carl: *Praxis der Literaturermittlung Germanistik.* 2 Bde. Teil 1: Grundlegung und Methodik. Teil 2: Systematisches Verzeichnis. Frankfurt a.M., Bern, New York: Lang 1986 (Germanistische Lehrbuchsammlung, 48).

Raabe, Paul: *Einführung in die Bücherkunde zur deutschen Literaturwissenschaft.* 11., völlig neubearb. Aufl. Unter Mitarbeit von Werner Arnold und Ingrid Hanich-Bode. Stuttgart, Weimar: Metzler 1994 (Sammlung Metzler, 1).

2. Wie finde ich wissenschaftliche Literatur über den Autor, das Werk usw.?

- Um unnötige Sucherei zu vermeiden, ist es angebracht, bei Recherchen zu einem Autor zuerst immer eine **Personalbibliographie** zu Rate zu ziehen. Eine Personalbibliographie ist ein Verzeichnis sämtlicher Arbeiten über einen bestimmten Autor, sein Werk. Hier gibt es zwei Standardwerke, die sämtliche Personalbibliographien verzeichnen (also Bibliographien der Personalbibliographien):
Hansel, Johannes: *Personalbibliographie zur deutschen Literaturgeschichte.* Studienausgabe. Neubearb. unter Fortführung auf den neuesten Stand von Carl Paschek. 2., neubearb. u. erg. Aufl. Berlin: Erich Schmidt 1974.
Arnim, Max: *Internationale Personalbibliographie 1800–1943.* Bd. 1–2.2., verb. u. stark verm. Aufl. Leipzig: Hiersemann 1952. Bd. 3: 1944–1959 [neu: 3–5], fortgef. von Franz Hoder. 2., völlig neubearb. Aufl. 1944–1959. Stuttgart: Hiersemann 1981–1987 (Berichtszeitraum bis in die 1980er Jahre).

- Für die **Gegenwartsliteratur** gibt es außerdem:
Wiesner, Herbert; Zivsa, Irena; Stoll, Christoph: *Bibliographie der Personalbibliographien zur deutschen Gegenwartsliteratur.* München: Nymphenburger 1970.

- Ist eine Personalbibliographie nicht vorhanden, benutzt man zweckmäßigerweise eine **periodische Bibliographie** oder – für die ältere Forschung – eine **abgeschlossene Bibliographie**. Ein sehr umfassendes, aber auch schwierig zu benutzendes Standardwerk ist hier:
Goedeke, Karl: *Grundriß zur Geschichte der deutschen Dichtung.* 15 Bde., z.T. versch. Aufl. Hannover, Dresden u.a. 1884ff. Neue Folge (Schriftsteller zw. 1830 und 1880). Berlin 1962ff. Index, bearb. von Hartmut Rambaldo. Nendeln 1975.

- Ein ebenfalls umfangreiches, aber übersichtliches Werk ist:
Körner, Josef: *Bibliographisches Handbuch des deutschen Schrifttums.* 4. Aufl. (Nachdruck der 3., völlig umgearb. Aufl. 1949). Bern: Francke 1949.

- Gute, übersichtliche und näher an die Gegenwart reichende Bibliographien sind:
Internationale Bibliographie zur Geschichte der deutschen Literatur von den Anfängen bis zur Gegenwart. Gesamtredaktion: Günther Albrecht und Günther Dahlke. 4 Bde. Berlin: Volk und Wissen; München-Pullach: Verlag Dokumentation 1969–1974.
Kosch, Wilhelm: Deutsches Literatur-Lexikon. Biographisches und bibliographisches Handbuch. 3. Aufl. Hrsg. von Bruno Berger und Heinz Rupp. Bd. 1ff. Bern: Francke 1968ff.

3. Für die **bio-bibliographische Internetrecherche** gibt es verschiedene Einstiegsmöglichkeiten: die Person, das heißt Leben und Werk eines Autors, die Institutionen oder die öffentlich zugänglichen Bibliotheks- und Archivkataloge:

a) die **personen- und institutionenbezogene** Recherche:
- über **allgemeine Suchmaschinen**: Google; Infoseek; Fireball; Metacrawler; MetaGer; Yahoo u.Ä.)

- über **fachspezifische Adressen**, das heißt: Angebote für Germanisten im WWW, zum Beispiel:
Fachinformation Germanistik der FU Berlin:
  http://www.ub.fu-berlin.de/internetquellen/fachinformation/germanistik/
Erlanger Liste:
  http://www.phil.uni-erlangen.de/~p2gerlw/ressourc/liste.html
Düsseldorfer Virtuelle Bibliothek:
  http://www.ub.uni-duesseldorf.de/fachinfo/dvb/faecher/ger/index_html
Virtuelle Allgemeinbibliothek: Literaturwissenschaft:
  http://www.virtuelleallgemeinbibliothek.de/00079ANF.HTM
Internet Resources for Germanists der Universität von Wisconsin (USA):
  http://www.germanistik.net/

- Über diese und ähnliche Seiten findet man auch die Internet-Seiten der **Literarischen Gesellschaften**, auf denen meist sehr umfangreiche Informationen über einzelne Autor/innen und weiterführende Verknüpfungen angeboten werden.
- Ein wichtiger Anlaufpunkt für die Recherche sind die **Literaturarchive**, zum Beispiel das Deutsche Literaturarchiv in Marbach:
  http://www.dla-marbach.de/index.html
  oder das Archiv der Akademie der Künste in Berlin
  http://www.adk.de/deutsch/ged_arch_fst.html

Ein sehr hilfreiches Findemittel ist die Seite »**Bibliotheken, Bücher und Berichte**«, auf der ein umfassendes Verzeichnis deutschsprachiger Kataloge und Institutionen und weitere nützliche Verknüpfungen – zum Beispiel zu Wörterbüchern oder zu Literatur im Volltext – bereitliegen:
http://www.grass-gis.de/bibliotheken/woerterbuecher.html

b) Die Recherche über **Bibliotheks- und Archivkataloge**:
- über **öffentliche online-Kataloge** (OPAC = online public access catalogue). Eine »erste Adresse« ist hier der
Karlsruher virtuelle Katalog:
  http://www.ubka.uni-karlsruhe.de/kvk.html
  über den man deutsche und internationale Bibliotheken, Verbundkataloge, den Buchhandel und das Zentralverzeichnis antiquarischer

Bücher abfragen kann. Etwas schneller geht es meistens, wenn man die Bibliotheken oder Bibliotheksverbünde direkt anwählt, z.B. Online-Katalog der Freien Universität Berlin (analog für andere Universitäten):

http://sf3.ub.fu-berlin.de/F/?func=file&file_name=find-b

Die Deutsche Bibliothek Frankfurt (weltweite Recherche und Dokumentenbestellung):

http://z3950gw.dbf.ddb.de/

Gesamtkatalog der Deutschen Bibliothek Frankfurt am Main (seit 1945) und der Deutschen Bücherei Leipzig (seit 1913):

http://dispatch.opac.ddb.de/db=4.1/html=Y/

- über **Datenbanken und elektronische Nachschlagewerke**, die in vielen Universitätsnetzen aber auch in großen Bibliotheken kostenlos zur Verfügung stehen, zum Beispiel:

Bibliographie der Deutschen Sprach- und Literaturwissenschaft, begründet von Hanns W. Eppelsheimer, fortgeführt von Clemens Köttelwesch. Entspricht der gedruckten Ausgabe seit 1985 und umfasst das Gesamtgebiet der Germanistik mit einem deutlichen Schwerpunkt auf der Literaturwissenschaft.

Germanistik. Internationales Referatenorgan mit bibliographischen Hinweisen, das zentrale Berichtsorgan der Wissenschaft von deutscher Sprache und Literatur einschließlich der Randgebiete.

- über den **Dokumentationsdienst »subito«** kann man gegen Gebühr Dokumente aus zahlreichen Bibliotheken recherchieren und bestellen: http://www.subito-doc.de/
- Das **Verzeichnis lieferbarer Bücher** (VLB) findet man unter: http://www.buchhandel.de/
- Das **Zentralverzeichnis antiquarischer Bücher** (ZVAB) hilft, vergriffene Bücher aufzuspüren: http://www.zvab.com/
- **Aktuelle Publikationen** erschließt zum Beispiel auch die große, international sortierte Sammlung von Verknüpfungen: http://www.pitbossannie.com/index.html

5.2 Examensarbeit

Die Vorbereitung und Anfertigung einer größeren wissenschaftlichen Arbeit (im Rahmen eines Projekts, für das Examen etc.) wirft für den einzelnen oft scheinbar unüberwindliche Probleme auf. Hier von Möglichkeiten der Erleichterung – in der Technik – zu wissen, ist oft schon eine wesentliche Hilfe. Die **Erarbeitung des Gegenstandes** selbst geht sinnvollerweise in mehreren aufeinander aufbauenden Schritten vor, von denen natürlich auch zwei zusammenfallen können und zwischen denen man die eigenen Gedanken und Materialien jeweils zur Diskussion stellen sollte (in der Gruppe, in der Sprechstunde des Hochschullehrers, im Seminar o.Ä.), Diese Schritte können sein

5.2.1 Erstes Arbeitspapier (Exposé)

Hier wird nach den Gesichtspunkten »Gegenstandsbereich« (Autor, Gattung, Werk, Epoche), »Problemstellung und Methode«, »Forschungsstand«, »Wichtigste Forschungsliteratur« ein erster Überblick über das gegeben, was man eigentlich ›machen‹ will. Eine solche Aufstellung, die bereits die Fragerichtung und das voraussichtliche (hypothetische) Ergebnis mitbedenkt, ist besser als eine ziellose Materialsammlung und hilft zugleich dem in Aussicht genommenen Prüfer (der ja auch nicht Spezialist für alles ist) bei der Beratung.

5.2.2 Konzeption

Hier soll der gesamte vorgesehene Argumentationszusammenhang aufgrund einer genaueren Kenntnis des Gegenstandes und des Forschungsstandes einmal zusammenhängend dargelegt werden. Dazu liefert man (sich) sinnvollerweise auch eine erste **Disposition** (Gliederung) der Arbeit. Diese Aufgabe der konzeptionellen Vergewisserung hilft einem selbst, in der Phase der intensiven Materialsammlung, die Fragerichtung und die wissenschaftliche Relevanz des Themas im Auge zu behalten. Eine solche Konzeption eignet sich zudem hervorragend für die Diskussion des eigenen Vorhabens in einer Arbeitsgruppe oder im Seminar (Examenscolloquium o.Ä.).

5.2.3 Feinkonzeption

Hier geht es um die genauere Ausführung der Materialgliederung und Argumentation im Einzelnen. Hier müssen jetzt auch die Darstellungen eingearbeitet werden, auf die man sich bezieht, die einzelnen Gesichtspunkte, die man übernehmen oder kritisch widerlegen will. Zur Feinkonzeption gehört auch eine dispositionelle Aufgliederung der ganzen Arbeit in überschaubare Abschnitte. Dadurch wird jeder Argumentationsschritt zugleich für sich klar bestimmt und in den Zusammenhang der ganzen Arbeit eingebettet.

5.2.4 Textausarbeitung

Hiernach ist die Textausarbeitung keine unüberwindliche Hürde mehr, man sollte – dies als oft gemachte Erfahrung – am Schluss den Versuch machen, den Text einmal ganz fertig zu schreiben, bevor man an die Überarbeitung einzelner Teile für die Reinschrift geht. Erfahrungsgemäß führt die »Verbesserung« gerade geschriebener Textabschnitte zu nichts: die fünfte »Fassung« enthält meist nicht mehr als die erste (das schließt nicht aus, dass man sich Gedanken zu bestimmten Textabschnitten stichwortartig am Rande des schon Geschriebenen notiert).

5.3 Exzerpt

Exzerpieren heißt, Auszüge aus Quellen und Darstellungen nach bestimmten, vom eigenen Erkenntnisinteresse vorgegebenen Gesichtspunkten anfertigen. Das Exzerpt wird zur Lösung eines Problems, einer gestellten Aufgabe verwendet. Mit seiner Hilfe »speichert« man Informationen, vor allem Fakten, Details, bestimmte, wörtlich zu rezipierende Stellen (Definitionen etc.).

Das Exzerpt ist ein **wörtlicher Auszug**; die hierbei gestellte (Teil-)Aufgabe könnte lauten: »Stelle Material zum Thema ... zusammen«. Beim Durcharbeiten von Literatur wird nur das herausgeschrieben, was Antwort auf die gestellte Frage gibt. Dabei muss jedoch der gedankliche Zusammenhang der fremden Darstellung klar bleiben (z.B. muss aus dem Exzerpt hervorgehen, ob der Autor die Fakten oder Behauptungen selbst verantwortet oder sich seinerseits auf Quellen oder Darstellungen bezieht).

Zu dieser Notiz werden Seitenangaben gegeben, um das Exzerpierte später unmissverständlich verifizieren, das heißt an der Originalstelle wiederfinden zu können. Das Exzerpt soll einen Rand haben, auf dem man sich eigene Überlegungen, Hinweise für die vorgesehene Verwendung des Exzerpts o.Ä. notiert. Die genaue **Quellenangabe** gehört zu jedem Exzerpt hinzu (vgl. 5.10: Zitieren).

Exzerpte, deren Inhalt über den aktuellen Anlass hinaus von Interesse ist und sich als Schlagwort erfassen lässt, zum Beispiel Definitionen, legt man zweckmäßigerweise in einer Datenbank ab (vgl. 5.6: Kartei).

5.4 Gruppenarbeit

Bei der Gruppenarbeit (kollektives Lernen) muss man – abgesehen vom sozialen und politischen Wert für den Einzelnen und die Studentenschaft – zwischen dem **Lerngewinn** und dem **zeitökonomischen Vorteil** unterscheiden. Längst hinfällig ist das billige Argument, Gruppenarbeit mache die Studieredno nur ›faul‹. Wenn der Einzelne im Rahmen einer Gruppenarbeit und für die Diskussion im Kollektiv einen eigenen Beitrag – eine Inhaltszusammenfassung, einen Konspekt o.Ä. anfertigt, so lernt er beim Anfertigen am meisten hinzu. Dieser Lerngewinn – an Arbeitstechnik, Genauigkeit der Lektüre etc. – vermehrt sich aber nicht bei jedem weiteren Beitrag zur Gruppendiskussion entsprechend. Wenn also gesichert ist – und dafür ist schon aus Gründen der Solidarität im Studium zu sorgen – dass jeder Teilnehmer in einer Arbeitsgruppe mindestens *einmal* einen Beitrag liefert, so ist der Einwand hinfällig, die Gruppensituation betrüge ihn um den Lerneffekt. Stattdessen potenziert sich der zeitökonomische Vorteil bei der Erarbeitung von Problembereichen und größeren Zusammenhängen, wenn die Teilung der Arbeit zuvor richtig geplant und jedem einsichtig ist – und wenn wirklich alle mithelfen. Können auch die von anderen angefertigten Inhaltszusammenfassungen und Konspekte nicht die Lektüre des betreffenden Textes ersetzen, so erleichtern sie doch den Überblick und regen, wenn sie beim Lesen danebenliegen, die eigene Urteilsfindung – und die Gruppendiskussion – an.

5.5   Handbücher – Hilfsmittel

Handbücher und Lehrbücher zu verschiedenen Gegenstandsbereichen sind als Hilfsmittel der wissenschaftlichen Arbeit nicht zu unterschätzen; sie können die eigene Beschäftigung mit Quellen und Darstellungen nicht ersetzen, helfen jedoch bei der ersten **Orientierung**, bei der historischen und methodischen **Lokalisierung von Problemstellungen** sowie – vor allem – bei der Erarbeitung von **Zusammenhangswissen** (also in Rand- und Nachbargebieten des eigenen Interessenschwerpunkts). Dies gilt grundsätzlich auch dann, wenn das betreffende Lehr- oder Handbuch *nicht* auf dem neuesten Stand der Forschung ist, wobei man zugleich ein Stück Wissenschaftsgeschichte zur kritischen Rezeption geboten bekommt. Die für die Literaturwissenschaft wichtigsten Gruppen und Titel sind:

5.5.1 Handbücher und Reallexika

* Die großen **Standardwerke** sind hier:
Deutsche Philologie im Aufriß. Hrsg. unter Mitarb. zahlr. Fachgelehrter von Wolfgang Stammler. 2. Aufl. 3 Bde. Unv. Nachdruck. Berlin: Erich Schmidt 1966–1969.
Reallexikon der deutschen Literaturgeschichte. Begr. von Paul Merker und Wolfgang Stammler, Bd. 4–5 hrsg. von Klaus Kanzog und Achim Masser. New York, Berlin: de Gruyter 1958–1988.
Neues Handbuch der Literaturwissenschaft. Hrsg. Klaus von See in Verb. m. Norbert Altenhofer. 23 Bde. Wiesbaden: Athenaion 1972–1984.

* Neuere, knappe **Grundrissdarstellungen** sind im Literaturverzeichnis (S. 245) unter der Rubrik »Einführende Literatur« aufgeführt.

* Nützliche **Reallexika** sind:
Ästhetische Grundbegriffe. Historisches Wörterbuch in 7 Bänden. Hrsg. von Karlheinz Barck [u.a.]. Stuttgart, Weimar: Metzler 2000ff.
Bußmann, Hadumoth: *Lexikon der Sprachwissenschaft.* Unter Mithilfe und mit Beiträgen von Fachkolleginnen und Fachkollegen. 3., überarb. und erg. Aufl. Stuttgart: Kröner 2002 (Kröners Taschenausgaben, 452).
Fischer Lexikon Literatur. Hrsg. von Ulfert Ricklefs. 3 Bde. Frankfurt a.M.: Fischer Taschenbuch Verlag 1996 (Fischer Taschenbuch 4565–4567).
Frenzel, Elisabeth: *Motive der Weltliteratur.* Ein Lexikon dichtungsgeschichtlicher Längsschnitte. 4., überarb. und erg. Aufl. Stuttgart: Kröner 1992 (Kröners Taschenausgaben, 301).
Hawthorn, Jeremy: *Grundbegriffe moderner Literaturtheorie.* Ein Handbuch. Tübingen: Francke 1994 (Uni-Taschenbücher, 1756).

Krywalski, Diether (Hrsg.): *Handlexikon zur Literaturwissenschaft.* 2 Bde. Reinbek: Rowohlt 1978 (rororo 6221, 6222).
Knaurs Lexikon der Weltliteratur. Autoren, Werke, Sachbegriffe. Aktualisiert und neu bearb. München: Droemer 1992.
Lexikon literaturtheoretischer Werke. Hrsg. von Rolf Günter Renner und Engelbert Habekost. Stuttgart: Kröner 1995 (Kröners Taschenausgaben, 425).
Metzler Lexikon Literatur- und Kulturtheorie. Hrsg. von Ansgar Nünning. 3., aktual. und erw. Aufl. Stuttgart, Weimar: Metzler 2004.
Metzler Lexikon Sprache. Hrsg. von Helmut Glück. 2., überarb. und erw. Aufl. Stuttgart, Weimar: Metzler 2000.
Metzler Literatur Lexikon. Stichwörter zur Weltliteratur. Hrsg. von Günther und Irmgard Schweikle. 2. Aufl. Stuttgart: Metzler 1990.
Rinsum, Annemarie van; Rinsum, Wolfgang von: *Lexikon literarischer Gestalten.* Bd. 1: Deutschsprachige Literatur. 2., durchges. Aufl. 1993. Bd. 2: Fremdsprachige Literatur. 1990. Stuttgart: Kröner 1988 (Kröners Taschenausgabe, 420, 421).
Theaterlexikon. Hrsg. von Manfred Brauneck und Gerard Schneilin. Begriffe und Epochen, Bühnen und Ensembles. 3., vollst. überarb. und erw. Neuausg. Reinbek: Rowohlt 1992 (rowohlts enzyklopädie, 465).
Theaterlexikon. Hrsg. von C. Sucher. Bd. 1: Autoren, Regisseure, Schauspieler, Dramaturgen, Bühnenbildner, Kritiker. 1995. Bd. 2: Epochen, Ensembles, Figuren, Spielformen, Begriffe, Theorien. 1996. München: Deutscher Taschenbuch Verlag 1995–1996 (dtv 3322; 3323).

5.5.2 Literaturgeschichten

• Den Gesamtbereich der deutschsprachigen Literatur erschließen zwei große, vielbändige **Standardwerke**:
Geschichte der deutschen Literatur von den Anfängen bis zur Gegenwart. Hrsg. von Helmut de Boor, Richard Newald u.a. 12 Bde [versch. Aufl.] München: Beck 1971–2004.
Geschichte der deutschen Literatur von den Anfängen bis zur Gegenwart. Hrsg. von Hans-Günther Thalheim [u.a.] 12 Bde [versch. Aufl.] Berlin: Volk und Wissen 1960–1983.

• Seit dem Ende der 1970er Jahre ist eine ganze Reihe handlicher, in den Einzelbänden auch erschwinglicher **Literaturgeschichten** erschienen, deren Einzelbände auch in neueren Auflagen greifbar sind:
Bark, Joachim; Steinberg, Dietrich; Wittenberg, Hildegard (Hrsg.): *Geschichte der deutschen Literatur.* 6 Bde. Stuttgart: Klett 1984–1987.
Beutin, Wolfgang [u.a.]: *Deutsche Literaturgeschichte von den Anfängen bis zur Gegenwart.* 6., verb. und erw. Aufl. Stuttgart, Weimar: Metzler 2001.
Brinker-Gabler, Gisela (Hrsg.): *Deutsche Literatur von Frauen.* 2 Bde. München: Beck 1988–1989.
Frey, Winfried; Raitz, Walter; Seitz, Dieter (Hrsg.): *Einführung in die deutsche Literatur des 12. bis 16. Jahrhunderts.* 3 Bde. Opladen: Westdeutscher Verlag 1979–1982 (Grundkurs Literaturgeschichte).

Glaser, Horst Albert (Hrsg.): *Deutsche Literatur. Eine Sozialgeschichte.* 9 Bde [versch. Aufl.] Reinbek: Rowohlt 1980–1991 (rororo handbuch, 6250–6258).

Gnüg, Hiltrud; Möhrmann, Renate (Hrsg.): *Frauen – Literatur – Geschichte. Vom Mittelalter bis zur Gegenwart.* 2., aktual. und erw. Aufl. Stuttgart, Weimar: Metzler 1998.

Grimminger, Rolf (Hrsg.): *Hansers Sozialgeschichte der deutschen Literatur vom 16. Jahrhundert bis zur Gegenwart.* Bd. 1ff. München und Wien: Hanser 1980ff. (auch als dtv-Taschenbücher).

Heinzle, Joachim (Hrsg.): *Geschichte der deutschen Literatur von den Anfängen bis zum Beginn der Neuzeit.* 2., durchges. Aufl. Bd. 1ff. Königstein/Ts.: Athenäum 1994ff.

Jansen, Josef [u.a.] (Hrsg.): *Einführung in die deutsche Literatur des 19. Jahrhunderts.* 2 Bde. Opladen: Westdeutscher Verlag 1982–1984 (Grundkurs Literaturgeschichte).

Lepper, Gisbert; Steitz, Jörg; Brenn, Wolfgang (Hrsg.): *Einführung in die deutsche Literatur des 18. Jahrhunderts.* 2 Bde. Opladen: Westdeutscher Verlag 1983–1985 (Grundkurs Literaturgeschichte).

Schütz, Erhard; Vogt, Jochen (Hrsg.): *Einführung in die deutsche Literatur des 20. Jahrhunderts.* 3 Bde. Opladen: Westdeutscher Verlag 1977–1980 (Grundkurs Literaturgeschichte).

Žmegač, Viktor (Hrsg.): *Geschichte der deutschen Literatur vom 18. Jahrhundert bis zur Gegenwart.* 3 Bde. Königstein/Ts.: Athenäum 1979–1985 (Taschenbuchausgabe 6 Bde. Ebd. 1984–1985; 3. Aufl. Frankfurt a.M.: (Hain 1992ff.) [auch als CD-Rom-Ausgabe bei directmedia, Berlin].

- Speziell zur **Gegenwartsliteratur**:

Balzer, Bernd [u.a.]: *Die deutschsprachige Literatur in der Bundesrepublik Deutschland.* Vorgeschichte und Entwicklungstendenzen. München: iudicium 1988.

Emmerich, Wolfgang: *Kleine Literaturgeschichte der DDR.* Erw. Neuausgabe. Leipzig: Gustav Kiepenheuer 1996.

Kindlers Literaturgeschichte der Gegenwart in Einzelbänden. Autoren, Werke, Themen, Tendenzen seit 1945. 2., durchges. Aufl. 5 Bde. München, Zürich: Kindler 1973–1980 (auch als Fischer-Taschenbuch. 12 Bde. 1980).

Schnell, Ralf: *Die Literatur der Bundesrepublik. Autoren, Geschichte, Literaturbetrieb.* Mit 208 Abbildungen. 2., überarb. und erw. Aufl. Stuttgart, Weimar: Metzler 2003.

5.5.3 Roman- und Schauspielführer

Der Romanführer. 2., neubearb. und veränd. Aufl. Hrsg. von Wilhelm Olbrich unter Mitarb. von Karl Weitzel und Johannes Beer. 31 Bde. Nachdruck. [versch. Hrsg.]. Stuttgart: Hiersemann 1960–1996 (gekürzt und bearbeitet als: *Reclams Romanführer.* Hrsg. von Johannes Beer. 2 Bde). [Bd. 1 unter Mitwirkung von Wilhelm Schuster]. 2. Aufl. Stuttgart: Reclam 1963–1964.

Romanführer A – Z. Hrsg. vom Kollektiv für Literaturgeschichte unter Leitung von Kurt Böttcher. Bd. 1ff. Berlin: Volk und Wissen 1972ff.
Deutscher Romanführer. Hrsg. von Imma Klemm. Stuttgart: Kröner 1991 (Kröners Taschenausgaben, 370).
Der Schauspielführer. Hrsg. von Joseph Gregor [Bd. 9ff.], fortgeführt von Margarete Dietrich. Mit Unterstützung des Instituts für Theaterwissenschaft an der Universität Wien, 15 Bde. Stuttgart: Hierseman 1953–1993.
Sehr brauchbar zur Information über Werke der Weltliteratur ist *Kindlers Literaturlexikon.* Begr. von Wolfgang von Einsiedel. 12 Bde. Zürich 1965–1972.
Schriftstellerlexika sind bereits im Abschnitt »Bibliographieren« zusammengestellt.

5.5.4 Nachschlagewerke und Hilfsmittel im Internet

Das **Internet** ist als Hilfsmittel der wissenschaftlichen Arbeit heute an die Stelle traditioneller Hilfsmittel getreten, die es aber noch nicht generell ersetzt. Im »Netz« stehen in zunehmender Fülle und meist auch in guter Qualität Informationen aller Art bereit. Auf diesem Gebiet lässt sich der Gang in die Bibliothek oft, aber nicht immer, durch die einfallsreiche Suche am Bildschirm ersetzen. Es gilt mehr denn je der Grundsatz: »Suchen ist Methode«!

- **»einladung zur literaturwissenschaft«** der Universität Essen: http://www.uni-essen.de/literaturwissenschaft-aktiv/
bietet ein sehr gründliches und übersichtliches »Vertiefungsprogramm zum Selbststudium«, das sich als Ausgangspunkt einer literaturwissenschaftlichen Erkundung des Internet sehr gut eignet (vgl. das Buch von Jochen Vogt auf S. 245).

Die Einstiegsmöglichkeiten sind nahezu unbegrenzt und kaum systematisch erfassbar. Da man auf jeder halbwegs gepflegten Internet-Seite ein Angebot von weiterführenden Verknüpfungen findet, ist es auch fast unerheblich, von welcher Seite aus man mit der Recherche beginnt. Unterscheiden lassen sich etwa:
- **Enzyklopädien und Lexika**, etwa das open-source-Projekt *Wikipedia,* an dem man selbst mitschreiben kann: http://de.wikipedia.org/wiki/Wikipedia:Portal

- **Allgemeine Portale:**
Leo – Link everything online: http://www.leo.org/leo_home_de.html

- **Literatur- bzw. Kulturportale** bieten, wie der Name sagt, einen sehr breiten Zugang zur Literatur und zum literarischen Leben; zum Beispiel:
Der Blütenleser: http://www.bluetenleser.de/
Die Leselupe: http://www.leselupe.de/lw/startseite.php
Perlentaucher: http://www.perlentaucher.de/

- **Literarische Texte** in großem Umfang findet man beim Gutenberg-Projekt: http://www.gutenberg.org/

- Die **Rezensionsforen:**
Literaturkritik.de: http://www.literaturkritik.de/public/welcome.php
Die Berliner Literaturkritik: http://www.berlinerliteraturkritik.de
carpe librum: http://www.carpe.com/buch/index.html

- **Wörterbücher und Lexika:**
Verzeichnis von Wörterbüchern im Internet:
    http://www.biblint.de/woerterbuecher.html
oder bei BBB: http://www.grass-gis.de/bibliotheken/woerterbuecher.html
Duden online (teilweise gebührenpflichtig): http://www.duden.de
Das digitale Wörterbuch der deutschen Sprache des 20. Jahrhunderts,
    hrsg. von der Berlin-Brandenburgischen Akademie der Wissenschaften:
    http://www.dwds.de/
Das Deutsche Wörterbuch von Jakob und Wilhelm Grimm:
    http://www.dwb.uni-trier.de/

- **Deutschunterricht:**
Fächerportal Deutsch
    http://www.n–21.de/material/faecherportale/portal-deutsch/body_por-
    tal-deutsch.html

- **Literarische und andere Institutionen:**
Das Literaturhaus im Internet: http://www.literaturhaus.de/
Arbeitskreis selbständiger Kulturinstitute:
    http://www.aski.org/institu.htm

5.6   Kartei

Die Kartei ist ein wichtiges Hilfsmittel für die Dokumentation. Sie speichert Informationen in kompakter Form und lässt Ergänzungen und Veränderungen leicht zu; sie erlaubt zudem die Zusammenstellung von Informationen (z.B. Literatur) für wechselnde Problemstellungen. Man wird sich heute eine solche Kartei in der Regel mit Hilfe eines Datenbankprogramms oder einer Dateiverwaltung auf dem PC einrichten.

Die eigene Kartei (Datenbankdatei) soll sich durch die Spezifik der Auswahl, der Anordnung und der Schwerpunktbildung auszeichnen; sie gibt ein Bild der Interessenschwerpunkte und der eigenen Studienrichtung. Die Kartei lohnt sich für den Einzelnen nur, wenn er damit arbeitet, das heißt wirklich Ergänzung, Veränderung und Zusammenstellung für verschiedene Zwecke vornehmen muss. Manchmal muss man den Mut aufbringen, eine Kartei oder Datenbank aufzulösen, nämlich wenn sie nur Arbeit und keinen Nutzen bringt. Man unterscheidet:

Literaturkartei: geeignet für die Anlage einer fortschreitenden Bibliographie im eigenen Interessenschwerpunkt.

Schlagwort- oder Stichwortkartei: Hier kann man, eventuell nach Sachgebieten (Linguistik, Literaturwissenschaft, Nebenfach o.Ä.) oder Studienschwerpunkten getrennt, Daten und Fakten, Definitionen und kürzere Exzerpte einordnen.

5.7 Konspekt

Beim Konspektieren wird aus dem Inhalt eines Textes das Wesentliche, die wichtigsten Informationen und der Argumentationsverlauf, in übersichtlicher Form herausgearbeitet. Konspekte fertigt man in der Hauptsache von wissenschaftlichen Darstellungen an.

Der Konspekt muss die einzelnen Gegenstände der Vorlage bezeichnen, die einzelnen Schritte der wissenschaftlichen Problemlösung, Teilergebnisse und das Gesamtergebnis festhalten. Nur so kann der Konspekt seinen Zweck erfüllen, nämlich

- zur genauen, die Argumentationsstränge verfolgenden Lektüre von wissenschaftlichen Texten anregen und
- durch übersichtliche Zusammenstellung den wissenschaftlichen Gehalt der Darstellung jederzeit als Information abrufbar machen (Gedächtnisstütze).

Zur **Technik des Konspektierens:** Man verschafft sich sinnvollerweise zuerst einen Überblick über den gesamten Text (dabei auf die Grobgliederung achten!). Beim Herausarbeiten der Gedankenschritte kommt es auf möglichst große Klarheit an (es gibt wissenschaftliche Darstellungen, die sich schwer konspektieren lassen, weil sie ihre Gedankenschritte selbst nicht klar genug darstellen, auch dies kann ein Wertmaßstab sein). **Kapitel-** oder **Abschnittüberschriften** werden in den Konspekt übernommen.

In der Regel wird frei konspektiert, das heißt in eigenen Worten; man wird jedoch die wichtigsten Kategorien und Formulierungen wörtlich aufnehmen. Dadurch erleichtert man sich die Verständigung über die Darstellung, den Vergleich mit anderen Darstellungen zum gleichen Thema, sowie die Aneignung wesentlicher Begriffe und Definitionen. Formulierungen und Erkenntnisse, die über die – stichwort- oder thesenartige – Zusammenfassung des Textes hinaus für das eigene Erkenntnisinteresse wichtig sind, sollen nicht in den Konspekt aufgenommen werden, weil sie ihn unübersichtlich machen. Dies gilt besonders, wenn man Konspekte im Rahmen von Gruppenarbeiten macht: Solche einzelnen, einem selbst wesentlichen Formulierungen nützen hier den anderen Gruppenmitgliedern wenig. Man exzerpiert sie daher für sich auf einem gesonderten Blatt (vgl. 5.4. Exzerpt). Auf dem Konspekt ist auf jeden Fall zu vermerken:

- der Titel der konspektierten Darstellung und der Autor,

- das Erscheinungsjahr und der Verlag, resp. der Jahrgang (bei Zeitschriften) und das Heft (falls die Seitenzählung nicht durchgehend ist),
- der Zeitpunkt der Konspektherstellung und der Standort des konspektierten Textes in der Seminar- oder Universitätsbibliothek (Signatur).

5.8 Mitschreiben

Allgemeine Studienerfahrung ist, dass Mitschriften aus Vorlesungen und Seminaren meist sofort, immer aber nach einiger Zeit unbrauchbar sind. Der Grund dafür dürfte darin liegen, dass meist viel zu viel mitgeschrieben wird. Oberster Grundsatz für die eigenen Aufzeichnungen während der Lehrveranstaltung ist daher: **Wenig mitschreiben**, sich auf die vorgetragene Sache konzentrieren und nicht darauf, wie man wohl am meisten davon »schwarz auf weiß nach Hause tragen« kann. Unter der Unsitte des »Mitstenographierens« leiden nicht nur die individuellen Aufzeichnungen der meisten, sondern auch die Seminar- und Gruppendiskussionen. Es kommt darauf an, den Vortragenden zu verstehen und ihn, wenn nötig, zu Erläuterungen seines Vortrags zu veranlassen: so lange, bis man verstanden hat. Verstandenes lässt sich sehr viel leichter im **Stichwort** zusammenfassen und aufschreiben. Es wäre also notwendig:
- sich bewusst auf die Aussagen der Gesprächspartner oder des Vortragenden zu konzentrieren,
- mitzudenken (und ggf. zu unterbrechen, wenn etwas unklar ist)
- sich die wesentlichsten Stichwörter zu notieren.

Beim **Aufnehmen von Informationen** – zum Beispiel für ein Protokoll – ist es wichtig:
- das Problem und den Aufbau der Darlegungen zu verstehen,
- den Diskussionsleiter und die Gesprächspartner ggf. daran zu erinnern, dass ein Protokoll nur sinnvoll ist, wenn man eine klar gegliederte Diskussion führt,
- hinsichtlich des eigenen und kollektiven Erkenntnisinteresses das Wesentliche vom Unwesentlichen zu trennen,
- die Beziehungen zwischen den wesentlichen Informationen und Auffassungen zu verstehen (gegebenenfalls nachfragen!).

5.9 Protokoll

Protokolle dienen einerseits als eigene Arbeitsunterlagen, andererseits als Informationsquelle für diejenigen, die an einer Sitzung, einem Vortrag o.Ä. nicht teilnehmen konnten. Man unterscheidet:
- **Ergebnisprotokoll:** Das Ergebnisprotokoll hält nur die behandelten Themen, die Ergebnisse (Beschlüsse) und die Hauptpunkte einer Diskussion (oder Sitzung) fest. Das Protokoll soll in möglichst gegliederter

Form die Hauptschritte der Diskussion (Reihenfolge der Tagesord-
nungspunkte, der Gegenstände, der Beschlüsse) festhalten. Kontrovers
gebliebene Fragen werden für die Fortführung der Diskussion festgehalten. Ergebnisprotokolle werden meist nur von längeren Sitzungen
angefertigt, bei denen es in erster Linie auf die Dokumentation von
Beschlüssen ankommt (Fachbereichsrat, Arbeitsgruppe, Fachschaft
etc.)

• **Das Verlaufsprotokoll:** Das Verlaufsprotokoll hält den zeitlichen Ablauf
  der Sitzung fest. Es ist umfangreicher als das Ergebnisprotokoll, weil
  es auch Details, prägnante Thesen und Aussagen mit aufnimmt. Das
  Protokoll ist eine Sonderform des Berichts. Der Inhalt des Seminars
  oder Tutoriums ist möglichst sachlich und genau darzustellen. Der
  Sachverhalt und die Abfolge der Diskussionspunkte müssen klar zu
  erkennen sein. (Hier darf und soll man als Protokollant auch den Verlauf etwas systematisieren!) Auch hier werden offen gebliebene Fragen
  besonders vermerkt. Eigene Auffassungen und Probleme des Proto-
  kollanten können, sofern sie nicht in der Diskussion schon geäußert
  wurden, als **Zusatz zum Protokoll** mit aufgenommen werden, weil an
  ihnen oft die Fortführung der Diskussion sehr gut anknüpfen kann.

5.10   Zitieren

Das Zitat ist eine wörtliche Übernahme oder Wiedergabe schriftlicher oder
mündlicher Äußerungen anderer; es ist die einfachste Art, den Inhalt von
Gelesenem oder Gehörtem wiederzugeben.

5.10.1 Funktion von Zitaten

Zitiert werden:

• besonders wichtige mündliche oder schriftliche Äußerungen, auf deren
  genauen Wortlaut es ankommt, z.B. Zeugenaussagen, Gesetzestexte,
  Teile aus Beschlüssen, Definitionen, literarischen Quellen;
• Erkenntnisse, Thesen, markante Formulierungen, die man mit eigenen
  Worten nicht in der gleichen – inhaltlichen und formalen – Weise
  wiedergeben kann.

Zitate dienen:

• als **Beleg** für bestimmte eigene Auffassungen;
• als »**Material**« zur Anknüpfung einer eigenen Argumentation an bereits
  formulierte Erkenntnisse;
• als **Hinweis** auf die Herkunft der eigenen Argumentation (es ist wissenschaftlich inkorrekt und führt bei Prüfungen zum Ausschluss, die
  Herkunft von Anregungen und Gedanken, die man äußert, zu ver-
  schweigen);
• als **Veranschaulichung** von eigenen Aussagen über literarische Quellen
  u.a.

Zitate dürfen die eigene Beweisführung nicht ersetzen! Es ist ebenso bequem wie unwissenschaftlich, durch den Hinweis auf einen berühmten ›Vorläufer‹ – zum Beispiel: »selbst Luther sagte schon ...« – die eigene begriffliche Arbeit zu suspendieren. *Dass* Luther zu einer bestimmten Zeit etwas Bestimmtes sagte, kann ein wichtiges historisches Argument sein; *was* er sagte, ist heute – wie damals – nur relevant, wenn der Zitierende den Wahrheitsgehalt der Lutherschen Äußerung evident macht oder beweist.

5.10.2 Technik des Zitierens

- Zitate sind in jedem Fall am Anfang und Ende durch Anführungszeichen zu kennzeichnen. Ein **Zitat innerhalb des Zitats** erhält einfache Anführungszeichen (›...‹); Unterbrechungen im Zitat sind möglich, müssen aber durch [...] gekennzeichnet werden.
- Zitate müssen »**buchstabengetreu**« mit dem Original übereinstimmen; dies gilt natürlich besonders bei literarischen Texten, wo Einzelheiten der Orthographie und Interpunktion, Sperrungen, Unterstreichungen etc. oft aussagekräftig sind. Fehler oder Besonderheiten im Zitierten [sic!] Text werden markiert.
- Eine **Hervorhebung** von Teilen des Zitats durch den Zitierenden ist möglich, muss jedoch gekennzeichnet werden durch »(Hervorhebung durch den Verfasser)« oder »(Hervorhebung, xy)«. Das gleiche gilt für erläuternde Einschübe im Zitat; z.B.: »[...] er [Georg Heiseler, XY] fühlte, wie die Stimme Wallaus in ihm langsam die Angst abklingen ließ«.
- Nach Möglichkeit soll man so zitieren, dass der Zusammenhang ohne erläuternden Zusatz und ohne große zusätzliche Erläuterungen verständlich wird. Hierbei muss der **Sinnzusammenhang** des zitierten Textes unbedingt gewahrt bleiben; zwar ist jedes Zitat »aus dem Zusammenhang gerissen«, aber der zitierte Sachverhalt muss deswegen noch nicht entstellt werden.

5.10.3 Die Technik des Fundstellennachweises

Jedes Zitat ist mit einem genauen Quellennachweis zu versehen. Für die Kennzeichnung der verwendeten Quelle gibt es verschiedene Möglichkeiten, die in der folgenden Übersicht aufgeführt sind:

Nach der Art des Zitats:	Form des Nachweises
Formulierungen, die in einem solchen Maß Allgemeingut sind, dass der »Autor« nicht mehr bewusst oder bekannt ist: z.B. Sprichworte u.Ä.	Ohne Nachweis.
Formulierungen anderer in verarbeiteter sprachlicher Form (sinngemäße Übernahme):	Fundstellenangabe mit dem Hinweis: Vgl. »...« oder: »Das Folgende nach ...«
Formulierungen, die einer an anderer Stelle geäußerten Meinung widersprechen (dies ist eigentlich kein Zitat):	»Vgl. *dagegen*...« mit genauer Angabe der Fundstelle.
Formulierungen anderer in wörtlicher Übernahme:	Anführungszeichen und Angabe der Fundstelle.
Übernahme aus mündlichen Äußerungen:	Genaue Angabe, z.B.: Hess. Rundfunk, 23.11.1973, 13.00 Uhr.
Nach der Art der Fundstelle: Buchtitel:	Name, Vorname: Titel, (evtl. Aufl.). Verlagsort: Verlag Jahr (evtl. = Reihentitel und Band-Nr.)
Zeitschriftenaufsatz:	Name, Vorname: Titel. In: Name der Zeitschrift, Jahrgang, Jahr des Erscheinens, (evtl. Heft-Nr.), S. von-bis.

In wissenschaftlichen Arbeiten kann man die in einem angefügten Literaturverzeichnis aufgeführten Titel auch abgekürzt zitieren. »Schutte, 2005, 138« z.B. verweist auf den Anfang des Abschnitts »Fabelanalyse« in der vorliegenden Darstellung.

5.11 Literaturhinweise zur Technik wissenschaftlicher Arbeit

Bangen, Georg: *Die schriftliche Form germanistischer Arbeiten.* Empfehlungen für die Anlage und die äußere Gestaltung wissenschaftlicher Manuskripte u. bes. Berücks. der Titelangaben von Schrifttum. M. e. Geleitwort von H.E. Haas. 9., durchges. Aufl. Stuttgart: Metzler 1990 (Sammlung Metzler, 13).

Faulstich, Werner; Ludwig, Hans-Werner: *Arbeitstechniken für Studenten der Literaturwissenschaft*. 4. Aufl. Tübingen: Gunter Narr 1993 (Literaturwissenschaft im Grundstudium, Sonderband).

Geiger, Heinz; Klein, Albert und Vogt, Jochen: *Hilfsmittel und Arbeitstechniken der Literaturwissenschaft*. 2., neubearb. Aufl. Düsseldorf: Bertelsmann Universitätsverlag 1972 (Grundstudium Literaturwissenschaft, Hochschuldidaktische Arbeitsmaterialien, 2).

Jeßing, Benedikt: *Arbeitstechniken des literaturwissenschaftlichen Studiums*. Stuttgart: Reclam 2001.

Moeninghoff, Burkhard; Meyer-Krentler, Eckhardt: *Arbeitstechniken Literaturwissenschaft*. 11., korr. und aktual. Aufl. München: Fink 2003 (UTB, 1582).

Poenicke, Klaus: *Die schriftliche Arbeit. Materialsammlung und Manuskriptgestaltung für Fach-, Seminar- und Abschlußarbeiten an Schule und Universität*. Mit Beispielen. 2., verb. Aufl. Mannheim: Bibliographisches Institut/Dudenverlag 1989.

Rothmann, Kurt: *Anleitung zur Abfassung literaturwissenschaftlicher Arbeiten*. Für die Sekundarstufe zusammengest. und hrsg. Stuttgart: Reclam 1991 (Reclam Arbeitstexte für den Unterricht, 9504).

Rückriem, Georg, Stary, Joachim; Frank, Norbert: *Die Technik des wissenschaftlichen Arbeitens*. Praktische Anleitung zum Erlernen wissenschaftlicher Techniken am Beispiel der Pädagogik – unter besonderer Berücksichtigung gesellschaftlicher und psychischer Aspekte des Lernens. 5., überarb. Aufl. Paderborn: Schöningh 1989 (UTB, 724).

6. Literaturverzeichnis

6.1 Grundlagenliteratur

Einführungen in die Literaturwissenschaft und Literaturtheorie

Baasner, Rainer; Zens, Maria: Methoden und Modelle der Literaturwissenschaft. Eine Einführung. 2., überarb. und erw. Aufl. Berlin: Erich Schmidt 2001.

Eagleton, Terry: Einführung in die Literaturtheorie. Aus dem Englischen von Elfi Bettinger und Elke Hentschel. 4., erw. und aktualis. Aufl. Stuttgart, Weimar: Metzler 1997 (Sammlung Metzler, 264).

Einführung in die Literaturwissenschaft. Hrsg. von Miltos Pechlivanos, Stefan Rieger, Wolfgang Struck und Michael Weitz. Stuttgart, Weimar: Metzler 1995.

Geisenhanslüke, Achim: Einführung in die Literaturtheorie. Von der Hermeneutik zur Medientheorie. 2., unv. Aufl. Darmstadt: Wissenschaftliche Buchgesellschaft 2004 (WBG Einführungen).

Grübel, Rainer; Grüttemeier, Ralf; Lethen, Helmut: Orientierung Literaturwissenschaft. Was sie kann, was sie will. Reinbek: Rowohlt 2001.

Grundzüge der Literaturwissenschaft. Hrsg. von Heinz Ludwig Arnold und Heinrich Detering. München: Deutscher Taschenbuch Verlag 1996 (dtv, 4704).

Jeßing, Benedikt; Köhnen, Ralph: Einführung in die Neuere deutsche Literaturwissenschaft. Stuttgart, Weimar: Metzler 2003.

Klarer, Mario: Einführung in die neuere Literaturwissenschaft. Darmstadt: Wissenschaftliche Buchgesellschaft 1999.

Klausnitzer, Ralf: Literaturwissenschaft. Begriffe, Verfahren, Arbeitstechniken. Berlin, New York: de Gruyter 2004 (de Gruyter Studienbuch).

Literaturwissenschaft. Ein Grundkurs. Hrsg. von Helmut Brackert und Jörn Stückrath. 8., durchges. und ergänzte Aufl. Reinbek: Rowohlt 2004 (rowohlts enzyklopädie, 55523).

Luserke-Jaqui, Matthias: Einführung in die neuere deutsche Literaturwissenschaft. Göttingen: Vandenhoeck & Ruprecht 2002.

Neuhaus, Stefan: Grundriss der Literaturwissenschaft. Tübingen: Francke 2003 (UTB, 2477).

Schneider, Jost: Einführung in die moderne Literaturwissenschaft. 4. Aufl. Bielefeld: Aisthesis 2002.

Schnell, Ralf: Orientierung Germanistik. Was sie kann, was sie will. Reinbek: Rowohlt 2000 (rowohlts enzyklopädie, 55609).

Vogt, Jochen: Einladung zur Literaturwissenschaft. München: Fink 1999 (Studienbücher Literatur und Medien; UTB, 2072).

Zur Textanalyse und Interpretation

Asmuth, Bernhard: Einführung in die Dramenanalyse. 6., aktualis. Aufl. Stuttgart, Weimar: Metzler 2004 (Sammlung Metzler, 188).

Burdorf, Dieter: Einführung in die Gedichtanalyse. 2., überarb. und aktualis. Aufl. Stuttgart, Weimar: Metzler 1997 (Sammlung Metzler, 284).

Corbineau-Hoffmann, Angelika: Die Analyse literarischer Texte. Einführung und Anleitung. Tübingen, Basel: Francke 2002 (UTB, 2330).

Frey, Daniel: Einführung in die deutsche Metrik; mit Gedichtmodellen für Studierende und Deutschlehrende. München: Fink 1996 (UTB,1903).

Geiger, Heinz; Harmann, Hermann: Aspekte des Dramas. 4., neubearb. u. erw. Aufl. Opladen: Westdeutscher Verlag 1996 (Grundstudium Literaturwissenschaft, 7).

Gerigk, Horst-Jürgen: Lesen und Interpretieren. Göttingen: Vandenhoeck & Ruprecht 2002 (UTB, 2323).

Göttert, Karl-Heinz: Einführung in die Rhetorik: Grundbegriffe – Geschichte – Rezeption. 2., verb. Aufl. München: Fink 1994 (UTB, 1599).

Kahrmann, Cordula; Reiß, Gunter; Schluchter, Manfred: Erzähltextanalyse. Eine Einführung in Grundlagen und Verfahren. 4. Aufl. Weinheim: Beltz, Athenäum 1996 (Beltz-Athenäum Studienbücher: Literaturwissenschaft).

Kayser, Wolfgang: Kleine Deutsche Versschule. 25. Aufl. Bern, München: Francke 1957 (Dalp Taschenbuch, 306).

Lausberg, Heinrich: Elemente der literarischen Rhetorik. Eine Einführung für Studierende der klassischen, romanischen, englischen und deutschen Philologie. 10. Aufl. München: Hueber 1990.

Maingueneau, Dominique: Linguistische Grundbegriffe zur Analyse literarischer Texte. Übers. und für deutsche Leser bearb. von Jörn Albrecht. Tübingen: Gunter Narr 2000 (narr studienbücher).

Martinez, Matias und Michael Scheffel: Einführung in die Erzähltheorie. 3. Aufl. München: Beck 2002 (Beck Studium).

Michel, Georg: Stilistische Textanalyse. Eine Einführung. Hrsg. von Karl-Heinz Siehr und Christine Keßler. Bern, Berlin, Frankfurt a.M., New York: Peter Lang 2001 (Sprache – System und Tätigkeit, 38).

Pfister, Manfred: Das Drama. Theorie und Analyse. 11. Aufl. München: Fink 2001 (Information und Synthese, 3) (UTB, 580).

Platz-Waury, Elke: Drama und Theater. Eine Einführung. 5., vollst. überarb. und erw. Aufl. Tübingen: Gunter Narr 1998 (Literaturwissenschaft im Grundstudium, 2).

Sorg, Bernhard: Lyrik interpretieren. Eine Einführung. Berlin: Erich Schmidt 1999

Vogt, Jochen: Aspekte erzählender Prosa. 8., durchges. und aktualis. Aufl. Opladen: Westdeutscher Verlag 1998 (Grundstudium Literaturwissenschaft, 8).

Zum Nachschlagen

Brunner, Horst; Moritz, Rainer (Hrsg.): Literaturwissenschaftliches Lexikon. Grundbegriffe der Germanistik. Berlin: Erich Schmidt 1997.

Gfrereis, Heike (Hrsg.): Grundbegriffe der Literaturwissenschaft. Stuttgart, Weimar: Metzler 1999 (Sammlung Metzler, 320) [gekürzte und bearb. Fassung aus Metzler Literatur Lexikon; vgl. Hilfsmittel S. 235]

Harjung, J. Dominik: Lexikon der Sprachkunst. Die rhetorischen Stilformen. Mit über 1000 Beispielen. München: Beck 2000 (Beck'sche Reihe, 1359).

Lorenz, Otto: Kleines Lexikon literarischer Grundbegriffe. 2. Aufl. München: Fink 1999 (UTB, 1662).

Nünning, Ansgar (Hrsg.): Grundbegriffe der Literaturtheorie. Stuttgart, Weimar: Metzler 2004 (Sammlung Metzler, 347) [gekürzte und bearb. Fassung aus Metzler Lexikon Literatur- und Kulturtheorie; vgl. Hilfsmittel S. 235].

6.2 Weiterführende und zitierte Literatur

Abel, Günter: Sprache – Zeichen – Interpretation. Frankfurt a.M.: Suhrkamp 1999.

Adorno, Theodor W.: Valerys Abweichungen. In: ders.: Noten zur Literatur II, Frankfurt a.M.: Suhrkamp 1961, S. 42–94.

Adorno, Theodor W.: Gesammelte Schriften. Herausgegeben von Rolf Tiedemann unter Mitwirkung von Gretel Adorno, Susan Buck-Morss und Klaus Schultz. Frankfurt a.M.: Suhrkamp 1986 [zit. Adorno, GS].

Albrecht, Wolfgang: Literaturkritik. Stuttgart, Weimar: Metzler 2001 (Sammlung Metzler, 338).

Anderegg, Johannes: Fiktion und Kommunikation. Ein Beitrag zur Theorie der Prosa. 2. Aufl. Mit e. Nachwort. Göttingen: Vandenhoeck & Ruprecht 1983 (Sammlung Vandenhoeck, 83).

Anderegg, Johannes: Literaturwissenschaftliche Stiltheorie. Göttingen: Vandenhoeck & Ruprecht 1977 (Kleine Vandenhoeck-Reihe, 1429).

Andreotti, Mario: Die Struktur der modernen Literatur. Neue Wege in die Textanalyse. Einführung, Epik und Lyrik. Bern, Stuttgart: Haupt 1983 (UTB, 1127).

Angehrn, Emil: Interpretation und Dekonstruktion: Untersuchungen zur Hermeneutik. 2. Aufl. Weilerswist: Velbrück Wissenschaft 2004.

Angermüller, Johannes (Hrsg.): Diskursanalyse. Theorien, Methoden, Anwendungen. Hamburg u.a.: Argument-Verlag 2001.

Arndt, Erwin [u.a.]: Probleme der Literaturinterpretation. Zur Dialektik der Inhalt-Form-Beziehungen bei der Analyse und Interpretation literarischer Werke. 2., durchges. Aufl. Leipzig: Bibliographisches Institut 1981 (Einführung in die Literaturwissenschaft).

Asmuth, Bernhard: Aspekte der Lyrik. Mit einer Einführung in die Verslehre. 5., erw. Aufl. Opladen: Westdeutscher Verlag 1979 (Grundstudium Literaturwissenschaft, 6).

Asmuth, Bernhard; Berg-Ehlers, Luise: Stilistik. 2., verb. Aufl. Opladen: Westdeutscher Verlag 1976 (Grundstudium Literaturwissenschaft, 5).

Assmann, Aleida: Einleitung. In: Aleida Assmann (Hrsg.): Texte und Lektüren. Perspektiven in der Literaturwissenschaft. Frankfurt a.M.: Fischer Taschenbuch Verlag 1996, S. 7–26.

Babilas, Wolfgang: Tradition und Interpretation. Gedanken zur philosophischen Methode. München: Hueber 1961 (Langue et Parole, 1).

Bachtin, Michail M.: Die Ästhetik des Wortes. Hrsg. und eingel. von Rainer Grübel. Frankfurt a.M.: Suhrkamp 1979 (edition suhrkamp, 967).

Bachtin, Michail M.: Zeit und Raum im Roman. In: Kunst und Literatur 22, 1974, H. 11., S. 1161–1191.

Barner, Winfried: Rezeptions- und Wirkungsgeschichte. In: Literaturwissenschaft. Grundkurs 2, 1981, S. 102–124 (auch in: Funk-Kolleg Literatur 2, 1978, S. 132–148).

Barthes, Roland: Die strukturalistische Tätigkeit. In: Kursbuch 5, 1966, S. 190–196.

Barthes, Roland: Elemente der Semiologie. Aus dem Französischen von Eva Moldenhauer. Frankfurt a.M.: Syndikat 1979 [Erstausgabe 1969].

Barthes, Roland: S/Z. Aus d. Frz. von Jürgen Hoch. Frankfurt a.M.: Suhrkamp 1987 (suhrkamp taschenbuch wissenschaft, 687) [Erstausgabe 1970].

Baumgart, Reinhard: Literatur für Zeitgenossen. Essays. Frankfurt a.M.: Suhrkamp 1966 (edition suhrkamp, 186).

Behrmann, Alfred: Einführung in die Analyse von Prosatexten. 5. neubearb. und erw. Aufl. Stuttgart: Metzler 1982 (Sammlung Metzler, 59).

Behrmann, Alfred: Einführung in die Analyse von Verstexten. 2., durchges. Aufl. Stuttgart: Metzler 1974 (Sammlung Metzler, 89).

Beller, Manfred: Stoff-, Motiv und Themengeschichte. In: Literaturwissenschaft. Grundkurs 2, 1981, S. 13–27.

Benjamin, Walter: Gesammelte Schriften, Frankfurt a.M.: Suhrkamp 1980 (Werkausgabe edition suhrkamp).

Bertram, Georg W.: Hermeneutik und Dekonstruktion. München: Fink 2002.

Bierwisch, Manfred: Strukturalismus – Geschichte, Probleme und Methoden. In: Kursbuch 5, 1966, S. 77–152.

Billen, Josef; Koch, Helmut H. (Hrsg.): Was will Literatur? Aufsätze, Manifeste und Stellungnahmen deutschsprachiger Schriftsteller zu Wirkungsabsichten und Wirkungsmöglichkeiten der Literatur. 2 Bde. Paderborn: Schöningh 1975 (UTB, 401, 402).

Binder, Alwin: Literatur Lesen. Was läßt sich beim Lesen denken? Bielefeld: Aisthesis 2003.

Biti, Vladimir: Literatur- und Kulturtheorie. Ein Handbuch gegenwärtiger Begriffe. Dt. Red. unter Leitung von Rainer Grübel. Reinbek: Rowohlt 2002.

Böhme, Hartmut; Matuschek, Peter; Müller, Lothar: Orientierung Kulturwissenschaft. Was sie kann, was sie will. Reinbek: Rowohlt 2000.

Bogdal, Klaus-Michael: Neue Literaturtheorien. Eine Einführung. Wiesbaden: Westdeutscher Verlag 1990 (WV studium, 156).

Bogdal, Klaus-Michael: Neue Literaturtheorien in der Praxis. Textanalysen von Kafkas »Vor dem Gesetz«. Opladen: Westdeutscher Verlag 1993 (WV studium, 169).

Bogdal, Klaus-Michael: Historische Diskursanalyse der Literatur. Theorie, Arbeitsfelder, Analysen, Vermittlung. Opladen: Westdeutscher Verlag 1999.

Booth, Wayne C.: Die Rhetorik der Erzählkunst. Übers. von Alexander Polzin. 2 Bde. Heidelberg: Quelle & Meyer 1974 (UTB, 384, 385).

Bossinade, Johanna: Poststrukturalistische Literaturtheorie. Stuttgart, Weimar: Metzler 2000 (Sammlung Metzler, 324).

Bourdieu, Pierre: Zur Soziologie der symbolischen Formen. Frankfurt a.M.: Suhrkamp 1970 (suhrkamp taschenbuch wissenschaft, 107).

Brackert, Helmut: Literatur heute. In: Literaturwissenschaft. Grundkurs 2, 1981, S. 341–369.

Brackert, Helmut: Zur gegenwärtigen Bedeutung von Literatur. In: Funk-Kolleg Literatur 2, 1978, S. 347–372.

Braun, Christina von; Stephan, Inge (Hrsg.): Gender-Studien, eine Einführung. Stuttgart, Weimar: Metzler 2000.

Brecht, Bertolt: Große kommentierte Berliner und Frankfurter Ausgabe. Hrsg. von Werner Hecht, Jan Knopf, Werner Mittenzwei und Klaus-Detlef Müller. 30 Bde, Registerband. Berlin, Weimar: Aufbau Verlag; Frankfurt a.M.: Suhrkamp 1900–2000 [zitiert: GBA]

Bredella, Lothar: Das Verstehen literarischer Texte. Stuttgart: Kohlhammer 1980 (Sprache und Literatur, 106).

Breuer, Dieter [u.a.] (Hrsg.): Literaturwissenschaft. Eine Einführung für Germanisten. Frankfurt a.M.: Ullstein 1972 (Ullstein-Buch, 2941).

Breuer, Dieter: Einführung in die pragmatische Texttheorie. Pragmatische Texttheorie Bd. 1. München: Fink 1974 (UTB, 106).

Buchwald, Dagmar: Intentionalität, Wahrnehmung, Vorstellung, Un-Bestimmtheit. In: Einführung in die Literaturwissenschaft, S. 311–323.

Bühler, Karl: Sprachtheorie. Die Darstellungsfunktion der Sprache. Geleitwort von Friedrich Kainz. 2., unv. Aufl. Stuttgart: Fischer 1965.

Bürger, Peter: Institution Kunst als literatursoziologische Kategorie. In: Romanistische Zeitschrift für Literaturgeschichte 1977, H. 1, S. 50–74.

Bürger, Peter: Literarische Kleinprosa. Eine Einführung. Tübingen: Gunter Narr 1983 (Literaturwissenschaft im Grundstudium, 14).

Bürger, Peter: Probleme der Rezeptionsforschung. In: Poetica 9, 1977, S. 446–471.

Bürger, Peter: Der Ursprung des postmodernen Denkens. Weilerswist: Velbrück Wissenschaft 2000.

Celan, Paul: Gesammelte Werke. 5 Bde. Hrsg. von Beda Allemann und Stefan Reichert. Frankfurt a.M.: Suhrkamp 1983.

Dahlerup, Pil: Dekonstruktion. Die Literaturtheorie der 1990er. Aus d. Dän. von Barbara Sabel. Berlin, New York: de Gruyter 1998 (Sammlung Göschen).

Dahnke, Hans-Dietrich: Erbe und Tradition in der Literatur. Leipzig: Bibliographisches Institut 1977 (Einführung in die Literaturwissenschaft).

Dolezel, Lubomir: Die Typologie des Erzählers: Erzählsituation (›Point of view‹ in der Dichtung). In: Literaturwissenschaft und Linguistik. Hrsg. von Jens Ihwe. Bd. 3. Frankfurt a.M. 1972, S. 376–392.

Eagleton, Terry: Die Illusionen der Postmoderne. Ein Essay. Aus d. Engl. von Jürgen Pelzer. Stuttgart, Weimar: Metzler 1997.

Eco, Umberto: Einführung in die Semiotik. Autorisierte deutsche Ausgabe von Jürgen Trabant. München: Fink 1972 (UTB, 105).

Eco, Umberto: Nachschrift zum ›Namen der Rose‹. Reinbek: Rowohlt 1984.

Eggert, Hartmut; Berg, Hans C.; Rutschky, Michael: Literaturrezeption von Schülern als Problem der Literaturdidaktik. In: Ästhetische Erfahrung und literarisches Lernen. Hrsg. von Wilhelm Dehn. Frankfurt a.M. 1974, 5, 267–298 (Fischer Athenäum Taschenbuch).

Eimermacher, Karl: Zum Verhältnis von formalistischer, strukturalistischer und semiotischer Analyse. In: Methodische Praxis der Literaturwissenschaft. Hrsg. von D. Kimpel und B. Pinkerneil. Kronberg/Ts. 1975, S. 259–283.

Enzensberger, Hans Magnus: Ein bescheidener Vorschlag zum Schutze der Jugend vor den Erzeugnissen der Poesie. Den Deutschlehrern der Republik zugedacht. In: Frankfurter Allgemeine Zeitung, 25. September 1976.

Erkenntnis der Literatur. Theorien, Konzepte, Methoden der Literaturwissenschaft. Hrsg. von Dietrich Harth und Peter Gebhardt. Stuttgart: Metzler 1982 [Sonderausgabe 1989].

Faulstich, Werner: Domänen der Rezeptionsanalyse. Probleme, Lösungsstrategien, Ergebnisse. Kronberg/Ts.: Athenäum Verlag 1977 (Empirische Literaturwissenschaft, 2).

Fauser, Markus: Einführung in die Kulturwissenschaft. Darmstadt: Wissenschaftliche Buchgesellschaft 2003 (WBG Einführungen).

Fellinger, Raimund: Zur Struktur von Erzähltexten. In: Literaturwissenschaft. Grundkurs 1, 1981, S. 338–352.

Fick, Monika; Gößl, Sybille (Hrsg.): Der Schein der Dinge. Einführung in die Ästhetik. Tübingen: Attempto Verlag 2002.

Fieguth, Rolf: Zur Rezeptionslenkung bei narrativen und dramatischen Werken. In: Sprache im technischen Zeitalter 47, 1973, S. 186–201.

Fietz, Lothar: Strukturalismus. Eine Einführung. 3., erw. Aufl. Tübingen: Gunter Narr 1998 (Literaturwissenschaft im Grundstudium, 15).

Fingerhut, Karlheinz: Umerzählen von Texten – Eine Möglichkeit Textanalyse und Textproduktion miteinander zu verbinden. In: Literatur in Wissenschaft und Unterricht 13, 1980, S. 176–200.

Fingerhut, Karlheinz; Melenk, Hartmut; Waldmann, Günter: Kritischer und produktiver Umgang mit Literatur. In: Diskussion Deutsch 12, 1981, S. 130–150.

Fischer, Ludwig: Auslegung der Bibel. In: Funk-Kolleg Literatur 1, 1977, S. 258–270 (auch in: Literaturwissenschaft. Grundkurs 1, 1981, S. 67–89).

Fleischer, Wolfgang: Über Möglichkeiten und Grenzen linguistischer Untersuchungen literarischer Werke. In: Linguistische Studien, Reihe A.

Flügge, Manfred: Exemplarität in der Literaturwissenschaft. Zur wissenschaftstheoretischen und hochschuldidaktischen Problematik einer »Einführung in die Literaturwissenschaft«. In: Neophilologus 61, 1977, S. 161–174.

Fohrmann, Jürgen; Müller, Harro (Hrsg.): Literaturwissenschaft. München: Fink 1995 (UTB, 1874).

Frank, Manfred: Textauslegung. In: Erkenntnis der Literatur, 1982, S. 123–160.

Frenzel, Elisabeth: Vom Inhalt der Literatur. Stoff, Motiv, Thema. Freiburg: Herder 1980 (studio visuell).

Frank, Manfred: Was heißt »einen Text verstehen«? In: Texthermeneutik. Hrsg. von Ulrich Nassen. Paderborn 1979, S. 58–77.

Funke, Mandy: Rezeptionstheorie, Rezeptionsästhetik. Betrachtung eines deutsch-deutschen Diskurses. Bielefeld: Aisthesis 2004.

Funk-Kolleg Literatur, Reader. In Verb. mit Jörn Stückrath hrsg. von Helmut Brackert und Eberhard Lämmert. 2 Bde. Frankfurt a.M.: Fischer 1976, 1977 (Fischer Taschenbuch, 6324, 6325).

Funk-Kolleg Literatur. Hrsg. von Helmut Brackert und Eberhard Lämmert. 2 Bde. Frankfurt a.M.. Fischer 1977, 1978 (Fischer Taschenbuch, 6326, 6327).

Funktion der Literatur. Aspekte, Probleme, Aufgaben. Hrsg. von Dieter Schlenstedt u.a. Berlin (DDR), Weimar: Aufbau Verlag 1975 (Literatur und Gesellschaft).

Funktion und Wirkung. Soziologische Untersuchungen zu Literatur und Kunst. Hrsg. von Dietrich Sommer u.a. Berlin (DDR), Weimar: Aufbau Verlag 1981.

Gallas, Helga: Strukturalismus als interpretatives Verfahren. Darmstadt, Neuwied: Luchterhand 1972, S. IX–XXXI (collection alternative 2. Sammlung Luchterhand, 35).

Gebhard, Peter: Literarische Kritik. In: Erkenntnis der Literatur, 1982, S. 79–109.

Geier, Manfred: Methoden der Sprach- und Literaturwissenschaft. Darstellung und Kritik. München: Fink 1983 (UTB, 1227).

Geiger, Klaus F.: Lesealltag heute. In: Literaturwissenschaft. Grundkurs 1, 1981, S. 26–37.

Genette, Gérard: Die Erzählung. Aus d. Franz. von Andreas Knop, m. e. Vorw. hrsg. von Jochen Vogt. München: Fink 1994 (UTB, für Wissenschaft).

Greiner, Norbert [u.a.]: Einführung ins Drama. Handlung, Figur, Szene, Zuschauer. 2 Bde. München, Wien: Hanser 1982 (Literatur-Kommentare. Bd. 20, 1.2).

Grimm, Gunter: (Hrsg.) Literatur und Leser. Theorien und Modelle zur Rezeption literarischer Werke. Stuttgart: Reclam 1975.

Grimm, Gunter: Rezeptionsgeschichte. Grundlegung einer Theorie mit Analysen und Bibliographie. München: Fink 1977 (UTB, 691).

Grundbegriffe der Literaturanalyse. Hrsg. von Karlheinz Kasper und Dieter Wuckel. Leipzig: Bibliographisches Institut 1982.

Grundlegung der Literaturwissenschaft. Hrsg. von S.J. Schmidt. München: Bayerischer Schulbuchverlag 1972 (Grundfragen der Literaturwissenschaft. 5).

Grundzüge der Literatur- und Sprachwissenschaft. Bd. 1, Literaturwissenschaft. Hrsg. von Heinz Ludwig Arnold und Volker Sinemus. München: Deutscher Taschenbuch Verlag 1973 (dtv WR, 4226).

Grundzüge der Literaturwissenschaft. Hrsg. von Heinz Ludwig Arnold und Heinrich Detering. München: Deutscher Taschenbuch Verlag 1996 (dtv, 4704).

Gumbrecht, Hans Ulrich: Fiktion und Nichtfiktion. In: Funk-Kolleg Literatur 1, 1977, S. 188–209.

Gumbrecht, Hans Ulrich: Konsequenzen der Rezeptionsästhetik oder Literaturwissenschaft als Kommunikationssoziologie. In: Poetica 7, 1975, H. 3–4, S. 388–413.

Gutzen, Dieter; Oellers, Norbert; Petersen, Jürgen H.: Einführung in die neuere deutsche Literaturwissenschaft. Ein Arbeitsbuch. Unter Mitarbeit von Eckart Strohmaier. 6., neugef. Aufl. Berlin: Erich Schmidt 1989.

Habermas, Jürgen: Theorie des kommunikativen Handelns. 2 Bde. Frankfurt a.M.: Suhrkamp 1981.

Harth, Dietrich: Einleitung: Strukturprobleme der Literaturwissenschaft. In: Erkenntnis der Literatur, 1982, S. 1–7.

Harth, Dietrich: Literarische Kommunikation. In: Erkenntnis der Literatur 1982, S. 243–265.

Harth, Dietrich: Unmaßgebliche Vorstellung einiger literaturtheoretischer Grundbegriffe. In: Erkenntnis der Literatur 1982, S. 8–32.

Härtling, Peter: Der spanische Soldat oder Finden und Erfinden. Frankfurter Poetik-Vorlesungen. Darmstadt, Neuwied: Luchterhand 1984 (Sammlung Luchterhand, 600).

Hartmann, Peter: Zur Klassifikation und Abfolge textanalytischer Operationen. In: Grundlegung der Literaturwissenschaft. Hrsg. von S.J. Schmidt. München 1972, S. 124–142.

Haverkamp, Anselm (Hrsg.): Theorie der Metapher. Darmstadt: Wissenschaftliche Buchgesellschaft 1983 (Wege der Forschung, 389).

Hebekus, Uwe: Topik, Inventio. In: Einführung in die Literaturwissenschaft, S. 82–96.

Hebel, Franz: Literatur als Institution und als Prozeß. In: Jahrbuch Deutsch als Fremdsprache 3, 1977, S. 99–115.

Hegel, Georg Wilhelm Friedrich: Wissenschaft der Logik. Hrsg. G. Lasson.
    Hamburg: Meiner 1963 (Philos. Bibl, 57).
Helmstetter, Rudolf: Lyrische Verfahren. Lyrik, Gedicht und poetische Sprache.
    In: Einführung in die Literaturwissenschaft, S. 27–42.
Hempfer, Klaus W. (Hrsg.): Poststrukturalismus – Dekonstruktion – Postmoder-
    ne. Stuttgart: Steiner 1992 (Text + Kritik. Zeitschrift für Literatur).
Hempfer, Klaus W.: Gattungstheorie. München: Fink 1973 (Information und
    Synthese (UTB, 133).
Hermsdorf, Klaus: Brechts Prosa im Exil. In: Weimarer Beiträge 24, 1978, H. 2,
    S. 30–42.
Herrmann, Manfred: Gedichte interpretieren. Modelle, Anregungen, Aufgaben.
    2., erw. Aufl. Paderborn: Schöningh 1980.
Heukenkamp, Ursula: Theorie der Interpretation statt »Kunst der Interpretation«.
    In: Weimarer Beiträge 28, 1982, H. 8, S. 150–157.
Hickethier, Knut: Mediale Bedingungen der literarischen Kommunikation (I).
    In: Funk-Kolleg Literatur 1, 1977, S. 142–153.
Hickethier, Knut; Riha, Karl: Die literarische Kommunikation und die Massen-
    medien. In: Literaturwissenschaft. Grundkurs 2, 1981, S. 253–272.
Hillmann, Heinz: Alltagsphantasie und dichterische Phantasie. Versuch einer
    Produktionsästhetik. Kronberg/Ts.: Athenäum Verlag 1977. VIII (Athenäum
    Taschenbücher, 2130).
Hjelmslev, Louis: Prolegomena zu einer Sprachtheorie. Übersetzt von Rudi Kel-
    ler, Ursula Scharf und Georg Stötzel. München: Hueber 1974 (Linguistische
    Reihe, 19).
Holenstein, Elmar: Einführung zu: Roman Jakobson, Hölderlin. Klee. Brecht.
    1976, S. 9–25.
Homann, Renate: Theorie der Lyrik – heautonome Autopoiesis als Paradigma
    der Moderne. Frankfurt a.M.: Suhrkamp 1999.
Hömberg, Walter; Tielebier-Langenscheidt, Florian: Verlag, Buchhandel und
    Bibliothek. In: Literaturwissenschaft. Grundkurs 2, 1981, S. 194–213.
Horn, Eva: Subjektivität in der Lyrik: ›Erlebnis und Dichtung‹, ›lyrisches Ich‹.
    In: Einführung in die Literaturwissenschaft, S. 299–310.
Hurst, Matthias: Erzählsituationen in Literatur und Film. Ein Modell zur verglei-
    chenden Analyse von literarischen Texten und filmischen Adaptionen. Tübin-
    gen: Niemeyer 1996 (Medien in Forschung und Unterricht. Serie A, 40).
Ingarden, Roman: Das literarische Kunstwerk. 3. Aufl. Tübingen: Niemeyer
    1965.
Iser, Wolfgang: Der Akt des Lesens. Theorie ästhetischer Wirkung. München:
    Fink 1976 (UTB, 636).
Jacob, Joachim: Exkurs: Literarische Hermeneutik. In: Einführung in die Lite-
    raturwissenschaft, S. 337–339.
Jacob, Joachim: Verstehen konstruieren. In: Einführung in die Literaturwissen-
    schaft, S. 324–336.
Jahraus, Oliver: Die Unhintergehbarkeit der Interpretation im Rahmen der li-
    teraturwissenschaftlichen Theoriebildung. In: Interpretation, Beobachtung,
    Kommunikation. Avancierte Literatur und Kunst im Rahmen von Konstruk-
    tivismus, Dekonstruktivismus und Systemtheorie. Hrsg. von Oliver Jahraus
    und Bernd Scheffer unter Mitarbeit von Nina Ort. Tübingen: Niemeyer 1999
    (Internationales Archiv für Sozialgeschichte der deutschen Literatur, 9. Son-
    derheft), S. 241–291.

Jakobson, Roman: Der Doppelcharakter der Sprache. Die Polarität zwischen Metaphorik und Metonymik (1956). In: Literaturwissenschaft und Linguistik. Hrsg. von Jens Ihwe. Bd. 1. Frankfurt a.M. 1971, S. 323–333.

Jakobson, Roman: Hölderlin, Klee, Brecht: Zur Wortkunst dreier Gedichte. Eingel. und hrsg. von Elmar Holenstein. Frankfurt a.M.: Suhrkamp 1976 (suhrkamp taschenbuch wissenschaft. 162).

Jakobson, Roman: Linguistik und Poetik. In: Linguistik und Literaturwissenschaft. Hrsg. von Jens Ihwe. Bd. 2,2. Frankfurt a.M. 1971, S. 142–178.

Jakobson, Roman: Poesie der Grammatik und Grammatik der Poesie. In: Mathematik und Dichtung. Hrsg. von Rul Gunzenhäuser und Helmut Kreuzer. München 1965, S. 21–32.

Jakobson, Roman: Poetik. Ausgewählte Aufsätze. Hrsg. von Ellmar Holenstein und Tarcisius Scheibert. 3. Aufl. Frankfurt a.M.: Suhrkamp 1993 (suhrkamp taschenbuch wissenschaft, 262).

Jaksche, Harald; Metzeltin, Michael: Textsemantik. Ein Modell zur Analyse von Texten. Tübingen: Gunter Narr 1983.

Jannidis, Fotis; Lauer, Gerhard; Martinez, Matias; Winko, Simone (Hrsg.): Regeln der Bedeutung. Berlin, New York: de Gruyter 2003 (Revisionen. Grundbegriffe der Literaturtheorie, 1)

Janota, Johannes; Riha, Karl: ›Sprechen‹ und ›Hören‹, ›Lesen‹ und ›Schreiben‹ als Formen der literarischen Kommunikation. In: Funk-Kolleg Literatur 1, 1977, S. 90–112.

Janz, Marlies: Vom Engagement absoluter Poesie. Zur Lyrik und Ästhetik Paul Celans. Frankfurt a.M.: Syndikat 1976 (Unv. Nachdr. Königstein/Ts.: Athenäum 1984).

Jauß, Hans Robert: Ästhetische Erfahrungen und literarische Hermeneutik. Frankfurt a.M.: Suhrkamp 1982.

Jolles, Andre: Einfache Formen. Legende, Sage, Mythe, Rätsel, Spruch, Kasus, Memorabile, Märchen, Witz. 2. Aufl. Tübingen: Niemeyer 1958.

Jung, Werner: Neuere Hermeneutikkonzepte. Methodische Verfahren oder geniale Anschauung? In: Klaus Michael Bogdal (Hrsg.): Neue Literaturtheorien, S. 154–175.

Kahrmann, Cordula; Reiß, Gunter; Schluchter, Manfred: Erzähltextanalyse. Eine Einführung in Grundlagen und Verfahren. Mit Materialien zur Erzähltheorie und Übungstexten von Campe bis Ben Witter. 2 Bde. Kronberg/Ts.: Athenäum 1977 (Athenäum Taschenbücher Literaturwissenschaft, 2131, 2132).

Kaiser, Michael: Zur begrifflichen und terminologischen Klärung einiger Vorträge beim literarischen Lesen. In: Germanisch-Romanische Monatsschrift 28, 1978, S. 87–94.

Kaufmann, Hans: Versuch über das Erbe. Leipzig: Reclam 1980 (reclam universal bibliothek, 849).

Kaus, Rainer J.: Literaturpsychologie und Literarische Hermeneutik. Sigmund Freud und Franz Kafka. Bern, Berlin, Frankfurt a.M., New York: Peter Lang 2004.

Kayser, Wolfgang: Das sprachliche Kunstwerk. Eine Einführung in die Literaturwissenschaft, Bern: Francke 1948 u.ö. (20. Aufl. 1992).

Keller, Otto; Hafner, Heinz: Arbeitsbuch zur Textanalyse. Semiotische Strukturen, Modelle, Interpretationen. 3., unv. Aufl. München: Fink 1995 (UTB, 1407).

Killy, Walther: Elemente der Lyrik. München: Deutscher Taschenbuch Verlag 1983 (dtv, 4417).

Killy, Walther: Schreibweisen – Leseweisen. München: Beck 1982.

Klein, Albert; Vogt, Jochen: Methoden der Literaturwissenschaft I: Literaturgeschichte und Interpretation. Opladen: Westdeutscher Verlag 1971 (Grundstudium Literaturwissenschaft, 3) (3. Aufl. 1974).

Klein, Wolfgang: Linguistik und Textanalyse. In: Literaturwissenschaft. Grundkurs 1, 1981, S. 321–337.

Klotz, Volker: Geschlossene und offene Form im Drama. 7. Aufl. München: Hanser 1975 (Literatur als Kunst).

Klotz, Volker: Interpretieren? – Zugänglich machen! In: Literatur und Erfahrung 12/13, 1983, S. 11–20.

Knörrich, Otto: Formen der Literatur in Einzeldarstellungen. 2., überarb. Aufl. Stuttgart: Kröner 1991 (Kröners Taschenausgabe, 478).

Knörrich, Otto: Lexikon lyrischer Formen. Stuttgart: Kröner 1992 (Kröners Taschenausgaben, 479).

Köpf, Gerhard (Hrsg.): Rezeptionspragmatik. Beiträge zur Praxis des Lesens. München: Fink 1981 (UTB, 1062).

Krause, Eveline: Gedichtverständnis, Gedichterlebnis. Berlin (DDR): Volk und Wissen 1983.

Krauss, Werner: Grundprobleme der Literaturwissenschaft. Zur Interpretation literarischer Werke. Mit e. Textanhang. Reinbek: Rowohlt 1968 (rowohlts deutsche enzyklopädie, 290/291).

Kreutzer, Leo: Für ein Regietheater in der Literaturwissenschaft. In: Literatur und Erfahrung 12/13, 1983, S. 26–28.

Kreutzer, Leo; Peters, Jürgen: Vom Lesen. In: Funk-Kolleg Literatur 1, 1977, S. 18–68.

Kreuzer, Helmut: Zum Literaturbegriff der 60er Jahre in der Bundesrepublik. In: Veränderungen des Literaturbegriffs. Hrsg. von Helmut Kreuzer. Göttingen: Vandenhoeck & Ruprecht 1975, S. 64–75 (Kleine Vandenhoeck-Reihe, 1398).

Krusche, Dietrich: Zeigen im Text. Anschauliche Orientierung in literarischen Modellen von Welt. Würzburg: Königshausen & Neumann 2001.

Kuczynski, Jürgen; Heise, Wolfgang: Bild und Begriff. Studien über Beziehungen zwischen Kunst und Wissenschaft. Berlin (DDR), Weimar: Aufbau Verlag 1975.

Kühn, Ingrid: Semantische Struktur eines literarischen Textes als Komponente der Textinterpretation. Expliziert an: Margarete Neumann. In: Beiträge zur Erforschung der deutschen Sprache 1, 1981, S. 110–124.

Kurz, Gerhard: Metapher, Allegorie, Symbol. 3., bibliogr. erg. Aufl. Göttingen: Vandenhoeck und Ruprecht 1982 (Kleine Vandenhoeck-Reihe, 1486).

Kurz, Gerhard; Pelster, Theodor: Metapher, Theorie und Unterrichtsmodell. Düsseldorf: Schwann 1976.

Lachmann, Karl: Kleinere Schriften zur deutschen Philologie. Bd. 1. Hrsg. Karl Müllenhoff. Berlin: G. Reimer 1876.

Lämmert, Eberhard: Auslegung von Gesetzestexten. In: Funk-Kolleg Literatur I, 1977, S. 271–284 (auch in: Literaturwissenschaft. Grundkurs 1, 1981, S. 90–105).

Lämmert, Eberhard: Bauformen des Erzählens. 8., unv. Aufl., Stuttgart: Metzler 1993.

Lämmert, Eberhard: Reimsprecherkunst im Spätmittelalter. Eine Untersuchung der Teichnerreden. Stuttgart: Metzler 1970.

Landwehr, Jürgen: Fiktion und Nichtfiktion. In: Literaturwissenschaft. Grundkurs 1, 1981, S. 380–404.

Lau, Viktor: Erzählen und Verstehen. Historische Perspektiven der Hermeneutik. Würzburg: Königshausen & Neumann 1999.

Lausberg, Heinrich: Handbuch der literarischen Rhetorik. Eine Grundlegung der Literaturwissenschaft. Mit Registerband. München: Hueber 1960 (2., durch e. Nachw. verm. Aufl. 1973).

Lehmann, Günther K.: Die Theorie der literarischen Rezeption aus soziologischer und psychologischer Sicht. In: Weimarer Beiträge 20, 1974, H. 8, S. 49–70.

Lehmann, Günther K.: Phantasie und künstlerische Arbeit. Betrachtungen zur poetischen Phantasie. 2., durchges. und erw. Aufl. Berlin (DDR), Weimar: Aufbau Verlag 1976.

Leibfried, Erwin: Literarische Hermeneutik. Eine Einführung in ihre Geschichte und ihre Probleme. Tübingen: Gunter Narr 1980 (Literaturwissenschaft im Grundstudium, 9).

Lerchner, Gotthard: Sprachform von Dichtung. Linguistische Untersuchungen zu Funktion und Wirkung literarischer Texte. Berlin und Weimar: Aufbau-Verlag 1984.

Lerchner, Gotthard; Werner, Hans Georg: Diskussion zur integrativen Analyse poetischer Texte. In: Zeitschrift für Germanistik 2, 1981, H. 3, S. 334-346.

Lerchner, Gotthard; Werner, Hans Georg: Probleme der semantischen Analyse eines poetischen Textes. In: Weimarer Beiträge 21, 1975, H. 10, S. 100–136.

Leseerfahrung Lebenserfahrung. Literatursoziologische Untersuchungen. Hrsg. von Dietrich Sommer, Dietrich Löffler, Achim Walter und Eva Maria Scherf. Berlin (DDR), Weimar: Aufbau Verlag 1983.

Lindhoff, Lena: Einführung in die feministische Literaturtheorie. 2., überarb. Aufl. Stuttgart, Weimar: Metzler 1995 (Sammlung Metzler, 285).

Link, Hannelore: Rezeptionsforschung. Eine Einführung in Methoden und Probleme. 2. Aufl. Stuttgart: Kohlhammer 1980. Erstausgabe 1976 (Urban-Taschenbücher, 215).

Link, Jürgen: Das lyrische Gedicht als Paradigma des überstrukturierten Textes. In: Literaturwissenschaft. Grundkurs 1, 1981, S. 192–219 (andere Fassung in: Funk-Kolleg Literatur 1, 1977, S. 234–256).

Link, Jürgen: Literaturwissenschaftliche Grundbegriffe. Eine programmierte Einführung auf strukturalistischer Basis. 2., überarb. und erg. Aufl. München: Fink 1979 (UTB, 305).

Link, Jürgen: Semiotische Diskursanalyse. In: Klaus Michael Bogdal (Hrsg.): Neue Literaturtheorien, S. 107–130.

Link, Jürgen; Link-Heer, Ursula: Literatursoziologisches Propädeutikum. München: Fink 1980 (UTB, 799).

Literaturrezeption. Beiträge zur Theorie des Text-Leser-Verhältnisses und seiner empirischen Erforschung. Hrsg. und eingel. von Hartmut Heuermann, Peter Hühn und Brigitte Röttger. Paderborn: Schöningh 1975.

Literaturwissenschaft und Linguistik. Eine Auswahl Texte zur Theorie der Literaturwissenschaft. Hrsg. von Jens Ihwe. 2 Bde. Frankfurt a.M.: Athenäum 1972/1973.

Löffler, Dietrich: Wie wird fiktionale Prosa gelesen? In: Weimarer Beiträge 28, 1982, H. 9, S. 116–126.

Lorenz, Otto: Paul Celan. In: Kritisches Lexikon der Gegenwartsliteratur. Hrsg. Heinz Ludwig Arnold (Lieferung 1983).

Lorenzer, Alfred: Tiefenhermeneutische Kulturanalyse. In: Kulturanalysen. Mit Beiträgen von Hans-Dieter König, Alfred Lorenzer, Heinz Lüdde, Soren Nagbol, Ulrike Prokop, Gunzelin Schmidt Noerr, Annelinde Eggert. Frankfurt a.M.: Fischer Taschenbuch Verlag 1987.

Lotman, Jurij M.: Die Struktur literarischer Texte. München: Fink 1972 (UTB, 103).

Lotman, Jurij M.: Kunst als Sprache. Untersuchungen zum Zeichencharakter der Kunst und Literatur. Leipzig: Reclam 1981 (reclams universal bibliothek, 905).

Lotman, Jurij M.: Vorlesungen zu einer strukturalen Poetik. Einführung. Theorie des Verses. Hrsg. und mit e. Nachwort vers. von Karl Eimermacher. Aus dem Russischen von Waltraut Jachnow. München: Fink 1972.

Ludwig, Hans-Werner (Hrsg.): Arbeitsbuch Romananalyse. Tübingen: Gunter Narr 1982 (4. Aufl. 1993).

Ludwig, Hans-Werner: Arbeitsbuch Lyrikanalyse. Tübingen: Gunter Narr 1979 (Literaturwissenschaft im Grundstudium. 3) (4. Aufl. 1994).

Lukács, Georg: Tendenz oder Parteilichkeit. In: Probleme des Realismus, Hrsg. von Georg Lukacs. Neuwied, Berlin 1971, S. 23–34 (Werke. Bd. 4).

Macherey, Pierre: Zur Theorie der literarischen Produktion. Studien zu Tolstoij, Verne, Defoe, Balzac. Darmstadt, Neuwied: Luchterhand 1974 (collection alternative 7. Sammlung Luchterhand, 123).

Mandelkow, Karl Robert: Probleme der Wirkungsgeschichte. In: Jahrbuch für internationale Germanistik 2, 1970, H.1, S. 71–84 (auch in: P. U. Hohendahl (Hrsg.): Sozialgeschichte und Wirkungsästhetik, S. 82–96).

Mattenklott, Gert: »Die Zeit der anderen Auslegung« der ›Aufzeichnungen des Malte Laurids Brigge‹ von Rilke. Mit einer Erläuterung der Interpretationsmethode. In: Methodische Praxis der Literaturwissenschaft. 1975, S. 117–157.

Mattenklott, Gert: Der übersinnliche Leib. Beiträge zur Metaphysik des Körpers. Reinbek: Rowohlt 1982 (das neue buch, 170).

Maurer, Karl: Formen des Lesens. In: Poetica 9, 1979, S. 472–498.

Menzel, Wolfgang: Celans Gedicht ›Todesfuge‹. Das Paradoxon einer Fuge über den Tod in Auschwitz. In: Germanisch-Romanische Monatsschrift 18, 1968, S. 431–447.

Methodische Praxis der Literaturwissenschaft. Modelle der Interpretation. Hrsg. von Dieter Kimpel und Beate Pinkerneil. Kronberg/Ts.: Scriptor 1975 (Scriptor Taschenbücher, 55).

Meyer, Holt: Exkurs: Formalismus und Strukturalismus. In: Einführung in die Literaturwissenschaft, S. 43–48.

Meyer, Holt: Gattung. In: Einführung in die Literaturwissenschaft, S. 66–77.

Michel, Georg: Stilistische Textanalyse. Eine Einführung. Hrsg. von Karl-Heinz Siehr und Christine Keßler. Bern, Berlin, Frankfurt a.M., New York: Peter Lang 2001 (Sprache – System und Tätigkeit, 18).

Miller, Norbert; Stolz, Dieter (Hrsg.): Positionen der Literaturkritik. Köln: SH Verlag 2002 (Sprache im technischen Zeitalter. Sonderheft).

Müller, Jürgen E.: Literaturwissenschaftliche Rezeptions- und Handlungstheorien. In: Klaus Michael Bogdal (Hrsg.): Neue Literaturtheorien, S. 176–200.

Müller, Udo: Drama und Lyrik. Formelemente, Formtypen, Gattungen. Freiburg: Herder 1979 (studio visuell, Literatur).

Müller-Dyes, Klaus: Literarische Gattungen. Lyrik, Epik, Dramatik. Freiburg: Herder 1978 (M = studio visuell, Literatur).

Müller-Seidel, Walter: Probleme der literarischen Wertung. Über die Wissenschaftlichkeit eines unwissenschaftlichen Themas. 2. Aufl. Stuttgart: Metzler 1969.

Münker, Stefan; Roesler, Alexander: Poststrukturalismus. Stuttgart, Weimar: Metzler 1999 (Sammlung Metzler 322).

Musil, Robert: Der Mann ohne Eigenschaften. Roman. Reinbek: Rowohlt 1978 (Gesammelte Werke, hrsg. von Adolf Frisé. Bd. 1).

Mussil, Stephan: Verstehen in der Literaturwissenschaft. Heidelberg: Winter 2001.

Naumann, Manfred: Gesellschaft – Literatur – Lesen. Literaturrezeption in theoretischer Sicht. Berlin (DDR), Weimar: Aufbau Verlag 1973.

Nennen, Heinz-Ulrich (Hrsg.): Diskurs. Begriff und Realisierung. Würzburg: Königshausen & Neumann 2000.

Neumann, Gerhard; Öhlschläger, Claudia (Hrsg.): Inszenierungen in Schrift und Bild. Bielefeld: Aisthesis 2003 (Schrift und Bild in Bewegung, 7).

Nieraad, Jürgen: ›Bildgesegnet und bildverflucht‹. Forschungen zur sprachlichen Metaphorik. Darmstadt: Wissenschaftliche Buchgesellschaft 1977 (Erträge der Forschung, 63).

Nünning, Ansgar (Hrsg.): Literaturwissenschaftliche Theorien, Modelle und Methoden. Eine Einführung. Unter Mitarbeit von Sabine Buchholz und Manfred Jahn. Trier: Wissenschaftlicher Verlag 2005 (WVT-Handbücher zum literaturwissenschaftlichen Studium, 1).

Nünning, Ansgar; Sommer, Roy (Hrsg.): Kulturwissenschaftliche Literaturwissenschaft. Tübingen: Gunter Narr 2004 (narr studienbücher).

Opitz, Martin: Gesammelte Werke. Kritische Ausgabe, hrsg. von George Schulz-Behrend. Bd. II, 1. Stuttgart: Hiersemann 1978 (Bibliothek des Literarischen Vereins, 300).

Osinski, Jutta: Einführung in die feministische Literaturwissenschaft. 2. Aufl. Berlin: Erich Schmidt 1998

Pany, Doris: Wirkungsästhetische Modelle. Wolfgang Iser und Roland Barthes im Vergleich. Stuttgart: Enke 2000.

Peters, Günter: Der Schriftsteller und sein Publikum. In: Literaturwissenschaft. Grundkurs 2, 1981, S. 141–178.

Peters, Günter: Theorie der literarischen Produktion. In: Erkenntnis der Literatur, 1982, S. 56–78.

Petersen, Jürgen H.: Kategorien des Erzählens. Zur systematischen Deskription epischer Texte. In: Poetica 9, 1977, S. 167–195.

Pickerodt, Gerhart: Ein Leben lang Trauerarbeit. Paul Celan. Werkausgabe. In: Deutsche Volkszeitung/ die tat Nr. 2, 13.1.1984, S. 9.

Pietzcker, Carl: Lesend interpretieren. Zur psychoanalytischen Deutung literarischer Texte. Würzburg: Königshausen & Neumann 1992 (Freiburger literaturpsychologische Studien, 1).

Plumpe, Gerhard: Diskursive Textstrukturierung. In: Literaturwissenschaft. Grundkurs 1, 1981, S. 353–379.

Posner, Roland: Strukturalismus in der Gedichtinterpretation. Textdeskription und Rezeptionsanalyse am Beispiel von Baudelaires »Le Chats«. In: Literaturwissenschaft und Linguistik. Hrsg. von Jens Ihwe. Frankfurt a.M. 1972, S. 136–178.

Pütz, Peter: Grundbegriffe der Interpretation von Dramen. In: Handbuch des deutschen Dramas. Düsseldorf: Bagel 1980, S. 11–25, S. 528.

Raible, Wolfgang: Was sind Gattungen? Eine Antwort aus semiotischer und textlinguistischer Sicht. In: Poetica 12, 1980, S. 320–349.

Redeker, Horst: Abbildung und Wertung. Grundprobleme einer Literaturästhetik. Leipzig: Bibliographisches Institut 1980 (Einführung in die Literaturwissenschaft).

Rezeptionsgeschichte oder Wirkungsästhetik. Konstanzer Diskussionsbeiträge zur Praxis der Literaturgeschichtsschreibung. Hrsg. von Heinz Dieter Weber. Stuttgart: Klett Cotta 1978 (LGW 34).

Rieger, Stefan: Autorfunktion und Buchmarkt. In: Einführung in die Literaturwissenschaft, S. 147–163.

Riha, Karl; Staats, Armin: Mediale Bedingungen der literarischen Kommunikation (II). In: Funk-Kolleg Literatur 1, 1977, S. 154–166.

Ritter, Alexander (Hrsg.): Zeitgestaltung in der Erzählkunst. Darmstadt: Wissenschaftliche Buchgesellschaft 1978 (Wege der Forschung, 447).

Rosenberg, Rainer: Verhandlungen des Literaturbegriffs. Studien zur Geschichte und Theorie der Literaturwissenschaft. Berlin: Akademie Verlag 2003.

Sartre, Jean-Paul: Die Wörter. Nachwort von Hans Mayer. Reinbek: Rowohlt 1981 (Gesammelte Schriften in Einzelausgaben. Autobiographische Schriften, 1).

Sartre, Jean-Paul: Was ist Literatur? Hrsg., neu übersetzt und mit e. Nachwort von Traugott König. Reinbek: Rowohlt 1981 (Gesammelte Schriften in Einzelausgaben. Schriften zur Literatur, 3).

Schaefer, Klaus: Wesen und Funktion der ›Perspektive‹ im literarischen Produktions- und Rezeptionsprozeß. Thesen. In: Weimarer Beiträge 26, 1980, H. 12, S. 167–173.

Schardt, Reinhold: Narrative Verfahren. In: Einführung in die Literaturwissenschaft, S. 49–65.

Schefold, Dian: Zur Geschichte von Meinungsfreiheit, Zensur und Meinungslenkung. In: Literaturwissenschaft. Grundkurs 2, 1981, S. 291–315.

Schenda, Rudolf: Zur Geschichte des Lesens. In: Literaturwissenschaft. Grundkurs 1, 1981, S. 15–25.

Scherpe, Klaus R.: Literatursoziologie. In: Literaturwissenschaft. Grundkurs 2, 1981, S. 436–450.

Schlenstedt, Dieter [u.a.]: Literarische Widerspiegelung. Geschichtliche und theoretische Dimensionen eines Problems. Berlin (DDR), Weimar: Aufbau Verlag 1981.

Schlenstedt, Dieter: Funktion der Literatur. Relationen ihrer Bestimmung. In: Weimarer Beiträge 20, 1974, H. 8, S. 23–41.

Schlenstedt, Dieter: Wertung in der Literaturkritik. In: Weimarer Beiträge 26, 1980, H. 10, S. 83–90.

Schmidt, Christopher M.: Interpretation als literaturtheoretisches Problem. Die Möglichkeiten einer Neuorientierung an der Isotopie-Theorie, veranschaulicht an Gregor Samsa in Franz Kafkas Erzählung »Die Verwandlung«. Bern, Berlin, Frankfurt a.M., New York: Peter Lang 2000 (Hamburger Beiträge zur Germanistik, 30).

Schmidt, Siegfried J.: »Bekämpfen Sie das häßliche Laster der Interpretation!« In: Amsterdamer Beiträge zur neueren Germanistik 8, 1979, S. 279–309.

Schober, Rita: Das literarische Kunstwerk – Symbol oder Modell? In: Weimarer Beiträge 17, 1971, H. 11, S. 8.

Schödlbauer, Ulrich: Ästhetische Erfahrung. In: Erkenntnis der Literatur, 1982, S. 33–55.

Schönau, Walter; Pfeiffer, Joachim: Einführung in die psychoanalytische Literaturwissenschaft. 2., aktualis. und verb. Aufl. Stuttgart, Weimar: Metzler 2003 (Sammlung Metzler, 259).

Schuller, Marianne: Normenbildende und normenbrechende Funktion der Literatur. In: Funk-Kolleg Literatur 2, 1978, S. 319- 346.

Schulte-Sasse, Jochen: Literarische Wertung. 2., völlig neu bearb. Aufl. Stuttgart: Metzler 1976 (Sammlung Metzler, 98).

Schulte-Sasse, Jochen; Werner, Renate: Einführung in die Literaturwissenschaft. 8., unv. Aufl. München: Fink 1994 (UTB, 640).

Seghers, Anna: Die Aufgaben des Schriftstellers heute. Offene Fragen (1966). In: dies.: Aufsätze, Ansprachen. Essays 1954–1979. Berlin (DDR), Weimar: Aufbau Verlag 1980 (Ges. Werke in Einzelausgaben. Bd.14), S. 313–330.

Seidensticker, Peter: Paul Celan, Todesfuge. In: Deutschunterricht 12, 1960, S. 35–42.

Simon, Tina: Rezeptionstheorie. Einführungs- und Arbeitsbuch. Bern, Berlin, Frankfurt a.M., New York: Peter Lang 2003 (Leipziger Skripten. Einführungs- und Übungsbücher, 3).

Sontag, Susan: Kunst und Antikunst. 24 literarische Analysen [Against Interpretation, dt.]. Aus d. Englischen v. Mark W. Rien. Reinbek: Rowohlt 1968.

Sonderegger, Ruth: Für eine Ästhetik des Spiels: Hermeneutik, Dekonstruktion und der Eigensinn der Kunst. Frankfurt a.M.: Suhrkamp 2000 (suhrkamp taschenbuch wissenschaft, 1493).

Spillner, Bernd: Linguistik und Literaturwissenschaft. Stilforschung, Rhetorik, Textlinguistik. Stuttgart: Kohlhammer 1974.

Staiger, Emil: Die Kunst der Interpretation. Zürich: Artemis 1955 (wieder München: dtv 1971; dtv Wiss. Reihe 4078).

Stanzel, Franz Karl: Die Komplementärgeschichte. Entwurf einer leseorientierten Romantheorie. In: Erzählforschung. Hrsg. von W. Haubrichs. Göttingen 1978, S. 240–259.

Stanzel, Franz Karl: Theorie des Erzählens. 7. Aufl. Göttingen: Vandenhoeck & Ruprecht 2001 (UTB, 904).

Stanzel, Franz Karl: Typische Formen des Romans. Mit e. Nachw. 12. Aufl. Göttingen: Vandenhoeck & Ruprecht 1993 (Kleine Vandenhoeck-Reihe, 187).

Steinmetz, Horst: Rezeption und Interpretation. Versuch einer Abgrenzung. In: Amsterdamer Beiträge zur neueren Germanistik 3, 1974, S. 37–81.

Steinmetz, Horst: Rezeptionsästhetik und Interpretation. In: Literaturwissenschaft. Grundkurs 2, 1981, S. 421–435.

Stiehler, Heinrich: Die Zeit der Todesfuge. Zu den Anfängen Paul Celans. In: Sprache im technischen Zeitalter 19, 1972, H. 1–2, S. 11–40.

Stiehler, Heinrich: Paul Celan, Oskar Walter Cisek und die deutschsprachige Gegenwartsliteratur Rumäniens. Ansätze zu einer vergleichenden Literatursoziologie. Frankfurt a.M.: Peter Lang 1979 (Europäische Hochschulschriften, Reihe XVIII 22).

Stierle, Karlheinz: Die Einheit des Textes. In: Funk-Kolleg 1, 1977, S. 168–187.

Stierle, Karlheinz: Die Fiktion als Vorstellung, als Werk und als Schema – eine Problemskizze. In: Funktionen des Fiktiven. München 1983, S. 173–182 (Poetik und Hermeneutik, 10).

Stierle, Karlheinz: Die Struktur narrativer Texte. Am Beispiel von J.P. Hebels Kalendergeschichte »Unverhofftes Wiedersehen«. In: Funk-Kolleg Literatur 1, 1977, S. 210–233 (Fischer Taschenbuch, 6326).

Stierle, Karlheinz: Text als Handlung und Text als Werk. In: Text und Applikation. München 1981, S. 537–546 (Poetik und Hermeneutik, 9).

Stierle, Karlheinz: Text als Handlung. Perspektiven einer systematischen Literaturwissenschaft. München: Fink 1975 (UTB, 423) [1975a].

Stierle, Karlheinz: Walter Benjamin und die Erfahrung des Lesens. In: Poetica 12, 1980, S. 227–248.

Stierle, Karlheinz: Was heißt Rezeption bei fiktionalen Texten. In: Poetica 7, 1975, S. 345- 387 [1975b].

Stocker, Peter: Theorie der intertextuellen Lektüre: Modelle und Fallstudien. Paderborn: Schöningh 1998.

Stoermer, Fabian: Nach der Interpretation ist vor der Interpretation. Ein Nachruf auf die Debatte von Hermeneutik und Dekonstruktion und ein Plädoyer für ihre Aktualität. In: Akten des X. Internationalen Germanistenkongresses Wien 2000 »Zeitenwende – Die Germanistik auf dem Weg vom 20. ins 21. Jahrhundert«. Bd. 8, hrsg. v. Peter Wiesinger. Bern u.a. 2002, S. 265–270.

Struck, Wolfgang: Exkurs: Drama und Theater. In: Einführung in die Literaturwissenschaft, S. 78–81.

Struck, Wolfgang: Soziale Funktion und kultureller Status literarischer Texte oder: Autonomie als Heteronomie. In: Einführung in die Literaturwissenschaft, S. 182–199.

Strukturalisrnus in der Literaturwissenschaft. Hrsg. von Heinz Blumensath. Köln: Kiepenheuer und Witsch 1972 (Neue Wissenschaftliche Bibliothek, 43, Literaturwissenschaften).

Stückrath, Jörn: Textüberlieferung und Textkritik. In: Literaturwissenschaft. Grundkurs 1, 1981, S. 41–66 (unter dem Titel: Textkritik und Textinterpretation zuerst in: Funk-Kolleg Literatur 2, 1978, S. 220–249).

Sulzer, Dieter: Textkritik. In: Erkenntnis der Literatur, 1982, S. 111–122.

Szondi, Peter: Hölderlin-Studien. Mit einem Traktat über philologische Erkenntnis. Frankfurt a.M.: Suhrkamp 1970 (edition suhrkamp, 379).

Szondi, Peter: Theorie des modernen Dramas. 24. Aufl. Frankfurt a.M.: Suhrkamp (edition suhrkamp, 27).

Tholen, Toni: Erfahrung und Interpretation. Der Streit zwischen Hermeneutik und Dekonstruktion. Heidelberg: Winter 1999.

Thomsen, Christian W.: Theater. In: Literaturwissenschaft. Grundkurs 2, 1981, S. 214–236.

Thomsen, Christian W.: Kommunikative Aspekte von Drama und Theater. In: Funk-Kolleg Literatur 1, 1977, S. 128–141.

Titzmann, Michael: Strukturale Textanalyse. Theorie und Praxis der Interpretation. München: Fink 1977 (UTB, 582) (3., unv. Aufl. 1993).

Todorov, Tzvetan: Die Kategorien der literarischen Erzählung. In: Strukturalismus in der Literaturwissenschaft. Hrsg. von Heinz Blumensath. Köln 1972, S. 263–294.

Todorov, Tzvetan: Die Lektüre als Rekonstruktion des Textes. Übersetzt von Richard Brütting. In: Erzählforschung. Bd. 2. Hrsg. von W. Haubrichs. Göttingen 1978, S. 228–239.

Todorov, Tzvetan: Die strukturelle Analyse der Erzählungen. In: Literaturwissenschaft und Linguistik. Bd. 3. Hrsg. von Jens Ihwe. Frankfurt a.M. 1972, S. 265–275.

Todorov, Tzvetan: Die zwei Prinzipien des Erzählens. In: Neue Hefte für Philosophie 4, 1973, S. 123–139.

Torra, Elias: Exkurs: Stilistik. In: Einführung in die Literaturwissenschaft, S. 112-
–115.

Torra, Elias: Rhetorik. In: Einführung in die Literaturwissenschaft, S. 97–111.

Vogt, Jochen: Aspekte erzählender Prosa. 8., durchges. und aktualis. Aufl. Opladen: Westdeutscher Verlag 1991 (Grundstudium Literaturwissenschaft, 8).

Voit, Friedrich: Das Medium Buch. Zur funktionalen Bedeutung von Verlag,
Buchhandel und Kritik in der literarischen Kommunikation. In: Funk-Kolleg
Literatur 1, 1977, S. 114–127.

Vormweg, Heinrich: Geschichte und Aufgaben der Literaturkritik. In: Funk-
Kolleg Literatur 2, 1978, S. 250–270.

Vormweg, Heinrich: Literaturkritik. In: Literaturwissenschaft. Grundkurs 2,
1981, S. 237–252.

Voßkamp, Wilhelm: Gattungen und Epochen in der Literaturgeschichte. In:
Funk-Kolleg Literatur 2, 1978, S. 170–192.

Voßkamp, Wilhelm: Literarische Gattungen und literaturgeschichtliche Epochen.
In: Literaturwissenschaft. Grundkurs 2, 1981, S. 51–74.

Walch, Günter [u.a.]: Die literarische Methode. Struktur und Probleme. Leipzig:
Bibliographisches Institut 1980 (Einführung in die Literaturwissenschaft).

Walser, Martin: Die Gallistlsche Krankheit. Roman. Frankfurt a.M.: Suhrkamp
1972 (Wieder: edition suhrkamp, 689).

Walser, Martin: Wer ist ein Schriftsteller? Aufsätze und Reden. Frankfurt a.M:
Suhrkamp 1979 (edition suhrkamp, 959).

Warneken, Bernd Jürgen: Literarische Produktion. Grundzüge einer materialistischen Theorie der Kunstliteratur. Frankfurt a.M.: Suhrkamp 1979 (edition
suhrkamp, 976).

Warning, Rainer (Hrsg.): Rezeptionsästhetik. Theorie und Praxis. München:
Fink 1975 (UTB, 303) (3., unv. Aufl. 1988).

Warning, Rainer: Der inszenierte Diskurs. Bemerkungen zur pragmatischen
Relation der Fiktion. In: Poetik und Hermeneutik. Bd. 10. München 1983,
S. 183–206.

Warning, Rainer: Rezeptionsästhetik. In: Seminar Literaturwissenschaft heute.
Hrsg. Fachgruppe Germanistik der Universität Basel. Zürich: ropress 1977.

Weimann, Robert: Gegenwart und Vergangenheit in der Literaturgeschichte.
In: Literaturgeschichte und Mythologie. Hrsg. von Robert Weinmann. Berlin
(DDR) und Weimar: Aufbau Verlag 1971, S. 11–46.

Weimann, Robert: Kommunikation und Erzählstruktur im Point of View. Zur
Kritik an formalistischen Auffassungen der Erzählperspektive. In: Weimarer
Beiträge 17, 1971, H. 11, S. 145–155 (auch in: Positionen der DDR-Litera-
turwissenschaft. Bd.2. Hrsg. von Hans Kaufmann, S. 89–99).

Weimar, Klaus: Enzyklopädie der Literaturwissenschaft. 2. Aufl. München: Francke 1980 (UTB, 1034).

Weimar, Klaus: Der Vorgang des Verstehens. Der Vorgang des Interpretierens.
In: Literatur als Denkschule. Hrsg. von Wolfgang Binder. Zürich, München:
Artemis 1972, S. 179–200, S. 201–224.

Weinrich, Harald: Der Leser braucht den Autor. In: Identität. Hrsg. Odo Mar-
quard und Karlheinz Stierle. München 1979, S. 722–724 (Poetik und Hermeneutik, 8).

Weinrich, Harald: Für eine Literaturgeschichte des Lesers. In: Merkur 21, 1967,
S. 1026–1038 (auch in: Literatur für Leser. Stuttgart 1971, S. 23–34. = Sprache und Literatur, 68).

Weinrich, Harald: Semantik der Metapher. In: Folia Linguistica 1, 1967, S. 3–17.

Weinrich, Harald: Tempus. Erzählte und besprochene Welt. 6., neubearb. Ausg., 1. Aufl. dieser Ausgabe. München: Beck 2001.

Weinrich, Harald: Zur Vieldeutigkeit von Texten der literarischen Moderne. In: Funk-Kolleg Literatur 1, 1977, S. 337–358.

Wellbery, David: Positionen der Literaturwissenschaft. Acht Modellanalysen am Beispiel von Kleists »Das Erdbeben in Chili«. München: Beck 1985 (Beck'sche Elementarbücher).

Wellek, Rene; Warren, Austin: Theorie der Literatur. Frankfurt a.M.: Ullstein 1963 (Ullstein-Buch, 420, 421).

Werner, Hans-Georg: Methodische Probleme wirkungsorientierter Untersuchung zur Dichtungsgeschichte. In: Weimarer Beiträge 25, 1979, H. 8, S. 14–28.

Werner, Hans-Georg: Subjektive Aneignung – objektive Wertung. In: Weimarer Beiträge 26, 1980, H. 10, S. 55–67.

Wiedemann, Barbara (Hrsg.): Paul Celan. Die Gedichte. Kommentierte Gesamtausgabe in einem Band. Frankfurt a.M.: Suhrkamp 2003.

Wiegmann, Hermann: Der implizite Autor des Gedichts. Untersuchungen zum Verhältnis von Sprecher- und textimmanenter Autorposition. In: Archiv 218, 1981, S. 37–46.

Wiegmann, Hermann: Literaturtheorie und Ästhetik. Kategorien einer systematischen Grundlegung. Bern, Berlin, Frankfurt a.M., New York: Peter Lang 2002.

Wolf, Christa: Voraussetzungen einer Erzählung: Kassandra. Frankfurter Poetik-Vorlesungen. Darmstadt und Neuwied: Luchterhand 1983 (Sammlung Luchterhand, 456).

Ziganke, Jana: Exkurs: Literaturkritik. In: Einführung in die Literaturwissenschaft, S. 271–275.

Zimmermann, Bernhard: Literaturrezeption im historischen Prozeß. Zur Theorie einer Rezeptionsgeschichte der Literatur. München: Beck 1977.

Zimmermann, Hans-Dieter: Vom Nutzen der Literatur. Vorbereitende Bemerkungen zu einer Theorie der literarischen Kommunikation. 2. Aufl. Frankfurt a.M.: Suhrkamp 1979 (edition suhrkamp, 885).

Zipfel, Frank: Fiktion, Fiktivität, Fiktionalität. Analysen zur Fiktion in der Literatur und zum Fiktionsbegriff in der Literaturwissenschaft. Berlin: Erich Schmidt 2001.

Zobel, Klaus: Die Veranschaulichung dramatischer Strukturen. In: Wirkendes Wort 26, 1976, S. 149–167.

Zymner, Rüdiger: Gattungstheorie. Probleme und Positionen der Literaturwissenschaft. Mentis 2003.

Personenregister

Die Namen in den Literaturzusammenstellungen am Ende jedes Kapitels und in den Literaturverzeichnissen, auch in Kapitel 5, wurden nicht aufgenommen.

Sachregister

Es sind nicht alle Erwähnungen der Stichwörter verzeichnet, sondern nur die Querverweise, welche die Benutzung des Buches erleichtern sollen. (Lit.) zeigt die Fundstelle von Literaturhinweisen an.

Printed in the United States
By Bookmasters